Grundwissen Politik
Band 10

Begründet von Ulrich von Alemann

Herausgegeben von
Prof. Dr. Helmut Breitmeier, Hagen
Prof. Dr. Lars Holtkamp, Hagen
Prof. Dr. Michael Stoiber, Hagen
Prof. Dr. Annette Elisabeth Töller, Hagen

Volker Rittberger • Bernhard Zangl
Andreas Kruck

Internationale Organisationen

4., überarbeitete Auflage

Springer VS

Prof. Dr. Volker Rittberger (†)
Universität Tübingen
Tübingen, Deutschland

Andreas Kruck
Ludwig-Maximilians-Universität München
München, Deutschland

Prof. Dr. Bernhard Zangl
Ludwig-Maximilians-Universität München
München, Deutschland

ISBN 978-3-531-19513-1
ISBN 978-3-531-19514-8 (eBook)
DOI 10.1007/978-3-531-19514-8

Die Deutsche Nationalbibliothek verzeichnet diese Publikation in der Deutschen Nationalbibliografie; detaillierte bibliografische Daten sind im Internet über http://dnb.d-nb.de abrufbar.

Springer VS

Gedruckt auf säurefreiem und chlorfrei gebleichtem Papier

Springer VS ist eine Marke von Springer DE. Springer DE ist Teil der Fachverlagsgruppe Springer Science+Business Media.
www.springer-vs.de

Inhaltsübersicht

Inhaltsverzeichnis

Teil II: Politikentwicklungsprozesse in internationalen Organisationen

Abbildungsverzeichnis

Vorwort

Staaten und Gesellschaften stehen heute einer wachsenden Zahl komplexer grenzüberschreitender Herausforderungen und Probleme wie Finanzkrisen, Gewaltkonflikte oder dem Klimawandel gegenüber, die sie unilateral oder durch bloße Ad-hoc-Kooperation kaum erfolgversprechend bewältigen können. Während die Weltpolitik ohne Zweifel weiterhin von Großmächten wie den USA oder China sowie zunehmend von großen transnationalen Unternehmen geprägt ist, spielen internationale Organisationen mit globaler oder regionaler Reichweite wie die Vereinten Nationen und ihre Sonderorganisationen, der Internationale Währungsfonds, die Weltbank, die Welthandelsorganisation und die Europäische Union eine zunehmend wichtige Rolle bei der Schaffung und Implementierung von internationalen Normen und Regeln, mithin bei *Global Governance*. Die Sicherheit, das ökonomische Wohlergehen, der Schutz der Menschenrechte und die ökologischen Lebensbedingungen von Menschen weltweit werden von der Fähigkeit bzw. Unfähigkeit internationaler Organisationen, Kooperation und Regieren jenseits des Nationalstaates möglich zu machen und zu stabilisieren, beeinflusst. Vor dem Hintergrund ihrer realweltlichen Relevanz wird es immer wichtiger, die Strukturen, Prozesse und Aktivitäten internationaler Organisationen wissenschaftlich zu erfassen. Dieses Lehrbuch will, nunmehr in seiner vierten Auflage, die Leserin bzw. den Leser theoretisch informiert und empirisch fundiert mit den Entstehungsbedingungen, der Entwicklung, Funktionsweise und den Tätigkeiten internationaler Organisationen in zahlreichen Politikfeldern vertraut machen.

Für die vierte deutsche Auflage von *Internationale Organisationen* haben wir das Lehrbuch nicht nur aktualisiert und an theoretische und empirische Entwicklungen angepasst, sondern vielmehr grundlegend überarbeitet. Die Grundstruktur der vorherigen Auflagen ist zwar weitgehend erhalten geblieben: Teil I führt in die wichtigsten Theorien über internationale Organisationen ein und bietet einen theoretisch informierten historischen Überblick über die Entstehung und Entwicklung internationaler Organisationen in verschiedenen Politikfeldern. Teil II beschäftigt sich mit den Akteuren, Strukturen und Prozessen, die die Entscheidungsfindung in internationalen Organisationen prägen. Teil III untersucht schließlich die Tätigkeiten eines breiten Spektrums internationaler Organisationen und deren Beitrag zur (effektiven) kooperativen Bearbeitung grenzüberschreitender Probleme in den Sachbereichen „Sicherheit", „Wirtschaft", „Umwelt" und „Menschenrechte".

Insgesamt haben wir uns aber – in starker Anlehnung an die zweite englischsprachige Auflage von *International Organization* (erschienen 2012 bei Palgrave Macmillan) – durchgängig um eine straffere und prägnantere Darstellung bemüht. Zugleich haben wir über die Aktualisierung der Geschichte und Tätigkeiten internationaler Organisationen in verschiedenen Politikfeldern sowie die Berücksichtigung neuerer theoretischer Entwicklungen hinaus erhebliche inhaltliche Ergänzungen vorgenommen. Zum einen widmen wir der Öffnung internationaler Organisationen gegenüber nichtstaatlichen (u.a. zivilgesellschaftlichen) Akteuren sowie der Interaktion zwischen staatlichen, zwischenstaatlichen und nichtstaatlichen Akteuren bei der Bereitstellung von Global Governance größere Aufmerksamkeit. Zum anderen beinhalten die Untersuchungen der Tätigkeiten von internationalen Organisationen in Teil III nun auch eine Bewertung der Effektivität der betreffenden internationalen Organisationen bei der Steuerung des Verhaltens von Norm- und Regeladressaten (Effektivität auf der Outcome-Ebene) und bei der Lösung internationaler Probleme (Effektivität auf der Impact-Ebene). Des Weiteren wurden zahlreiche Abbildungen sowie Diskussionsfragen und Literaturempfehlungen nach jedem Kapitel hinzugefügt, von denen wir hoffen, dass sie die Les- und Nutzbarkeit dieses Lehrbuchs noch weiter verbessern. Im Ergebnis ist so ein völlig neu bearbeitetes, sich von der Vorauflage deutlich unterscheidendes Lehrbuch entstanden.

Zum Gelingen dieser Bearbeitung und zur Publikation des Ergebnisses hat eine Reihe von Personen ganz wesentlich beigetragen. Wir danken Frank Schindler von Springer VS für seine Unterstützung und die gute Zusammenarbeit sowie den Herausgebern der Reihe „Grundwissen Politik“ Helmut Breitmeier, Lars Holtkamp, Michael Stoiber und Annette Töller dafür, dass auch die vierte Auflage des Lehrbuchs in dieser Reihe erscheinen kann. Dank schulden wir neben Frank Schindler auch unserem Verleger bei Palgrave Macmillan Steven Kennedy für die reibungslose und kooperative Lösung vertragsrechtlicher Fragen bei der Publikation sowohl deutsch- als auch englischsprachiger Neuauflagen dieses Lehrbuchs. Insbesondere danken wir Christian Kreuder-Sonnen, Simon Primus und Anna Waldmann für ihre Übersetzung von englischen Textteilen ins Deutsche. Felix Haaß hat durch seine Recherchetätigkeiten und die Koordinierung der Kommunikation zwischen Tübinger und Münchner Koautoren einen wichtigen Beitrag zur Publikation dieser Neuauflage geleistet. Jan Tiedemann und Tobias Müller danken wir für ihre Unterstützung bei der formalen Aufbereitung und der Fertigstellung des Manuskripts.

Volker Rittberger, Autor der ersten und zweiten Auflage und Mitautor der dritten und dieser vierten Auflage des Lehrbuchs, ist im November 2011 verstorben. Er hat die Neubearbeitung des Lehrbuchs bis zuletzt vorangetrieben und wesentlich geprägt; auch dafür schulden wir ihm hohe Anerkennung und großen Dank. Leider kann er die Veröffentlichung dieser Arbeit nun nicht mehr miterleben. Wir widmen dieses Lehrbuch seinem Andenken.

Bernhard Zangl und *Andreas Kruck*
München, im Juli 2012

1 Einleitung

Internationale Organisationen sind in der langen Geschichte der Weltpolitik ein vergleichsweise junges Phänomen. Ihre Entwicklung begann im 19. Jahrhundert, erst im Verlauf des 20. Jahrhunderts erlangten sie zentrale Bedeutung. Heute spielen internationale Organisationen in unzähligen Politikfeldern – von A wie **A**brüstung bis Z wie **Z**iviles Krisenmanagement – eine bedeutende Rolle. Internationale Organisationen mit umfassender Zuständigkeit wie die Vereinten Nationen („United Nations“, UN) oder die Europäische Union (EU) beschäftigen sich mit zahlreichen verschiedenen Politikfeldern. Gleichzeitig gibt es eine große Anzahl internationaler Organisationen, die sich auf ein spezifisches Politikfeld konzentrieren. Beispiele hierfür sind die Internationale Arbeitsorganisation („International Labour Organization“, ILO) oder die Internationale Walfangkommission („International Whaling Commission“, IWC). Einige internationale Organisationen wie z.B. die UN, haben eine (fast) universelle Mitgliedschaft. Andere, wie z.B. die EU, die Afrikanische Union (AU) oder die Organisation erdölexportierender Länder („Organization of Petroleum Exporting Countries“, OPEC), weisen eine beschränkte Mitgliedschaft auf. Zusammengenommen sind die in ihrer Ausstattung und ihrem institutionellen Design äußerst vielfältigen internationalen Organisationen ein fester Bestandteil von Global Governance. Denn sie leisten einen wesentlichen Beitrag zur Schaffung und Implementierung von internationalen Normen und Regeln für die kooperative Bearbeitung grenzüberschreitender Probleme wie Finanzkrisen, den Klimawandel oder den Terrorismus (Rittberger et al. 2010: Kap. 3.2 & 4). Ohne eine Analyse internationaler Organisationen ist die Weltpolitik von heute kaum mehr angemessen zu beschreiben und zu erklären (Keohane & Nye 1977; Keohane 1989).

Bekanntheitsgrad

Selbst der durchschnittlich interessierte Zeitungsleser wird heute regelmäßig mit Berichten über Tätigkeiten internationaler Organisationen konfrontiert. Oftmals sind dies globale Organisationen wie die UN und ihre Sonderorganisationen bzw. Nebenorgane. Diese können als allgemein bekannt gelten. Spätestens seit der jüngsten Weltfinanzkrise (ab 2007) ist eine breitere Öffentlichkeit auch zunehmend mit den internationalen Finanzorganisationen vertraut: dem Internationalen Währungsfond (IWF) oder der Internationalen Bank für Wiederaufbau und Entwicklung („International Bank for Reconstruction and Development“, IBRD), besser bekannt als Weltbank. Zur Bekanntheit dieser Organisationen haben ferner die Proteste von Globalisierungskritikern beigetragen, die die jährlichen Treffen des IWF und der Weltbank, aber auch der Welthandelsorganisation („World Trade Organization“, WTO) immer häufiger medienwirksam begleiten. Gleichzeitig erlangen auch regionale Organisationen wie insbesondere die EU, aber auch die AU oder die Nordatlantische Vertragsorganisation („North Atlantic Treaty Organization“, NATO) vermehrt öffentliche Aufmerksamkeit. Die bisher genannten internationalen Organisationen stellen allerdings nur einen Bruchteil der gegenwärtig rund 250 internationalen zwischenstaatlichen Organisationen („Intergovernmental Organizations", IGOs) dar, ganz zu schweigen von den ungefähr 7.600 internationalen Nichtregierungsorganisationen („International Non-governmental Organizations", INGOs) (Union of International Associations 2008/09; Volgy et al. 2008).

Finanzen

Dazu kommt, dass nicht nur die Anzahl der internationalen Organisationen gestiegen ist, sondern auch ihre finanziellen und personellen Ressourcen angewachsen sind. Ein Blick auf ihr Budget verdeutlicht die Relevanz internationaler Organisationen. So verfügten die UN für die Jahre 2010 und 2011 über einen ordentlichen (Doppel-)Haushalt von 5,16 Milliarden US-Dollar. Zusätzlich standen ihren Sonderorganisationen im Jahr 2010 weitere 2,4 Milliarden US-Dollar ordentliche Haushaltsmittel, die sich aus verpflichtenden Beitragszahlungen der Mitgliedstaaten speisen, zur Verfügung. Freiwillige Beiträge für verschiedene UN-Programme, Fonds und Sonderorganisationen beliefen sich im Jahr 2009 auf weitere 19,7 Milliarden US-Dollar. Der Sonderhaushalt zur Finanzierung von Friedensmissionen der UN ist ebenfalls deutlich angewachsen und belief sich für den Zeitraum von 1. Januar 2010 bis 30. Juni 2011 auf 7,26 Milliarden US-Dollar. Im Vergleich dazu summierte sich der Gesamthaushalt der EU im Jahr 2011 auf 141,5 Milliarden Euro; dies unterstreicht den vergleichsweise hohen Grad der Integration auf regionaler europäischer Ebene. Die praktische Bedeutung internationaler Organisationen zeigt sich noch deutlicher, wenn wir uns den Umfang von Krediten und Darlehen internationaler Finanz- und Entwicklungsorganisationen ansehen: So hatte der IWF, der über ein jährliches administratives Budget von 880 Millionen US-Dollar verfügt, zur Eindämmung der Weltfinanzkrise (ab 2007) allein bis April 2009 Kredite im Umfang von 100 Milliarden US-Dollar vergeben. Dies ist mehr als doppelt so viel wie im Zuge der Asienkrise (1997). Im Jahr 2009 verständigten sich die 20 wichtigsten Industrie- und Schwellenländer (G-20) darauf, die Gesamtkreditvergabekapazität des IWF auf 750 Milliarden US-Dollar zu erhöhen.

Personal

Auch die Anzahl ihrer Mitarbeiter verweist auf die Relevanz und das politische Gewicht internationaler Organisationen. Allein die UN beschäftigen 40.000 Mitarbeiter in etwa 600 Büros weltweit; 12.000 davon arbeiten in den UN-Hauptquartieren in New York, Genf, Wien und Nairobi (United Nations 2009: 11). Bezieht man die Sonderorganisationen der UN mit ein, sind in der Gesamtheit der Organisationen der UN sogar fast 64.000 Mitarbeiter tätig. Die größte Sonderorganisation ist die Weltbank mit mehr als 10.000 Mitarbeitern, gefolgt von der Weltgesundheitsorganisation („World Health Organization", WHO) mit 8.000 Mitarbeitern. Die Gesamtheit der Organisationen des UN-Systems beschäftigt – statistisch gesehen – einen Mitarbeiter auf ca. 100.000 Angehörige der Weltbevölkerung. Demgegenüber kommen in der EU sieben „Eurokraten" auf 100.000 EU-Bürger. Mehr als 38.000 Mitarbeiter, die dauerhafte Stellen in der EU-Kommission (24.600), im Parlament (5.400), im Rat (3.100) oder in anderen EU-Organen besetzen, spiegeln das politische Gewicht der EU wider (European Parliament 2011: 115).

1.1 Definition von internationalen Organisationen

Die praktische Bedeutung von internationalen Organisationen ist also offensichtlich, aber wie kann man diese Organisationen konzeptualisieren? Erstaunlicherweise spricht die wissenschaftliche Literatur (wie auch die Alltagssprache) erst im 20. Jahrhundert regelmäßig von „internationalen Organisationen". Im 19. Jahrhundert waren in der Literatur vielmehr Begriffe wie „internationale Verwaltungsunion", „internationaler Verwaltungsverein", „internationales Büro" oder „internationale Kommission" gebräuchlich. Damals waren diese Begriffe auch insofern angemessen, als die Mehrzahl der internationalen Organisationen lediglich begrenzte, zumeist ausschließlich technische und administrative Aufgaben hatte. Ein anschauliches Beispiel ist die Rheinschifffahrtskommission. Gegründet in Folge des Wiener Kongresses (1814–15) war (und ist) es ihre zentrale Aufgabe, den internationalen Schiffsverkehr auf dem Rhein zu fördern.

Begriffshistorie

Der Begriff „internationale Organisation" wurde in der wissenschaftlichen Literatur wahrscheinlich erstmals in den späten 1860er Jahren durch den schottischen Rechtswissenschaftler James Lorimer gebraucht, der ihn auch in einigen seiner späten Veröffentlichungen verwandte. Da seine Veröffentlichungen teilweise auch ins Französische übersetzt wurden und auch der deutsche Publizist Constantin Frantz schon um 1880 vom „Föderalismus als ... Prinzip für ... Internationale Organisation" sprach, ist anzunehmen, dass der Begriff bis zum Ende des 19. Jahrhunderts in der wissenschaftlichen Literatur geläufig geworden ist. In einer ersten systematischen Auseinandersetzung mit dem neuen Gegenstand subsumierte Georg Jellinek (1882) ihn noch unter die „Lehre von den Staatenverbindungen". Die entscheidende Rezeption des Begriffs „Internationale Organisation" erfolgte in Deutschland mit der Abhandlung von Walther Schücking über „Die Organisation der Welt" (1908), die in einer gekürzten französischen Fassung den Titel „L'Organisation Internationale" trug. Die Verbreitung dieses Begriffs wurde noch dadurch verstärkt, dass die 1899 gegründete deutschsprachige Zeitschrift „Die Friedens-Warte" ihren Untertitel von „Zeitschrift für internationale Verständigung" (1908) in „Zeitschrift für zwischenstaatliche Organisation" (1909) änderte. In den USA fand der Ausdruck „international organization" durch seine Verwendung in dem Lehrbuch von Paul S. Reinsch „Public International Unions" (1911) Verbreitung (vgl. Potter 1945: 803–806).

Der Ausdruck „Internationale Organisation" wurde darüber hinaus 1919 in der Satzung des Völkerbunds verwandt. In Artikel 23 regte die Satzung die Errichtung internationaler Organisationen zur Förderung der internationalen Kooperation in bestimmten Sachbereichen an. Dementsprechend ist im Rahmen des Versailler Vertragswerkes beispielsweise die Internationale Arbeitsorganisation (ILO) gegründet worden. In Artikel 24 gebrauchte die Satzung jedoch zugleich für die damals bereits bestehenden internationalen Organisationen weiterhin die Begriffe „internationales Büro" bzw. „internationale Kommission". Bemerkenswert bleibt bei alledem auch, dass die Satzung den Völkerbund selbst nicht als internationale Organisation bezeichnet. So setzte sich erst nach 1945 mit der UN-Charta der Terminus der „internationalen Organisation" allgemein durch. Fortan bezeichneten sich internationale Organisationen auch selbst als solche.

Beispielsweise betont die UN-Charta am Ende der Präambel ausdrücklich, eine internationale Organisation mit dem Namen „Vereinte Nationen" zu errichten.

Bilder: Instrument, Arena, Akteur

Jenseits dieser zunehmend einheitlichen Terminologie verbinden sich mit internationalen Organisationen oftmals ganz unterschiedliche Bilder davon, was internationale Organisationen sind. Drei solcher Bilder stehen dabei im Vordergrund: Instrument, Arena und Akteur (Archer 2001; Rittberger et al. 1997). Häufig werden internationale Organisationen als Instrumente gesehen, mit deren Hilfe Staaten – insbesondere mächtige Staaten – ihre eigenen Interessen verfolgen, um sie gegenüber anderen Staaten wirksam durchsetzen zu können. Ein prominentes Beispiel bieten die UN, welche unter anderem die USA wiederholt zu instrumentalisieren versuchten, um sich etwa im Rahmen des Kalten Krieges gegen die UdSSR besser behaupten zu können. Im Gegensatz dazu erscheinen internationale Organisationen im Bild der Arena als institutionalisiertes Verhandlungsforum, in dem Staaten auf der Grundlage partiell überlappender, partiell aber auch widerstreitender Interessen miteinander verhandeln, um so zu Vereinbarungen zu gelangen, die im wechselseitigen Interesse liegen. Die UN wird zum Beispiel häufig als eine Arena der internationalen Umweltpolitik im Allgemeinen oder der internationalen Klimapolitik im Besonderen angesehen. Das Bild von internationalen Organisationen als Akteur unterstreicht demgegenüber, dass diese durch ihre satzungsmäßig vorgesehenen Organe auch eigenständig handeln können. Demnach sind nicht nur Staaten Akteure der internationalen Politik; vielmehr können internationale Organisationen dann Akteursqualität besitzen, wenn die Staaten ihre Souveränität zumindest teilweise in internationalen Organisationen bündeln („pooled sovereignty") oder auf diese teilweise übertragen („delegated sovereignty") (Moravcsik 1998: 67). So wird beispielsweise der UN-Sicherheitsrat regelmäßig als korporativer Akteur angesehen, in dem die Staaten bestimmte Souveränitätsrechte gebündelt haben. Die Europäische Kommission hingegen ist ein korporativer Akteur, an den die EU-Mitgliedstaaten substantielle Souveränitätsrechte abgetreten haben.

IOs und Regime

Unabhängig davon, in welchem Bild internationale Organisationen erscheinen, stellen sie einen speziellen Typ internationaler Institutionen dar. Grundsätzlich können zwei Typen von internationalen Institutionen unterschieden werden: internationale Regime und internationale Organisationen (Krasner 1983: 1). Als Institutionen sind beide Typen durch Verhaltensprinzipien, -normen und -regeln charakterisiert, die den jeweiligen Akteuren – also oftmals den Staaten – in wiederkehrenden Situationen bestimmte Verhaltensweisen vorgeben, um dadurch deren Verhaltenserwartungen anzugleichen. In zweierlei Hinsicht unterscheiden sich internationale Regime und internationale Organisationen. Zum einen beziehen sich internationale Regime immer auf ein spezifisches Politikfeld wie den Schutz der Ozonschicht, die Sicherung der Menschenrechte oder die Liberalisierung der Handelsbeziehungen. Internationale Organisationen hingegen können die Grenzen bestimmter Politikfelder überschreitend agieren. Die UN befassen sich beispielsweise sowohl mit dem Schutz der Ozonschicht als auch mit der Sicherung der Menschenrechte. Zum anderen besitzen internationale Regime keine Akteursqualität. Sie beruhen lediglich auf Verhaltensvorgaben wie denen des Atomwaffensperrvertrags („Nuclear Non-Proliferation Treaty", NPT), aufgrund dessen es Staaten unter anderem untersagt ist, Atomwaffen an andere Staaten weiterzugeben (vgl. Art. 1 und Art. 2 Abs. 2 NPT). Internationale Organisationen können hingegen auch Akteursqualität annehmen. Gerade in Gestalt ihrer Organe, wie z.B. ihrer Verwaltungsstäbe, können internationale Organisationen wie die UN, die Weltbank, die EU oder die NATO handelnd tätig werden, um beispielsweise bestimmte staatliche Verhaltensweisen zu bewerten. So kann der UN-Generalsekretär oder auch der UN-Sicherheitsrat als Akteur Staaten kritisieren, die an der Weiterverbreitung von Atomwaffen beteiligt sind (vgl. Abbildung 1.1).

Abbildung 1.1: Definition internationaler Organisationen

Unter internationalen Organisationen verstehen wir organschaftlich strukturierte, sowohl politikfeldbezogene als auch politikfeldübergreifende zwischenstaatliche Institutionen, die auf international vereinbarten Prinzipien, Normen und Regeln basieren, welche die Verhaltenserwartungen der beteiligten Akteure so angleichen, dass diese Organisationen repräsentiert durch ihre Organe gegenüber ihrer Umwelt selbst als Akteure auftreten können.

Beziehungen zwischen IOs und Regimen

Auf den ersten Blick mag die Unterscheidung zwischen internationalen Regimen einerseits und internationalen Organisationen andererseits verwirren. Deshalb müssen zwischen internationalen Regimen und internationalen Organisationen drei Beziehungen unterschieden werden, die letztlich auf verschiedene analytische Abstraktionsebenen des Regimebegriffs zurückgehen (vgl. Bedarff 2000: 20):

1. Die mit dem Begriff des Regimes erfassten politikfeldbezogenen Prinzipien, Normen, Regeln und Entscheidungsverfahren können in eine internationale Organisation eingebettet sein, in der mehrere Regime verankert sind. Diesem Verständnis folgend sind internationale Organisationen umfassender als Regime. Beispielsweise kann man die UN als eine internationale Organisation betrachten, in der die Prinzipien, Normen, Regeln und Entscheidungsverfahren so unterschiedlicher Regime wie das zum Schutz der Menschenrechte, der kollektiven Sicherheit oder zum Schutz der Ozonschicht verankert sind. Diesem Verständnis nach sind die einzelnen Regime in die internationale Organisation eingebettet.
2. Die mit dem Regimebegriff verbundenen politikfeldspezifischen Prinzipien, Normen, Regeln und Entscheidungsprozeduren können sich aus verschiedenen internationalen Organisationen ergeben. Diesem Verständnis folgend können einzelne internationale Regime umfassender sein als einzelne internationale Organisationen. Als Beispiel mag hier das nukleare Nichtverbreitungsregime dienen, das vornehmlich auf Prinzipien, Normen, Regeln und Entscheidungsverfahren beruht, die im Atomwaffensperrvertrag verankert sind. Denn in diesem Regime werden die Tätigkeiten verschiedener Organi-

sationen – u.a. der Internationale Atomenergiebehörde („International Atomic Energy Agency“, IAEA) und der UN – koordiniert.

3. Internationale Organisationen können zudem internationale Regime fördern. Internationale Organisationen unterstützen internationale Regime in zweierlei Hinsicht. Zum einen können sie durch ihre Fähigkeit, Normen zu generieren, zur treibenden Kraft bei der Schaffung neuer Regime werden. Zum anderen können sie (etwa mit der Überwachung der Norm- und Regeleinhaltung) einen Beitrag zur Effektivität von Regimen leisten. Zum Beispiel wirkte die UN an den Verhandlungen über den Atomwaffensperrvertrag mit, während die IAEA dauerhaft seine Einhaltung überwacht.

1.2 Unterscheidungen zwischen internationalen Organisationen

IGOs und INGOs

Aus unserer Sicht sind internationale Organisationen als soziale Institutionen für Global Governance zu verstehen. Wir legen den Schwerpunkt unserer Analyse auf internationale zwischenstaatliche Organisationen (IGOs) wie die UN, die WTO oder die EU. Diese sind zu unterscheiden von internationalen Nichtregierungsorganisationen (INGOs), welche sowohl nicht profitorientierte INGOs wie Amnesty International, Greenpeace oder Transparency International als auch profitorientierte multinationale Unternehmen wie Daimler, Microsoft oder Citigroup sein können. Die Mitgliedschaft von IGOs setzt sich vornehmlich aus Staaten zusammen, die in der Regel durch Regierungsvertreter repräsentiert sind; die Mitglieder von INGOs hingegen sind nichtstaatliche Akteure (vgl. Abbildung 1.2).

Abbildung 1.2: IGOs und INGOs in der Weltpolitik

IGOs internationale zwischenstaatliche Organisationen	Vereinte Nationen (UN) Europäische Union (EU) Afrikanische Union (AU) Organisation Amerikanischer Staaten (OAS) Verband Südostasiatischer Nationen (ASEAN) Internationaler Währungsfonds (IWF) Weltbank (IBRD)	
INGOs internationale Nichtregierungs- organisationen	nicht profitorientierte transnationale Organisationen (zivilgesellschaftliche Organisationen)	Römisch-katholische Kirche Internationales Olympisches Komitee (IOC) Greenpeace Amnesty International
	profitorientierte transnationale Organisationen (multinationale Unternehmen)	Daimler Microsoft Citigroup

Funktion im Politikprozess

Internationale zwischenstaatliche Organisationen – im Folgenden nur noch internationale Organisationen genannt – können aufgrund verschiedener Eigenschaften ihrer Tätigkeiten und ihres institutionellen Designs klassifiziert werden. So lassen sich beispielsweise mit Blick auf ihre zentrale Funktion im Politikprozess Programmorganisationen und operative Organisationen unterscheiden. *Programmorganisationen* befassen sich vorwiegend mit der Formulierung von Politikprogrammen, in denen sie die Verhaltensprinzipien, -normen und -regeln festlegen, an welchen sich die Staaten orientieren sollen. Sie spielen mithin eine bedeutende Rolle bei der Gründung internationaler Regime. Davon zu unterscheiden sind *operative Organisationen*, die sich auf die Implementierung von Verhaltensprinzipien, -normen und -regeln, beispielsweise durch die Überwachung ihrer Einhaltung, konzentrieren. Sie sind oftmals (mit-)entscheidend für die Effektivität von Regimen (vgl. Abbildung 1.3).

Abbildung 1.3: Typen internationaler Organisationen (Funktion)

Typ	***Programmorganisation***	***operative Organisation***
Funktion	Norm- und Regelsetzung	Norm- und Regelimplementierung
Beispiele	Vereinte Nationen (UN): Generalversammlung Weltgesundheitsorganisation (WHO): Ministerkonferenz Internationale Arbeitsorganisation (ILO): Internationale Arbeitskonferenz	Internationale Atomenergiebehörde (IAEA) Weltbank (IBRD) Internationaler Währungsfonds (IWF)

Delegation von Entscheidungsmacht

Darüber hinaus können internationale Organisationen nach dem Ausmaß unterschieden werden, in dem ihnen die Mitgliedstaaten Entscheidungsmacht übertragen („delegation") oder in ihnen zusammengelegt haben („pooling"). Bei *intergouvernementalen Organisationen* wird Entscheidungsmacht weder zusammengelegt („pooled") noch übertragen („delegated"). Diese Organisationen – zum Beispiel die Organisation für Sicherheit und Zusammenarbeit in Europa (OSZE) oder die Internationale Kaffeeorganisation („International Coffee Organization", ICO) – bieten lediglich Möglichkeiten zur horizontalen Koordinierung nationaler Politiken auf internationaler Ebene. Die nationalstaatliche Souveränität bleibt insofern unangetastet, als es für internationale Entscheidungen immer des Konsenses aller beteiligten Regierungen bedarf. Im Gegensatz dazu basieren *supranationale Organisationen* auf einem eher hierarchischen Herrschaftsmodus mit zentralisierten Entscheidungsfindungsprozessen. Obwohl die nationalen Regierungen an der Entscheidungsfindung in internationalen Organisationen beteiligt sind, bedarf es in *supranationalen Organisationen* nicht immer eines Konsenses. So können beispielsweise im Rat der EU auch bedeutende Entscheidungen mit qualifizierter Mehrheit gefällt werden und beim Europäischen Gerichtshof werden wichtige Entscheidungen sogar von unabhängigen Richtern gefällt (vgl. Abbildung 1.4).

Abbildung 1.4: Typen internationaler Organisationen (Entscheidungsmacht)

Typ	***intergouvernementale Organisation***	***supranationale Organisation***
Entscheidungsmacht	dezentralisiert: Konsens der Staaten erforderlich	zentralisiert: kein Konsens der Staaten erforderlich
Beispiele	Weltgesundheitsorganisation (WHO) Nordatlantische Vertragsorganisation (NATO) Internationale Kaffeeorganisation (ICO)	UN-Sicherheitsrat Weltbank (IBRD) Internationaler Währungsfonds (IWF) Europäische Union (EU)

Inklusivität

Internationale Organisationen können zudem danach unterschieden werden, inwiefern sie nichtstaatliche Akteure in ihre Entscheidungsfindung einbeziehen. Traditionell waren fast alle internationalen Organisationen – die ILO war hier eine frühe Ausnahme – rein *exekutiv-multilaterale Organisationen.* Charakterisiert durch nichtöffentliche Verhandlungen zwischen den Repräsentanten der mitgliedstaatlichen Regierungen gewährten sie nichtstaatlichen Akteuren allenfalls informellen Ad-hoc-Zugang zu ihren Entscheidungsverfahren. Heute hingegen haben sich fast alle internationale Organisationen für eine – mehr oder weniger – formalisierte Einbindung von nichtstaatlichen Akteuren geöffnet. Zwei Typen von internationalen Organisationen sind diesbezüglich zu unterscheiden. *Offene exekutiv-multilaterale Organisationen* kennen zwar ebenfalls ausschließlich Staaten als Mitglieder, räumen nichtstaatlichen Akteuren aber einen beratenden Status ein. Wie der Wirtschafts- und Sozialrat der Vereinten Nationen („Economic and Social Council", ECOSOC) gewähren diese Organisationen nichtstaatlichen Akteuren durch Anhörungs- oder Rederechte institutionalisierte Beteiligungsmöglichkeiten. So können sich nichtstaatliche Akteure an den Entscheidungen, welche in intergouvernementalen oder supranationalen Organen getroffen werden, beteiligen. *Inklusive, multipartistische Organisationen* wie der Globale Fonds zur Bekämpfung von Aids, Tuberkulose und Malaria („Global Fund") oder die Initiative für Transparenz in der Rohstoffwirtschaft („Extractive Industries Transparency Initiative", EITI) haben darüber hinaus sowohl staatliche (und zwischenstaatliche) als auch nichtstaatliche (privatwirtschaftliche und zivilgesellschaftliche) Akteure in ihrer Mitgliedschaft. Insofern gehen hier die Möglichkeiten der Beteiligung nichtstaatlicher Akteure an den Entscheidungsprozessen über ein bloßes Rede- und Anhörungsrecht hinaus und erstrecken sich zumeist auf ein formelles Stimmrecht (Rittberger et al. 2008; Kruck & Rittberger 2010; vgl. Abbildung 1.5).

Abbildung 1.5: Typen internationaler Organisationen (Inklusivität)

Typ	*(offene) exekutiv-multilaterale Organisation*	*inklusive, multipartistische Organisation*
Private Akteure	beratender Status	Mitgliedschaft
Beispiele	UN-Wirtschafts- und Sozialrat (ECOSOC) Weltbank (IBRD) Weltgesundheitsorganisation (WHO)	Globaler Fonds zur Bekämpfung von HIV/AIDS, Tuberkulose und Malaria („Global Fund“) Gemeinsames Programm der UN zu HIV/AIDS (UNAIDS) Internet Governance Forum (IGF) Initiative für Transparenz in der Rohstoffwirtschaft (EITI)

1.3 Überblick über das Buch

drei zentrale Fragen

Die wissenschaftliche Analyse internationaler Organisationen kann sich aus unserer Sicht nicht auf deren Typologisierung und Beschreibung beschränken; sie sollte auch verallgemeinerbare Aussagen über die Entstehungsbedingungen, Funktionsweisen und Auswirkungen internationaler Organisationen hervorbringen. Daher werden wir uns in diesem Lehrbuch sowohl mit den Bedingungen beschäftigen, die zur Entstehung von internationalen Organisationen beitragen, als auch mit ihren Funktionsweisen und den Auswirkungen, die sie auf die Weltpolitik heute haben. Dementsprechend wird sich dieses Lehrbuch folgenden drei Fragekomplexen zuwenden:

1. Warum werden internationale Organisationen geschaffen?

Diese Frage steht im Mittelpunkt von Teil I dieses Buches. Kapitel 2 bietet eine Einführung in die verschiedenen Theorien internationaler Organisationen, während Kapitel 3 eine empirisch-historische Analyse der Bedingungen, die zur Entstehung internationaler Organisationen führ(t)en, liefert.

2. Wie funktionieren internationale Organisationen?

Diese Frage wird vor allem in Teil II dieses Buches behandelt. Kapitel 4 bis 7 untersuchen, wie Entscheidungen in internationalen Organisationen getroffen werden. Zu diesem Zweck werden internationale Organisationen als politische Systeme konzeptualisiert, in denen die Anforderungen und die Unterstützungsleistungen (Inputs) verschiedener Akteure durch Konversionsprozesse zu Entscheidungen und daraus resultierend zu bestimmten Tätigkeiten (Outputs) führen.

3. Welche Folgen haben die Tätigkeiten internationaler Organisationen?

Mit dieser Frage werden wir uns vor allem in Teil III des Buches beschäftigen. In den Kapiteln 8 bis 11 fragen wir, welche Auswirkungen die Tätigkeiten internationaler Organisationen auf die internationale Kooperation und damit auf effektive und legitime Global Governance haben. Ausgehend von den spezifischen Kooperationsproblemen in den Sachbereichen „Sicherheit“, „Wohlfahrt“, „Umwelt“ und „Menschenrechte“ analysieren wir, in welchem Ausmaß internationale Organisationen dazu beitragen können, diese Probleme zu überwinden. In Kapitel 12 fragen wir zudem, wie internationale Organisationen die Strukturen der Weltpolitik verändern.

1.4 Diskussionsfragen

Was sind die Gemeinsamkeiten und Unterschiede zwischen internationalen Organisationen und internationalen Regimen?

Wie verhalten sich internationale Regime und internationale Organisationen zueinander?

Welche Typen internationaler Organisationen können unterschieden werden?

Teil I: Theorie und Geschichte internationaler Organisationen

Funktionen von Theorien

Eine Einführung in die Theorie und Geschichte internationaler Organisationen bildet eine erste wichtige Grundlage für die Analyse der Strukturen, Entscheidungsprozesse und Tätigkeiten internationaler Organisationen. Theorien tragen dazu bei, komplexe soziale Sachverhalte und Zusammenhänge zu ordnen und zu vereinfachen, aus einer Vielzahl von Daten (aus verschiedenen Blickwinkeln) relevante Informationen auszuwählen, kausale oder konstitutive Verhältnisse zu erklären und – mitunter – auch Prognosen anzustellen. Zugleich beeinflussen implizite ebenso wie explizite theoretische (Vor-)Entscheidungen unser Verständnis der jeweiligen Untersuchungsgegenstände, d.h. in unserem Fall Vorstellungen von internationalen Organisationen, in erheblichem Maße. Deshalb sind solide Kenntnisse der zentralen Analysekonzepte und konkurrierenden theoretischen Perspektiven auf internationale Organisationen unverzichtbar für eine wissenschaftliche Auseinandersetzung mit internationalen Organisationen. In Kapitel 2 werden verschiedene Theorien internationaler Organisationen vorgestellt, die unterschiedliche Erklärungen für die Entstehung, Entwicklung und Wirkungen internationaler Organisationen anbieten.

Theorie und Geschichte

Theorie(n) und Geschichte internationaler Organisationen sind jedoch eng miteinander verknüpft. Daher greift die historische Darstellung der Entwicklung internationaler Organisationen in Kapitel 3 auf die in Kapitel 2 vorgestellten Theorien zurück. Kapitel 3 bietet eine empirische, jedoch zugleich theoriengeleitete Analyse der Bedingungen, die die Schaffung und Entwicklung internationaler Organisationen geprägt haben. Dieser historische Überblick erstreckt sich über sechs zentrale Politikfelder der Weltpolitik: Krieg und Gewaltpolitik, industrielle Expansion, Weltwirtschaftskrisen, Menschenrechtsverletzungen, Entwicklungsdisparitäten und Umweltprobleme. Dieser historische Abriss zeigt zum einen, dass im Laufe des 20. Jahrhunderts in nahezu allen Politikfeldern die Quantität und Dichte internationaler Institutionalisierung durch globale und regionale Organisationen zugenommen haben. Zugleich tragen historische Kenntnisse über die Ursprünge und Entwicklung internationaler Organisationen zu einem besseren Verständnis der (im Fokus der späteren Kapitel stehenden) gegenwärtigen Funktionsweisen und Tätigkeiten internationaler Organisationen im frühen 21. Jahrhundert bei.

2 Theorien internationaler Organisationen

drei Theorieschulen

In diesem Kapitel stellen wir verschiedene Theorien über internationale Organisationen vor, die vor allem drei vorherrschende Theorieschulen der Internationalen Beziehungen widerspiegeln: die realistische, die institutionalistische und die konstruktivistische Theorieschule (vgl. u.a. Hasenclever et al. 1997). Den entsprechenden Theorien liegen unterschiedliche Annahmen über die zentralen Strukturen und Akteure in den internationalen Beziehungen zu Grunde. Deshalb kommen sie auch zu unterschiedlichen Aussagen über die Entstehungsbedingungen, das institutionelle Design, die Funktionsweise und die Auswirkungen internationaler Organisationen. Den drei Theorieschulen sind jeweils mehrere konkrete Theorien – oder theoretische Ansätze – zuzuordnen, welche innerhalb der jeweiligen Theorieschule einen je eigenen Akzent setzen (vgl. Abbildung 2.1).

Abbildung 2.1: Theorien internationaler Organisationen

Realistische Schule	**Institutionalistische Schule**	**Konstruktivistische Schule**
Realismus	Föderalismus Funktionalismus Neofunktionalismus Interdependenz-Analyse	Normativer Idealismus Transaktionalismus
Neorealismus	Neoinstitutionalismus	Sozialkonstruktivismus

2.1 Die realistische Schule

klassischer Realismus

Der *klassische Realismus* (Carr 1964; Morgenthau 1963) geht von der Prämisse aus, dass der moderne Territorialstaat nicht nur der entscheidende, sondern auch – wenn es um seine Sicherheit geht – ein in sich geschlossener, einheitlich auftretender Akteur in der internationalen Politik ist. Dementsprechend bleiben in realistischen Analysen der internationalen Politik gesellschaftliche Akteure ebenso ausgeblendet wie die inneren Unterschiede zwischen verschiedenen Staaten. Da es aus der Sicht des Realismus insbesondere von Hans Morgenthau in der Natur des Menschen liegt, nach Macht zu streben, ist internationale Politik genauso durch das stetige Machtstreben aller Staaten gekennzeichnet wie die nationale Politik durch das Machtstreben etwa unterschiedlicher Parteien oder Verbände: „Sowohl die nationale als auch die internationale Politik sind Machtkämpfe, die nur durch die verschiedenartigen Bedingungen, unter denen sich diese Kämpfe auf nationaler und internationaler Ebene abspielen, differenziert sind" (Morgenthau 1963: 75–76).

internationale Machtpolitik

Während der Kampf um Macht in der nationalen Politik aufgrund des staatlichen Gewaltmonopols begrenzt werden kann, so dass beispielsweise Gewaltanwendung als Mittel des politischen Machtkampfes ausscheidet, kann dieser Kampf um Macht in der internationalen Politik in Abwesenheit eines überstaatlichen Gewaltmonopols in Gewaltandrohung und -anwendung eskalieren. Da in einem solchermaßen anarchischen Selbsthilfesystem das Machtstreben eines Staates nur durch die Machtausübung anderer Staaten begrenzt wird, entspinnt sich in der internationalen Politik ein durch das Sicherheitsdilemma (vgl. Kap. 8) noch zusätzlich angetriebener Kampf aller gegen alle. Der Realismus betont nun, dass dieser Kampf objektiven Gesetzmäßigkeiten folgt (Morgenthau 1963: 49–50). Der Wettstreit aller gegen alle um Macht birgt in der internationalen Politik stets die Möglichkeit der Gewaltanwendung in sich. Kriege sind demnach nur dann zu verhindern, wenn die Macht jedes Staates (oder einer Allianz von Staaten) durch die Macht anderer Staaten (oder einer anderen Allianz von Staaten) ausgeglichen wird, so dass jeder Staat (oder jede Allianz) vor der Gewaltanwendung gegenüber anderen Staaten (oder anderen Allianzen) zurückschreckt. Da der klassische Realismus Machtstreben als anthropologische Grundkonstante begreift und diese menschliche Disposition in das zentrale Handlungsmotiv des Staates auf der internationalen Bühne übersetzt, gibt es nur eine Möglichkeit, Kriege zu vermeiden: das Betreiben einer auf ein Gleichgewicht der Mächte gerichteten klugen Politik (Morgenthau 1963: 145–197).

klassischer Realismus und IOs

Internationale Organisationen können derartige objektive Gesetzmäßigkeiten der internationalen Politik aus der Sicht des Realismus nicht außer Kraft setzen und somit keineswegs zu einem Strukturwandel der internationalen Beziehungen beitragen. Da sich durch internationale Organisationen die anarchische Struktur des internationalen Systems nicht überwinden lässt, können sie keinen Beitrag dazu leisten, dass der Machtkampf aller gegen alle in ähnlich geordnete Bahnen gelenkt werden kann, wie dies in den (stärker ausgeprägten) hierarchischen Strukturen nationaler politischer Systeme vielfach, freilich auch hier nicht durchgängig, gelingt. Dem Realismus folgend werden internationale Organisationen lediglich von mächtigen Staaten genutzt, um ihre Machtpolitik möglichst effektiv durchführen zu können; sie sind mithin Instrumente, derer sich die im internationalen System mächtigsten Staaten zur Durchsetzung ihrer Eigeninteressen bedienen. Folglich hängt sowohl die Errichtung internationaler Organisationen als auch ihre Wirksamkeit von der Existenz eines mit überragenden Machtressourcen ausgestatteten Hegemons ab. Deshalb können internationale Organisationen politische Programmentscheidungen durch operative Maßnahmen nur dann umsetzen, wenn innerhalb der Organisation ein Staat in Bezug auf seine Machtressourcen allen anderen Staaten so überlegen ist, dass er für diese Programme und operativen Maßnahmen in der betreffenden internationalen Organisation Gefolgschaft findet.

Neorealismus

Der *Neorealismus* übernimmt zwar weitgehend die Annahmen des klassischen Realismus (Gilpin 1981; Grieco 1988; Kennedy 1987; Mearsheimer 2001; Waltz 1979). Allerdings wird nicht angenommen, dass es die Natur des Menschen ist, die Staaten dazu anhält, im internationalen System nach Machterwerb zu streben. Vielmehr ist es aus der Sicht des Neorealismus die anarchische Struktur des internationalen Systems selbst und das daraus erwachsende Sicherheitsdilemma, die Staaten unabhängig von ihren gesellschaftlichen und politischen Systemen zu einer vorrangig an Sicherheit, das heißt an Autonomie- und Einflussmehrung orientierten Politik zwingen (Mearsheimer 2001: 29–54; Waltz 1990: 29–37). Im

Unterschied zu den hierarchischen Strukturen in nationalen politischen Systemen garantiert im internationalen System mit seiner anarchischen Struktur kein Gewaltmonopolist das Überleben der Staaten. Die Staaten müssen vielmehr durch Machtmittel selbst für ihr Überleben sorgen. Staaten, die ihre Politik nicht an diesem Selbsthilfeimperativ des Machterwerbs oder -erhalts orientieren, werden aufgrund der anarchischen Struktur zwangsläufig vom Untergang bedroht sein. Denn sie laufen Gefahr, Opfer derjenigen Staaten zu werden, die sich dem Selbsthilfeimperativ des Machterwerbs fügen. Um ihr Überleben sichern zu können, sind demnach im internationalen System letztlich alle Staaten als rationale Akteure gehalten, nach Macht zu streben (Waltz 1979: 79–101).

Kooperationshindernisse

Da aus der Sicht des Neorealismus die anarchische Struktur des internationalen Systems Machtstreben bei Strafe der Gefahr des Untergangs vorgibt, sind internationale Organisationen wie im klassischen Realismus weitgehend wirkungs- und damit bedeutungslos. Eine durch internationale Organisationen gestützte Kooperation zwischen Staaten ist selbst dann kaum zu erreichen, wenn dies im gemeinsamen Interesse ist, mithin für jeden Staat Gewinne verspricht. Denn aufgrund der anarchischen Struktur des internationalen Systems ist jeder Staat aus Eigeninteresse gehalten, nicht nur darauf zu achten, dass ihm die internationale Kooperation absolute Gewinne einbringt, sondern auch sicherzustellen, dass er durch internationale Kooperation nicht relativ zu anderen Staaten weniger Gewinne als jene erzielt. Da der Kooperationspartner von heute bereits morgen ein die eigene Sicherheit gefährdender Widersacher sein könnte, müssen Staaten aus der Sicht des Neorealismus angesichts der anarchischen Struktur des internationalen Systems darauf achten, dass andere Staaten von der gemeinsamen Kooperation in internationalen Organisationen nicht mehr profitieren als sie selbst. Denn durch internationale Kooperation erzielte absolute Gewinne übersetzen sich in einen Machtverlust, wenn die internationale Kooperation für andere Staaten mit einem relativen Mehr an Gewinnen verbunden ist (Grieco 1988; 1990; 1993). Durch internationale Organisationen gestützte Kooperation zwischen Staaten ist deshalb aus der Sicht des Neorealismus kaum von Dauer. Denn eine von gemeinsamen Interessen getragene Kooperation, die für jeden der beteiligten Staaten zwar absolute, aber für keinen von ihnen relative Gewinne abwirft, so dass sie die Machtverteilung aufgrund einer ausgewogenen Gewinnverteilung unberührt lässt, ist praktisch nur sehr schwer zu erreichen.

Hegemoniebedingung

Deshalb kann es in internationalen Organisationen aus neorealistischer Sicht nur dann zu dauerhafter internationaler Kooperation kommen, wenn einer der beteiligten Staaten hinsichtlich seiner Machtmittel gegenüber allen anderen Mitgliedstaaten dieser Organisation so überlegen ist, dass er es sich leisten kann, relative Gewinne anderer Staaten zu tolerieren, um selbst absolute Gewinne erzielen zu können. Dementsprechend sind internationale Organisationen im Neorealismus ebenso wie bereits im klassischen Realismus davon abhängig, dass sich ihre Kooperationsleistungen auf eine Hegemonialmacht stützen können. Mit anderen Worten, internationale Organisationen können nur dann zu internationaler Kooperation beitragen, wenn es eine Hegemonialmacht gibt, die fähig und willens ist, die damit verbundenen Kooperationskosten überproportional zu tragen (Hegemoniebedingung). Die Entstehung internationaler Organisationen bedarf somit der (Vorab)-Kostenübernahme durch einen zumindest politikfeldspezifisch mit überragenden Machtressourcen ausgestatteten Hegemon, der durch eine Mischung von Zwang und Anreizen andere Staaten in die Organisation einbindet (vgl. Keohane 1980).

Theorie der hegemonialen Stabilität

Gemäß dieser Theorie der hegemonialen Stabilität ist die Bedeutung internationaler Organisationen eng mit dem Aufstieg und dem Niedergang der sie tragenden Hegemonialmächte verbunden (Gilpin 1981; Kennedy 1987; Kindleberger 1976; Modelski 1987). Der Aufstieg und Fall von wechselnden Hegemonialmächten gilt dem Neorealismus als Gesetzmäßigkeit der internationalen Politik, da auf Dauer die Bereitschaft, die mit einer effektiven Weltordnungspolitik verbundenen Kooperationskosten überproportional zu tragen, jeden noch so überlegenen Staat gegenüber anderen mächtigen Staaten (potenziellen Herausforderern) schwächt, so dass er seine Hegemonialstellung verliert. Dieses Modell wird einerseits zur Erklärung des Niedergangs der portugiesischen Hegemonie des 16. Jahrhunderts, der niederländischen des 17. sowie der britischen des 18. und 19. Jahrhunderts heran gezogen. Andererseits wird mit ihm vorausgesagt, dass auch die amerikanische Hegemonie des 20. und frühen 21. Jahrhunderts wie ihre Vorläufer zu Ende gehen wird (Layne 1993; 2006). Zudem erklärt der jeweilige Hegemonialverfall auch, warum die jeweils geltende, im 19. und 20. Jahrhundert teilweise auch auf internationale Organisationen gestützte Weltordnung gegen Ende eines jeden Hegemonialzyklus zerfallen ist.

Macht und institutionelles Design

Aus Sicht des Neorealismus hängen jedoch nicht nur die Entstehung internationaler Organisationen sowie ihre Effektivität von den Interessen mächtiger Staaten ab. Auch das institutionelle Design internationaler Organisationen wird von den Interessen der mächtigsten Staaten – ggf. des Hegemons – bestimmt. Realisten gehen davon aus, dass insbesondere mächtige Staaten keine bedeutsamen Entscheidungskompetenzen an internationale Organisationen übertragen oder in internationalen Organisationen zusammenlegen werden. Um unbequeme Entscheidungen zu vermeiden, bevorzugen sie intergouvernementale gegenüber supranationalen Organisationen. Dort hingegen, wo supranationale Entscheidungsverfahren notwendig erscheinen, werden diese mächtige Staaten besonders privilegieren, so dass sie auch hier die Entscheidungsfindung weitgehend kontrollieren können. Ein Beispiel dafür bieten die gewichteten Stimmrechte im Verwaltungsrat des Internationalen Währungsfonds (IWF), aufgrund derer zumindest die USA bei wichtigen Entscheidungen faktisch ein Vetorecht besitzen. Ein anderes Beispiel ist der UN-Sicherheitsrat, der China, Frankreich, Großbritannien, Russland und den USA einen ständigen Sitz mit Vetorecht einräumt.

Dementsprechend ist auch eine Einbindung nichtstaatlicher Akteure in die Entscheidungsfindung internationaler Organisationen nur dann zu erwarten, wenn mächtige Staaten davon ausgehen, dass diese ihnen helfen, ihre Interessen gegenüber anderen Staaten wirksamer vertreten zu können. So mag sich aus dieser Sicht die vergleichsweise frühzeitige Einbindung zivilgesellschaftlicher Akteure in die Menschenrechtspolitik der UN mit den Interessen mächtiger demokratischer Staaten – insbesondere der USA – erklären.

2.2 Die institutionalistische Schule

Grundannahmen

Der Institutionalismus stimmt sowohl in der Beschreibung der Strukturen des internationalen Systems als auch in der Beurteilung des Handlungsmodus der von ihm identifizierten Akteure – der Staaten – mit dem Realismus weithin überein. Zum einen betont auch der Institutionalismus die anarchische Struktur des internationalen Systems. Zum anderen gehen auch Institutionalisten davon aus, dass die Staaten als die zentralen Akteure der internationalen Politik rational-eigennützig handeln, das heißt aus einer gegebenen Menge von Handlungsoptionen diejenige Handlung wählen, mit der sie ihre – allerdings nicht nur am Machterwerb ausgerichteten – Interessen am besten verwirklichen können. Gleichwohl schätzen Institutionalisten die Chancen zwischenstaatlicher Kooperation zumindest dann deutlich höher ein, wenn diese durch internationale Organisationen abgestützt wird. Denn Institutionalisten nehmen an, dass Staaten heute vermehrt durch komplexe Interdependenzbeziehungen miteinander verbunden sind. Diese Staatsgrenzen überschreitenden Interdependenzen rufen vielfach Problemlagen hervor, die kein Staat alleine bewältigen kann (Keohane & Nye 2001). Dementsprechend schließen sich die Interessen verschiedener Staaten immer weniger von vornherein wechselseitig aus; sie stimmen aber auch nicht von vornherein miteinander überein. Vielmehr sind die Staaten aufgrund der zunehmend dichten Interdependenzen in Interessenkonstellationen (Situationsstrukturen) gefangen, in denen sich übereinstimmende und ausschließende Interessen überlagern (Keohane 1984; 1989a). Dementsprechend ist internationale Kooperation zwar im gemeinsamen Interesse, doch die individuellen Interessen jedes einzelnen Staates mögen diesen dazu anhalten, aus der Kooperation (heimlich) auszuscheren. Die zentrale Annahme des Institutionalismus ist nun, dass Staaten in derartigen Interessenkonstellationen internationale Organisationen gründen, um im gemeinsamen Interesse ihre Kooperation auf eine erwartungsverlässliche Grundlage zu stellen (Keohane 1984; 1989a).

Föderalismus

Der *Föderalismus* (C.J. Friedrich 1964; 1968) ist im Rahmen der institutionalistischen Schule die älteste Theorierichtung. Sie orientiert sich in ihrer Analyse internationaler Organisationen besonders an dem historischen Beispiel der Gründung von Staatenbünden und Bundesstaaten seit dem ausgehenden 18. Jahrhundert. Demnach ist die Föderation verschiedener Staaten und mithin auch die Bildung einer internationalen Organisation im Interesse der Vermeidung künftiger Kriege zwischen ihren Mitgliedstaaten vor allem durch eine bewusste Entscheidung politischer Eliten und deren Unterstützung durch Massenbewegungen in den beteiligten Gesellschaften zu erreichen. Föderalismus wird als Prozess verstanden, in dessen Verlauf sich souveräne Staaten aufgrund gemeinsamer Interessen eine gemeinsame Ordnung geben, in der jeder Staat seine Identität weitgehend erhalten kann. Eine derartige Föderation wird dann entstehen, wenn u.a. durch zunehmende Interdependenzbeziehungen heraufbeschworene gemeinsame Probleme die Kooperation verschiedener Staaten erforderlich machen, doch die je eigenen Identitäten der beteiligten Gesellschaften einer weitreichenden Verschmelzung der verschiedenen Staaten entgegen stehen.

Der *Funktionalismus* (Mitrany 1933; 1966) erachtet demgegenüber den föderationsgleichen Zusammenschluss verschiedener Staaten in internationalen Organisationen als illusionär. Für den Funktionalismus stellen internationale Organisationen vielmehr Zweckverbände dar, die Staaten bei der Bewältigung von durch zunehmende Interdependenzbeziehungen hervorgerufenen Problemen unterstützen. Dadurch werden die Staaten bei der Bearbeitung derartiger Probleme zugleich entlastet und entwertet, ohne jedoch in einer ihnen übergeordneten föderationsgleichen Verbindung aufzugehen. Der Funktionalismus sieht den Bedeutungszuwachs internationaler Organisationen in Entwicklungsgesetzlichkeiten moderner Gesellschaften begründet. Demnach erzeugt der technische Fortschritt zunehmende Interdependenzbeziehungen, aufgrund derer gewissermaßen automatisch internationale Organisationen entstehen. Denn nach Mitrany gilt: „form follows function“. Das heißt, die durch die zunehmend dichten Interdependenzbeziehungen über Staatsgrenzen hinweg entstehenden Problemlagen ziehen gleichsam automatisch die Organisationen nach sich, die zu einer erfolgreichen Problembearbeitung notwendig sind. Mithin erklären die durch internationale Interdependenzen hervorgerufenen Problemlagen die Bildung internationaler Organisationen, die diese Probleme bearbeitbar machen sollen.

Funktionalismus

Im *Neofunktionalismus* (E.B. Haas 1964; 1968) wird die dem (älteren) Funktionalismus zugrundeliegende Annahme aufgegeben, dass die internationale Politik letztlich durch die aus dem technischen Fortschritt resultierenden vermehrten Interdependenzen in der Wirtschaft bestimmt wird. Statt der Abhängigkeit der Politik vom technischen Fortschritt wird die Interdependenz von Wirtschaft und Politik betont. Der Neofunktionalismus, der der Beobachtung der europäischen Integration entsprungen ist, geht davon aus, dass die Bildung einer internationalen Organisation zunächst der kooperativen Bearbeitung der Interdependenzprobleme in einem eng begrenzten Politikfeld dient. Daraus kann dann aber ein dynamischer Integrationsprozess erwachsen, weil durch die kooperative Bearbeitung von Interdependenzproblemen in einem Politikfeld zumeist neue Interdependenzen in angrenzenden Politikfeldern entstehen. Deshalb wächst bei den beteiligten Staaten ein Interesse, auch die Interdependenzprobleme in diesen Politikfeldern in der jeweiligen internationalen Organisation zu bearbeiten. Folglich wird eine internationale Organisation, die zunächst auf einige wenige Politikfelder beschränkt war, ihre Kompetenz auf weitere Politikfelder ausweiten können. Dieser „spillover“-Prozess kann somit eine Integrationsdynamik auslösen, die nicht nur mehr und mehr intergouvernementale Organisationen nach sich zieht, sondern auch supranationale Organisationen schafft.

Neofunktionalismus

Die *Interdependenzanalyse* (Keohane & Nye 2001; Kohler-Koch 1990) geht ähnlich wie der Funktionalismus davon aus, dass die durch zunehmend komplexe Interdependenzen geschaffenen und daher nur kollektiv bearbeitbaren Problemlagen dazu beitragen, dass internationale Organisationen an Bedeutung gewinnen. Dem Funktionalismus entgegen wird allerdings nicht unterstellt, dass zunehmende Interdependenzen sich über die damit verbundenen kollektiven Problemlagen praktisch automatisch in immer mehr internationale Organisationen zu deren Bearbeitung übersetzen. Die Interdependenzanalyse erkennt vielmehr an, dass die Bildung internationaler Organisationen auch von den vorherr-

Interdependenzanalyse

schenden Machtverhältnissen abhängig ist. Macht wird hier allerdings nicht politikfeldübergreifend primär als militärische Macht, sondern als jeweils politikfeldspezifische Macht verstanden. Denn gerade aufgrund komplexer Interdependenzen ist aus der Sicht der Interdependenzanalyse militärische Macht nicht mehr in jedem Falle politikfeldübergreifend einzusetzen. Dementsprechend hängt die Entwicklung internationaler Organisationen nicht nur von dem Grad der komplexen Interdependenz, sondern auch von den Machtverhältnissen in einem spezifischen Politikfeld ab, in dem die jeweiligen Organisationen tätig sind. Dabei bestimmt sich auch die Machtverteilung durch die Art der Interdependenzen. Für die Machtverhältnisse in einem Politikfeld ist einerseits entscheidend, ob die Interdependenzen zwischen den betreffenden Staaten symmetrisch oder asymmetrisch sind, und andererseits inwieweit die betreffenden Staaten nicht nur von Interdependenzen betroffen („sensitivity"), sondern durch diese auch verwundbar („vulnerability") sind.

Neoinstitutionalismus

Der *Neoinstitutionalismus* (Keohane 1984; 1989a; Koremenos et al. 2001; Thompson 2009; Zürn 1992) baut mit seinen Prämissen auf dem älteren Institutionalismus auf, hat jedoch gerade dessen Theorie internationaler Institutionen im Allgemeinen und internationaler Organisationen im Besonderen erheblich weiter entwickelt. Auch vom Neoinstitutionalismus wird zunächst unterstrichen, dass internationale Institutionen im Allgemeinen und internationale Organisationen im Besonderen angesichts der zunehmend komplexen Interdependenz in vielen Bereichen der internationalen Politik immer mehr an Bedeutung gewinnen. Denn internationale Institutionen können Staaten, die sich in einem Politikfeld aufgrund komplexer Interdependenzen in Interessenkonstellationen befinden, in denen ihre Interessen weder vollkommen gleichgerichtet sind noch sich wechselseitig ausschließen, helfen, im gemeinsamen Interesse erfolgreich zu kooperieren. Da die Interessen der beteiligten Staaten in derartigen Interessenkonstellationen nicht völlig übereinstimmen, mithin jeder Staat zum einen auch einen Anreiz verspürt, aus der gemeinsamen Kooperation auszuscheren, und zum anderen befürchten muss, andere könnten die gemeinsame Kooperation heimlich aufkündigen, kann diese ohne internationale Organisationen nur schwer gelingen. Da durch internationale Organisationen – insbesondere durch ihre Überwachungs- und Sanktionsmechanismen – sowohl der Anreiz zur eigenen Selbsthilfe als auch die Sorge um die Selbsthilfe anderer verringert werden kann, machen diese aus der Sicht des Neoinstitutionalismus internationale Kooperation, die im gemeinsamen Interesse der beteiligten Staaten liegt, vielfach erst möglich, zumindest aber wahrscheinlicher (Keohane 1989b).

Möglichkeit von Kooperation

Da internationale Institutionen also in derartigen Interessenkonstellationen den Staaten helfen können, ihre Interessen zu verfolgen und zu verwirklichen, liegt es im Eigeninteresse der Staaten, internationale Institutionen zu begründen oder zu erhalten (Keohane 1984: 80). Deshalb sind internationale Organisationen nicht davon abhängig, dass einer der beteiligten Staaten eine Hegemonialstellung einnimmt. Vom Neoinstitutionalismus ausgehende Untersuchungen konnten vielmehr darlegen, dass viele internationale Institutionen aufrechterhalten werden konnten, obwohl die USA ihre wirtschaftliche Hegemonialstellung in den 1970er Jahren einzubüßen drohten. Kooperation „after hegemony" erwies sich als möglich (Keohane 1984). Darüber hinaus gelang es einigen vom Neoinstitutionalismus beeinflussten Studien zu zeigen, dass in den Ost-West-Beziehungen seit den 1960er Jahren internationale Institutionen entstanden, obwohl hier weder die USA noch die damalige UdSSR eine Hegemonialstellung beanspruchen konnten: Kooperation „without hegemony“ war offenbar ebenfalls möglich (Rittberger & Zürn 1990).

Problembedingung

Die Errichtung und Aufrechterhaltung internationaler Organisationen ist aus der Sicht des Neoinstitutionalismus folglich nicht in erster Linie eine Frage des Angebots (die Gründung wird von einem Hegemon vorgenommen), sondern auch und vor allem eine der Nachfrage (problematische Interessenkonstellation). So gehen im Rahmen der neoinstitutionalistischen Theorie entwickelte situationsstrukturelle Analyseansätze davon aus, dass sich immer dann ein Bedarf an internationalen Organisationen einstellt, wenn Staatsgrenzen überschreitende Interdependenzbeziehungen sich in Interaktionsergebnisse übersetzen, die von den Staaten im Lichte ihrer Interessen als unerwünscht oder verbesserungsfähig eingeschätzt werden (Problembedingung). Internationale Organisationen werden aus dieser Sicht von Staaten begründet, um einerseits Interaktionsergebnisse zu vermeiden, die jeden Staat schlechter stellen als bei kooperativem Vorgehen („common aversion“), und um andererseits Interaktionsergebnisse zu erzielen, die die Staaten gemeinsam anstreben („common interest“), weil diese sie besser stellen als ohne kooperatives Vorgehen. Das bekannteste Beispiel einer solchen Interessenkonstellation – eines solchen „mixed motive game“ – ist das so genannte Gefangenendilemma („Prisoner’s Dilemma“, PD, vgl. Abbildung 2.2).

Abbildung 2.2: Das Gefangenendilemma

Spieler B Spieler A	Kooperation	Nichtkooperation
Kooperation	3 / 3	1 / 4
Nichtkooperation	4 / 1	2 / 2

Rangordnung: 4 = bestes Ergebnis, 1 = schlechtestes Ergebnis. Beide Spieler ziehen die gemeinsame Kooperation (3/3) der gegenseitigen Nichtkooperation vor (2/2). Jeder Spieler präferiert aber die einseitige Nichtkooperation (4/1). Das schlechteste mögliche Ergebnis für jeden Spieler ist die eigene Kooperation bei einer Nichtkooperation des Anderen (1/4).
Die Geschichte, die dem Gefangenendilemma ihren Namen gibt, geht von zwei Straftätern aus, die festgenommen wurden. Da die Staatsanwaltschaft keine ausreichenden Beweise hat, bietet sie beiden dieselbe Vereinbarung an. Bei einem Geständnis, das zur Verurteilung des leugnenden Komplizen führt, bleibt der Geständige straffrei. Der leugnende Komplize erhält dann eine Gefängnisstrafe von 10 Jahren (Kooperation, Nichtkooperation). Gestehen beide, erhalten beide eine Gefängnisstrafe von 5 Jahren (Nichtkooperation, Nichtkooperation). Wenn beide schweigen, können sie aufgrund der mangelhaften Beweislage nur zu 6 Monaten Haft verurteilt werden (Kooperation, Kooperation). Die vorherrschende Strategie wird aber bei beiden Gefangenen die Beschuldigung des Anderen (also Nichtkooperation) sein. Denn unabhängig davon, was jeder der beiden Straftäter erwartet, was der Andere tun wird, das Geständnis wird sich für ihn auszahlen.
Das Gefangenendilemma bildet eine Interessenkonstellation ab, die sich in der internationalen Politik etwa bei Rüstungswettläufen oder bei Handelskonflikten wieder finden lässt.

vier Interessenkonstellationen

Der Neoinstitutionalismus macht die Errichtung internationaler Organisationen und ihr institutionelles Design vor allem vom Typ der Interessenkonstellation abhängig, die den internationalen Kooperationsbedarf begründet. Vereinfacht gesagt ist die Errichtung internationaler Organisationen bei jenen Interessenkonstellationen wahrscheinlich, in denen gemeinsame Interessen der beteiligten Staaten gegenüber widerstreitenden Interessen überwiegen. Dabei lassen sich vier Typen von Interessenkonstellationen unterscheiden (Koremenos et al. 2001; Martin 1992; Snidal 1985; Stein 1983; Zangl 1999; Zürn 1992):

Stag Hunt

1. Bei Interessenkonstellationen vom Typ „Koordinationsspiel ohne Verteilungskonflikt" („Stag Hunt") ist die Wahrscheinlichkeit der Bildung internationaler Organisationen sehr groß, da es hier ausschließlich darum geht, dass sich die beteiligten Staaten ihrer gemeinsamen Interessen an internationaler Kooperation versichern. Da bei Interessenkonstellationen dieses Typs die Kooperationshindernisse gering sind, müssen hier zumeist lediglich Programmorganisationen mit intergouvernementalen Entscheidungsverfahren begründet werden.

Battle of the Sexes

2. Bei Interessenkonstellationen vom Typ „Koordinationsspiel mit Verteilungskonflikt" („Battle of the Sexes") ist die Wahrscheinlichkeit der Bildung internationaler Organisationen ebenfalls groß. Zwar gibt es auch hier keinen Anreiz, aus der einmal erreichten Kooperation auszuscheren, so dass die Bildung operativer Organisationen überflüssig ist; doch da hier Verteilungskonflikte ein ernsthaftes Kooperationshindernis bilden können, werden bei dieser Interessenkonstellation häufig Programmorganisationen mit supranationalen Entscheidungskompetenzen notwendig.

Prisoner's Dilemma

3. Bei der Situationsstruktur vom Typ „Dilemmaspiel ohne Verteilungskonflikt" („Prisoner's Dilemma") ist die Wahrscheinlichkeit der Bildung internationaler Organisationen weitaus geringer als bei Koordinationsspielen mit oder ohne Verteilungskonflikt. Dies hängt nicht zuletzt damit zusammen, dass internationale Kooperation hier nicht nur einer Programmorganisation bedarf, sondern auf eine operative Organisation angewiesen ist. Denn bei Dilemmaspielen wird internationale Kooperation insbesondere dadurch behindert, dass zum einen alle beteiligten Staaten stets einen Anreiz verspüren, aus der bereits erreichten Kooperation auszuscheren, und zum anderen besorgt sein müssen, andere könnten aus der Kooperation ausscheren.

Suasion Game

4. Dadurch wird auch die internationale Kooperation bei einem „Dilemmaspiel mit Verteilungskonflikt" („Suasion Game") behindert. Da hier zusätzlich noch ein Verteilungskonflikt auftaucht, wird die Bildung internationaler Organisationen weiter erschwert. Für eine erfolgreiche Kooperation braucht es dann Programmorganisationen, die gleichzeitig operative Organisationen mit supranationalen Entscheidungskompetenzen sind (Martin 1992; Snidal 1985; Stein 1983; Zangl 1999).

Aus welcher Interessenkonstellation internationale Organisationen auch entstehen, der Neoinstitutionalismus geht davon aus, dass mit ihnen die Kooperation zwischen Staaten wahrscheinlicher wird, weil sie die Transaktionskosten zwischen den Staaten reduzieren (Coase 1960). Programmorganisationen senken insbesondere die Kosten, die Verhandlungen über Kooperationsvereinbarungen verursachen, während operative Organisationen die Kosten der Implementierung von Kooperationsvereinbarungen reduzieren. Eine offene Frage bleibt allerdings, warum die Staaten solche Aufgaben manchmal an supranationale Organisationen delegieren, in anderen Fällen aber ihre Kontrolle in intergouvernementalen Organisationen wahren. Erklärungen bietet hier die Prinzipal-Agent-Theorie, eine Variante des Neoinstitutionalismus, die sich stärker auf das Design internationaler Organisationen und ihrer spezifischen Organe konzentriert (Hawkins et al. 2006; Pollack 2003; Tallberg 2002).

Prinzipal-Agent-Theorie

Nach der *Prinzipal-Agent-Theorie* kann die Beziehung zwischen den Mitgliedstaaten einer internationalen Organisation und den Organen der jeweiligen Organisation – insbesondere den Verwaltungsstäben sowie den Überwachungs- und Streitschlichtungsorganen – als eine Beziehung zwischen einem Prinzipal und seinen Agenten verstanden werden. Eine Prinzipal-Agent-Beziehung ist definiert als eine vertragliche Vereinbarung, die die Übertragung bestimmter Aufgaben von einem Prinzipal (z.B. EU-Mitgliedstaaten) an einen Agent (z.B. die EU-Kommission) gewährleistet. Der Agent wird also durch eine bedingte und kündbare vertragliche Vereinbarung autorisiert, für den Prinzipal bestimmte Aufgaben zu übernehmen, weil sich der Prinzipal davon eine bessere – vor allem Transaktionskosten sparende – Aufgabenerfüllung verspricht (Hawkins et al. 2006: 7; Tallberg 2002: 25).

Aus Sicht der Prinzipal-Agent-Theorie hängt es von der Aufgabe ab, die ein bestimmtes Organ einer internationalen Organisation übernehmen soll, ob die Staaten diesem lediglich intergouvernementale oder auch supranationale Entscheidungsgewalt übertragen (Hawkins et al. 2006: 13–23; Pollack 2003: 20–24; Tallberg 2002: 26). Staaten werden nur Aufgaben an supranationale Organe delegieren, die sie nicht ebenso gut – das heißt: vor allem ohne zusätzliche Transaktionskosten – selbst in intergouvernementalen Organen übernehmen können. Ein Beispiel: Fehlen den Staaten als Prinzipal beispielsweise die notwendigen Informationen und die notwendige Expertise, um eine komplexe Aufgabe zu erfüllen, so ist zu erwarten, dass sie eher bereit sind, diese an supranationale Organe zu übertragen; besitzen sie hingegen diese Informationen und Expertise selbst, so werden sie die entsprechende Aufgabe eher in intergouvernementalen Organen zu erfüllen versuchen (Hawkins et al. 2006: 13–15; Pollack 2003: 23, 28–29). Ein weiteres Beispiel für eine Aufgabe, die Staaten an supranationale Organe internationaler Organisationen delegieren, anstatt sie selbst in intergouvernementalen Organen zu übernehmen, betrifft das „Agenda-Setting“, d.h. die Aufstellung der politischen Tagesordnung. Denn durch die Delegation dieser Aufgabe an einen Agent können sie der endlosen Zirkulation verschiedener Politikvorschläge entgegenwirken (Pollack: 2003: 24), die dann zu erwarten ist, wenn jedes Mitglied des kollektiven Prinzipals (jeder Staat) selbst für sich das „Agenda-Setting“ in Anspruch nimmt. Außerdem ist zu erwarten, dass Staaten bereit sind, die Kontrolle der Einhaltung internationaler Vereinbarungen sowie die Sanktionierung der Missachtung solcher Vereinbarungen an supranationale Organe zu delegieren. Denn als Agenten können diese jene Aufgabe zumeist günstiger übernehmen und zuverlässiger ausführen, als das die Staaten als Prinzipal selbst könnten. Eine weitere Aufgabe, die Staaten aus Sicht der Prinzipal-Agent-Theorie oftmals delegieren, ist die der Interpretation unvollständiger internationaler Vereinbarungen. Denn dadurch wird verhindert, dass die Mitglieder des Prinzipals bei jeder Vertragslücke beginnen, die gesamte Vereinbarung erneut auszuhandeln. Indem sie die Interpretation von Vereinbarungen an supranationale Organe delegieren, sparen sie die Verhandlungskosten, die eine Aufgabenerledigung in intergouvernementalen Organen mit sich brächte.

Kontrolle von IOs

Bei allen Transaktionskostenvorteilen, welche die Delegation der genannten Aufgaben an internationale Agenten bietet, wird nach der Prinzipal-Agent-Theorie der Prinzipal dennoch sicherstellen wollen, dass er die Kontrolle über die Agenten nicht verliert. Da er nicht davon ausgehen kann, dass die Interessen der Agenten den eigenen Interessen vollständig entsprechen, wird der Prinzipal versuchen, die Agenten durch positive und negative bzw. materielle und immaterielle Anreize dazu anzuhalten, ihre Aufgabe gewissenhaft in seinem Sinne zu erledigen. Verzichtet er darauf, so geht er das Risiko ein, dass die Agenten sich bei der Aufgabenerfüllung von seinen Interessen entfernen, um eigene Interessen zu verfolgen. Um dies zu vermeiden, wird – so jedenfalls die Prinzipal-Agent-Theorie – der Prinzipal beispielsweise bei der Auswahl sehr genau darauf achten, ob er einem Agent trauen kann. Die Auswahl des UN-Generalsekretärs wird deshalb von den Staaten ebenso sorgfältig erwogen wie die des EU-Kommissionspräsidenten oder die der Richter des Internationalen bzw. Europäischen Gerichtshofs. Um zu verhindern, dass Agenten ihre eigenen Interessen bei der Aufgabenerfüllung in den Vordergrund rücken, richtet der Prinzipal zudem verschiedene Kontrollmechanismen ein. So müssen die Agenten über ihre Aufgabenerfüllung berichten; oder aber es werden andere Agenten beauftragt, Agenten zu kontrollieren. Darüber hinaus behält sich der Prinzipal stets vor, die ursprüngliche vertragliche Vereinbarung, mit der Aufgaben delegiert wurden, abzuändern. So können die Staaten zumeist in intergouvernementalen Organen die Entscheidungen supranationaler Organe korrigieren und/oder sogar deren Entscheidungskompetenzen beschränken. Allerdings muss der Prinzipal darauf achten, dass er durch eine minutiöse Kontrolle der Agenten nicht all die Transaktionskostenvorteile zunichtemacht, die er durch die Delegation von Aufgaben an dieselben zu sparen gehofft hatte (Kiewiet & McCubbins 1991: 27). Daher muss der Kontrollmodus den spezifischen Aufgaben entsprechen, die die jeweilige internationale Organisation im Auftrag ihres kollektiven Prinzipals – der Staaten – erfüllen soll (Koremenos et al. 2001).

Ressourcentauschtheorie

Während der Neoinstitutionalismus gestützt auf die Prinzipal-Agent-Theorie die Delegation von Entscheidungsgewalt in internationalen Organisationen verständlich machen kann, so kann die *Theorie des Ressourcentauschs* genutzt werden, um die vermehrte Einbindung nichtstaatlicher Akteure in die Entscheidungsfindung internationaler Organisationen zu erklären (Steffek et al. 2008). Danach stimmen Staaten der Einbindung nichtstaatlicher Akteure in die Politikprozesse internationaler Organisationen zu, weil sie erwarten, dass sie sich in einer inklusiven, multipartistischen Organisation besser stellen als in einer exklusiven, exekutiv-multilateralen Organisation (vgl. Rittberger et al. 2010: Kap. 6). Die Theorie des Ressourcentauschs argumentiert, dass sich internationale Organisationen gegenüber nichtstaatlichen politischen Akteuren öffnen werden, wenn sie bei ihrer Aufgabenerfüllung von den immateriellen oder materiellen Ressourcen dieser Akteure profitieren können. Danach tauschen internationale Organisationen die verstärkte Einbindung nichtstaatlicher Akteure gegen Ressourcen wie Informationen, Expertise, Einfluss, Legitimität, Ausrüstung usw. ein (Brühl 2003; Kruck & Rittberger 2010; Pfeffer & Salancik 2003). Je mehr sie dieser Ressourcen bedürfen und je weniger diese ersetzbar sind, desto mehr werden sie der Einbindung nichtstaatlicher Akteure zustimmen. Dies mag beispielsweise verständlich machen, warum internationale Umwelt- und Menschenrechtsorganisationen bereits in den 1970er Jahren damit begonnen haben, sich für nichtstaatliche Akteure – Umweltverbände und Menschenrechtsorganisationen – zu öffnen.

2.3 Die konstruktivistische Schule

Handlungsverständnis

Realismus und Institutionalismus gehen von ähnlichen Annahmen unter anderem über die Akteure und die Strukturen des internationalen Systems aus. Daraus ziehen sie freilich unterschiedliche Schlussfolgerungen über die Bedeutung internationaler Organisationen. Die konstruktivistische Schule unterscheidet sich hingegen bereits in ihren Grundannahmen über die in der internationalen Politik maßgeblichen Strukturen und Akteure. Den Ausgangspunkt des Konstruktivismus bildet ein anderes Handlungsverständnis. Demnach folgen staatliche und gesellschaftliche Akteure nicht nur der rationalistischen Logik der erwarteten Konsequenzen (Coleman 1990; North 1981; 1990; Shepsle 1997) sondern auch der Logik der Angemessenheit (March & Olsen 1989). Danach versuchen Akteure durch ihre Handlungen nicht nur ihre Interessen zu verwirklichen; vielmehr sind sie auch gewillt, ihre Handlungen an von ihnen internalisierten sozialen Normen auszurichten. Menschen begehen zum Beispiel nicht nur deshalb keine strafbaren Handlungen, weil sie sich vor möglichen Strafen fürchten, sondern vor allem, weil sie die in Straftatbeständen artikulierten Normen internalisiert haben, welche diese strafbaren Handlungen als dem Konsens über angebbare soziale Werte widersprechend erscheinen lassen. Menschen wägen also die erwarteten Kosten und den erwarteten Nutzen einer strafbaren Handlung oftmals nicht rational ab; weil sie die dem Strafgesetzbuch zugrunde liegenden sozialen Werte internalisiert haben, erwägen sie derartige Handlungen erst gar nicht. Damit steuern anerkannte soziale Normen nicht nur das Verhalten der Menschen, sondern sie prägen auch deren Interessen und Identitäten, während umgekehrt die Menschen auch die sie prägenden Verhaltensnormen beeinflussen können.

Akteure und Strukturen

Dieses Verhältnis der wechselseitigen Konstituierung von Akteuren und Strukturen findet sich aus Sicht des Konstruktivismus auch in der internationalen Politik. Die Akteure – nicht nur die Staaten – begründen zwar einerseits die normativen Strukturen im internationalen System, werden aber umgekehrt durch diese Strukturen in ihrem Handeln ebenso wie in ihren Interessen und sogar ihren Identitäten geformt. Insofern als internationale Organisationen die normativen Strukturen des internationalen Systems mit prägen, sind sie also nicht nur ein Instrument, das Staaten erlaubt, ihre vorgegebenen Interessen besser zu verwirklichen; vielmehr können sie durch die in ihnen verankerten Verhaltensnormen und -regeln mit beeinflussen, welche Identitäten die Staaten – und andere Akteure – annehmen und wie sie ihre Interessen definieren. Damit entwickelt der Konstruktivismus eine Perspektive auf internationale Organisationen, die diesen fundamentalere Einflussmöglichkeiten zuschreibt als der Realismus oder der Institutionalismus.

normativer Idealismus

Der *normative Idealismus* kann als Vorläufer des heutigen Konstruktivismus und zugleich als radikaler Gegenentwurf zum Realismus betrachtet werden (Kant 1795; Wilson 1917/18). Er geht von der Annahme aus, dass nicht Staaten, sondern Gesellschaften – in der Terminologie des Idealismus „Völker" – die zentralen Akteure der internationalen Politik sind. Da aus der Sicht des Idealismus der Mensch ein moralisches Wesen ist, das zwischen Gut und Böse, Wahr und Falsch, etc. unterscheidet, orientieren sich Gesellschaften in der internationalen Politik nicht allein am Machterhalt oder Machterwerb, sondern auch und vor allem an ihren grundlegenden Idealen, ihren Werten und Normen. Ob diese Werte und Normen in die internationale Politik Eingang finden, hängt allerdings davon ab, wie die Staaten intern strukturiert sind. Während demokratische Verfassungsstaaten die Wertvorstellungen ihrer Völker in der internationalen Politik aktiv vertreten, neigen nichtdemokratische Staaten dazu, in der internationalen Politik ohne große Rücksicht auf die Werte der eigenen Gesellschaft zu agieren.

Aus der Sicht des normativen Idealismus können unterschiedliche Gesellschaften durchaus unterschiedliche Wertevorstellungen und Normen haben, so dass sich internationale Politik auch als Wettstreit zwischen verschiedenen Wertesystemen und Idealvorstellungen darstellen kann. Zugleich gilt aber, dass sich über verschiedene Gesellschaften hinweg Wertegemeinschaften bilden können, in denen angebbare Werte gemeinsam respektiert werden. Dazu gehört dem Idealismus folgend insbesondere der Wert, miteinander in rechtlich gesichertem Frieden zu leben. Dementsprechend ist aus der Sicht des Idealismus der rechtlich gesicherte Friede dann erreichbar, wenn alle Staaten intern als demokratische Verfassungsstaaten strukturiert sind und sie diesen aus der eigenen Gesellschaft stammenden Wert demzufolge zu ihrer Handlungsmaxime in der internationalen Politik machen. Die in der internationalen Politik wiederholt auftretenden Kriege stellen sich für den Idealismus dagegen als Folge der nicht an diesen Wert des rechtlich gesicherten Friedens gebundenen Handlungen von Staaten dar, denen die Qualität des demokratischen Verfassungsstaats abgeht.

idealistisches IO-Verständnis

Aus der Sicht des Idealismus sind internationale Organisationen für die internationale Politik insofern von zentraler Bedeutung, als sie gemeinsame Wertorientierungen und Normen verschiedener Gesellschaften über Staatsgrenzen hinweg stabilisieren können. Deshalb machte sich US-Präsident Woodrow Wilson, einer der führenden Vertreter des Idealismus vor und nach dem Ersten Weltkrieg, für die Gründung eines Völkerbundes stark, der das „Gewissen der Völkergemeinschaft" darstellen sollte. Dem lag die Erwartung zu Grunde, dass der Völkerbund als internationale Organisation den rechtlich gesicherten Frieden nicht nur zwischen demokratisch-verfassungsstaatlich strukturierten Staaten, sondern auch gegenüber nichtdemokratischen Staaten erhalten könnte, indem er zur Entstehung einer die gemeinsamen Werte und Normen verschiedener Gesellschaften vertretenden Weltöffentlichkeit beitrage. Denn Wilson war – im Anschluss an und in Weiterführung von Immanuel Kants Entwurf „Zum ewigen Frieden" – der Überzeugung, dass eine solche Weltöffentlichkeit den rechtlich gesicherten Frieden immer dem Krieg vorzöge. Und er glaubte auch, dass diese Weltöffentlichkeit – durch den Völkerbund begünstigt – den Frieden selbst dann erhalten könne, wenn einzelne Staaten in den Krieg ziehen wollten. Der Völkerbund sollte mithin die transnationale Öffentlichkeit herstellen, die dafür sorgt, dass jedenfalls die demokratischen Staaten die Werte und Normen ihrer Gesellschaften zur Handlungsmaxime in der internationalen Politik machen und nichtdemokratische Staaten unter Anpassungsdruck setzen. So sieht der normative Idealismus in dieser internationalen Organisation sowohl den Repräsentanten einer von den Gesellschaften ihrer demokratischen Mitgliedstaaten getragenen Werteordnung als auch den Förderer der dieser Ordnung zugrunde liegenden Werte und Normen. Normative Idealisten sind mithin davon überzeugt, dass mit liberal-demokratischen Gesellschaften, deren Werte und Normen in internationalen Organisationen repräsentiert und durch sie gefördert werden, eine weltweite Friedensordnung möglich ist.

Transaktionalismus

Der *Transaktionalismus* betont hingegen, dass es dazu besonders intensiver grenzüberschreitender Kommunikation und Austauschbeziehungen (Transaktionen) bedarf. Dies führt nach Ansicht des Transaktionalismus zu Sicherheitsgemeinschaften, in denen die Anwendung von Gewalt undenkbar wird (Deutsch et al. 1957). Solche Gemeinschaften unterscheiden sich nach dem Grad der Integration ihrer Mitglieder. Eine amalgamierte Sicherheitsgemeinschaft, die sich aus ursprünglich unabhängigen Staaten zusammen setzt (wie z.B. die Vereinigten Staaten von Amerika), ist enger integriert als eine pluralistische Sicherheitsgemeinschaft, in der die Mitgliedstaaten formell unabhängig bleiben, aber nichtsdestotrotz innerhalb einer internationalen Organisation eng miteinander verbunden sind (wie z.B. innerhalb der NATO). Der Transaktionalismus legt sein Augenmerk vor allem auf die Dichte der grenzüberschreitenden Kommunikationsnetzwerke und der Austauschbeziehungen innerhalb einer Sicherheitsgemeinschaft. Eine kritische Dichte setzt unter anderem die Kompatibilität der zentralen Werte und Normen der beteiligten Gesellschaften voraus, aber erst ein dicht gewebtes Kommunikationsnetz führt zu Sicherheitsgemeinschaften, die internationale Organisationen fördern und von internationalen Organisationen gefördert werden (Deutsch et al. 1957). Denn – so bestätigen neuere Studien zu Sicherheitsgemeinschaften – durch die intensivierten Kommunikations- und Austauschbeziehungen entstehen die kollektiven Identitäten, aufgrund derer die Anwendung von Gewalt undenkbar wird (Adler & Barnett 1998: 30). Aus dieser Perspektive erleichtern internationale Organisationen nicht nur die Kommunikation und den Austausch, sondern tragen auch dazu bei, Gesellschaften in ein System gemeinsamer Werte und Normen zu sozialisieren, in dem sie kollektive Identitäten ausbilden können, die zwischenstaatliche Gewaltanwendung unmöglich machen.

Sozialkonstruktivismus

Der *Sozialkonstruktivismus* steht trotz erheblicher Unterschiede in der Tradition des Idealismus und auch des Transaktionalismus. Während er sich des normativen Mantels des Idealismus des 19. und frühen 20. Jahrhunderts entledigte, betont auch der Sozialkonstruktivismus, dass soziale Akteure nicht wie im Realismus und Institutionalismus nur rational-eigennützig ihren Interessen folgend handeln, sondern dass sich ihr Handeln an intersubjektiv geteilten Normen und Werten orientiert (Adler & Haas 1992; Risse 2000; Wendt 1992; 1999). Soziale Akteure verfolgen in ihrem Handeln nicht nur, was ihnen nützt (Interessenorientierung), sondern auch, was von ihnen aufgrund ihrer sozialen Rolle erwartet wird (Normorientierung).

Kognitionsbedingung

Der Sozialkonstruktivismus betont mithin, dass die Entstehung internationaler Institutionen im Allgemeinen und internationaler Organisationen im Besonderen davon abhängig ist, dass die sie tragenden Werte und Normen in den beteiligten Gesellschaften weitgehend geteilt werden. Internationale Organisationen werden insbesondere dann entstehen können, wenn in den beteiligten Gesellschaften die von ihnen vertretenen Werte und Normen verankert sind. Je mehr in den beteiligten Gesellschaften Werte wie Rüstungskontrolle, Freihandel, Umweltschutz oder Menschenrechte auf einem breiten Konsens beruhen, umso eher werden „deren" Staaten bereit sein, die daraus folgenden normativen Verhaltensanforderungen in internationalen Organisationen zu institutionalisieren (E.B. Haas 1990; P.M. Haas 1989; 1990; 1992a; Risse 2000; Simmons & Martin 2002). Darüber hinaus betonen sozialkonstruktivistische Theorieansätze sowohl in Bezug auf die Bildung, als auch auf die Wirksamkeit internationaler Organisationen die Bedeutung übereinstimmender Kognitionen (Kognitionsbedingung). Aus dieser Sicht werden die Probleme, die durch internationale Organisationen bearbeitet werden sollen, vielfach von verschiedenen Staaten sehr unterschiedlich wahrgenommen. Sind beispielsweise die mit bestimmten Umweltschadensrisiken oder Wirtschaftskrisen verbundenen Problemwahrnehmungen grundlegend verschieden, dann sind wirksame internationale Organisationen, die sich dieser Probleme annehmen, nur schwer zu errichten. Die Bildung wirksamer internationaler Organisationen ist deshalb nur dann zu erwarten, wenn sich in den betreffenden Staaten eine zumindest annähernd einheitliche Problemwahrnehmung eingestellt hat (P.M. Haas 1989; 1990; 1992a; Parsons 2003: 1–33; Simmons & Martin 2002).

„epistemic communities" und „advocacy networks"

Die besondere Bedeutung konstruktivistischer Theorieansätze besteht nun darin, nicht nur zu konstatieren, dass Normen mit hoher Kommunalität oder übereinstimmende Kognitionen für die Bildung und die Wirksamkeit internationaler Organisationen entscheidend sind, sondern auch den Blick dafür zu öffnen, wie sich Werteübereinstimmungen oder miteinander vereinbare Wahrnehmungen ausbilden. Der Sozialkonstruktivismus betont im Gegensatz zu insbesondere realistischen, aber auch institutionalistischen Theorien die Rolle nichtstaatlicher Akteure, die für bestimmte Werte und Normen genauso wie für bestimmte Wahrnehmungen werben (vgl. Finnemore & Sikkink 1998). Im Zentrum der Aufmerksamkeit stehen hierbei insbesondere Nichtregierungsorganisationen (NGOs). In Bezug auf die Ausbildung übereinstimmender Kognitionen finden vor allem „epistemic communities" Beachtung, welche als anerkannte politikfeldbezogene transnationale Expertennetzwerke verstanden werden (vgl. Haas 1992a: 3). In Bezug auf die Ausbildung von Werteübereinstimmungen und Normen werden hingegen transnational organisierte „advocacy networks", d.h. für ein bestimmtes normatives Anliegen (z.B. Menschenrechte) anwaltschaftlich agierende Interessenvertretungsnetzwerke, als besonders bedeutsam eingeschätzt. Sowohl „epistemic communities" als auch „advocacy networks" zeichnen sich durch weitgehend übereinstimmende Überzeugungen der in sie eingebetteten gesellschaftlichen Akteure aus; während es sich jedoch bei „epistemic communities" um geteilte Annahmen über Ursache-Wirkungszusammenhänge („causal beliefs") handelt, stützen sich „advocacy networks" auf gemeinsame normative Überzeugungen, durch die sich bestimmte Wertmaßstäbe äußern, mit deren Hilfe Individuen und Kollektive zwischen Gut und Böse, Gerecht und Ungerecht unterscheiden können („principled beliefs") (Keck & Sikkink 1998; Smith et al. 1997; Thakur et al. 2005; vgl. Goldstein & Keohane 1993: 9–10).

Normen und institutionelles Design

Aus sozialkonstruktivistischer Perspektive sind die den beteiligten Gesellschaften gemeinsamen Werte und Normen nicht nur von großer Bedeutung für die Entstehung internationaler Organisationen – sie prägen auch deren institutionelles Design. Im institutionellen Design internationaler Organisationen drücken sich danach ebenso die in den beteiligten Gesellschaften verankerten Werte und Normen aus. Manche Konstruktivisten argumentieren, dass es inzwischen globale Normen gibt, welche vorzeichnen, wie eine „angemessene", legitime internationale Organisation heute auszusehen hat (Archibugi et al. 1998; Steffek et al. 2008). So mag beispielsweise die wachsende Einbindung von nichtstaatlichen Akteuren in die Entscheidungsprozesse internationaler Organisationen auf die Verbreitung globaler Normen legitimen Regierens zurückzuführen sein. Diese Normen scheinen heute zu fordern, dass die von den Entscheidungen internationaler Organisationen betroffenen Akteure in die Entscheidungsfindung eingebunden sein sollten, und zwar unabhängig davon, ob es sich um staatliche, zivilgesellschaftliche oder (mitunter) sogar privatwirtschaftliche Akteure handelt.

Wie schon der normative Idealismus betont der Sozialkonstruktivismus die Doppelrolle internationaler Organisationen. Sie spiegeln die in ihnen verankerten Werte und Normen nicht nur wider, sondern sie können diese Werte und Normen der beteiligten Gesellschaften auch prägen oder verstärken. Im Gegensatz zum normativen Idealismus macht der Sozialkonstruktivismus darauf aufmerksam, über welche Mechanismen sich diese Präge- und Verstärkungswirkung entfalten kann.

Nutzung durch NGOs

Ein erster Wirkmechanismus betont, dass transnationale „advocacy networks" und „epistemic communities", die sich so unterschiedlichen Werten wie Freihandel, Menschenrechte oder Umweltschutz verschrieben haben, internationale Organisationen nutzen können, um weltweit für auf diese Werte gestützte Normen zu werben. Insbesondere können sie Staaten, die durch Mitgliedschaft in einer internationalen Organisation zwar ihre Unterstützung dieser Normen bekunden, sie in ihrer Praxis aber missachten, vor der eigenen Gesellschaft an den Pranger stellen (Gränzer et al. 1998; Katzenstein 1996; Klotz 1995; Müller 1993).

Deliberation in IOs

Ein zweiter Wirkmechanismus unterstreicht, dass in internationale Organisationen Staaten auf der Grundlage der dort verankerten Werte und Normen miteinander verhandeln. Durch den Austausch von Argumenten in der Organisation mögen sich die Interessen der beteiligten Staaten verändern. Internationale Organisationen bestimmen durch die in ihnen verankerten Werte und Normen mit, welche Argumente in diesen Deliberationsprozessen legitim und mit dem Anspruch auf Berücksichtigung vorgetragen werden können. Indem sie somit dem Deliberationsprozess zwischen Staaten einen Rahmen geben, kann es ihnen u.a. über die Einbindung von „advocacy networks" und „epistemic communities" gelingen, dass sich der „zwanglose Zwang des besseren Argumentes" entfalten kann (Deitelhoff 2009; Müller 1994). Dies macht dann auch eine an den Werten und Normen der Organisation orientierte Politik wahrscheinlich.

„teachers of norms"

Zum Dritten können aber auch die Bürokratien internationaler Organisationen selbst zur Verbreitung der die Organisation tragenden Werte und Normen beitragen. So können internationale Organisationen jene „advocacy networks" und „epistemic communities" unterstützen, die sich den entsprechenden Werten und Normen verschrieben haben. Aus dieser Perspektive agieren internationale Organisationen als aktive „teachers of norms" (Finnemore 1993). Das kann den angesprochenen sozialen Gruppen helfen, ihre jeweiligen Gesellschaften davon zu überzeugen, die Werte und Normen einer internationalen Organisation zu unterstützen. Die betreffende Gesellschaft mag in der Folge die durch die Organisation zum Ausdruck kommenden Werte und Normen wie Umweltschutz oder Menschenrechte vermehrt unterstützen (Barnett & Finnemore 1999; Finnemore 1993; Risse et al. 1998).

Theorien bürokratischer Kultur

Der Sozialkonstruktivismus geht davon aus, dass internationale Organisationen insbesondere deshalb einflussreich sind, weil sie in den beteiligten Staaten und Gesellschaften als Autorität akzeptiert werden. *Theorien bürokratischer Kultur* (Barnett & Finnemore 2004; Hurd 2007; Weaver 2008) unterstreichen, dass die Autorität von internationalen Organisationen nicht – wie von der Prinzipal-Agent-Theorie unterstellt – nur auf den wiederrufbaren Delegationsakt der Staaten zurückgeht, sondern dass internationale Organisation über eigene Quellen bürokratischer Autorität verfügen (Hanrieder 2010). Demnach ist es die rational-legale, expertokratische und moralische Legitimität, auf Grund derer internationale Organisationen die Autorität erlangen, um für staatliche und nichtstaatliche Akteure politische Probleme definieren und angemessene Lösungen vorgeben zu können. Diese Grundlagen ihrer bürokratischen Autorität erlauben es internationalen Organisationen allerdings auch, eine eigene bürokratische Kultur und damit ein Eigenleben zu entwickeln und sich von ihrer Umwelt abzukoppeln. Dementsprechend betonen Theorien der bürokratischen Kultur nicht nur die Autorität und darauf aufbauende Autonomie internationaler Organisationen, sondern verweisen auch auf ihre geringe Reformfähigkeit (Barnett & Finnemore 2004; Weaver 2008). Darüber hinaus weisen sie die Auffassung der Prinzipal-Agent-Theorie zurück, internationale Organisationen könnten durch externe Anreize und Sanktionen („carrots and sticks") von ihren Prinzipalen kontrolliert werden. Aus konstruktivistischer Sicht wird dabei die Dynamik und Widerstandskraft einer innerhalb einer Organisation entstehenden bürokratischen Kultur unterschätzt. Wie in anderen Bürokratien auch, lassen sich in internationalen

Organisationen eingeübte Verhaltenspraktiken nur schwer korrigieren (Hanrieder 2010; Nielson et al. 2006).

2.4 Weitere theoretische Ansätze

Wir haben realistische, institutionalistische und konstruktivistische Theorien über internationale Organisationen im Detail vorgestellt, weil es sich bei diesen um etablierte und häufig genutzte theoretische Zugänge zur Analyse internationaler Organisationen handelt. Nichtsdestotrotz gibt es natürlich noch weitere theoretische Perspektiven, die von einer wachsenden Vielfalt in den Internationalen Beziehungen im Allgemeinen und in der Forschung über internationale Organisationen im Besonderen zeugen. Zu solchen alternativen theoretischen Perspektiven zählen unter anderem kritische, neo-gramscianische, feministische und „green theory"-Ansätze (vgl. Burchill et al. 2009; Dunne et al. 2010).

kritische Theorien

Kritische Theorien über internationale Organisationen (vgl. Devetak 2009) weisen jegliches idealistisches Verständnis von internationalen Organisationen vehement zurück. Stattdessen verstehen sie internationale Organisationen als Spiegelbilder und Vehikel materieller und immaterieller Machtstrukturen. Internationale Organisationen sind mithin Ausdruck transnationaler hegemonialer Ideen, Werte und Interessen. Darüber hinaus haben internationale Organisationen die Tendenz, durch ihre Regeln und Tätigkeiten diese vorherrschenden sozialen Konstrukte auf Kosten materiell und immateriell schwächerer Akteure zu reproduzieren. Da jedoch die Hegemonie bestimmter sozialer Konstrukte häufig Gegenstand von Kritik und Widerstand ist (und aus Sicht kritischer Theorien auch sein sollte), können sich internationale Organisationen in Schauplätze diskursiver Kämpfe über „angemessene" Normen und Ideen verwandeln. Andere kritische Ansätze betonen, dass es kein „wir" (Inklusion / Gemeinschaftsbildung) ohne ein „sie" (Exklusion / Grenzziehung) geben kann und dass das Potenzial internationaler Organisationen, einen Beitrag zur Ausbildung gemeinsamer Identitäten jenseits des Nationalstaates daher eine wichtige und geradezu unvermeidliche Kehrseite hat: die soziale Konstruktion eines „Anderen", der/das von der Gemeinschaft ausgeschlossen wird (Linklater 1990; 1998; 2007; vgl. auch Neumann 1996). Aus dieser Sicht stützen sich internationale Organisationen, wie jede soziale Ordnung, auf Mechanismen der Inklusion und Exklusion, der Differenzierung zwischen „insiders" („guten" Mitglieder) und „outsiders" (Nichtmitglieder oder „schlechte" Mitglieder) und daraus resultierenden diskriminierenden Praktiken.

neo-gramscianische Ansätze

Für *neo-gramscianische Theoretiker* (vgl. Cox 1981; 1983; Rupert 2010; van der Pijl 1998) sind transnationale politische und ökonomische Eliten die Hauptakteure, die internationale Organisationen als Vehikel zur Reproduktion und Stabilisierung einer neoliberalen Weltordnung nutzen. Internationale Organisationen werden demnach geschaffen, wenn es einen transnationalen Elitenkonsens gibt, dass internationale Organisationen für das Voranschreiten des „neoliberalen hegemonialen Projekts" förderlich sind; in ihrem Design, den Entscheidungsverfahren und Politikergebnissen begünstigen internationale Organisationen systematisch die Verwirklichung der Ideen und Interessen herrschender transnationaler politischer und wirtschaftlicher Eliten (vgl. Gill 1989). Daher erscheinen aus neo-gramscianischer Sicht die Stabilisierung einer neoliberalen Weltordnung einschließlich ihrer negativen Auswirkungen auf Arbeiter und andere politische und ökonomisch schwache Akteure als wichtige und zugleich hoch problematische Ergebnisse der Existenz und Tätigkeiten internationaler Organisationen. Forschung über internationale Organisationen sollte daher dazu beitragen, institutionell und ideologisch basierte Machtungleichgewichte in internationalen Organisationen aufzudecken.

Feminismus

Feministische Theorien (vgl. Tickner & Sjoberg 2010; True 2009) argumentieren, dass Gender als zentrale Kategorie Eingang in die Analyse internationaler Organisationen finden sollte, um aufzuzeigen, wie internationale Organisationen mit globaler Gender-Politik umgehen und diese mitbestimmen. Aus feministischer Sicht sind Politikentscheidungen und Tätigkeiten internationaler Organisationen häufig von geschlechtsbezogenen Stereotypen geprägt und schaden Frauen in überproportionalem Ausmaß, nicht zuletzt weil Frauen in den Politikentscheidungsprozessen internationaler Organisationen nach wie vor unterrepräsentiert sind. Freilich können internationale Organisationen auch emanzipatorische Diskurse, Normen und sogar harte Rechtsvorschriften befördern. Dennoch betonen Feministinnen, dass internationalen Organisationen die Tendenz inne wohnt, vorherrschende Geschlechterbilder zu reproduzieren – z.B. indem geschlechtsbasierte Erwartungen von Frauen als „passive Opfer“ von Gewaltkonflikten in Sicherheitsratsresolutionen reifiziert werden (Tickner & Sjoberg 2010: 202; vgl. Shepherd 2008).

„green theory“

Green theory-Ansätze zählen zu den jüngsten theoretischen Strömungen in den Internationalen Beziehungen und in der Forschung über internationale Organisationen. Diese heterogenen (zum Teil eher kritisch-politikökonomisch, zum Teil eher normativ kosmopolitisch argumentierende) Ansätze vereint die Kritik an vorgeblich staatszentrierten, rationalistischen und „ökologisch blinden“ Mainstream-Theorien realistischer und institutionalistischer Provenienz. Zum Hauptgegenstand der Analyse werden für diese *green theory*-Ansätze die Rolle internationaler Organisationen bei der Beförderung oder Behinderung globaler ökologischer Gerechtigkeit sowie die Aussichten, insbesondere internationale ökonomische Organisationen wie etwa die Welthandelsorganisation („World Trade Organization“, WTO) „grüner“ zu machen (Eckersley 2010: 265–273; vgl. Paterson 2009).

2.5 Zusammenfassung

Zumindest die drei in diesem Kapitel ausführlich diskutierten vorherrschenden Theorieschulen nehmen mit ihren zeitgenössischen Ausprägungen – Neorealismus, Neoinstitutionalismus und Sozialkonstruktivismus – für sich in Anspruch, sowohl die Entstehung, als auch das Design, die Funktionsweisen und die Auswirkungen von internationalen Organisationen erklären zu können (vgl. Abbildung 2.3). Insofern konkurrieren die Theorien miteinander. Allerdings hat in der

Analyse internationaler Organisationen der Neorealismus mittlerweile eine gewisse Abwertung, der Neoinstitutionalismus und Sozialkonstruktivismus hingegen eine Aufwertung erfahren. Denn die dauerhaften Kooperationen in internationalen Organisationen, wie sie zum Beispiel innerhalb der EU, der WTO und des IWF oder auch der UN, der Organisation für Sicherheit und Zusammenarbeit in Europa (OSZE) und der NATO entstanden sind, scheinen die neorealistische Theorie als Analyserahmen für die internationale Politik zu schwächen.

Abbildung 2.3: Drei zeitgenössische Theorien internationaler Organisationen

	Neorealismus	**Neoinstitutionalismus**	**Sozialkonstruktivismus**
Struktur	materiell: Anarchie	materiell: Anarchie und Interdependenz	immateriell: Ideen, Werte und Normen
Akteure	Staaten	Staaten, IGOs	Staaten, IGOs und (I)NGOs
Entstehung internationaler Organisationen	Hegemoniebedingung: Hegemon, der gewillt und fähig ist, überproportionalen Anteil an Kooperationskosten zu tragen	Problembedingung: problematische Interessenkonstellation („mixed motive games")	Kognitionsbedingung: geteilte kognitive und normative Vorstellungen
Einfluss internationaler Organisationen	kein unabhängiger Einfluss; Mittel zur Verwirklichung hegemonialer Interessen	Stützung internationaler Kooperation zur Verwirklichung gemeinsamer Interessen	Veränderung der kognitiven und normativen Vorstellungen politischer Akteure und damit auch ihrer Interessen und Identitäten
Design internationaler Organisationen	institutionelle Privilegien für mächtige Staaten; diese kontrollieren IOs; politische Autorität von IOs bleibt gering	rationales Design abhängig vom Kooperationsproblem; IOs erhalten politische Autorität, doch Staaten behalten politische Letztkontrolle	geprägt von globalen Werten und Normen; IOs sind aufgrund von bürokratischer Autorität autonom; bürokratische Kultur macht sie reformunfähig

theoretische Kontextbedingungen

Diese Bewertung ist allerdings nur teilweise gerechtfertigt. Denn die Theorien basieren ihrerseits auf je eigenen Annahmen, deren Gültigkeit von Kontextbedingungen wie der Region, der Epoche oder auch dem Politikfeld abhängen. Daher ist es ratsam, den Kontext jeder Theorie zu bestimmen, um ihre Validität angemessen einschätzen zu können (Zangl & Zürn 2003). So mag der Neorealismus einen besseren Analyserahmen für die Sicherheitspolitik im Nahen Osten bieten als der Neoinstitutionalismus und der Sozialkonstruktivismus. Schließlich scheint die internationale Politik in dieser Region noch nicht (oder nur wenig) von komplexen Interdependenzen und konsensualen Werten geprägt zu sein. Eher findet man ein anarchisches Selbsthilfesystem, innerhalb dessen internationale Organisationen wie die UN oder die Arabische Liga nur einen begrenzten Einfluss ausüben können. Demgegenüber ergibt sich beispielsweise bei der Binnenmarktpolitik der EU oder der Handelspolitik der WTO ein ganz anderes Bild. Hier scheinen die neoinstitutionalistischen und sozialkonstruktivistischen Analysen sehr viel überzeugender als neorealistische. Für die EU mag der Sozialkonstruktivismus angesichts der dort weitgehend kompatiblen Wertevorstellungen eher erklärungskräftig zu sein als in Bezug auf die WTO, in der die komplexen Interdependenzen bislang noch keine mit der EU vergleichbare Werteübereinstimmungen nach sich gezogen haben. Für die WTO sollte mithin der Neoinstitutionalismus eine vergleichsweise angemessene Theorie darstellen.

2.6 Diskussionsfragen

Unter welchen Bedingungen entstehen internationale Organisationen? Diskutieren Sie die Bedingungen aus der Sicht von drei verschiedenen Theorien internationaler Organisationen.

Wie unabhängig sind internationale Bürokratien von ihren Mitgliedstaaten? Diskutieren Sie diese Frage unter Berücksichtigung verschiedener Theorieansätze und illustrieren Sie Ihre Antwort mit empirischen Beispielen.

2.7 Literaturempfehlungen

Barnett, Michael & Finnemore, Martha 2004. *Rules for the World. International Organizations in Global Politics*, Ithaca, NY: Cornell University Press, Kap. 1 & 2.

Hasenclever, Andreas, Mayer, Peter & Rittberger, Volker 1997. *Theories of International Regimes*, Cambridge: Cambridge University Press, Kap. 2, 3 & 4.

Koremenos, Barbara, Lipson, Charles & Snidal, Duncan 2001. The Rational Design of International Institutions, in: *International Organization* 55: 4, 761–800.

3 Geschichte internationaler Organisationen

drei Entstehungsbedingungen

Theorie und Geschichte beeinflussen sich immer wechselseitig. Daher nehmen wir im Folgenden keine rein historisch-deskriptive Nacherzählung der Entstehung und Entwicklung internationaler Organisationen vor; vielmehr verfolgen wir mit Hilfe der in Kapitel 2 eingeführten Theorien eine theoriegeleitete Analyse der Geschichte internationaler Organisationen. Wir stützen uns dabei zunächst auf den neoinstitutionalistischen Ansatz. Demzufolge entstehen internationale Organisationen dann, wenn komplexe Interdependenzen es Staaten nahelegen, zur Verfolgung ihrer Interessen auf internationaler Ebene zu kooperieren, weil unilaterales Handeln unter diesen Umständen zu suboptimalen Interaktionsergebnissen führen würde (Problembedingung). Diese Erklärung ist jedoch nicht hinreichend; sie bedarf der Ergänzung durch kognitive und machtstrukturelle Erklärungsfaktoren, die der konstruktivistischen bzw. realistischen Theorieschule zuzurechnen sind. Die Bildung internationaler Organisationen beruht nicht nur auf der „objektiven" Existenz komplexer Interdependenzen, sondern auch auf der intersubjektiven Wahrnehmung, dass diese Interdependenzen zu Problemen führen, die nur über die Kooperation in internationalen Organisationen bewältigt werden können (Kognitionsbedingung). Realisten betonen, dass internationale Organisationen als Folge komplexer Interdependenzen entstehen, wenn ein hegemonialer Staat bereit ist, die Kosten ihrer Gründung überproportional zu tragen (Hegemoniebedingung). Nun gibt es zwar durchaus Beispiele für die Entstehung internationaler Organisationen in Abwesenheit eines Hegemons. Gleichwohl gehen wir davon aus, dass internationale Organisationen vor allem dann geschaffen werden, wenn die drei jeweils der institutionalistischen, konstruktivistischen und realistischen Theorieschule entstammenden Bedingungen zugleich gegeben sind. Im Folgenden zeigen wir anhand von sechs zentralen Politikfeldern der Weltpolitik, inwiefern Problem-, Kognitions- und Hegemoniebedingung die Gründung und Entwicklung internationaler Organisationen erklären können:

1. Krieg und Gewaltpolitik;
2. industrielle Expansion;
3. Weltwirtschaftskrisen;
4. Menschenrechtsverletzungen;
5. Entwicklungsdisparitäten;
6. Umweltprobleme.

3.1 Krieg und Gewaltpolitik

Westfälischer Friede

Das neuzeitliche internationale System souveräner Staaten geht zurück auf den Westfälischen Frieden von 1648. In dessen Folge entstand ein dezentral organisiertes, anarchisches Selbsthilfesystem von Territorialstaaten, welchem das

Sicherheitsdilemma eingeschrieben war. Dieses Selbsthilfesystem war von wiederholt auftretenden blutigen Kriegen geprägt. Daraus erwuchs ein erster Bedarf an internationalen Organisationen, die der Kriegsgefahr unbeschränkter zwischenstaatlicher Gewaltpolitik entgegenwirken sollten (Problembedingung). Obwohl zahlreiche theoretische Schriften, unter anderem von Immanuel Kant oder des Abbé de Saint-Pierre, für internationale Organisationen eintraten, stieß die Überzeugung, dass internationale Organisationen tatsächlich den zwischenstaatlichen Frieden stabilisieren können, indem sie den Rückgriff auf militärische Gewalt beschränken, zunächst auf wenig Resonanz (Kognitionsbedingung). Darüber hinaus gab es damals keinen Hegemon, der in der Lage und willens gewesen wäre, die Schaffung einer internationalen Organisation zur Eindämmung staatlicher Gewaltpolitik voranzutreiben (Hegemoniebedingung; vgl. Abbildung 3.1).

Wiener Kongress

Erst nach den Koalitionskriegen gegen Frankreich unter der Herrschaft von Napoleon wurde die Idee einer internationalen Sicherheitsorganisation zögerlich verwirklicht. Der Wiener Kongress (1814–15) rief das Europäische Konzert der Großmächte ins Leben. Das Europäische Konzert gilt als ein wichtiger Vorläufer gegenwärtiger internationaler Sicherheitsorganisationen (Armstrong, Lloyd & Redmond 1996: 4, 12–13; Taylor & Groom 1988: 8–9). Die europäischen Großmächte übernahmen im Rahmen des Konzerts gemeinsam Verantwortung für die Wahrung des Friedens und die Organisation der internationalen Kooperation in einer Reihe von Politikfeldern. Das Konzert wird zwar einer strengen Definition des Begriffs der internationalen Organisation nicht ganz gerecht. Dazu fehlte ihm die Akteursqualität, welche internationale Organisationen aufgrund ihrer jeweiligen Sekretariate auszeichnet. Immerhin institutionalisierte es aber ein zwischenstaatliches Konsultationssystem, das bei krisenhaften Zuspitzungen internationaler Konflikte eine gewaltfreie Konfliktlösung ermöglichen sollte. Ferner schufen die europäischen Großmächte mit dem Konzert einen Kanon klar umrissener Gepflogenheiten des diplomatischen Verkehrs. Das Europäische Konzert, das bis zum Ersten Weltkrieg bestand, kann mithin als Prototyp einer internationalen Sicherheitsorganisation verstanden werden (Jacobson 1984: 31, 34).

Erfolge und Zerfall des Konzerts

Das Konzert der europäischen Großmächte war eine nach innen gerichtete Sicherheitsinstitution (Wallander & Keohane 1999). Seine Aufgabe bestand nicht darin, externe Sicherheitsbedrohungen abzuwehren, sondern die Sicherheit innerhalb des europäischen Staatensystems zu gewährleisten. Es trug dazu bei, dass es nach den Napoleonischen Kriegen, mit Ausnahme des Krim-Kriegs (1853–56), bis zu den italienischen und deutschen Einigungskriegen zu keinen Kriegen zwischen den europäischen Großmächten kam. Seinen Höhepunkt erreichte dieses Konsultationssystem mit den Berliner Kongressen von 1878 (anlässlich des Balkan-Problems) und 1884/85 (anlässlich der Kongo-Frage). Auf den Marokko-Konferenzen von 1906 und 1911 und dann schließlich auf der Londoner Botschafterkonferenz von 1912/13 zeigte sich jedoch, dass sich das Europäische Konzert im Zerfallsprozess befand. Der Ausbruch des Ersten Weltkrieges im August 1914 besiegelte dann das endgültige Ende des Systems (Osiander 1994).

zivilgesellschaftliche Initiativen

Während das Konzert der europäischen Großmächte bei der Konfliktbearbeitung zusehends an Einfluss verlor, begannen nichtstaatliche Friedensorganisationen in Europa für die Gründung einer Weltfriedensorganisation zur Konfliktbearbeitung und Krisenprävention, eines „Völkerbundes“, zu werben. Diese NGOs organisierten internationale Friedenskongresse, um Unterstützung für eine solche Weltfriedensorganisation zu gewinnen. In der Tat gelang es ihnen, eine wachsende Anzahl von Staaten davon zu überzeugen, dass dem Problem wiederkehrender Kriege durch internationale Organisationen begegnet werden könnte und sollte (Chatfield 1997). Diese wachsende Erkenntnis beförderte die Haager Friedenskonferenzen von 1899 und 1907, welche immerhin die umfassende Kodifizierung des humanitären Völkerrechts in der Haager Landkriegsordnung sowie die Einrichtung eines ständigen Schiedsgerichtshofes brachten. Dagegen scheiterten die auf diesen Friedenskonferenzen avisierten Rüstungskontrollabkommen ebenso wie die Gründung einer internationalen Friedensorganisation (Armstrong et al. 1996: 11–12; Dülffer 1981; 1999).

Völkerbund

Die Errichtung einer solchen internationalen Organisation gelang erst nach dem Ersten Weltkrieg (Baumgart 1987). Die Schaffung des Völkerbundes (1919) lässt sich auf die Schrecken des Ersten Weltkrieges zurück führen, der die Probleme eines anarchischen internationalen Systems offenbarte, in dem das Sicherheitsdilemma von keiner internationalen Organisation eingedämmt wurde (Problembedingung). Darüber hinaus kann die Gründung des Völkerbundes mit der in dieser Zeit zunehmend verbreiteten Wahrnehmung, dass internationale Organisationen dazu beitragen könnten, große Kriege zu verhindern (Kognitionsbedingung), sowie mit der – unter Präsident Wilson zumindest vorübergehend aktiven – Führungsrolle der USA als aufsteigender Hegemonialmacht (Hegemonialbedingung) erklärt werden.

Die Hauptaufgabe des Völkerbundes bestand darin, die internationale Sicherheit weltweit und nicht nur zwischen den europäischen Großmächten zu stabilisieren und zu befördern (Gill 1996). Erstmals in der Geschichte der internationalen Politik verständigten sich die Staaten auf ein – allerdings beschränktes – zwischenstaatliches Gewaltverbot. Um dieses Gewaltverbot, das 1928 mit dem Kellogg-Briand-Pakt untermauert wurde, durchzusetzen, wurden mit dem Völkerbund ein System zur friedlichen Streitbeilegung sowie ein System kollektiver Sicherheit eingerichtet. Das Hauptorgan des Völkerbundes war der Rat, bestehend aus ständigen sowie nichtständigen von der Versammlung des Völkerbundes gewählten Mitgliedern. Zu den ständigen Mitgliedern zählten zunächst Großbritannien, Frankreich, Italien und Japan, später auch Deutschland und die Sowjetunion. Auf der einen Seite setzte der Rat des Völkerbundes durch seine Ausrichtung auf die Großmächte die Tradition des Konzerts der europäischen Großmächte der Vorkriegszeit fort. Auf der anderen Seite wies der Völkerbund aber auch ein ständiges Sekretariat sowie eine Versammlung auf, in der jedes Völkerbundmitglied mit gleichem Stimmrecht vertreten war. Dies unterschied ihn somit auch strukturell von seinem Vorläufer, dem Konzert der europäischen Großmächte.

Scheitern des Völkerbundes

Die Probleme, auf die der Völkerbund bei seinem Versuch der Friedensstabilisierung stieß, waren u.a. seinem mangelnden Rückhalt bei den Großmächten geschuldet. So weigerte sich der US-Senat, der Mitgliedschaft der USA im Völkerbund zuzustimmen. Außerdem konnte die Sowjetunion erst 1934 beitreten, wohingegen Japan und Deutschland 1931 bzw. 1933 bereits wieder austraten und Sowjetunion 1939 wieder ausgeschlossen wurde (Archer 2001: 14–34; Armstrong et al. 1996: 33–61). Der Völkerbund blieb aber auch unabhängig vom mangelnden Rückhalt der Großmächte aufgrund seiner institutionellen Struktur schwach. Der Anspruch der Organisation bestand lediglich darin, eine Art Weltgewissen zu repräsentieren. Der Völkerbund sollte in den beteiligten Staaten diejenigen Bevölkerungsgruppen stützen, die sich auch im Krisenfalle gegen einen Krieg aussprechen würden. Als einer der Architekten des Völkerbundes zeigte sich US-Präsident Wilson überzeugt, dass dieser bei der Friedenssicherung auch ohne grundlegende Eingriffe in die staatliche Souveränität auskommen würde. Der Völkerbund würde dazu beitragen, dass die Regierungen der Mitgliedstaaten von ihren Bevölkerungen von kriegerischen Abenteuern abgehalten werden. Tatsächlich musste der Völkerbund jedoch bei der Expansion Japans in Asien (ab 1931) sowie bei der Aggression Italiens gegen Abessinien (1935) ebenso tatenlos zusehen wie dann bei der Aggressionspolitik, mit der Deutschland den Zweiten Weltkrieg auslöste.

Vereinte Nationen

Trotz des Scheiterns des Völkerbundes erschien nach dem Zweiten Weltkrieg eine internationale Organisation zur Verhinderung zwischenstaatlicher Kriege mehr denn je zwingend erforderlich. Das strukturelle Problem eines internationalen anarchischen Systems souveräner, aber interdependenter Staaten, die sich dem Sicherheitsdilemma ausgesetzt sahen, bestand weiter fort (Problembedingung). Gleichzeitig herrschte die Wahrnehmung vor, dass dieses strukturelle Problem durch die Schaffung einer internationalen Organisation gelöst oder doch zumindest abgeschwächt werden könnte (Kognitionsbedingung). zudem trat der Hegemonialstaat USA entschlossen für die Idee einer Stabilisierung des Friedens durch eine internationale Sicherheitsorganisation ein (Hegemoniebedingung). Wie ihre Vorläufer, das europäische Konzert und der Völkerbund, entstanden auch die Vereinten Nationen (UN) auf der Grundlage einer siegreichen Kriegskoalition (Luard 1982; Osiander 1994). Bereits im Jahr 1945 wurde die UN-Charta von 51 Staaten unterzeichnet. Bis Ende 2011 ist die Zahl der UN-Mitglieder auf 193 Staaten angewachsen.

System kollektiver Sicherheit

Die Gewährleistung des Friedens und der internationalen Sicherheit durch die UN beruht auf dem in der UN-Charta (Art. 2 Abs. 4) verankerten generellen Verbot zwischenstaatlicher Gewaltanwendung und Gewaltandrohung. Wie schon beim Völkerbund vorgesehen, errichten die UN ein System kollektiver Sicherheit (Karns & Mingst 2007; Volger 2010; Weiß et al. 2007). Demnach verpflichten sich die Staaten, kollektive Maßnahmen zur Wiederherstellung des Friedens gegen jeden Staat zu ergreifen, der als Aggressor gegenüber einem anderen Staat auftritt. Der Sicherheitsrat trägt als das zentrale sicherheitspolitische Organ der UN die Hauptverantwortung für die Wahrung des Weltfriedens und der internationalen Sicherheit. Er stellt die Existenz einer etwaigen Bedrohung oder eines Bruchs des internationalen Friedens fest und kann dann gemäß Kapitel VII der Charta gegen den jeweiligen Aggressor nichtmilitärische oder auch militärische Zwangsmaßnahmen beschließen (Armstrong et al. 1996: 62; Malone 2007; Price & Zacher 2004).

System kooperativer Sicherheit

Dieses System kollektiver Sicherheit blieb während des Ost-West-Konflikts allerdings weitgehend blockiert. Im Sicherheitsrat nutzten die USA, die UdSSR und gelegentlich auch die drei anderen ständigen Mitglieder (Großbritannien,

Frankreich und China) ihr Vetorecht, um ihre Verbündeten vor Kollektivmaßnahmen zu schützen (Malone 2007; Roberts 1996). Infolgedessen sahen sich die UN gezwungen, ein System der kooperativen Sicherheit auszubauen. Im Rahmen dieses Systems kooperativer Sicherheit konnten die UN jedoch nicht mit friedenserzwingenden Maßnahmen („Peaceenforcement") direkt gegen einen Aggressor vorgehen, sondern mussten sich auf friedenserhaltende Maßnahmen („Peacekeeping") verlegen. Dabei waren sie darauf angewiesen, dass die an der Gewaltandrohung oder -anwendung beteiligten Staaten etwa in einem Waffenstillstandsabkommen freiwillig zum Gewaltverzicht oder zur Gewaltbeendigung bewogen werden konnten. Dann konnten die UN durch eigene Beobachter und/oder Blauhelmtruppen durch die Überwachung eines solchen von den Staaten selbst geschlossenen Waffenstillstandsabkommen zu dessen Stabilisierung beitragen. Dadurch sollte auch verhindert werden, dass die USA und die UdSSR im Rahmen des Ost-West-Konflikts in die Gewaltkonflikte verfeindeter Staaten hineingezogen werden (United Nations 2004; Urquhart 1995: 575).

Wandel von Peacekeeping

Mit dem Ende des Kalten Krieges endete auch weitgehend die Blockade des Sicherheitsrates. Während die fünf ständigen Mitglieder des Sicherheitsrats zwischen 1945 und 1990 insgesamt 279 Male ihr Vetorecht eingesetzt hatten, haben die fünf ständigen Mitglieder seit 1990 deutlich seltener von ihrem Vetorecht Gebrauch gemacht (Malone 2007: 121; Roberts 1996: 316). Dies eröffnete den UN die Möglichkeit, vermehrt nicht nur friedenserhaltende Maßnahmen („Peacekeeping"), sondern auch friedenserzwingende („Peaceenforcement") Maßnahmen zu ergreifen. So konnte der Sicherheitsrat auf die irakische Invasion und Annexion Kuwaits (1990) im Sinne der ursprünglichen Intention der UN-Charta zunächst mit nichtmilitärischen und später dann auch mit militärischen Zwangsmaßnahmen reagieren (Taylor 1993). Die UN beschlossen friedenserzwingende Maßnahmen zudem nicht mehr nur bei zwischenstaatlichen Kriegen, sondern immer öfter auch bei innerstaatlichen Kriegen, wie z.B. in Somalia (1992–95), Bosnien (1992–95) oder im Kosovo (ab 1999). Darüber hinaus haben sich die friedenserhaltenden Maßnahmen der UN verändert. Seit den 1990er Jahren lässt sich ein Wandel von klassischen friedenserhaltenden Maßnahmen zur einvernehmlichen Sicherung von Waffenstillstandsabkommen hin zu komplexen Friedensmissionen beobachten, bei denen Blauhelmsoldaten und Beobachter der UN am Wiederaufbau der vom Krieg betroffenen Gesellschaften beteiligen (Doyle & Sambanis 2006; Fortna 2008; Howard 2008).

regionale Organisationen

Die UN-Charta hebt ausdrücklich die Bedeutung regionaler Organisationen bei der Friedenssicherung hervor. Dementsprechend wurde nach dem Zweiten Weltkrieg eine Reihe solcher regionalen Organisationen wie die Arabische Liga (1945), die Organisation Amerikanischer Staaten (OAS, 1948) und die Organisation für Afrikanische Einheit („Organization of African Unity", OAU, 1963; seit 2002: Afrikanische Union (AU)) gegründet. In Europa erwies sich aufgrund des Kalten Krieges die Errichtung einer entsprechenden Regionalorganisation jedoch zunächst als unmöglich. Stattdessen schufen die USA und die UdSSR jeweils blockinterne Organisationen, um ihre relative Machtposition zu stärken und damit ihre Sicherheit zu verbessern. So entstanden in Europa mit der Nordatlantischen Vertragsorganisation („North Atlantic Treaty Organization", NATO) im

Jahre 1949 und der Warschauer Vertragsorganisation (besser bekannt als Warschauer Pakt) im Jahr 1955 zwei antagonistische Sicherheitsallianzen (Wallander & Keohane 1999). Erst im Zuge der Entspannung im Ost-West-Konflikt entstand mit der Konferenz über Sicherheit und Zusammenarbeit in Europa (KSZE) eine blockübergreifende Sicherheitsinstitution. Die KSZE-Schlussakte von Helsinki (1975) war jedoch zunächst lediglich der Ausdruck eines Konsenses über einige grundlegende Prinzipien friedlicher Koexistenz. Erst mit dem Ende des Ost-West-Konflikts konnte im Rahmen der KSZE die Schaffung einer regionalen Sicherheitsorganisation ernsthaft in Betracht gezogen werden. Die Unterzeichnung der Charta von Paris im Jahr 1990, die Anerkennung der KSZE als regionale Sicherheitsorganisation im Sinne der UN-Charta 1992 sowie die Umbenennung von „Konferenz über Sicherheit und Zusammenarbeit in Europa“ (KSZE) in „Organisation für Sicherheit und Zusammenarbeit in Europa“ (OSZE) 1994 brachten eine entsprechende Entwicklung auch in Gang. Ein Ausbau zu einer europäischen UNO scheiterte jedoch am mangelnden Institutionalisierungswillen der Mitglieder. So findet sich die OSZE heute in einer „institutionellen Nische“ (Peters 1997: 99) wieder. Zu den Hauptbetätigungsfeldern der OSZE zählen die Förderung von Demokratie und Zivilgesellschaft mit dem Ziel der Prävention von Gewaltkonflikten (Galbreath 2007; Schlotter 2000: 30). Wie die OSZE hat auch die EU nach dem Ende des Ost-West-Konflikts zunehmend versucht, als regionales Sicherheitssystem zu wirken (Neuhold 1999: 463–467), was sich 1992 insbesondere in der Entwicklung einer Gemeinsamen Außen- und Sicherheitspolitik (GASP) und einer Europäischen bzw. später Gemeinsamen Sicherheits- und Verteidigungspolitik (ESVP / GSVP) ausdrückte (Asseburg & Kempin 2009; Carlsnaes et al. 2004; Keukeleire & McNaughtan 2008).

Abbildung 3.1: Krieg und Gewaltpolitik als Impuls für internationale Organisationen

Sicherheitsbedrohung	**Internationale Organisationen**
Napoleonische Kriege (1803–14)	Europäisches Konzert der Großmächte (1815–1914) Haager Konferenzen (1899/1907)
Erster Weltkrieg (1914–18)	Völkerbund (1919–46) Briand-Kellogg Pakt (1928)
Zweiter Weltkrieg (1939–45)	Vereinte Nationen (UN, 1945) Arabische Liga (1945) Organisation Amerikanischer Staaten (OAS, 1948)
Ost-West-Konflikt (1947–89)	Nordatlantische Vertragsorganisation (NATO, 1949) Warschauer Vertragsorganisation (1955–91) Pazifischer Sicherheitsvertrag (ANZUS-Pakt, 1951–86) Südostasiatische Vertragsorganisation (SEATO, 1955–77) Konferenz über Sicherheit und Zusammenarbeit in Europa (KSZE, 1972)
„Neue Kriege“ und transnationaler Terrorismus (1990–heute)	Vereinte Nationen (UN, seit 1990) Nordatlantische Vertragsorganisation (NATO, seit 1991) Organisation über Sicherheit und Zusammenarbeit in Europa (OSZE, seit 1994) Europäische Union (EU, seit 1992) Afrikanische Union (AU, seit 2002) ASEAN-Regional-Forum (ARF, seit 1994)

3.2 Industrielle Expansion

Die industrielle Revolution gab wesentliche Impulse für die Gründung internationaler Organisationen im 19. Jahrhundert. Grenzüberschreitende Interdependenzen nahmen dramatisch zu und in deren Folge stieg der Bedarf an international harmonisierten Standards im Transportwesen, in der Kommunikation, im Sozialbereich und im Urheberrechtsschutz, um reibungslosen grenzüberschreitenden Handel zu ermöglichen (Problembedingung). Da dieser Institutionalisierungsbedarf von vielen Seiten in ähnlicher Weise wahrgenommen und anerkannt wurde (Kognitionsbedingung) und Großbritannien, der zu dieser Zeit am stärksten industrialisierte Staat, willens und fähig war, gemeinsame internationale Standards zu unterstützen (Hegemoniebedingung), kam es in verschiedenen Bereichen in rascher Abfolge zur Gründung entsprechender internationaler Organisationen (Mangone 1975: 67–92; Weber 1983: 15–59; vgl. Abbildung 3.2).

3.2.1 Transportwesen

Schifffahrt

Im Bereich des Transport- und Verkehrswesens wurden schon früh, das heißt schon während des ganzen 19. Jahrhunderts, Versuche unternommen, (national-) staatliche Beschränkungen des grenzüberschreitenden Verkehrs abzubauen. Ein Beispiel sind internationale Organisationen mit der Aufgabe, Hindernisse für die internationale Flussschifffahrt abzubauen. Im 19. Jahrhundert fand der internationale Warenverkehr überwiegend über Flüsse statt. Mit der Zunahme des internationalen Handels entstand so ein wachsender Bedarf an internationalen Standards für die Flussschifffahrt. Bereits mit der Verabschiedung der Rheinschifffahrtsakte (1815) wurde die Zentralkommission für die Rheinschifffahrt gegründet – eine besondere zwischenstaatliche Verwaltung, die in ihrer Mitgliedschaft, Aufgabenstellung und Organisationsstruktur heutigen internationalen Organisationen ähnelt (Mangone 1975: 68–73; Weber 1983: 19–21). Nach diesem Vorbild entstanden in der Folge weitere Flusskommissionen mit teilweise bemerkenswerten Kompetenzen, so zum Beispiel für die Elbe (1821), die Weser (1823), die Maas (1830), die Donau (1856) und den Kongo (1885) (Groom 1988: 11–19; Weber 1983: 21–24). Auch die Seeschifffahrt war zum Ende des 19. Jahrhunderts bereits weit entwickelt, woraus sich ein internationaler Bedarf nach standardisierten Regeln ergab. Die zunehmende Nutzung von Dampfschiffen verlangte unter anderem nach klaren und allgemein anerkannten Regeln, um Schiffskollisionen zu vermeiden. Ein Beispiel dafür stellen die 1889 vereinbarten „International Regulations for the Prevention of Collisions at Sea" dar, die auf damaligem britischem Seerecht basierten (Luard 1977: 44–62). Das internationale Seeverkehrsregime und insbesondere dessen institutioneller Aufbau wurden mit der Zeit mehrfach geändert. Seit 1982 liegen die Fortentwicklung des Regelwerks und dessen Umsetzung in der Verantwortung der Internationalen Seeschifffahrtsorganisation („International Maritime Organization", IMO).

Im Zuge der technologischen Fortentwicklung entstand nicht nur in der Schifffahrt, sondern auch in anderen Bereichen des Transportwesens ein Bedarf an internationalen Regelungen. So wurden für den Eisenbahntransport bereits

Mitte des 19. Jahrhunderts und für die Luftfahrt im frühen 20. Jahrhundert die ersten internationalen Organisationen gegründet. Seit 1922 sind der Internationale Eisenbahnverband („Union Internationale des Chemins de Fer“, UIC) und seit 1944 die Internationale Organisation für Zivilluftfahrt („International Civil Aviation Organization“, ICAO) für den jeweiligen Bereich zuständig.

Standardisierung von Einheiten

Darüber hinaus wurden internationale Organisationen zur Standardisierung von Gewichts- und Maßeinheiten geschaffen, da zahlreiche national unterschiedliche Systeme ein Hindernis für den internationalen Warenverkehr darstellten. Ein Beispiel dafür ist die Gründung des Internationalen Büros für Gewichte und Maßeinheiten 1875 in Paris, das gleichzeitig als Hüter zweier Platin-Standardeinheiten für den Meter und das Kilogramm fungiert. Einheitliche Gewichts- und Maßeinheiten waren nicht nur für den Transport von Nöten, sondern wurden gleichzeitig auch von Wissenschaftlern und Ingenieuren gefordert. Infolgedessen nahm eine internationale Statistikkonferenz 1885 das Dezimalsystem als internationales System für Maßeinheiten an (Weber 1983: 28–29).

3.2.2 Kommunikation

Telegrafie

Seit dem Beginn des 19. Jahrhunderts hat sich die Kommunikationstechnologie mindestens ebenso schnell entwickelt wie das Transportwesen. Parallele Entwicklungen im Transport- und Nachrichtenübermittlungswesen zeigten sich am deutlichsten anhand der Telegrafenleitungen, die in der Regel entlang der Eisenbahnlinien verlegt wurden. Bereits Mitte des 19. Jahrhunderts wurde weithin anerkannt, dass solche Kommunikationsmittel multilateraler Regulierung bedürfen. Mit der Verknüpfung nationaler Telegrafennetzwerke entstand ein Bedürfnis nach gemeinsamen Regeln zur Standardisierung der Ausrüstung und Übertragungstechnik, zur Vereinheitlichung von Bedienungsvorschriften sowie zur Harmonisierung und Aufteilung von Gebühren beim Nachrichtentransit. Nach einer Vielzahl von Abkommen zwischen verschiedenen europäischen Staaten wurde 1865 die Internationale Telegrafen-Union gegründet. Im Zuge der kontinuierlichen Weiterentwicklung der Technik wurde die Union zunächst ab 1906 durch regelmäßig stattfindende internationale Funktelegrafenkonferenzen außerhalb der Union ergänzt, um dann nach dem Zweiten Weltkrieg in der Internationalen Fernmeldeunion („International Telecommunication Union“, ITU) aufzugehen. Die Regelungstätigkeit der ITU bezog sich auf das gesamte Spektrum der Telekommunikation: Telegrafen, Telefone, Radio, neue Techniken der Informationsübermittlung und umfasste auch die Verteilung von Funkfrequenzen und die Gebührenfestsetzung. Hinsichtlich ihrer Mitgliedschaft gehört sie zu den universellsten internationalen Organisationen (Luard 1977: 27–43; Mangone 1975: 74–77; Weber 1983: 24–27, 53).

Postwesen

Im Postwesen blieb der Aufbau einer vergleichbaren internationalen Verwaltung zunächst aus. Erst 1874 kam es zur Gründung des Allgemeinen Postvereins, der vier Jahre später in Weltpostverein („Universal Postal Union“, UPU) umbenannt wurde. Diese Entwicklung wurde befördert durch das industriewirtschaftliche Interesse an einem schnelleren, sichereren und billigeren grenzübergreifenden Postsystems. Da das Postwesen auch ein einträgliches Geschäft für die einzelnen Staaten war, stellten fiskalische Interessen lange Zeit ein Hindernis für eine internationale Regulierung dar. Die Grundregelung des Weltpostvereins sieht die Behandlung der Territorien aller Mitgliedstaaten als einheitliches Postgebiet vor, wobei die Erhebung und Aufteilung der Gebühren nach dem Absenderprinzip vorgenommen wird, d.h. das Land, in dem eine Postsendung aufgegeben wird, legt die fälligen Gebühren fest und behält auch die daraus erzielten Einkünfte. Der Weltpostvertrag wurde mehrfach entsprechend der allgemeinen technologischen Entwicklung ergänzt. Heute gilt der Weltpostverein als die mitgliederstärkste und räumlich umfassendste zwischenstaatliche Organisation der Welt (vgl. Luard 1977: 11–26; Weber 1983: 27–28).

Internet

In jüngerer Vergangenheit ist im Zuge der durch das Internet ausgelösten Informationsrevolution ein neuer internationaler Regelungsbedarf entstanden. Das globale Kommunikationsmedium Internet braucht einheitliche technische Standards, die im Interesse sowohl der Internetnutzer als auch der Anbieter liegen. Jedoch ist keine internationale zwischenstaatliche Organisation entstanden. Das Internet basiert überwiegend auf privater Selbstregulierung, vor allem durch das 1994 gegründete „World Wide Web Consortium" (W3C) und die seit 1998 operierende „Internet Corporation for Assigned Names and Numbers" (ICANN) (Hofmann 2005; Leib 2004; Spar 1999). Darüber hinaus sind inklusive, multipartistische Institutionen wie das „Internet Governance Forum" (IGF) entstanden, die ein breites Spektrum von Akteuren zusammen bringen und sich nicht nur technischer, sondern auch inhaltsbezogener Probleme bei der Regulierung des Internet annehmen (Drake & Wilson 2008; Mathiason 2009; Theiner 2007).

3.2.3 Sozialbereich

Gesundheitswesen

Die schnelle Entwicklung des internationalen Transport- und Verkehrswesens machte auch Regeln im öffentlichen Gesundheitswesen nötig, die nach internationaler Kooperation verlangten. Seit Mitte des 19. Jahrhunderts wurden regelmäßige internationale Hygiene- und Gesundheitskonferenzen abgehalten; 1880 wurde ein internationaler Sanitäts- und Hygiene-Kodex verabschiedet, der die Schaffung einer Vielzahl von Sanitätsinspektionskommissionen insbesondere in Hafenstädten vorsah. Auf regionaler Ebene wurde 1902 ein panamerikanisches Gesundheitsbüro eingerichtet. In Europa erfolgte im Jahr 1907 die Gründung des Internationalen Gesundheitsamtes in Paris als erster umfassender Organisation auf diesem Gebiet. Das Internationale Gesundheitsamt, direkter Vorläufer der Weltgesundheitsorganisation („World Health Organization", WHO), fungierte vor allem als Informationssammel- und -verbreitungszentrale. Die Tätigkeiten der Weltgesundheitsorganisation sind demgegenüber vielfältigerer Natur. Von der Seuchenbekämpfung über die Ausrottung von Massenkrankheiten (z.B. Malaria und Pocken) durch Impfung sowie die Ausbildung medizinischen Personals in Entwicklungsländern bis hin zur Erarbeitung von Hygienerichtlinien erstrecken sich ihre Aufgaben auf das gesamte öffentliche Gesundheitswesen (Basch 1999; Burci 2007; Hanrieder 2009; Lee 2003, 2009; Siddiqi 1995). Neben der rein zwischenstaatlichen Politikkoordination und -kooperation sind in den vergangenen Jahren auch zahlreiche inklusive, multipartistische Institutionen entstanden. Beispiele hierfür sind der Globale Fonds zur Bekämpfung von HIV/AIDS, Tuberkulose und Malaria, das gemeinsame Programm der Vereinten Nationen zu HIV/AIDS („Joint UN Programme on HIV/AIDS", UNAIDS) und die Globale Allianz für Impfstoffe und Immunisierung („Global Alliance for Vaccines and Immunization", GAVI) (Bull & McNeill 2007: Kap. 4; Hein et al. 2008; Huckel Schneider i.E.).

Ernährungssicherheit

Die industrielle Expansion und die wachsende Schnelligkeit und Sicherheit internationaler Transportmöglichkeiten hatten auch für die Landwirtschaft vielfältige Folgen. Die Ausbildung einer Reihe landwirtschaftlicher (Teil-)Weltmärkte hatte beispielsweise im Falle des Getreides bedeutende Auswirkungen auf traditionell politisch einflussreiche Produzentengruppen. Ein kontinuierlicher Fluss von Informationen über die Weltmarktentwicklungen war Voraussetzung für geeignete staatliche Reaktionen zur Abwehr von Nachteilen für heimische Märkte, Produzenten und Verbraucher. Dies war der wesentliche Hintergrund zur Errichtung eines Frühwarnsystems in Form des Internationalen Landwirtschaftsinstituts (1905) mit Sitz in Rom. Das Internationale Landwirtschaftsinstitut war ein Vorläufer der Welternährungs- und Landwirtschaftsorganisation („Food and Agriculture Organization", FAO). Diese wurde 1945 als Sonderorganisation der UN gegründet und befasst sich mit der Verbesserung der Welternährungslage durch Produktionssteigerung und die Verbesserung der Verteilung von produzierten Nahrungsmitteln (Marchisio & Di Blase 1991: 3–22). Außerdem schuf die FAO 1963 gemeinsam mit der WHO die Codex-Alimentarius-Kommission, die internationale Lebensmittelstandards setzt, um Konsumenten vor gesundheitsschädlichen Produkten zu schützen (Hüller & Maier 2006).

Arbeitsschutz

Im späten 19. Jahrhundert wurde die kollektive Bearbeitung der negativen Folgen der industriellen Expansion für die Lebens- und Arbeitsbedingungen der Industriearbeiter als öffentliche Aufgabe mit internationalen Dimensionen anerkannt. Schon 1890 fand in Berlin eine erste internationale Sozialkonferenz statt, um die Harmonisierung einzelstaatlicher Arbeitsgesetzgebung zu diskutieren. Ziel der Konferenz war es, Wettbewerbsverzerrungen zwischen den einzelnen Ländern aufgrund unterschiedlicher Arbeiterschutzgesetzgebungen zu verhindern oder abzubauen. Auf private Initiative mit offizieller Förderung wurde schon vor dem Ersten Weltkrieg in Basel (1900) ein internationales Büro, die Internationale Vereinigung für Arbeitsgesetzgebung, gegründet, das die Information über neuere Entwicklungen auf dem Gebiet der nationalen Arbeitsgesetzgebung und die Ausarbeitung von internationalen Vertragsentwürfen für bestimmte Arbeitsschutzmaßnahmen zur Aufgabe hatte. Zum Beispiel wurde eine Konvention über das Verbot der Nachtarbeit für Frauen unterzeichnet.

ILO

Die 1919 zusammen mit dem Völkerbund gegründete Internationale Arbeitsorganisation („International Labour Organization", ILO) entstand auf Initiative von westeuropäischen Gewerkschaftsführern und bemühte sich um die rechtliche Normierung stärkerer Arbeitsstandards. Die Beratungs- und Entscheidungsorgane der ILO zeichneten sich schon damals durch eine dreiseitige Repräsentation bestehend aus Regierungen, Arbeitnehmer- sowie Arbeitgeberorganisationen aus. Nach dem Zweiten Weltkrieg und der Auflösung des Völkerbundes wurde die Internationale Arbeitsorganisation als Sonderorganisation in den Verband der UN eingegliedert. Neben der Festlegung weiterer internationaler arbeits- und sozialrechtlicher Mindeststandards führte sie seit Ende der 1960er Jahre auch Programme zur Bekämpfung von Arbeitslosigkeit durch (Weber 1983: 38–42, 84–86). Darüber hinaus ist die ILO in der Beschränkung von Kinder- und der Bekämpfung von Zwangsarbeit engagiert, setzt sich gegen Diskriminierung am Arbeitsplatz ein und unterstützt die Gewährleistung des Rechts der Vereinigungsfreiheit sowohl für Gewerkschaften als auch für Arbeitgebervereinigungen (Dirks et al. 2002; Hughes & Haworth 2010).

Global Compact

Ein relativ junges Beispiel für eine inklusive, multipartistische Organisation im Sozialbereich ist der Globale Pakt der Vereinten Nationen („Global Compact"). Initiiert vom damaligen UN-Generalsekretär Kofi Annan im Jahre 1999, verfolgt der als öffentlich-private Partnerschaft konzipierte Globale Pakt das Ziel, zu einer faireren und nachhaltigeren globalen Wirtschaft beizutragen. Zu diesem Zweck verpflichten sich seine (überwiegend aus dem privatwirtschaftlichen Sektor stammenden) Mitglieder auf zehn Prinzipien in den Bereichen Menschenrechte, Umwelt- und Arbeitsstandards und Korruptionsbekämpfung (Hamm 2006; Rieth 2009; Rittberger et al. 2008). Den Mitgliedern obliegt es, regelmäßig Fortschrittsberichte einzureichen, die dokumentieren, wie die eingegangenen Verpflichtungen umgesetzt wurden bzw. werden. Bei schweren Verstößen gegen die Prinzipien oder mangelnder Dokumentation der Bemühungen droht ihnen die Streichung aus der Mitgliederliste.

3.2.4 Schutz geistigen Eigentums

Im Zuge der industriellen Expansion wurde der Bedarf an internationalen Institutionen zum Schutz geistigen Eigentums mit zunehmendem internationalem Austausch offenkundig. Da geistige Eigentumsrechte wie insbesondere Patentrechte zumeist nur innerhalb eines Staates gesichert waren, mussten diese mit zunehmendem internationalen Austausch international verbindlich geschützt werden, um zu verhindern, dass beispielsweise Erfindungen deshalb unterbleiben, weil der Erfinder diese nur ungenügend vermarkten kann. Dieser Schutz geistigen Eigentums erfolgte international zunächst durch bilaterale Verträge, dann vermehrt durch multilaterale Vereinbarungen und schließlich die Gründung einer formellen internationalen Organisation.

Patentschutz

In Bezug auf den Patentschutz kam es 1883 mit der Pariser Konvention über den gewerblichen Rechtsschutz zur Gründung eines diese Konvention verwaltenden Internationalen Büros. Nach dieser Konvention genießt jeder Bürger eines Vertragsstaates in jedem anderen Vertragsstaat bezüglich des Patent- und Warenzeichenrechts die gleiche Rechtsstellung, die dieser seinen eigenen Bürgern gewährt. Das Büro sammelt patentrechtlich relevante Informationen, um auf deren Grundlage Vorschläge zur Verbesserung der nationalen Gesetzgebungen zum internationalen Schutz vor Patentverletzungen zu unterbreiten. Das Büro ist keine internationale Patentorganisation, wie beispielsweise das Europäische Patentamt (EPA). Während letztgenanntes Patente selbst erteilt, die für alle Mitgliedstaaten Gültigkeit haben, lässt das internationale Büro die nationale Zuständigkeit für die Patenterteilung grundsätzlich unberührt.

Urheberrechtsschutz

Ähnlich verlief auch die Entwicklung beim Urheberrechtsschutz. Seit durch die zunehmende Alphabetisierung der Bevölkerungen Druckerzeugnisse einen wachsenden Markt hatten, gingen staatliche Gesetzgebungen im Laufe des 18. Jahrhunderts dazu über, das Urheberrecht zu schützen, indem sie dem Autor für eine gewisse Zeit das alleinige Verbreitungsrecht garantierten. Eine Serie internationaler Autoren- und Künstlerkongresse zwischen 1858 und 1883 übte schließlich Druck zur Schaffung eines internationalen Urheberrechtsschutzes aus. 1886 wurde schließlich die Berner Konvention über den Urheberrechtsschutz unterzeichnet, deren Regelungsgrundsätze der schon erwähnten Pariser Konvention von 1883 entsprachen. Die beiden internationalen Büros für diese Konventionen wurden 1893 zusammengelegt und führten über die Jahrzehnte hinweg unterschiedliche Bezeichnungen, bis sie schließlich in der 1967 gegründeten Weltorganisation für geistiges Eigentum („World Intellectual Property Organization", WIPO) aufgingen, welche 1974 den Status einer Sonderorganisation der UN erhielt (Braithwaite & Drahos 2000: 60; Weber 1983: 29–30).

TRIPs (WTO)

Die Gründung der WIPO markierte jedoch noch nicht den Abschluss der Internationalisierung des Schutzes geistigen Eigentums. Staaten unterwarfen sich zwar bestimmten Prinzipien, stellten aber gleichzeitig sicher, dass sie es weiterhin waren, welche die Schutzstandards aufstellten. Die WIPO selbst verfügte über keine Möglichkeit, um Staaten, welche gegen einzelne Bestimmungen der von ihnen unterzeichneten Verträge verstießen, mit Sanktionen zu belegen. In den 1990er Jahren wurden dann jedoch die vielen, häufig ineffektiven internationalen Abkommen zum Schutz des geistigen Eigentums (von denen die WIPO insgesamt 24 verwaltete) durch umfassendere und einheitliche internationale Standards abgelöst. Während der Verhandlungen der Uruguay-Welthandels-Runde wurde neben der Gründung einer neuen Welthandelsorganisation („World Trade Organization", WTO) auch eine Einigung auf ein Abkommen über handelsbezogene Aspekte der Rechte an geistigem Eigentum („Agreement on Trade-Related Aspects of Intellectual Property Rights", TRIPs) erzielt. Die in diesem Abkommen enthaltenen Standards bilden einen für alle Mitgliedstaaten der WTO verbindlichen Normenkatalog und müssen demnach in nationales Recht umgesetzt werden. Dieser Implementierungsprozess wird vom TRIPs-Rat, der Bestandteil der WTO-Organisationsstruktur ist, überwacht (Braithwaite & Drahos 2000: 62–64).

Abbildung 3.2: Industrielle Expansion als Impuls für internationale Organisationen

Bereich industrieller Expansion	**Internationale Organisationen**
Transportwesen	
Flussschifffahrt	Flusskommission für den Rhein (1815) Flusskommission für die Elbe (1821) Flusskommission für die Weser (1823) Flusskommission für die Maas (1830) Flusskommission für die Donau(1856)
Eisenbahnverkehr	Verein deutscher Eisenbahnverwaltungen (1847) Zentralbüro für internationalen Eisenbahntransport (1890) Internationale Eisenbahnunion (1922)
Seeschifffahrt	Internationales Maritimes Komitee (1897, NGO) Zwischenstaatliche Maritime Konsultativorganisation (IMCO, 1948) Internationale Seeschifffahrtsorganisation (IMO, 1982)
Luftverkehr	Internationale Luftfahrtkommission (1919) Internationale Organisation für Zivilluftfahrt (ICAO, 1944)
Maße und Gewichte	Internationales Büro für Maße und Gewichte (BIPM, 1875) Internationale Statistikkonferenz (1895)
Kommunikation	
Telekommunikation	Internationale Telegrafenunion(1865) Internationale Funktelegrafenkonferenzen (1906) Weltnachrichtenverein (1932) Internationale Fernmeldeunion (1945)
Post	Allgemeiner Postverein (1875) Weltpostverein (UPU, 1878)
Internet	World Wide Web Consortium (W3C, 1994, NGO) Internet Corporation for Assigned Names and Numbers (ICANN, 1998, NGO) Internet Governance Forum (IGF, 2006)
Sozialbereich	
Gesundheit	International Sanitätskonferenzen (ab circa 1850) Internationaler Hygienekodex (1880) Internationales Gesundheitsamt (OIHP, 1907) Weltgesundheitsorganisation (WHO, 1946) Globaler Fonds zur Bekämpfung von HIV/AIDS, Tuberkulose und Malaria (2002)
Ernährung und Landwirtschaft	Internationales Landwirtschaftsinstitut (1905) Welternährungs- und Landwirtschaftsorganisation (FAO, 1945) Codex-Alimentarius-Kommission (1962)
Arbeitsbedingungen	Internationale Sozialkonferenz (1890) Internationale Vereinigung für Arbeitsgesetzgebung (1901) Internationale Arbeitsorganisation (ILO, 1919) Globaler Pakt (1999)
Schutz geistigen Eigentums	
	Pariser Konvention über den gewerblichen Rechtsschutz (1883, mit internationalem Büro) Berner Konvention über den Urheberrechtsschutz (1886, mit internationalem Büro) Weltorganisation für geistiges Eigentum (WIPO, 1967) Europäisches Patentamt (EPA, 1973) Abkommen über handelsbezogene Aspekte geistigen Eigentums (TRIPs, 1994)

3.3 Weltwirtschaftskrisen

Große Depression

Mit der nicht zuletzt durch internationale Organisationen begünstigten Ausweitung des internationalen Handels entstand auch eine zunehmende Nachfrage nach internationalen Organisationen, die geeignet waren, offene Märkte auch in Zeiten wirtschaftlicher Krisen zu schützen (Problembedingung). Bereits während der Großen Depression in den 1870er und 1880er Jahren und nach der Weltwirtschaftskrise in den späten 1920er und frühen 1930er Jahren wurde ein solcher Bedarf an internationalen Organisationen weithin anerkannt (Kognitionsbedingung). Jedoch brachen mit dem Niedergang der britischen Hegemonie nach dem Ersten Weltkrieg die Strukturen einer internationalen liberalen Wirtschaftsordnung, die von relativ freiem Welthandel, dem Goldstandard und der freien Konvertierbarkeit der Währungen geprägt war, zusammen.

Weltwirtschaftskrise (1929)

Die Weltwirtschaftskrise ab 1929 machte die Hoffnung auf eine Restaurierung dieses Systems endgültig zunichte. Angeführt vom Deutschen Reich verlegten sich fast alle Staaten auf eine Politik der Erhöhung von Zöllen, der Abwertung von Währungen und der Einführung zusätzlicher nichttarifärer Handelshemmnisse. Dies führte zu einem wirtschaftspolitischen Schlagabtausch und einer Eskalationsspirale, in deren Verlauf protektionistische Maßnahmen eines Staates immer wieder mit einer weiteren Verschärfung entsprechender Maßnahmen durch andere Staaten beantwortet wurden. Die Folge war ein Einbruch des Welthandels, der die Weltwirtschaftskrise weiter verschärfte. Das Volumen des Welthandels betrug 1932 nur noch 60% des Wertes von 1929 (Parker 1967: 101–110; Rothermund 1996; van der Wee 1984: 389–427).

liberale Weltwirtschaftsordnung

Erst nach dem Zweiten Weltkrieg konnte mit der Unterstützung und unter Führung der neuen Hegemonialmacht USA (Hegemoniebedingung) eine liberale Weltwirtschaftsordnung wieder hergestellt werden. Zur Stabilisierung der Weltfinanzordnung wurden 1944 in Bretton Woods der Internationale Währungsfonds (IWF) und die Internationale Bank für Wiederaufbau und Entwicklung („International Bank for Reconstruction and Development“, IBRD), kurz: Weltbank, gegründet (Helleiner 1994). Die Welthandelsordnung wurde nach dem Scheitern der zunächst angedachten Internationalen Handelsorganisation („International Trade Organization“, ITO) durch das Allgemeine Zoll- und Handelsabkommen („General Agreement on Tariffs and Trade“, GATT) von 1947 organisiert, das 1995 in der Welthandelsorganisation („World Trade Organization“, WTO) aufging (Jackson 1999; Ruggie 1983; vgl. Abbildung 3.3).

3.3.1 Handel

Scheitern der ITO

Im Frühjahr 1946 beschloss der Wirtschafts- und Sozialrat der UN einer US-amerikanischen Initiative folgend die Einberufung einer Konferenz, die schließlich 1947/48 in Havanna stattfand und in die Annahme der Havanna-Charta (1948) mündete. Ziel der Charta war die Gründung einer Internationalen Handelsorganisation (ITO), die einen freien Welthandel gewährleisten sollte. Die Havanna-Charta und damit die ITO scheiterten allerdings daran, dass die US-Regierung die Charta dem US-Senat gar nicht erst zur Billigung vorlegte, weil die in der Charta vorgesehenen Einschränkungen amerikanischer Souveränität eine Ablehnung vorhersehbar erscheinen ließen. Im April 1947, parallel zu den Beratungen über die Welthandelscharta, hatte die US-amerikanische Regierung allerdings schon begonnen, mit 23 Staaten in Genf über Maßnahmen zum gegenseitigen Zollabbau zu verhandeln. Noch vor dem Beginn der Havanna-Konferenz einigten sich die Staaten 1947 in einem Regierungsprotokoll auf den Abbau von Handelshemmnissen. Dieses Allgemeine Zoll- und Handelsabkommen (GATT) wurde nach dem Scheitern der Havanna-Charta zum institutionellen Kern der internationalen Welthandelsordnung.

GATT

Das GATT zielte darauf ab, die Unterzeichnerstaaten durch den wechselseitigen Abbau von Handelsbarrieren auf eine grundsätzlich liberale Handelspolitik festzulegen (vgl. Kapitel 9). Die Mitgliedstaaten verpflichteten sich, mengenmäßige Handelsbeschränkungen (Importquoten) ganz abzuschaffen und Zölle auf den Import von Produkten zumindest zu senken. Um die Bildung von Handelsblöcken, wie sie in den 1930er Jahren im Welthandel entstanden waren, zu vermeiden, verbot das GATT darüber hinaus eine diskriminierende Behandlung unterschiedlicher Handelspartner (Prinzip der Meistbegünstigung). Abgesehen von den Handelspartnern innerhalb einer Freihandelszone oder einer Zollunion mussten demnach für alle Handelspartner beim Marktzutritt die Bedingungen der am besten gestellten Nation („most favoured nation") gelten (Hauser & Schanz 1995; Jackson 2004; Senti 2000). In jedem Falle war das GATT insofern erfolgreich, als die Durchschnittszölle auf Güter in den ersten sieben GATT-Verhandlungsrunden von 40% auf 6,4% des Warenwertes sanken (Senti 2000). In den 1970er Jahren setzten Industrie- und Entwicklungsländer jedoch wieder auf einen versteckten Protektionismus in Form von nichttarifären Handelshemmnissen, die im GATT kaum geregelt waren (Problembedingung). Nachdem dieses Problem den in den 1980er Jahren unter einem wachsenden Handelsbilanzdefizit leidenden USA bewusst geworden war (Kognitionsbedingung), ergriffen die USA die Initiative (Hegemoniebedingung) und setzten das Thema nichttarifärer Handelshemmnisse neben weiteren Punkten auf die Tagesordnung der Uruguay-Welthandelsrunde, was schließlich zur Errichtung einer neuen, institutionell gestärkten und thematisch umfassenderen internationalen Organisation, der Welthandelsorganisation (WTO), führte (Braithwaite & Drahos 2000: 178–181).

WTO

Mit der Gründung der WTO änderte sich das multilaterale Regelwerk für den Welthandel insofern, als es nun neben dem Warenhandel (GATT) auch den Handel mit Dienstleistungen („General Agreement on Trade in Services", GATS) sowie den Schutz geistigen Eigentums („Agreement on Trade-Related Aspects of Intellectual Property Rights", TRIPS) abdeckt. Diese Ausweitung des Regelwerks spiegelt sich auch in der Organisationsstruktur der WTO wider. So treten neben das oberste Beschlussorgan der Ministerkonferenz (vormals: Versammlung der Vertragsparteien) der Allgemeine oder WTO-Rat, welcher wiederum drei weiteren Räten vorsteht: dem Rat für den Handel mit Waren (früher GATT-Rat), dem Rat für den Handel mit Dienstleistungen (GATS-Rat) und dem Rat für den Schutz von geistigen Eigentumsrechten (TRIPs-Rat). Als vollständige internationale Organisation verfügt die WTO zusätzlich über ein Sekretariat und einen Generaldirektor; beide existierten allerdings schon vor 1995 unter dem alten GATT (Senti 2000). Ferner wurde im Zuge der WTO-Gründung ein Mechanismus zur Überprüfung der Handelspolitik der Mitgliedstaaten eingeführt und die bestehenden multilateralen Streitschlichtungsverfahren wesentlich gestärkt und verrechtlicht (Jackson 2004; Zangl 2008). Der in den 1990er Jahren zu beobachtende Trend zu einer immer stärkeren Übertragung politischer Autorität an die WTO ist nach der Jahrtausendwende allerdings zum Stillstand gekommen. Die 2001 begonnene Doha-Entwicklungsrunde konnte bisher keine mit der vorherigen Uruguay-Runde vergleichbaren Verhandlungsergebnisse erzielen (vgl. Kapitel 9). Nach derzeitigem Stand erscheint sogar ein völliges Scheitern nicht ausgeschlossen.

regionale Organisationen

Die WTO ist Teil einer umfassenden Welthandelsordnung, zu der auch einige regionale Handelsorganisationen gehören. Das prominenteste Beispiel ist die Europäische Union (EU), deren beispiellose Entwicklung regionaler Integration 1951 mit der Gründung der Europäischen Gemeinschaft für Kohle und Stahl (EGKS) ihren Anfang nahm und sich 1958 mit der Europäische Wirtschaftsgemeinschaft (EWG) und der Europäischen Atomgemeinschaft („European Atomic Energy Community", EURATOM) fortsetzte. Im Jahr 1968 bildeten die damals sechs Mitgliedstaaten (Belgien, Bundesrepublik Deutschland, Frankreich, Italien, Luxemburg und die Niederlande) eine Zollunion, durch die alle Binnenzölle beseitigt waren sowie ein gemeinsamer Außenzoll errichtet wurde. Die angestrebte Errichtung eines gemeinsamen Marktes verzögerte sich allerdings und wurde erst durch die Einheitliche Europäische Akte (EEA) von 1987 wieder entscheidend vorangebracht. Die EEA verlangte von den alten und neuen Mitgliedstaaten die Vollendung des Binnenmarktes bis zum Jahr 1992. Dieses ehrgeizige Ziel wurde auch tatsächlich erreicht (Moravcsik 1998).

Auch in Nordamerika und Südostasien wurden regionale Handelsordnungen geschaffen, die allerdings nicht an das in Europa erreichte Ausmaß der Kooperation und Integration heranreichen. So schufen die USA, Kanada und Mexiko mit der Unterzeichnung des Nordamerikanischen Freihandelsabkommens („North American Free Trade Agreement", NAFTA) 1993 eine Freihandelszone. Die Mitgliedstaaten des Verbands Südostasiatischer Staaten („Association of Southeast Asian Nations", ASEAN) haben sich ebenfalls auf die Schaffung einer solchen Freihandelszone verständigt (Feske 1999: 549). Verglichen mit der EU, die alle Binnenzölle abgeschafft, einheitliche Außenzölle vereinbart und große Fortschritte bei der Aufhebung jeglicher Art nichttarifärer Handelshemmnisse gemacht hat, sind die nordamerikanische und die südostasiatische Freihandelszone weitaus weniger stark integriert (Krugman & Obstfeld 2008: Kap. 10 &11).

3.3.2 Währungs- und Finanzfragen

IWF

Nach dem Zweiten Weltkrieg wurde unter Führung der USA auch eine neue internationale Währungsordnung auf Basis des Abkommens von Bretton Woods (1944) errichtet (Helleiner 1994). Das Bretton-Woods-Abkommen verpflichtete die Staaten, die freie Konvertibilität ihrer Währungen zu garantieren und ihre Währung in einem gegenüber dem durch die Golddeckung gebundenen US-Dollar weitgehend festen Wechselkursverhältnis zu halten (vgl. Kapitel 9). Die

Aufgabe des IWF war es, die Implementierung und Aufrechterhaltung dieser Währungsordnung zu überwachen. Zusätzlich erfüllte der IWF die Funktion eines Währungspuffers: Durch Überbrückungskredite sollte der IWF vorübergehende Zahlungsbilanzdefizite einzelner Staaten ausgleichen helfen. Dieser Währungspuffer erlaubte es den Staaten, trotz des Systems fester Wechselkurse, das eine an außenwirtschaftlicher Wettbewerbsfähigkeit und mithin an einer ausgeglichenen Zahlungsbilanz orientierte Wirtschaftspolitik verlangt, gewisse Spielräume für die Ausgestaltung ihrer nationalen Wirtschaftspolitik zu bewahren (Eichengreen 1996; Helleiner 1994; Kapstein 1996).

Ende fester Wechselkurse

Nach einem schwierigen Start begann die in Bretton Woods geplante internationale Währungsordnung in den späten 1950er Jahren effektiver zu funktionieren. Doch bereits in der zweiten Hälfte der 1960er Jahre zeigte sie erste Krisensymptome. Die unerwartet starke Ausweitung des internationalen Handels machte ein permanentes US-Zahlungsbilanzdefizit notwendig, um die dafür notwendige Liquidität bereitzustellen, ließ aber zugleich Zweifel an der Glaubwürdigkeit der Golddeckung des US-Dollar aufkommen. Der IWF versuchte zunächst, durch die Einführung (1969) von Sonderziehungsrechten („Special Drawing Rights", SDR) die für den internationalen Handel notwendige Liquidität zu schaffen. Trotzdem sah sich 1971 US-Präsident Nixon gezwungen, die Golddeckung des US-Dollar aufzugeben, wodurch dann letztlich auch das System fester Wechselkurse zerstört wurde. Den neuen Realitäten nunmehr schwankender Wechselkurse wurde 1978 durch eine Reform der IWF-Satzung Rechnung getragen, mit der die Wechselkurse auch offiziell freigegeben wurden. Jedoch einigten sich die Mitgliedstaaten des IWF darauf, dass auch in einem System fluktuierender Wechselkurse erratische Ausschläge der Wechselkurse vermieden oder zumindest begrenzt werden sollten. Der IWF wurde daher beauftragt, die Wechselkurspolitik seiner Mitglieder zu überwachen (Braithwaite & Drahos 2000: 115).

IWF als Krisenmanager

Seit den 1980er Jahren hat der IWF zudem eine führende Rolle bei der Bewältigung internationaler Finanzkrisen übernommen (Pauly 1997: 116). So stellte die Schuldenkrise zahlreicher Entwicklungsländer in den 1980er und 1990er Jahren eine neue Herausforderung für den IWF dar, welche ihn jedoch in eine neue Rolle als Krisenmanager brachte. Der IWF gab den betroffenen Staaten, etwa Mexiko, zusätzliche Kredite, um sie zahlungsfähig zu halten. Damit sollte insbesondere auch verhindert werden, dass durch den Zahlungsausfall dieser Entwicklungsländer die Banken in den Industriestaaten ins Wanken geraten, was einen Zusammenbruch des internationalen Finanzsystems insgesamt hätte bewirken können. Um die betroffenen Staaten wieder kreditwürdig zu machen, band der IWF zudem seine Kreditvergabe an die Durchführung von Strukturanpassungsprogrammen, welche ihrerseits in den betroffenen Staaten zu sozialen Verwerfungen führten (Helleiner 1994: 175–183; Boughton 1997).

Weltfinanzkrise (ab 2007)

Die Bedeutung des IWF wurde in den späten 1990er und frühen 2000er Jahren jedoch zumindest vorübergehend dadurch in Frage gestellt, dass Staaten sich den privaten Kapitalmärkten zuwandten. Doch die jüngste Weltfinanzkrise (ab 2007) hat die Bedeutung des IWF als Krisenmanager wieder gestärkt. Gleichzeitig hat sie aber auch alternativen, lose organisierten internationalen Finanzinstitutionen zu einer (noch) größeren Rolle verholfen. Beispiele sind die Gruppe der 20 wichtigsten Industrie- und Schwellenländer (G-20, bestehend seit 1999), der Ausschuss für Finanzstabilität („Financial Stability Board“, FSB), der seit 2009 mit einem gestärkten und breiteren Mandat die Arbeit des Forum für Finanzstabilität („Financial Stability Forum“, FSF, ab 1999) weiterführt, sowie der Basler Ausschuss für Bankenaufsicht („Basel Committee on Banking Supervision“, BCBS, seit 1974). Die G-20 bringt die größten und wirtschaftsstärksten Industrie- und Schwellenländer zusammen, um globale Finanzmarktstabilität zu befördern. Das politische Gewicht des Zusammenschlusses ist im Zuge der Bearbeitung der Weltfinanzkrise deutlich gestiegen. Zu einem gewissen Maß definiert die G-20 auch die politische Tagesordnung für den FSB, in dem die nationalen für die Wahrung der Finanzmarktstabilität verantwortlichen Behörden ihre Arbeit auf der internationalen Ebene koordinieren (Cooper 2010). Der Basler Ausschuss für Bankenaufsicht bietet ein Forum für die internationale Koordinierung und Kooperation nationaler Behörden in Fragen der Bankenaufsicht. Sowohl dessen wachsendes Gewicht bei der Festlegung internationaler Standards der Bankenaufsicht als auch die Schwächen bestehender Standards wurden durch die jüngste Weltfinanzkrise aufgezeigt.

EU

Die EU ist die einzige regionale Organisation mit bedeutenden Kompetenzen in Währungsfragen (vgl. Kapitel 9). In den späten 1960er Jahren, als das Bretton-Woods-System fester Wechselkurse unter Druck geriet, entschieden sich die Mitglieder der damaligen Europäischen Wirtschaftsgemeinschaft, ihre Währungspolitiken untereinander abzustimmen, um Wechselkursschwankungen zu begrenzen. Im Jahre 1979 gründeten sie das Europäische Währungssystem (EWS), in dessen Rahmen die Wechselkurse stets zwischen bestimmten oberen und unteren Grenzen gehalten wurden. Im Jahr 1999 wurde die bereits im Maastrichter Vertrag niedergelegte Europäische Wirtschafts- und Währungsunion (EWWU) endgültig verwirklicht: Die Wechselkurse zwischen den zu diesem Zeitpunkt 12 EWWU-Mitgliedern wurden unwiderruflich fixiert (Sandholtz 1993; Wolf & Zangl 1996). Schließlich wurde 2002 mit dem Euro eine gemeinsame Währung für heute 17 EU-Mitgliedstaaten eingeführt.

europ. Finanz- und Schuldenkrise

In der europäischen Finanz- und Schuldenkrise (seit 2010) gerieten Griechenland, Irland, Portugal, Spanien und Zypern in schwere finanzielle Schwierigkeiten, so dass sich der Euro insgesamt spekulativen Attacken ausgesetzt sah. Um den Euro zu stabilisieren, einigten sich die Finanzminister der Eurozone 2010 auf die Einführung von zwei zeitlich befristeten Mechanismen, der Europäischen Finanzstabilitätsfazilität („European Financial Stability Facility“, EFSF) sowie dem Europäischen Finanzstabilisierungsmechanismus („European Financial Stabilization Mechanism“, EFSM). Diese sollen in der Lage sein, bis zu 500 Milliarden Euro umfassende, durch die Mitglieder der Eurozone abgesicherte Kredite an Euromitgliedstaaten zu vergeben, die sich in schweren finanziellen Schwierigkeiten befinden. Ergänzt werden diese Mittel durch bis zu 250 Milliarden Euro von Seiten des IWF. Kredite, die im Rahmen dieser Krisenmechanismen vergeben werden, sind an Bedingungen geknüpft, die zuvor mit der EU-Kommission und der Europäischen Zentralbank (EZB) sowie dem IWF ausgehandelt werden müssen, und bedürfen der Zustimmung der Mitgliedstaaten der

Eurozone. In den Jahren 2010 bis 2012 wurden solche Kredite in einem Volumen von mehreren 100 Milliarden Euro von Griechenland, Irland, Portugal, Spanien und Zypern in Anspruch genommen. Ende des Jahres 2010 einigten sich die Mitglieder der Eurozone, die provisorischen Mechanismen EFSF und EFSM ab 2012 durch einen dauerhaften Krisenmechanismus, den Europäischen Stabilitätsmechanismus (ESM), zu ersetzen (vgl. Kapitel 9).

Abbildung 3.3: Weltwirtschaftskrisen als Impuls für internationale Organisationen

Krise	**Internationale Organisationen**
Handelsordnung	
Große Depression (1878–91)	GB (Hegemon) hält am Freihandelsprinzip mit Einschränkungen fest
Weltwirtschaftskrise (1929–32)	Allgemeines Zoll- und Handelsabkommen (GATT, 1948)
Neo-Protektionismus (1970er und 1980er Jahre)	*Global:* Welthandelsorganisation (WTO, 1995), inkl. Abkommen über den Handel mit Dienstleistungen (GATS) und den Schutz geistiger Eigentumsrechte (TRIPS) *Regional:* Binnenmarkt der Europäischen Union (EU, 1992) Nordamerikanische Freihandelszone (NAFTA, 1994) Südostasiatische Freihandelszone (AFTA, 2003)
Finanzordnung	
Große Depression (1878–1891)	GB hält an Goldstandard und freier Konvertibilität fest
Weltwirtschaftskrise (1929–32)	Internationaler Währungsfond (IWF, 1944)
Zusammenbruch des Bretton-Woods-Systems (1971–73)	*Global:* reformierter IWF (1978) *Regional:* Europäisches Währungssystem (EWS, 1979) Europäische Wirtschafts- und Währungsunion (EWWU, 1999)
Weltfinanzkrise (ab 2007)	*Global:* Wiedererstarken des IWF als zentraler Kreditgeber Wachsende Bedeutung relativ informeller, lose organisierter Klub-Institutionen: G-20, Basler Ausschuss für Bankenaufsicht, Ausschuss für Finanzstabilität (2009) *Regional:* Europäische Finanzstabilitätsfazilität (EFSF, 2010) Europäischer Finanzstabilisierungsmechanismus (EFSM, 2010) Europäischer Stabilitätsmechanismus (ESM, geplant für 2012)

3.4 Menschenrechtsverletzungen

langsame Internationalisierung

In der zweiten Hälfte des 19. Jahrhunderts begann sich die Idee des demokratischen Verfassungsstaates in Westeuropa und Nordamerika durchzusetzen. Damit wuchs auch die Überzeugung, dass sich staatliche Souveränität und die Gewährleistung von international überwachten Menschenrechtsstandards nicht gegenseitig ausschließen. Trotz beachtlicher Anstrengungen früher transnationaler Bewegungen gegen Sklaverei und für Frauenrechte im späten 19. Jahrhundert (vgl. Keck & Sikkink 1998: Kap. 2) blieb der Schutz von Menschenrechten jedoch lange weitgehend ein Thema nationaler Politik. Menschenrechtsfragen spielten in der internationalen Politik kaum eine Rolle. Dies änderte sich nach dem Zweiten Weltkrieg. Infolge der insbesondere durch das nationalsozialistische Regime verübten Gräueltaten wurde der Schutz von Menschenrechten zu einem Anliegen internationaler Politik. Das Ausmaß der NS-Schreckensherrschaft zeigte eine Art *moralische Interdependenz* zwischen den Staaten und ihren Gesellschaften auf (Problembedingung) und führte zu der weit verbreiteten Überzeugung, dass internationale Garantien für den Schutz der Menschenrechte notwendig waren (Kognitionsbedingung). Zudem waren die USA als mächtigster Staat gewillt, die Staatengemeinschaft davon zu überzeugen, internationale Standards des Menschenrechtsschutzes zu akzeptieren (Hegemoniebedingung). Die USA drängten erfolgreich auf die Institutionalisierung des Prinzips der Verantwortlichkeit der Staaten gegenüber der internationalen Gemeinschaft in Fragen der Ausübung interner staatlicher Souveränität (vgl. Abbildung 3.4).

Allgemeine Erklärung der MR

Im Jahr 1941 verkündeten der britische Premierminister Winston Churchill und US-Präsident Franklin D. Roosevelt die Atlantik-Charta, die auf Roosevelts Doktrin der vier Grundfreiheiten aufbaute: Freiheit von Not und von Furcht, Freiheit der Meinungsäußerung und der Religionsausübung. Die Präambel der UN-Charta (1945) bekräftigte die Bedeutung der Menschenrechte. Drei Jahre später, am 10. Dezember 1948, wurde mit der Allgemeinen Erklärung der Menschenrechte ein stärker ins Detail gehender normativer Bezugsrahmen geschaffen, welcher bürgerliche und politische Freiheitsrechte einerseits sowie wirtschaftliche, soziale und kulturelle Rechte andererseits beinhaltete. Koordiniert wurden die Verhandlungen über diese nicht bindende Erklärung von der 1946 durch den Wirtschafts- und Sozialrat der UN eingesetzten UN-Menschenrechtskommission. Die Allgemeine Erklärung war in vielerlei Hinsicht ein Kompromiss zwischen den menschenrechtlichen Vorstellungen des liberal-demokratischen Westens unter Führung der USA und des kommunistischen Ostens unter Führung der UdSSR.

Zivil- und Sozialpakt

In der Folgezeit bemühte sich die UN-Menschenrechtskommission, die in der Allgemeinen Erklärung niedergelegten Rechte völkerrechtlich verbindlich zu kodifizieren. Konkurrierende Wertevorstellungen der westlich-liberalen Staaten, der sozialistischen Staaten und einer wachsenden Anzahl von Entwicklungsländern des Südens führten zu langwierigen und komplizierten Verhandlungen, die schließlich in die Verabschiedung nicht einer, sondern zweier Konventionen im Jahre 1966 mündeten (Donnelly 2006): die Konvention über bürgerliche und politische Rechte (Zivilpakt) sowie die Konvention über wirtschaftliche, soziale und kulturelle Rechte (Sozialpakt). Es dauerte weitere zehn Jahre, bis die erforderliche Zahl von Ratifikationen erreicht war und die Konventionen in Kraft treten konnten. Hatten bis zum Jahr 1989 weniger als 100 Staaten diese Konventionen ratifiziert, so erhöhte sich die Zahl der Vertragsparteien bis Ende 2011 auf 167 (Zivilpakt) und 160 (Sozialpakt). Mit dem Zivilpakt formulierten die UN einen Kanon liberaler Abwehrrechte des Individuums gegenüber missbräuchlicher Herrschaftsausübung des Staates. Zu diesen Rechten zählen: das Recht auf Leben, auf Freiheit und Sicherheit der Person; der Schutz vor Diskriminierung; das Verbot der Folter und der Sklaverei; der Anspruch auf Gleichheit vor dem Gesetz; der Schutz der Privatsphäre; das Recht auf Gedanken-, Gewissens- und Religionsfreiheit; das Recht auf freie Meinungsäußerung; der Schutz der Familie; sowie der Anspruch, an wiederkehrenden, allgemeinen und gleichen Wahlen teilzunehmen. Zu den im Sozialpakt bekräftigten Rechten gehören: das Recht auf ausreichende Nahrung und einen angemessenen Lebensstandard; das Recht auf Arbeit und angemessene Arbeitsbedingungen; das Recht auf Freizeit, Urlaub und soziale Sicherheit sowie das Recht auf Bildung.

weitere UN-Konventionen

Die bloße Kodifizierung der Menschenrechte im Zivil- und Sozialpakt führte allerdings nicht automatisch zu ihrer Beachtung. Dies gilt in gleicher Weise für vier weitere UN-Menschenrechtskonventionen: die Konvention zur Abschaffung aller Formen von Rassendiskriminierung (2011 von 173 Staaten ratifiziert), die Konvention zur Abschaffung der Diskriminierung der Frau (2011 von 186 Staaten ratifiziert), die Konvention gegen Folter und andere grausame, unmenschliche oder erniedrigende Behandlung oder Bestrafung (2011 von 146 Staaten ratifiziert) und die Konvention über die Rechte des Kindes (2011 von 193 Staaten ratifiziert). Um die Einhaltung der von den Staaten eingegangenen Menschenrechtsverpflichtungen zu befördern, wurden eigene Ausschüsse geschaffen, denen insbesondere die Aufgabe zukommt, Berichte, die die Staaten hinsichtlich ihrer Menschenrechtspraxis regelmäßig abzugeben haben, zu überprüfen.

Überwachungsverfahren

Neben den vertragsrechtlich basierten Verfahren schufen die UN drei zusätzliche politische Verfahren, um die Einhaltung der internationalen Menschenrechtsstandards zu gewährleisten. Die Menschenrechtskommission und ihre Unterkommission für Verhinderung von Diskriminierung und Minderheitenschutz wurden 1967 und 1970 durch die Resolutionen 1235 bzw. 1503 des UN-Wirtschafts- und Sozialrates („Economic and Social Council", ECOSOC) ermächtigt, einzelne Länderprüfungen notfalls ohne Zustimmung der betroffenen Staaten zu unternehmen. In den 1980er Jahren trat das Themenverfahren hinzu, in dem die Kommission massive länderübergreifende Menschenrechtsverletzungen (jeweils eines bestimmten thematischen Typs) untersuchen konnte (Alston 1995b).

Hoher Kommissar für MR

Im Jahre 1993 fand eine Weltmenschenrechtskonferenz in Wien statt. Eines der wichtigsten Ergebnisse der Konferenz war die Berufung eines Hohen Kommissars der UN für Menschenrechte („United Nations High Commissioner for Human Rights", UNHCHR). Angesichts der vielfältigen Verfahren innerhalb der UN und ihrer ungenügenden Koordination und mangelnden Wirksamkeit, die der damalige UN-Generalsekretär Boutros Boutros-Ghali zu Beginn der Konferenz allen Teilnehmerstaaten ins Gedächtnis rief, schien Abhilfe geboten. Doch erst das Engagement eines transnationalen Netzwerks von nichtstaatlichen Menschenrechtsorganisationen verhalf den Reformbestrebungen zum Durchbruch (Korey 1998: 273–306). Die Einrichtung des Hohen Kommissars zog auch eine Reform der im UN-Sekretariat bestehenden Abteilung für Menschenrechte nach sich. Sie wird seit 1997 als Amt des Hohen Kommissars für Menschenrechte weitergeführt.

Menschenrechtsrat

Im Jahr 2006 wurde zudem die häufig kritisierte UN-Menschenrechtskommission durch den UN-Menschenrechtsrat ersetzt. Der Menschenrechtsrat ist ein ständiges aus 47 durch die UN-Vollversammlung gewählte Mitgliedstaaten bestehendes Gremium. Der Menschenrechtsrat greift bei der Überwachung der Menschenrechtspolitik der UN-Mitgliedstaaten auf drei Verfahren zurück: die universelle regelmäßige Überprüfung („Universal Periodic Review", UPR), die Sonderverfahren („Special Procedures", SP) und einen (individuellen und kollektiven) Beschwerdemechanismus. Unterstützung erhält der Menschenrechtsrat durch die Arbeit nichtstaatlicher Menschenrechtsorganisationen, wie z.B. den 1961 und 1978 gegründeten Organisationen Amnesty International und Human Rights Watch. Diese genießen, neben vielen anderen NGOs, einen offiziellen Konsultativstatus beim Wirtschafts- und Sozialrat und haben damit das Recht, an den Sitzungen des Menschenrechtsrats teilzunehmen.

Rolle des Sicherheitsrats

Obwohl die UN-Charta explizit dem Wirtschafts- und Sozialrat die Zuständigkeit für Menschenrechtsfragen zuweist (Art. 62), lässt sich für den Sicherheitsrat eine implizite Zuständigkeit daraus ableiten, dass in vielen Fällen ein Zusammenhang zwischen Fragen von Krieg und Frieden und Menschenrechtsproblemen besteht. Bereits in den 1960er und 1970er Jahren stufte der Sicherheitsrat Menschenrechtsverletzungen der Apartheidregime in Rhodesien (heute Simbabwe) und Südafrika als Bedrohungen für den Weltfrieden und die internationale Sicherheit ein und erlegte beiden Staaten Sanktionen auf. Doch erst mit dem Ende des Ost-West-Konflikts wurde es zu einer zunehmend anerkannten Praxis, dass der Sicherheitsrat bei schweren Menschenrechtsverletzungen in die inneren Angelegenheiten eines Staates eingreifen kann. Die UN-Friedensmissionen in Somalia (1992–94), Kambodscha (1991–97) und Haiti (1993–96) wurden explizit oder implizit mit den in diesen Ländern begangenen schweren Menschenrechtsverletzungen begründet. Inzwischen hat die Praxis des Sicherheitsrates, Menschenrechtsverletzungen als Bedrohungen für den Weltfrieden und die internationale Sicherheit anzusehen, welche Interventionen in den betreffenden Staaten rechtfertigen, zur Entwicklung des Konzepts der Schutzverantwortung („responsibility to protect") geführt, das nach der Jahrtausendwende in einer Reihe von UN-Berichten und Resolutionen bekräftigt wurde. Dieses Konzept schreibt den Staaten eine Verpflichtung zu, ihre eigenen Bürger vor schweren Menschenrechtsverletzungen zu schützen. Sind die Staaten nicht willens oder nicht in der Lage, diesen Schutz zu gewährleisten, ist es an der internationalen Staatengemeinschaft, d.h. am Sicherheitsrat, diese Schutzverantwortung zu übernehmen und in letzter Konsequenz auch durch militärische Interventionen durchzusetzen (Bellamy 2009; ICISS 2001).

Internationaler Strafgerichtshof

In den 1990er Jahren wurde nach den Vorbildern der Kriegsverbrechertribunale von Nürnberg und Tokio nach dem Zweiten Weltkrieg vom Sicherheitsrat die Praxis der Einrichtung von Kriegsverbrechertribunalen wieder aufgenommen. Für die Kriegsverbrechen, die in den Konflikten im ehemaligen Jugoslawien sowie in Ruanda begangen wurden, setzte er entsprechende Kriegsverbrechertribunale ein. Diese Praxis wurden von einer breiten Koalition von Menschenrechts-NGOs aufgegriffen, um die internationale Staatengemeinschaft unter Druck zu setzen, einen Internationalen Strafgerichtshof zu errichten, der (weitgehend) unabhängig vom Sicherheitsrat die Autorität besitzt, vermeintliche Kriegsverbrecher gerichtlich zur Rechenschaft zu ziehen. Unter Führung dieser NGO-Koalition unterzeichneten am 17. Juli 1998 120 Staatenvertreter das Statut des Internationalen Strafgerichtshofes (IStGH) mit Sitz in Den Haag. Bis Ende 2011 wurde das Statut von insgesamt 140 Staaten unterzeichnet und von 117 Staaten ratifiziert. Das Statut autorisiert den IStGH, Kriegsverbrechen, Verbrechen gegen die Menschlichkeit und Genozide zu verfolgen, die entweder auf dem Territorium eines Vertragsstaates oder durch Bürger eines Vertragsstaates verübt wurden (Deitelhoff 2009; Schabas 2011; vgl. Kapitel 11).

Europarat und EMRK

Angesichts größerer kultureller Homogenität auf regionaler Ebene war hier eine Verständigung auf den Schutz von Menschenrechten leichter zu erreichen als auf globaler Ebene. Angetrieben und unterstützt durch zivilgesellschaftliche Akteure konnten besonders in Europa bemerkenswerte Institutionen für den Menschenrechtsschutz geschaffen werden, die sich zunächst auf Westeuropa beschränkten, nach dem Ost-West-Konflikt aber auch auf Mittel- und Osteuropa ausgeweitet wurden. Die auf dem Haager Kongress von 1948 aus der Taufe gehobene Europäische Bewegung entwarf eine europäische Menschenrechtscharta und forderte die Überwachung ihrer Einhaltung durch europäische Gerichte ein. Sie trug damit entscheidend zur Gründung des Europarates (1949) und zur Unterzeichnung der Europäischen Menschenrechtskonvention (EMRK, 1950) bei (Grabenwarter 2005; Keller & Stone Sweet 2009; Tretter 2005). Zivilgesellschaftliche Akteure waren ebenso bedeutend für die Unterzeichnung der Europäischen Sozialcharta im Jahre 1961 sowie die Aushandlung zahlreicher ratifizierungspflichtiger Zusatzprotokolle zur EMRK. Ein derartiges Zusatzprotokoll aus dem Jahr 1997 beschäftigt sich beispielsweise mit der Frage der Biomedizin. 1998 wurde auf diesem Wege die EMRK durch ein Verbot menschlichen Klonens ergänzt; 2002 wurde ein (mittlerweile auch in Kraft getretenes) Protokoll zur bedingungslosen Abschaffung der Todesstrafe zur Unterzeichnung aufgelegt (Smith 2009: Kap. 7).

Europäischer Gerichtshof für MR

Der bedeutendste Unterschied zwischen globalen und regionalen Menschenrechtsschutzsystemen besteht nicht in unterschiedlichen Interpretationen substantieller Menschenrechtsnormen, sondern in der Institutionalisierung der Verfahren zur Implementierung der Normen (Moravcsik 1995). Grundsätzlich beruht die Überwachung der Einhaltung der Konventionen im europäischen Menschenrechtssystem auf drei Verfahren, die jenen im System der UN ähneln: der Berichtspflicht, der Staatenbeschwerde und der Individualbeschwerde. Das herausragende Merkmal des europäischen Menschenrechtsschutzregimes ist jedoch, dass jedes Individuum die Möglichkeit hat, direkt beim Europäischen Gerichtshof für Menschenrechte Beschwerde gegen vermeintliche Menschenrechtsverletzungen einzulegen. Obgleich zunächst der nationale Rechtsweg ausgeschöpft werden muss, ehe sich ein Individuum an den europäischen Gerichtshof wenden kann, wird die Möglichkeit der Individualbeschwerde heute extensiv genutzt. Dabei wurde in mehr als 50% der zulässigen Verfahren zugunsten des Beschwerdeführers entschieden. Dennoch akzeptieren die europäischen Mitgliedstaaten die Urteile in der ganz überwiegenden Zahl der Fälle, leisten Kompensationszahlungen an die Opfer von Rechtsverletzungen und überarbeiten nationale Gesetze, die zur Verletzung europäischer Menschenrechtsstandards führten (Blome & Kocks 2009). Nur in Ausnahmefällen, zum Beispiel bei den russischen Menschenrechtsverletzungen in Tschetschenien (1990er und 2000er Jahre), war das europäische Menschenrechtsregime nicht in der Lage, die Mitgliedstaaten zur Einhaltung ihrer Menschenrechtsverpflichtungen zu bewegen.

Abbildung 3.4: Menschenrechtsverletzungen als Impuls für internationale Organisationen

Menschenrechtsverletzungen	**Internationale Organisationen**
Zweiter Weltkrieg Menschenrechtsverletzungen durch das nationalsozialistische Regime und weitere faschistische Regime in Europa Nach dem Ende des Ost-West-Konflikts: andauernde Menschenrechtsverletzungen bei zunehmender Anerkennung von Menschenrechtsstandards	*Global:* UN-Menschenrechtskommission (1946) / UN-Menschenrechtsrat (2006) Allgemeine Erklärung der Menschenrechte (1948) UN-Zivilpakt und UN-Sozialpakt (1966) Hoher Kommissar der UN für Menschenrechte (UNHCHR, 1993) Internationaler Strafgerichtshof (IStGH, 1998)
	Regional: Europarat (1949) Europäische Menschenrechtskonvention (EMRK, 1950) und Zusatzprotokolle zur EMRK Europäischer Gerichtshof für Menschenrechte (EGMR 1959, 1998 reformiert) Europäische Sozialcharta (1961)

3.5 Entwicklungsdisparitäten

Nord-Süd-Konflikt

Mit der beschleunigten Dekolonisierung der 1960er Jahre stellte sich ein weiterer Bedarf an spezialisierten internationalen Organisationen ein. Trotz ihrer neu erlangten politischen Unabhängigkeit bestand die wirtschaftliche Abhängigkeit der dekolonisierten Staaten von ihren ehemaligen Kolonialmächten fort. Diese wirtschaftlichen Abhängigkeiten der Entwicklungsländer in Afrika, Asien und Amerika gingen einher mit erheblichen sozioökonomischen Ungleichheiten. Verschärft durch die Entwicklung der Weltmärkte führten diese Ungleichheiten zu einem Nord-Süd-Konflikt, der das Potential hatte, die liberale Weltwirtschaftsordnung zu unterminieren. Der Norden – insbesondere die westlichen Staaten auf der Nordhalbkugel – hatten daher ein Interesse, die Ungleichheiten zu reduzieren, um die für sie vorteilhafte globale Wirtschaftsordnung zu stabilisieren (Problembedingung). Insbesondere im Kontext des Ost-West-Konflikts konnte der Westen und in einem geringeren Maße auch der Osten Forderungen der Staaten des Südens nach Unterstützung für ihre ökonomische Entwicklung nicht einfach zurückweisen. Sobald der Westen gewahr wurde, dass die bestehenden und zunehmenden Ungleichheiten die liberale Weltwirtschaftsordnung gefährden könnten (Kognitionsbedingung), ergriff er unter Führung der USA (Hegemoniebedingung) die Initiative zum Aufbau internationaler Organisationen, die geeignet schienen, den Süden mit der bestehenden Wirtschaftsordnung zu versöhnen. Dabei entstanden zwei Arten internationaler Organisationen: internationale Organisationen zur Verwaltung von Fonds, die der Entwicklungsfinanzierung dienen sollten, sowie entwicklungspolitische Organisationen, die für die Entwicklungsländer ökonomisch faire Ordnungsstrukturen schaffen sollten (vgl. Abbildung 3.5).

3.5.1 Entwicklungsfinanzierung

Weltbankgruppe

Die bedeutendsten internationalen Organisationen, die sich mit der Ungleichheit der ökonomischen Entwicklung zwischen den Entwicklungsländern des Südens und den Industriestaaten des Nordens befassen, finden sich in der Weltbankgruppe. Dazu zählt die bereits erwähnte Internationale Bank für Wiederaufbau und Entwicklung („International Bank for Reconstruction and Development", IBRD), welche oftmals schlicht als Weltbank bezeichnet wird, sowie deren Tochterinstitutionen, die 1956 gegründete Internationale Finanzkorporation („International Finance Corporation", IFC), die seit 1960 existierende Internationale Entwicklungsorganisation („International Development Association", IDA) sowie die 1988 eingerichtete Multilaterale Investitionsgarantieagentur („Multilateral Investment Guarantee Agency", MIGA) (Marshall 2008).

Weltbank

Die Weltbank vergibt Bankkredite zu marktüblichen Bedingungen an Regierungen von Mitgliedstaaten, diesen nachgeordneten Stellen und, ausnahmsweise, auch an Privatunternehmen in Mitgliedstaaten, sofern die Regierung des betreffenden Mitgliedstaates die Rückzahlung garantiert. Diese Kredite sind in aller Regel projektbezogen und werden von der Weltbank mit dem Ziel gewährt, private und insbesondere ausländische Direktinvestitionen zu fördern. Bei der Vorbereitung, Abwicklung und Durchführung dieser Projekte leistet die Weltbank den Empfängerländern technische Hilfe. Die Mittel der Weltbank stammen nur zu einem geringen Teil aus den Einzahlungen der Mitglieder. Der über dieses Grundkapital hinausgehende Devisenbedarf der Bank stammt vom privaten Kapitalmarkt. Das Grundkapital betrug 1945 10 Milliarden US-Dollar, bis 2003 war es auf 189,5 Milliarden US-Dollar angewachsen. Die Höhe der Beiträge der 186 Mitgliedstaaten, die auch deren Stimmenanteil in den Beschlussorganen der Weltbank bestimmen, richtet sich nach der ökonomischen Leistungsfähigkeit. Die Bank gewährt jedes Jahr Kredite in Höhe von rund 25 Milliarden US-Dollar (Marshall 2008: 4).

IFC und IDA

Im Vergleich zur Weltbank haben die Internationale Finanzkorporation und die Internationale Entwicklungsorganisation ein etwas anderes Kreditvergabeprofil. Die Internationale Finanzkorporation vergibt Kredite ausschließlich an

Privatunternehmen in weniger entwickelten Staaten für Projekte mit dem Ziel, die Produktivität des Empfängerlandes zu erhöhen. Wie auch bei der Weltbank werden die Kredite zu marktüblichen Bedingungen vergeben. Ungefähr 80 Prozent der Mittel der IFC stammen von den internationalen Kapitalmärkten. Die verbleibenden 20 Prozent werden von der Weltbank geliehen. Das von den Mitgliedern gezeichnete Grundkapital in Höhe von 2,4 Milliarden US-Dollar spielt folglich nur eine untergeordnete Rolle. Die Tätigkeiten der Internationalen Entwicklungsorganisation orientieren sich dagegen an umfassenderen Zielen ökonomischer und sozialer Entwicklung. Die IDA stellt Kredite zu Vorzugsbedingungen für die ärmeren Entwicklungsländer zur Verfügung; dies geschieht im Wesentlichen in Form zinsloser, sehr langfristiger Kredite (üblich sind Laufzeiten zwischen 35 und 50 Jahren). Ihre Leistungen können damit tatsächlich als Entwicklungshilfe im engeren Sinne bezeichnet werden. Im Gegensatz zur Weltbank und zur IFC stellt die IDA eher eine Fondsverwaltung als eine Bank dar. Ihre Fondsmittel mussten mehrfach wieder aufgefüllt werden und lassen mittlerweile einen jährlichen Kreditrahmen von ca. 14 Milliarden US-Dollar zu.

UNDP

Neben den Organisationen der Weltbankgruppe ist auch das Entwicklungsprogramm der Vereinten Nationen („United Nations Development Programme", UNDP) in die Entwicklungsfinanzierung eingebunden. Verglichen mit der Weltbank ist die politische Agenda des UNDP stärker von den Interessen der Entwicklungsländer geprägt. Denn während in den Weltbankinstitutionen die Industriestaaten aufgrund des gewichteten Stimmrechts erheblichen Einfluss haben, besitzt im UNDP jeder Staat eine Stimme, so dass die Entwicklungsländer hier vergleichsweise mehr Einfluss ausüben können. Ein Hauptttätigkeitsfeld des UNDP ist die technische Hilfe. Im Unterschied zur finanziellen Unterstützung, wie sie primär die Weltbank leistet, fällt unter die technische Hilfe im Wesentlichen die Entsendung von Experten, die Vergabe von Ausbildungs- und Weiterbildungsstipendien sowie die Lieferung von Ausrüstungen und anderen Hilfsmitteln im Zusammenhang mit der Entsendung von Experten oder der Vergabe von Stipendien. Die Finanzierung von Entwicklungsprojekten durch das UNDP erfolgt in der Form von nichtrückzahlbaren Zuschüssen. Die freiwilligen Zuwendungen der Mitgliedstaaten an das reguläre Kernbudget des UNDP erreichten im Jahr 2008 1,1 Milliarden US-Dollar; kombiniert mit zweckgebundenen Mitteln kann das UNDP insgesamt über 3,7 Milliarden US-Dollar jährliche Beiträge verfügen.

IFAD

Die Verwaltung von Entwicklungsfonds ist auch die Hauptaufgabe des Internationalen Fonds für landwirtschaftliche Entwicklung („International Fund for Agricultural Development", IFAD), der im Jahre 1977 seine Arbeit aufnahm. Die Initiative zu seiner Gründung ging auf die Welternährungskonferenz von 1974 zurück. Angesichts der Ernährungskrisen in vielen Entwicklungsländern wurde ihm die Aufgabe zugewiesen, zusätzliche Mittel für Projekte zu mobilisieren, die darauf abzielen, die wirtschaftliche Situation in ländlichen Gebieten durch Steigerung der Produktivität insbesondere in der Landwirtschaft zu verbessern. Der IFAD stellt Zuschüsse und Kredite zu Vorzugsbedingungen zur Verfügung. Die Fondsmittel wurden in regelmäßigen Abständen wieder aufgefüllt, nachdem das anfängliche Fondsvolumen in Höhe von ungefähr einer Milliarde US-Dollar aufgebraucht war. Bis Ende 2009 hatte der Fonds insgesamt mehr als 11,9 Milliarden US-Dollar an Beiträgen erhalten. Im Rahmen der Auffüllung des Fonds im Jahr 2009 verpflichteten sich die Mitgliedstaaten auf die Einzahlung von weiteren 1,2 Milliarden US-Dollar. Hauptbeitragsleistende sind die westlichen Industriestaaten mit über 50 Prozent und Mitgliedstaaten der Organisation erdölexportierender Länder („Organization of Petroleum Exporting Countries", OPEC) mit über 40 Prozent des Gesamtvolumens des Fonds.

3.5.2 Entwicklung und Handel

UNCTAD

Im Zuge der beschleunigten Dekolonisierung begannen die Entwicklungsländer auch zunehmend, innerhalb des UN-Systems ihre eigenen politischen Ziele einzubringen und zu verfolgen. Sie drängten vor allem auf die Errichtung internationaler Organisationen im Verband der UN, welche die globalen Wirtschaftsstrukturen verändern und somit den Entwicklungsländern Möglichkeiten eröffnen sollten, zu den entwickelten Ländern aufzuschließen. Die bedeutendste dieser Institutionen ist die Welthandels- und Entwicklungskonferenz der Vereinten Nationen („United Nations Conference on Trade and Development", UNCTAD), die 1964 als Nebenorgan der UN-Generalversammlung gegründet wurde. Während die westlichen Industrieländer das GATT als institutionelles Zentrum der internationalen Handelspolitik ansahen, drangen die Entwicklungsländer darauf, handelspolitische Fragen im Rahmen der UNCTAD zu beraten. Angestrebt wurden neue Regelwerke wie z.B. das Integrierte Rohstoffprogramm, den Gemeinsamen Fonds, den Verhaltenskodex für den Technologietransfer und das Allgemeine Zollpräferenzsystem. Nach dem erfolgreichen Abschluss der Uruguay-Runde und der Gründung der WTO wurde die Daseinsberechtigung der UNCTAD immer öfter in Frage gestellt. Zahlreiche Entwicklungsländer wurden Mitglieder der WTO und die programmatische Abgrenzung von UNCTAD zu WTO-Programmen wurde zunehmend schwerer. Im Jahr 1992 wurden auf der achten UNCTAD-Konferenz wesentliche Elemente einer neoliberalen Entwicklungsstrategie anerkannt. Im Jahre 1996 wurden im Rahmen der neunten UNCTAD-Konferenz die Arbeitsfelder der Organisation derart reformiert, dass die UNCTAD seitdem gegenüber der WTO eine untergeordnete, unterstützende Rolle spielt. So liegt eine zentrale Aufgabe der Konferenz jetzt darin, Entwicklungsländern den Beitritt zur und die Vertretung ihrer Interessen in der WTO zu erleichtern (vgl. Ferdowsi 2000).

UNIDO

Ebenso auf Drängen der Entwicklungsländer ist die Organisation der Vereinten Nationen für industrielle Entwicklung („United Nations Industrial Development Organization", UNIDO) entstanden. Nach ihrer Gründung im Jahre 1966 wurde sie 1986 in eine UN-Sonderorganisation umgewandelt; das heißt, sie hat im Verband der UN eine sektorspezifische Zuständigkeit für die Industrieentwicklungspolitik in Entwicklungsländern. Im Zuge der Debatten über eine Reform der UN geriet die UNIDO in eine schwere Krise. Führende Mitgliedstaaten zweifelten nicht nur an der Effektivität der Organisation, sondern an ihrer Existenzberechtigung. Die USA erklärten 1996 ihren Austritt und entzogen der Organisation damit über 60 Millionen US-Dollar an Beiträgen zu ihrem Budget. Nach dieser Krise durchlief die UNIDO allerdings einen erfolgreichen Reformprozess. Der programmatische Fokus konnte geschärft und die Effektivität der Organisation insgesamt verbessert werden. Das britische Ministerium für Internationale Entwicklung stufte die UNIDO 2004 sogar als effektivste Sonderorganisation innerhalb des Systems der UN ein (Department for International Development 2004).

Abbildung 3.5: Entwicklungsdisparitäten als Impuls für internationale Organisationen

Disparität	**Internationale Organisationen**
Mangel an verfügbaren finanziellen Ressourcen in den Entwicklungsländern	Weltbankgruppe: IBRD (1944), IFC (1955), IDA (1960), MIGA (1988) Entwicklungsprogramm der Vereinten Nationen (UNDP, 1966) Internationaler Fonds für landwirtschaftliche Entwicklung (IFAD, 1974)
Strukturelle Abhängigkeit der Entwicklungsländer innerhalb der Weltwirtschaftsordnung	Welthandels- und Entwicklungskonferenz der Vereinten Nationen (UNCTAD, 1964) Organisation der Vereinten Nationen für industrielle Entwicklung (UNIDO, 1966, seit 1986 UN-Sonderorganisation)

3.6 Umweltprobleme

mehr grenzüberschreitende Probleme

Umweltprobleme wie Luft- und Wasserverschmutzung waren schon immer Nebeneffekte industrieller Produktionsweisen. Allerdings war der Staat zumindest im Prinzip in der Lage, diesen Problemen durch eine entsprechende Umweltgesetzgebung wirksam entgegen zu treten. Im Zeitalter zunehmend globaler Umweltprobleme wie beispielsweise der Ausdünnung der Ozonschicht und der Erwärmung des Klimas kann der einzelne Staat durch seine Umweltgesetzgebung oftmals nur wenig bewirken. Um derartige grenzüberschreitende Umweltprobleme anzugehen, muss die internationale Staatengemeinschaft gemeinsam handeln (Problembedingung). Die daraus resultierende Nachfrage nach internationalen Organisationen übersetzte sich insbesondere in jenen Problembereichen in ein entsprechendes Angebot, in denen NGOs ein starkes öffentliches Bewusstsein für die jeweiligen Umweltprobleme schufen (Kognitionsbedingung) und die USA als Hegemonialmacht eine Führungsrolle übernahmen (Hegemoniebedingung; vgl. Abbildung 3.6).

Mandatserweiterung von IOs

Zur Förderung des grenzüberschreitenden Umweltschutzes haben die Staaten eine Reihe von internationalen Regimen geschaffen und sich dabei auf gemeinsame Prinzipien, Normen, Regeln und Entscheidungsfindungsprozeduren geeinigt. Die Verantwortung für die Überwachung der Einhaltung dieser Regeln wurde entweder an existierende internationale Organisationen oder an neue zu diesem Zweck geschaffene Organisationen übertragen (Biermann et al. 2009). Das Mandat mehrerer internationaler Organisationen wurde auf Tätigkeiten im Bereich des Umweltschutzes ausgeweitet. Die Weltorganisation für Meteorologie („World Meteorological Organization", WMO) befasste sich z.B. ursprünglich nur mit Meteorologie und meteorologischem Datenaustausch, hat ihre Tätigkeitsschwerpunkte nach der Entdeckung des Ozonloches und des Klimawandels allerdings auf Umweltfragen verlagert (Newell & Bulkeley 2010; Parson 1993). Ähnlich verhielt es sich mit der Internationalen Schifffahrtsorganisation („International Maritime Organization", IMO), deren Mandat auf die Begrenzung der Meeresverschmutzung durch die Hochseeschifffahrt ausgeweitet wurde (Mitchell 1994). In verschiedenen Abkommen, die seit 1959 im Rahmen der IMO ausgehandelt wurden, wird nicht nur das Ablassen von Öl sondern auch die Verklappung von anderen Stoffen (unter anderem von radioaktiven Abfällen) untersagt. Die UN-Wirtschaftskommission für Europa („UN Economic Commission for Europe", UNECE) hat wichtige Leistungen bei der Errichtung und Implementierung des Saurer-Regen-Regimes in Europa erbracht (Levy 1993). Der EU wurden von den Mitgliedstaaten mit dem Inkrafttreten der Einheitlichen Europäischen Akte (1987) erstmals ausdrücklich Kompetenzen im Umweltschutzbereich übertragen (Lenshow 2010).

UNEP

Neben der Schaffung spezifischer internationaler Regime für den Umweltschutz haben sich die Staaten auch im umfassenderen Kontext der UN mit Umweltfragen auseinander gesetzt. Auf der Weltumweltkonferenz in Stockholm 1972 wurde mit dem Umweltprogramm der Vereinten Nationen („United Nations Environment Programme", UNEP) ein UN-Spezialorgan für Umweltfragen gegründet. Es setzt sich zusammen aus einem Verwaltungsrat, der aus 58 von der UN-Generalversammlung gewählten Staatenvertretern besteht, sowie einem kleinen Sekretariat mit Sitz in Nairobi (Chasek et al. 2010). Das UNEP soll die umweltbezogenen Tätigkeiten von Staaten und internationalen Organisationen koordinieren und so einen besseren regionalen und globalen Umweltschutz ermöglichen. Zu Beginn spielte es eher die Rolle eines Koordinators und Katalysators, in jüngerer Vergangenheit hat sich das Organ aber auch zunehmend zu einem Akteur mit eigenen Programmen gewandelt.

Von UNEP beförderte internationale Verhandlungen haben die Umweltpolitik zahlreicher Staaten beeinflusst und die Einrichtung nationaler Umweltministerien vorangetrieben (Buzan et al. 1998: Kap. 4; De Wilde 2008). UNEP war auch maßgeblich an der Entstehung der Wiener Übereinkommen zum Schutz der Ozonschicht von 1985 sowie deren Konkretisierung u.a. im Montrealer Protokoll von 1987 beteiligt. Eine wichtige Rolle spielte UNEP auch bei der Vorbereitung der Welt-Umweltkonferenz in Rio 1992 und des Johannesburger Weltgipfels 2002. Außerdem hat UNEP an der Schaffung wichtiger Maßnahmen gegen den Klimawandel durch den Treibhauseffekt mitgewirkt. Meilensteine in diesem Prozess waren die Unterzeichnung der Klimarahmenkonvention („United Nations Framework Convention on Climate Change", UNFCCC, 1992) und des konkretisierenden Kyoto-Protokolls (1997). Das Kyoto-Protokoll legte erstmals verbindliche Reduktionsziele für sechs Treibhausgase fest (Brühl & Simonis 1999). Da das Kyoto-Protokoll im Jahr 2012 ausläuft, wurden Verhandlungen über ein neues internationales Abkommen aufgenommen, die sich jedoch als äußerst kompliziert erwiesen haben, nicht zuletzt aufgrund von widerstreitenden

Interessen zwischen den entwickelten Industriestaaten und Schwellenländern wie China oder Indien (Dröge 2009).

Abbildung 3.6: Umweltprobleme als Impuls für internationale Organisationen

Problem	**Internationale Organisationen**
Grenzüberschreitende Umweltbelastungen	Neugründung von Organisationen: Umweltprogramm der Vereinten Nationen (UNEP, 1972) Internationale Organisation für erneuerbare Energien (IRENA, 2009)
	Mandatserweiterung bestehender internationaler Organisationen: Internationale Seeschifffahrtsorganisation (IMO) Weltorganisation für Meteorologie (WMO) Wirtschaftskommission der Vereinten Nationen für Europa (UNECE) Europäische Union (EU)

3.7 Zusammenfassung

Wie lässt sich nun dieser historische Abriss der Entstehung und Entwicklung internationaler Organisationen in einzelnen Sachbereichen insgesamt interpretieren und zusammenfassen? Um zu einem vollständigeren Bild der historischen Entwicklung von internationalen Organisationen zu gelangen, wollen wir unsere bisherige qualitative Analyse um eine quantitative Betrachtung ergänzen.

19. Jahrhundert

Die Daten zur Anzahl internationaler Organisationen und zu ihrer Mitgliedschaft weisen für das frühe 19. Jahrhundert die Gründung der ersten internationalen Organisation aus. Langsam aber kontinuierlich stieg die Anzahl internationaler Organisationen dann im Verlauf des 19. und des frühen 20. Jahrhunderts und erreichte unmittelbar vor dem Ersten Weltkrieg (1914) den damaligen Höchstwert von 49 Organisationen. Der Anstieg der absoluten Zahl der Organisationen ging einher mit wachsenden Mitgliederzahlen. Waren im ersten Drittel des 19. Jahrhunderts gerade einmal sechs Staaten Mitglieder des Europäischen Konzerts, stieg die Mitgliedschaft in internationalen Organisationen in der Folgezeit kontinuierlich an. Im Jahre 1879 gab es 106 Mitgliedschaften in neun existierenden Organisationen, was einem Durchschnitt von 11,8 Mitgliedschaften pro Organisation entsprach. Bis 1914 erhöhte sich dieser Wert auf 15,4 (754 Mitgliedschaften in 49 Organisationen). Selbst wenn man die Verdoppelung der Anzahl souveräner Staaten von 23 (1815) auf 45 (1914) berücksichtigt, ist eine wachsende Verflechtungsdichte der Staaten durch Ko-Mitgliedschaften in internationalen Organisationen für den betreffenden Zeitraum zu verzeichnen. Die Anzahl von Mitgliedschaften in internationalen Organisationen pro Staat wuchs von 0,3 (1815) über 3,1 (1879) auf 16,7 (1914) an. Dieser allgemeine Trend einer wachsenden Bedeutung internationaler Organisationen zwischen 1815 und 1914 kann leicht mit den oben genannten drei Bedingungen – der Problem-, der Kognitions- und der Hegemoniebedingung – erklärt werden. Die zunehmende Zahl internationaler Organisationen war eine Antwort auf die sich aus wachsenden Interdependenzen ergebenden Probleme in Fragen von Krieg und Frieden einerseits und der industriellen Expansion andererseits. Zusätzlich ist sie ein Ausdruck der sich zunehmend verbreitenden Überzeugung, internationale Organisationen können Staaten bei der Verwirklichung von Kooperation behilflich sein. Ein weiterer zuträglicher Faktor war die Hegemonie Großbritanniens, das versuchte, zwischenstaatliche Kooperation über internationale Organisationen zu stabilisieren.

Erster Weltkrieg und Zwischenkriegszeit

Der Wachstumstrend wurde abrupt unterbrochen durch den Ersten Weltkrieg (1914–18). Neugründungen internationaler Organisationen blieben aus, von den bestehenden Organisationen stellten einige ihre Tätigkeiten ein, andere lösten sich ganz auf. Ebenso stagnierten die Mitgliedschaften: Zwar stiegen die absoluten Zahlen weiter an (1919: 53 Organisationen, 826 Mitgliedschaften), doch in Relation zur gestiegenen Zahl souveräner Staaten (51) war sogar ein leichter Rückgang zu verzeichnen. Auf jeden Staat kamen nunmehr 16,2 Mitgliedschaften in internationalen Organisationen. Unmittelbar nach dem Ende des Ersten Weltkriegs, wie bereits nach den Napoleonischen Kriegen, folgte jedoch ein neuerlicher Schub der Gründung internationaler Organisationen. Die Zahl internationaler Organisationen erhöhte sich bis 1929 auf 83, die der Mitgliedschaften verdoppelte sich gegenüber 1919 auf 1523. So waren 1929 durchschnittlich 18,4 Staaten in jeder internationalen Organisation vertreten, die Anzahl von Mitgliedschaften in internationalen Organisationen pro Staat erhöhte sich im Durchschnitt auf über 23,5.

Zweiter Weltkrieg und Nachkriegszeit

Der Wachstumstrend zwischenstaatlicher Verflechtung in internationalen Organisationen fand infolge der Weltwirtschaftskrise (1929–32) und des Zweiten Weltkrieges (1939–45) erneut eine Unterbrechung. Sowohl die Anzahl internationaler Organisationen als auch die der Mitgliedschaften waren rückläufig. So wurde die Verflechtungsdichte durch internationale Organisationen im Jahr 1945 wieder fast auf den Stand von 1929 zurückgeworfen. Doch in der Periode nach dem Zweiten Weltkrieg kam es, wie bereits nach 1815 und 1918, zu einem neuerlichen Boom. Die Zahl internationaler Organisationen schnellte bis 1949 auf 123 hoch, was einem Wachstum von 50 Prozent innerhalb von fünf Jahren entspricht. Da auch die Anzahl der Mitgliedschaften deutliche Zuwächse zu verzeichnen hatte, stieg die Anzahl der Mitgliedschaften in internationalen Organisationen pro Staat ungeachtet der wachsenden Zahl der Staaten auf durchschnittlich 30,5 (vgl. Union of International Associations 1978: Statistical Summary, Tab. 2). Der Boom nach 1949 lässt sich erneut mit Hilfe der oben genannten drei Bedingungen erklären. Wachsende Interdependenzen schufen einen Bedarf an internationalen Organisationen, um nicht nur den Problemen von Krieg und unbeschränkter Machtpolitik, sondern auch jenen der industriellen Expansion, der Weltwirtschaftskrisen, der Menschenrechtsverletzungen, der Entwicklungsdisparitäten und der Umweltbeeinträchtigungen auf internationaler Ebene entgegen zu treten. Die sich immer mehr durchsetzende Wahrnehmung, dass internationale Organisationen signifikante Beiträge zur internationalen Kooperation leisten können, und das langfristige Engagement der USA, internationale Organisationen zur Absicherung der internationalen Kooperation zu schaffen, trugen ebenso zu diesem Boom internationaler Organisationen bei.

Wachstum bis Mitte 1980er

Im Gegensatz zur Zwischenkriegszeit brach der Trend zur Gründung internationaler Organisationen nach dem Zweiten Weltkrieg nicht ein (vgl. Abbildung 3.7). Vielmehr ließ sich eine Verstetigung dieses Trends beobachten. Bis Mitte der 1980er Jahre wuchs die Zahl internationaler Organisationen auf 378 (mit insgesamt über 7.000 Mitgliedschaften). Trotz der signifikant gestiegenen Anzahl der Staaten nach der Dekolonisierung verweisen diese Zahlen auf eine neue Qualität in den internationalen Beziehungen. Die zunehmende Verflechtung durch internationale Organisationen lässt sich am besten anhand der Zahl der durchschnittlichen Mitglieder pro Organisation veranschaulichen: Mitte der 1980er Jahre lag diese Zahl etwas über 40, verglichen mit lediglich 18,6 im Jahr 1945 und 22,7 im Jahr 1964 (Union of International Associations 1978: Statistical Summary, Tab. 2; 1991/1992: 1663–1673). Auch dieser Wachstumstrend kann mit Hilfe der drei oben identifizierten Bedingungen verständlich gemacht werden. Die wachsenden Interdependenzen nicht nur in Bezug auf Krieg und Frieden, industrielle Expansion, Weltwirtschaftskrisen und Menschenrechtsverletzungen sondern auch hinsichtlich Entwicklungsdisparitäten und grenzüberschreitenden Umweltproblemen hatten einen anhaltenden Bedarf an internationalen Organisationen zu Folge. Darüber hinaus wurden internationale Organisationen weithin als hilfreich angesehen und die USA förderten lange Zeit wie einst Großbritannien die Schaffung von internationalen Organisationen.

Rückgang und Stagnation

Der Wachstumsprozess internationaler Organisationen wurde erst in den späten 1980er Jahren unterbrochen (vgl. Abbildung 3.7). Ab 1985 ging die Anzahl internationaler Organisationen zurück und fiel von fast 380 Mitte der 1980er Jahre auf rund 240 im Jahr 2010 und damit zurück auf den Stand der späten 1960er Jahre (Union of International Associations 2008/2009). Bisher gibt es keine abschließende Erklärung für diese Entwicklung. Ein Erklärungsfaktor dafür ist sicherlich das Ende des Ost-West-Konfliktes und die resultierende Auflösung im Ostblock errichteter internationaler Organisationen. Eine weitere Erklärung könnte im häufig konstatierten Niedergang der US-amerikanischen Hegemonie liegen. Ein genauerer Blick auf die statistischen Befunde zeigt aber auch, dass zwar die absolute Zahl internationaler Organisationen gesunken ist, die Anzahl der von internationalen Organisationen hervorgebrachten Organe jedoch weiter wächst.

Zusammenfassend betrachtet ist der Aufstieg und Fall internationaler Organisationen zum einen durch einen allgemeinen historischen Trend zu einer bedeutenderen Rolle internationaler Organisationen geprägt. Zweitens lassen sich Zyklen starken Wachstums ebenso beobachten wie Phasen eines schwächeren Anstiegs bis hin zu Stagnations- oder gar Regressionsperioden.

Abbildung 3.7: Anzahl internationaler Organisationen (1946–2009)

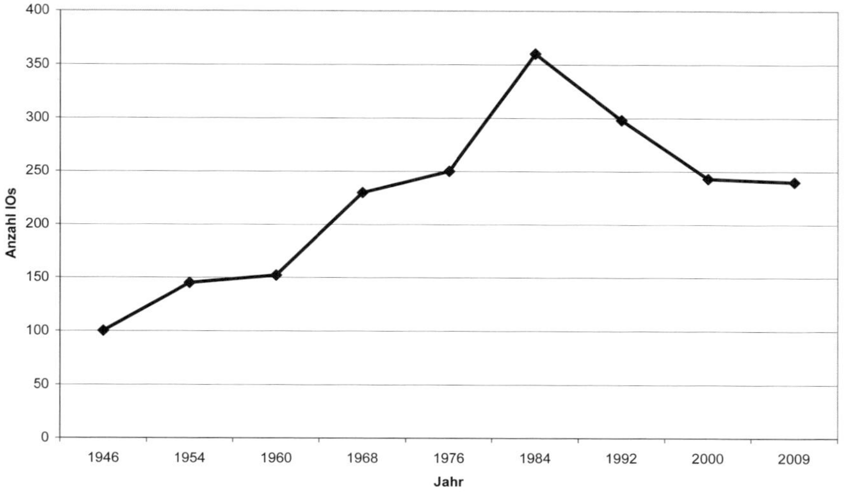

Quelle: eigene Darstellung mit Daten aus Rittberger et al. (2010: 96)

3.8 Diskussionsfragen

Welche Bedingungen können das Auf und Ab bei der Gründung internationaler Organisationen in den vergangenen zwei Jahrhunderten erklären? Veranschaulichen Sie Ihre Argumentation anhand der Entwicklung internationaler Organisationen in einem spezifischen Sachbereich.

Geben Sie einen kurzen Überblick über den Ursprung der UN, ihre Hauptorgane und die wichtigsten Kompetenzen der Organisation. Wie lässt sich der Rückgang der Anzahl internationaler Organisationen seit 1985 erklären?

3.9 Literaturempfehlungen

Archer, Clive 2001. *International Organisations*, 3. Auflage, London: Routledge, Kap. 1.
Reinalda, Bob 2009. *History of International Organizations: From 1815 to the Present Day*, London: Routledge.

Teil II: Politikentwicklungsprozesse in internationalen Organisationen

IOs als politische Systeme

Wir begreifen internationale Organisationen als politische Systeme, die Inputs in Outputs umwandeln (Easton 1965; Haas 1964; Schubert 1991: 28–34). Internationale Organisationen reagieren auf Anforderungen und Unterstützungsleistungen aus ihrer Umwelt (Inputs) und wandeln diese in Politikprogramme sowie operative Tätigkeiten (Outputs) um, die sich wiederum an ihre Umwelt richten. So forderte beispielsweise die internationale Staatengemeinschaft den UN-Sicherheitsrat 1990 nach dem militärischen Einmarsch des Iraks in Kuwait auf, gegen den Aggressor vorzugehen und kollektive Zwangsmaßnahmen einzuleiten (Input). Dieser Forderung wurde von Seiten der internationalen Organisation binnen weniger Tage Rechnung getragen, als der UN-Sicherheitsrat eine Wirtschaftsblockade gegen den Irak verhängte (Output). Auf europäischer Ebene veranlasste etwa das Bekanntwerden von BSE-Infektionen von Rindern vor allem in Großbritannien, aber auch in Frankreich und Deutschland in den Jahren 2000 und 2001 die EU-Mitgliedstaaten dazu, Forderungen an die Europäische Kommission zu richten, die nahezu vollständig kollabierten europäischen Rindfleischmärkte durch markteingreifende Maßnahmen zu stabilisieren (Input). Diese Forderung wurde zumindest teilweise erfüllt, als die Kommission unter anderem die Tötung von 1,2 Millionen Rindern anordnete, um das Angebot zu reduzieren und die Nachfrage zu stabilisieren (Output). Diese beiden Beispiele veranschaulichen, wie die politischen Systeme der Vereinten Nationen (UN) bzw. der Europäischen Union (EU) – allgemeiner: die politischen Systeme von internationalen Organisationen – Inputs in Outputs umwandeln (vgl. Abbildung II.1).

zwei Perspektiven

Macht die Umwandlung von Inputs in Outputs durch internationale Organisationen einen Unterschied in der internationalen Politik? Um diese Frage zu beantworten, analysieren wir zweierlei: Einerseits betrachten wir internationale Organisationen als unsere Analyseeinheit und konzentrieren uns darauf, wie die Politikentwicklung innerhalb internationaler Organisationen – d.h. die Umwandlung von Inputs in Outputs durch internationale Organisationen – von statten geht. Das ist unser Ansatz in Teil II dieses Buches. Andererseits wählen wir spezifische Politikfelder als unsere Analyseeinheit und konzentrieren uns darauf, ob die Tätigkeiten (Outputs) internationaler Organisationen in den jeweiligen Politikfeldern im Vergleich zu Politikentscheidungen und -aktivitäten, die außerhalb internationaler Organisationen verfolgt werden, einen Unterschied machen und dementsprechend zu anderen Politikergebnissen (Outcomes und Impacts) führen. Dies ist unser Ansatz in Teil III dieses Buches.

Abbildung II.1: Das politische System von internationalen Organisationen

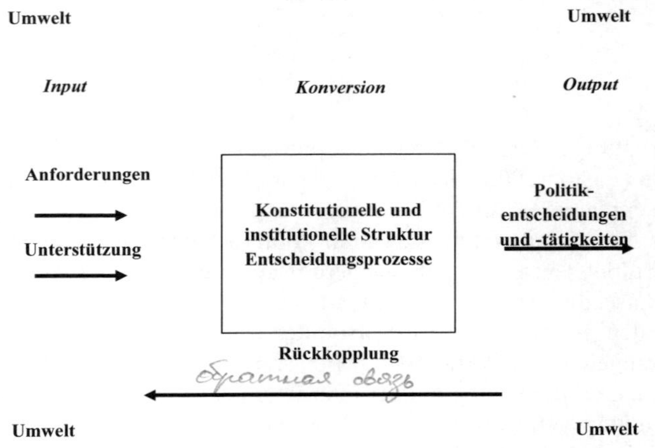

polity, politics, policies

Um ermessen zu können, ob die Politikentwicklung innerhalb internationaler Organisationen im Vergleich zur Politikentwicklung außerhalb internationaler Organisationen einen Unterschied macht, müssen wir die „black box" internationaler Organisationen öffnen und ihre institutionelle Struktur (*polity*), die in ihnen ablaufenden Entscheidungsprozesse (*politics*) ebenso wie ihre substanziellen Leistungen und Tätigkeiten (*policies*) analysieren. In Kapitel 4 untersuchen wir die *polity* internationaler Organisationen, d.h. die konstitutionellen und institutionellen Rahmenbedingungen und Spielregeln der Politikentwicklung in internationalen Organisationen. Bei der Analyse der prozessualen *politics*-Dimension stehen zunächst in Kapitel 5 die Inputs im Mittelpunkt, während wir uns in Kapitel 6 der Umwandlung (Konversion) von Inputs in Outputs widmen. Kapitel 7 stellt schließlich mit den typischen *policies* die Outputs internationaler Organisationen – Politikprogramme und operative Tätigkeiten – systematisch vor.

4 Internationale Organisationen als politische Systeme

Wie wirken sich die konstitutionellen und institutionellen Strukturen internationaler Organisationen auf die Politikentwicklung in internationalen Organisationen aus? Wie im Fußball die Größe des Platzes und der Tore sowie die Spielregeln die Taktiken der Spieler beeinflussen, haben auch die Zusammensetzung, der Aufbau und die Kompetenzen internationaler Organisationen bedeutsame Auswirkungen auf die Politikentwicklung. Daher analysieren wir zunächst die *polity*-Dimension internationaler Organisationen, indem wir die konstitutionellen Grundlagen internationaler Organisationen sowie ihre institutionelle Struktur in den Blick nehmen.

4.1 Konstitutionelle Grundlagen internationaler Organisationen

Gründung von IOs

In der Regel werden internationale Organisationen durch einen völkerrechtlichen Vertrag gegründet. Diese Verträge werden häufig auf diplomatischen Konferenzen ausgehandelt, danach unterzeichnet und schließlich nach Billigung durch die zuständigen innerstaatlichen Organe ratifiziert. So wurde beispielsweise der Gründungsvertrag der Vereinten Nationen – die UN-Charta – auf der Konferenz von San Francisco 1945 von Repräsentanten aus 50 Staaten ausgearbeitet und unterschrieben. Die Repräsentanten verhandelten wiederum auf der Basis von Vorschlägen, die von China, Großbritannien, den USA und der Sowjetunion 1944 in Dumbarton Oaks erarbeitet worden waren (Luard 1982). Allerdings können internationale Organisationen auch durch den Beschluss einer schon bestehenden internationalen Organisation entstehen, sofern dieser das Recht zur Organisationsgründung in ihrem Gründungsvertrag zugestanden wurde. Beispielsweise können die UN durch Resolutionen der Generalversammlung neue UN-Unterorganisationen gründen (Jacobson 1984: 84–86). Die Welthandels- und Entwicklungskonferenz („United Nations Conference on Trade and Development", UNCTAD, 1964), die Organisation für industrielle Entwicklung („United Nations Industrial Development Organization", UNIDO, 1966) und UN Women (2010) sind Beispiele für auf diesem Wege im UN-System entstandene Organisationen.

Gründungsverträge als „Verfassung"

Die Gründungsverträge umreißen zumeist Zweck und Mission der Organisation, regeln die Gliederung der Organisation in Organe und bestimmen die Kompetenzen der einzelnen Organe sowie oftmals auch deren Entscheidungsverfahren. Gewissermaßen können die Gründungsverträge internationaler Organisationen als deren „Verfassung" aufgefasst werden. Hinsichtlich Präzision und Umfang variieren diese Verfassungsdokumente beträchtlich. So sind beispielsweise die Verträge der Europäischen Union (EU) sehr detailliert – enthalten sie doch neben den allgemeinen Vorgaben zur Mission und Struktur der Organisation auch sehr präzise Politikprogramme und Ermächtigungsklauseln für die Formulierung weitergehender Politikprogramme. Im Gegensatz dazu ist die UN-Charta erheblich allgemeiner gehalten – neben den Vorgaben zur Mission und Struktur der Organisation definiert sie – abgesehen von Kapitel VII – kaum unmittelbar umsetzungsfähige Politikprogramme. Paradoxerweise ähnelt die UN-Charta somit eher einer typischen Staatsverfassung als die EU-Verträge.

formeller und informeller Wandel

Verfassungen internationaler Organisationen unterliegen einem formellen und informellen Wandel. Formelle Veränderungen können zum einen durch ein in der Verfassung selbst vorgeschriebenes Verfahren, zum anderen durch einen neuen (ergänzenden) Vertragsschluss der Mitgliedstaaten erreicht werden. Informelle Verfassungsänderungen treten auf der Basis von internationalem Gewohnheitsrecht auf (Seidl-Hohenveldern & Loibl 2000: 217–229).

In der UN-Charta sehen die Artikel 108 und 109 sowohl die Möglichkeit einer einfachen Änderung einzelner Bestimmungen als auch die Möglichkeit einer Teil- oder Totalrevision der Charta vor. Änderungen und Ergänzungen einzelner Bestimmungen treten in Kraft, wenn sie von einer Zweidrittelmehrheit der Mitgliedstaaten in der Generalversammlung verabschiedet sowie von einer Zweidrittelmehrheit der UN-Mitgliedstaaten – einschließlich aller ständigen Mitglieder des Sicherheitsrates – ratifiziert wurden. Größere Revisionen der Charta können durch eine dafür einberufene Generalkonferenz der UN-Mitgliedstaaten beschlossen werden, sofern sie von einer Zweidrittelmehrheit der Mitglieder – ebenfalls einschließlich aller ständigen Mitglieder des Sicherheitsrates – angenommen und ratifiziert wurden. In den EU-Verträgen finden sich etwas andere Bestimmungen über konstitutionelle Änderungen. Im Normalfall wird eine EU-Vertragsänderung durch eine Regierungskonferenz aller Mitgliedstaaten sowie die anschließende Ratifizierung durch alle Mitglieder herbeigeführt.

Bei den UN betrafen formelle Verfassungsänderungen bisher nur die Größe und Zusammensetzung von Hauptorganen – vor allem des Sicherheitsrates. Die EU hingegen hat bereits eine Vielzahl wichtiger Verfassungsänderungen durchlaufen. Neben den Verträgen über die gemeinsamen Organe (Rat, Parlament, Kommission und Gerichtshof) (1965) und über die Direktwahl des Europäischen Parlaments (1979), sind insbesondere die Einheitliche Europäische Akte (1986) sowie die Verträge von Maastricht (1992), Amsterdam (1997), Nizza (2001) und Lissabon (2007) zu nennen.

Da formelle Verfassungsänderungen wegen der sehr hohen Konsensschwellen nur schwer zu erreichen sind, spielen informelle Verfassungsänderungen eine wichtige Rolle. Den rechtsverbindlichen Geltungsgrund derartiger informeller Änderungen kann nicht das Völkervertragsrecht, sondern nur das Völkergewohnheitsrecht darstellen. Ein solch informeller Verfassungswandel lässt sich an der veränderten Bedeutung von Enthaltungen ständiger Mitglieder bei substanziellen Abstimmungen des UN-Sicherheitsrates illustrieren. Nach Artikel 27 der UN-Charta bedurfte eine substanzielle (nicht bloß prozedurale) Entscheidung des Sicherheitsrates ursprünglich der ausdrücklichen Zustimmung jedes der fünf ständigen Ratsmitglieder. Die langjährige und anhaltende Praxis, dass eine

Stimmenthaltung eines ständigen Mitgliedes nicht als Veto gesehen wird, führte – gestützt durch das „Namibia-Gutachten" des Internationalen Gerichtshofs (IGH) aus dem Jahre 1971 – schließlich zu einer informellen Verfassungsänderung. Danach bedarf es heute der ausdrücklichen Ablehnung zumindest eines der ständigen Ratsmitglieder, um eine Resolution durch ein Veto zu blockieren (Simma & Brunner 2002).

4.2 Das Institutionengefüge internationaler Organisationen

typische Organe

Die Gründungsverträge internationaler Organisationen definieren neben Zweck und Mission der Organisation insbesondere auch deren institutionelle Struktur, welche oftmals folgende Organe vorsieht (vgl. Abbildungen 4.1, 4.2 und 4.3; Amerasinghe 2005; Jacobson 1984: 86–93; Klabbers 2009; Seidl-Hohenveldern & Loibl 2000: 112–116):

1. ein Plenarorgan, in dem alle Mitgliedstaaten (und ggf. auch nichtstaatliche Mitglieder) vertreten sind, z.B. eine Generalkonferenz, eine Generalversammlung oder ein Ministerrat als das höchste Entscheidungsorgan der Organisation;
2. einen Exekutivrat, um Entscheidungen über die laufenden Geschäfte zu treffen, welcher zumeist aus gewählten Mitgliedstaaten (und ggf. auch nichtstaatlichen Mitgliedern) besteht;
3. ein Sekretariat, einen Verwaltungsstab oder auch eine Kommission, welche geleitet von einem Generalsekretär, einem Generaldirektor oder einem Kommissionspräsidenten u.a. für die Umsetzung von Entscheidungen und andere administrative Aufgaben zuständig ist;
4. einen Gerichtshof oder gerichtsähnlichen Mechanismus, der vor allem für die Beilegung von Streitigkeiten zwischen Mitgliedern zuständig ist;
5. eine parlamentarische Versammlung – bestehend aus direkt gewählten Vertretern aus den Mitgliedstaaten oder Delegierten der Parlamente der Mitgliedstaaten – welche selbst Entscheidungen treffen kann und – in manchen Fällen – die Entscheidungen anderer Organe bewilligen bzw. ablehnen kann;
6. ein Vertretungsorgan für zivilgesellschaftliche Organisationen und/oder andere private Akteure oder subnationale (regionale oder lokale) Gebietskörperschaften.

Abbildung 4.1: Die institutionelle Struktur internationaler Organisationen

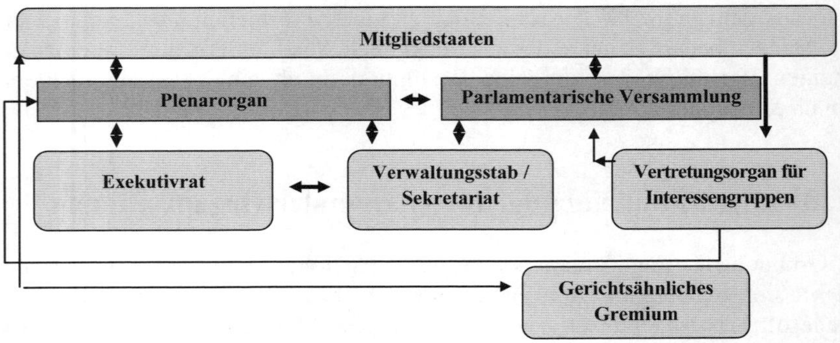

Abbildung 4.2: Die institutionelle Struktur der UN

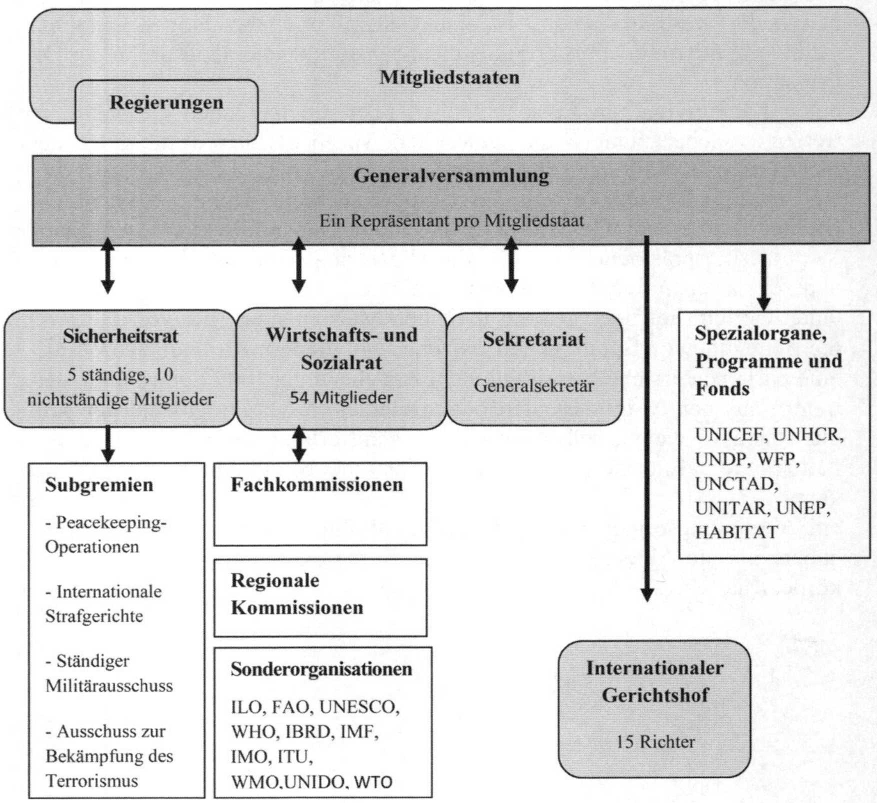

Abbildung 4.3: Die institutionelle Struktur der EU

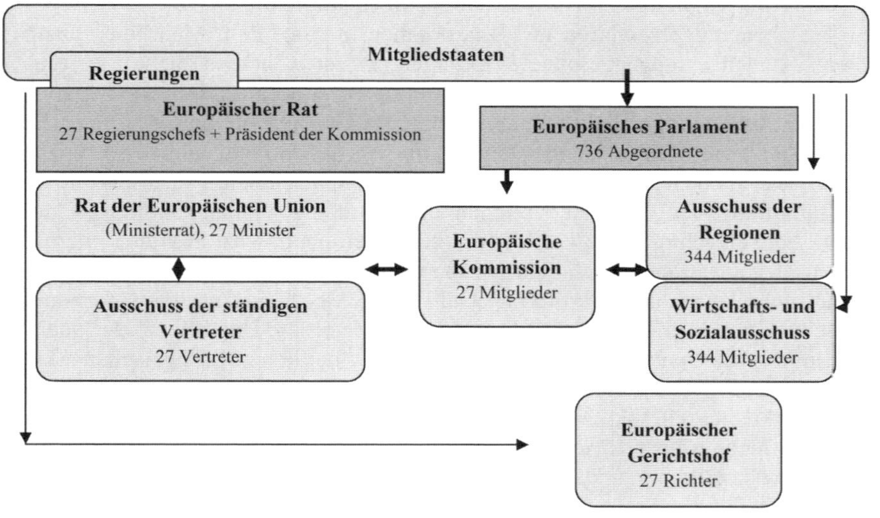

4.2.1 Plenarorgane

Die Plenarorgane zahlreicher internationaler Organisationen basieren auf dem Prinzip der Souveränität ihrer Mitgliedstaaten und sind zugleich institutioneller Ausdruck desselben. Folglich sind alle Staaten durch ihre eigenen Vertreter repräsentiert, die gegenüber ihren jeweiligen Regierungen weisungsgebunden sind. Trotz der Öffnung zahlreicher internationaler Organisationen für nichtstaatliche Akteure sind in den meisten Plenarorganen internationaler Organisationen, beispielsweise in der Generalversammlung der UN oder im Rat der EU, noch immer nur Regierungen vertreten. Die Plenarorgane stellen häufig das Zentrum der Entscheidungsfindung internationaler Organisationen dar. Die Entscheidungsregeln in Plenarorganen variieren erheblich. Unterschiede gibt es vor allem bei der zur Beschlussfassung notwendigen Stimmenmehrheit, zudem können die Stimmen verschiedener Mitgliedstaaten unterschiedlich gewichtet sein.

Die erforderlichen Mehrheiten sind auf einem Kontinuum zwischen dem Einstimmigkeits- und dem einfachen Mehrheitsprinzip angesiedelt. Je mehr sich eine Entscheidungsregelung im Plenarorgan dem Einstimmigkeitsprinzip annähert, umso schwieriger und langwieriger gestaltet sich die Entscheidungsfindung (Lister 1984: 7–11; Tsebelis 2002). Im Extremfall bleiben Entscheidungen völlig aus. Allerdings werden einstimmig getroffene Entscheidungen eher beachtet implementieren. Dies lässt sich anhand der EU verdeutlichen, in der Entscheidungen des Rates bis zum Inkrafttreten der Einheitlichen Europäischen Akte (1986) einstimmig verabschiedet wurden. Jeder Mitgliedstaat, der eine einstimmig getroffene, d.h. von ihm selbst mitgetragene Entscheidung nicht implementiert, würde letztendlich seine eigene Entscheidung missachten. Außerdem kann der Verstoß gegen eine zuvor akzeptierte Entscheidung zu einem Verlust an Glaubwürdigkeit und Reputation führen. Deshalb ist entscheidungskonformes

Einstimmigkeitsprinzip

Verhalten unter solchen Entscheidungsregeln selbst dann noch zu erwarten, wenn kurzfristige Interessen Anreize zur Nichtbeachtung bieten.

(qualifizierte) Mehrheitsentscheidungen

Entscheidungsprozeduren in Plenarorganen, die auf dem Mehrheitsprinzip basieren, haben entgegengesetzte Wirkungen: Es ist wahrscheinlicher, zu Entscheidungen zu kommen, aber unwahrscheinlicher, dass (alle) Staaten sich auch an diese Entscheidungen halten. Insbesondere für Großmächte besteht immer die Möglichkeit, eine Mehrheitsentscheidung, die von ihnen nicht mitgetragen wurde, zu missachten. Die Erfahrungen mit Mehrheitsentscheidungen in der Generalversammlung der UN unterstreichen dies. Um die Wahrscheinlichkeit der Findung *und* Beachtung von Entscheidungen zu erhöhen, wird in vielen internationalen Organisationen nach dem Prinzip einer qualifizierten Mehrheit (z.B. zwei Drittel oder mehr) abgestimmt. Qualifizierte Mehrheitsentscheidungen sind zu einem besonderen Charakteristikum der EU geworden. Das Prinzip der qualifizierten Mehrheitsentscheidung wurde mit der Einheitlichen Europäischen Akte (1986) eingeführt und zunächst auf Entscheidungen bezüglich des gemeinsamen Binnenmarktes beschränkt. Mit den Verträgen von Maastricht, Amsterdam, Nizza und Lissabon wurde es jedoch auch auf zahlreiche andere Politikfelder wie etwa Umwelt, Bildung und Entwicklung ausgeweitet (Nugent 2006: 79–128; Schmuck 1998: 34).

Konsensprinzip

Ein anderes Vorgehen, um die richtige Balance zwischen der Wahrscheinlichkeit der Findung und der Beachtung von Entscheidungen zu finden, stellen Konsensverfahren dar. Danach wird eine Entscheidungsvorlage als akzeptiert erachtet, sofern keiner der Mitgliedstaaten ausdrücklich widerspricht. Beispielsweise kann der Präsident der Generalversammlung der UN statt eine formale Abstimmung vornehmen zu lassen, eine allgemeine Übereinstimmung bezüglich der vorgeschlagenen Resolution feststellen. Im Gegensatz zu Mehrheitsentscheidungen gibt das Konsensprinzip der Minderheit die Möglichkeit, völlig inakzeptable Entscheidungen zu blockieren. Allerdings erleichtert es dieses Verfahren einer überwältigenden Mehrheit auch Entscheidungen zu treffen, solange die Belange der Minderheit nicht völlig übergangen werden (Wolfrum 1995).

Stimmengewichtung

Die Gewichtung von Stimmen stellt einen weiteren Ansatz dar, um die Wahrscheinlichkeit der Findung und der Beachtung von Entscheidungen zugleich zu stützen. Indem mächtigen Staaten ein größeres Stimmgewicht als kleineren Staaten zugestanden wird, kann das Mehrheitsprinzip eingeführt werden, ohne zugleich das Risiko übermäßig zu mehren, dass mächtige Staaten, die von einer Mehrheit kleinerer Staaten überstimmt werden, die entsprechenden Entscheidungen einfach missachten. Die Stimmgewichtung folgt in einigen Organisationen der Bevölkerungszahl der Mitgliedstaaten in anderen der Wirtschaftskraft erfolgen. So ist die Bevölkerungszahl für die Stimmgewichtung im Rat der EU Anwendung maßgeblich, in den Verwaltungsräten des Internationalen Währungsfonds und der Weltbank hängt das Stimmgewicht der Staaten hingegen von ihrer Wirtschaftskraft ab.

UN-Generalversammlung

Das Plenarorgan der UN ist die Generalversammlung, die mindestens einmal jährlich von September bis Dezember tagt. In der Generalversammlung sind alle Mitgliedstaaten – jeder mit einer Stimme – vertreten. Die Generalversammlung prüft und genehmigt den Haushaltsplan der Organisation, setzt die Beitragsquoten fest und wählt zusammen mit dem Sicherheitsrat den UN-Generalsekretär und die Richter am Internationalen Gerichtshof. Außerdem kann sie sich in Form von rechtlich nicht bindenden Resolutionen zu praktisch allen Gegenständen der internationalen Politik äußern. Zur Entscheidungsfindung genügt in der Regel die einfache Mehrheit der anwesenden und abstimmenden Mitglieder. Bei wichtigen Fragen schreibt die UN-Charta allerdings eine Zweidrittelmehrheit vor (Art. 18). In der Praxis hat sich jedoch gezeigt, dass die Beschlüsse der Generalversammlung zumeist mit mehr als einer Zweidrittelmehrheit gefasst werden. Häufig wird sogar Konsens oder Einstimmigkeit erzielt (Peterson 2005; 2007; Wolfrum 1995).

Rat der EU und Europ. Rat

Das EU-Plenarorgan ist der Rat der Europäischen Union (mitunter auch als Ministerrat bezeichnet), der sich aus den Ministern der Mitgliedstaaten– entweder den Außenministern oder den für das jeweilige Politikfeld verantwortlichen Fachministern – zusammensetzt. Je nach Politikfeld variieren nicht nur die Entscheidungskompetenzen gegenüber den einzelnen Mitgliedstaaten, sondern auch die Entscheidungsregeln des Rates. In der Gemeinsamen Außen- und Sicherheitspolitik (GASP) entscheidet der Ministerrat zusammen mit dem Europäischen Rat der Staats- und Regierungschefs und in der Regel nach dem Einstimmigkeitsprinzip. In den anderen Politikbereichen wurde die Anwendbarkeit qualifizierter Mehrheitsentscheide über die Jahrzehnte schrittweise erheblich ausgeweitet; allerdings werden – bis heute und wohl auch zukünftig – in der Praxis viele Entscheidungen des Rates im Konsens getroffen (vgl. Kent 2008; Maurer 1998: 48–54, 60–62; Nugent 2006: 87–103, 211–215). Mit dem Inkrafttreten des Vertrags von Lissabon im Dezember 2009 wurden qualifizierte Mehrheitsentscheidungen jedoch formal zum Standardentscheidungsverfahren des Rates – außer wenn die Verträge explizit ein anderes Verfahren verlangen (z.B. Einstimmigkeit). Bis 2014 gilt eine qualifizierte Mehrheit in Ratsbeschlüssen dann als erzielt, wenn die Mehrheit von Mitgliedstaaten dem Beschluss zustimmt, auf diesen mindestens rund 74% der gewichteten Stimmen entfallen und eine Prüfung auf Antrag eines Mitgliedstaates ergibt, dass die qualifizierte Mehrheit mindestens 62% der Gesamtbevölkerung der Union repräsentiert. Ab 2014 wird die qualifizierte Mehrheit nur noch auf einer zweifachen Mehrheit – der Mitgliedstaaten und der Gesamtbevölkerung der EU – basieren. Diese „doppelte Mehrheit" wird dann erreicht sein, wenn der Beschluss von mindestens 55% der Mitgliedstaaten gefasst wurde, die wiederum mindestens 65% der Bevölkerung der Union vertreten.

IWF und Weltbank: Gouverneursräte

Ähnlich wie bei der EU so werden auch in den Plenarorganen des Internationalen Währungsfonds und der Weltbank – den Gouverneursräten – Entscheidungen auf der Grundlage eines gewichteten Stimmrechts mit qualifizierter Mehrheit gefällt. Gemäß Artikel XII Abschnitt 5a des Abkommens über den Internationalen Währungsfond (IWF) besitzt jeder Mitgliedstaat eine gleiche Basis-Stimmenzahl von 250 Stimmen, welche sich um jeweils eine Stimme für jeden Quotenanteil von 100.000 Sonderziehungsrechten beim IWF oder für jeden Kapitalanteil in der gleichen Höhe bei der Weltbank erhöht. Durch dieses gewichtete Stimmrecht verfügen die Hauptbeitragszahler, vor allem die westlichen Industrieländer, und unter diesen nach wie vor insbesondere die USA, über einen sehr starken Einfluss in den Entscheidungsorganen der beiden Organisationen, auch wenn im Zuge der Weltfinanzkrise (ab 2007) eine Umverteilung der Stimmanteile zugunsten wirtschaftlich und politisch aufstrebender asiatischer Schwellenländer beschlossen wurde (vgl. Kap. 9). Bei Grundsatzentscheidungen, beispielsweise über Kapitalerhöhungen und Quotenänderungen, die eine qualifizierte Mehrheit (ca. 85%) zur gültigen Beschlussfassung verlangen, verfügen die USA und die EU-Staaten de facto über Vetorechte.

4.2.2 Exekutivräte

Zusammensetzung und Arbeitsweise

Die Exekutivräte internationaler Organisationen tagen häufiger als die Plenarorgane – manche sogar ständig. Ihre Aufgaben bestehen zumeist darin, den Verwaltungsstab der Organisation zu überwachen sowie Entscheidungen des Plenarorgans umzusetzen. Exekutivräte sind stets kleiner als Plenarorgane. In exekutiv-multilateralen Organisationen setzen sich Exekutivräte aus Vertretern der Mitgliedstaaten zusammen, die oftmals vom Plenarorgan der Organisation gewählt werden. In inklusiven, multipartistischen Organisationen, wie beispielsweise dem Globalen Fonds zur Bekämpfung von HIV/AIDS, Tuberkulose und Malaria oder der Initiative für Transparenz in der Rohstoffwirtschaft („Extractive Industries Transparency Initiative“, EITI), besteht der Exekutivrat aus staatlichen und nichtstaatlichen Vertretern. Manche Exekutivräte setzen sich aus ständigen und nichtständigen Mitgliedern zusammen. So hat beispielsweise der Sicherheitsrat der UN fünf ständige, mit einem Vetorecht ausgestattete Mitglieder (China, Frankreich, Großbritannien, Russland, USA) und zehn nichtständige Mitglieder, die über kein Vetorecht verfügen. Im Verwaltungsrat der Internationalen Arbeitsorganisation („International Labour Organization“, ILO) sind die zehn wichtigsten Industriestaaten stets vertreten. In Organisationen, in denen die Mitglieder des Exekutivrates gewählt werden, zeigt sich immer wieder, dass politisch sowie ökonomisch mächtige Staaten bevorzugt gewählt werden. Beispiele dafür bieten der Wirtschafts- und Sozialrat der Vereinten Nationen („Economic and Social Council“, ECOSOC) sowie der Verwaltungsrat des UN-Entwicklungsprogrammes („United Nations Development Programme“, UNDP). Außerdem folgt die Sitzverteilung in den Exekutivräten sehr häufig den Prinzipien einer fairen regionalen Vertretung. Ein solcher Regionalproporz gilt beispielsweise für die Wahl der Mitglieder des Sicherheitsrates und des ECOSOC.

Kompetenzen

Gerade die Kompetenzverteilung zwischen Plenarorgan und Exekutivrat ist für die Entscheidungsprozesse in internationalen Organisationen von großer Bedeutung. Dem Exekutivrat wichtige Entscheidungskompetenzen zu geben, hat ähnliche Auswirkungen wie die Einführung von Mehrheitsbeschlüssen im Plenarorgan. Während Entscheidungen im Exekutivrat aufgrund der beschränkten Anzahl der Beteiligten leichter zu fällen sind, beeinträchtigt dies mitunter die Befolgung der Entscheidungen durch die nicht im Exekutivrat repräsentierten Mitglieder. Wenn das Plenarorgan über die wichtigsten Entscheidungskompetenzen verfügt, zeigen sich gegensätzliche Auswirkungen: Zwar werden Entscheidungen dann eher beachtet, aber Entscheidungen sind oftmals schwieriger zu treffen. Dementsprechend stellt die Kompetenzverteilung zwischen Plenarorgan und Exekutivrat häufig einen Balanceakt zwischen der Wahrscheinlichkeit der Findung und der Beachtung von Entscheidungen dar.

Sicherheitsrat und ECOSOC

Das System der Exekutivräte der UN ist insofern besonders, als es hier mit dem Sicherheitsrat und dem Wirtschafts- und Sozialrat zwei funktional differenzierte Exekutivräte gibt. Der Sicherheitsrat ist für alle Angelegenheiten zuständig, die den Weltfrieden oder die internationale Sicherheit betreffen, während sich der ECOSOC mit wirtschaftlichen, sozialen und kulturellen Angelegenheiten befasst. Die Kompetenzen des ECOSOC, der mit einfacher Mehrheit Beschlüsse fassen kann, fallen eher bescheiden aus. Er kann lediglich rechtlich nicht bindende Entscheidungen fällen und beschränkt sich daher hauptsächlich darauf die Arbeit verschiedener UN-Spezialorgane und Sonderorganisationen zu koordinieren. Die 54 Mitglieder des ECOSOC, von denen die Generalversammlung jährlich 18 für eine Dauer von drei Jahren wählt, tagen zwei- oder dreimal jährlich (Rosenthal 2007; Taylor 1993).

Im Gegensatz dazu verfügt der UN-Sicherheitsrat über weitreichende Kompetenzen. Er kann im Falle einer Bedrohung oder eines Bruchs des Weltfriedens oder einer Aggressionshandlung eines Staates verbindliche Beschlüsse fassen, die nichtmilitärische und sogar militärische Sanktionen einschließen können. Derartige Sicherheitsratsresolutionen können sich dabei auf staatliche, mittlerweile aber auch auf nichtstaatliche Akteure beziehen. Dementsprechend sind nicht nur Staaten wie der Irak nach dem Überfall auf Kuwait Adressaten von rechtlich bindenden Sicherheitsratsresolutionen geworden, sondern auch Rebellenorganisationen wie die UNITA („União Nacional para a Independência Total de Angola") in Angola und Kriegsverbrecher wie der ehemalige serbische Präsident Slobodan Milošević. Der Sicherheitsrat setzt sich aus fünf ständigen (China, Frankreich, Großbritannien, Russland und USA) sowie zehn nichtständigen Mitgliedern zusammen, von denen die Generalversammlung jährlich jeweils fünf für die Dauer von zwei Jahren wählt. Die Wahl folgt einem regionalen Verteilungsschlüssel: drei afrikanische Staaten, zwei asiatische, zwei aus Lateinamerika bzw. der Karibik, zwei aus der Kategorie „Westeuropa/Andere" sowie ein osteuropäischer Staat. Für das Gros seiner Entscheidungen ist eine Mehrheit von mindestens 9 der insgesamt 15 Mitglieder notwendig, wobei jedes der ständigen Mitglieder substanzielle Entscheidungen durch sein Vetorecht blockieren kann (Bailey & Daws 1998: 250–252; Malone 2007).

COREPER (EU)

Aufgrund ihrer beschränkten Mitgliedschaft benötigen die meisten regionalen Organisationen im Gegensatz zu globalen Organisationen keinen Exekutivrat. Beispielsweise verfügt der Europarat neben seinem Plenarorgan, dem Ministerkomitee, über keinen Exekutivrat. Die EU stellt hier allerdings eine Ausnahme dar, da die Aufgabenfülle durch den (Minister-)Rat alleine nicht zu bewältigen wäre. So nimmt der Ausschuss der Ständigen Vertreter („Committee of Permanent Representatives", COREPER) die Aufgaben eines Exekutivrates wahr: Zumindest in der Wirtschafts-, Währungs-, Umwelt- und Sozialpolitik dient er als zentrale Schaltstelle zwischen der Europäischen Kommission und dem Rat und beschäftigt sich als solche mit dem Tagesgeschäft der Union. Er tagt mindestens einmal wöchentlich, um die Fachpolitiken zu koordinieren und die Tagesordnungen der Ratssitzungen vorzubereiten. Im Bereich der Gemeinsamen

Außen- und Sicherheitspolitik (GASP) muss COREPER jedoch Kompetenzen mit dem Politischen und Sicherheitspolitischen Komitee teilen. Dieser Exekutivrat tritt in zwei Formationen zusammen: In der „Brüsseler Formation“ treffen sich zweimal in der Woche hohe Beamte der Ständigen Vertretungen der Mitgliedstaaten in Brüssel. In der „Hauptstadtformation“ tagen die Politischen Direktoren der Außenministerien der Mitgliedstaaten zwei- bis viermal im Halbjahr. Das Politische und Sicherheitspolitische Komitee fungiert zusammen mit COREPER als transgouvernementaler Koordinator und Vorbereiter von Ratstreffen in GASP-Angelegenheiten (Regelsberger 2004: 67–71).

4.2.3 Verwaltungsstäbe

Verwaltungsstäbe, d.h. internationale Bürokratien, sind ein unverzichtbarer Bestandteil der institutionellen Struktur einer jeden internationalen Organisation – egal, ob es sich um eine intergouvernementale oder eine supranationale Organisation handelt; egal, ob es eine Programm- oder eine operative Organisation oder eine exekutive-multilaterale oder inklusive, multipartistische Organisation ist. Da die Verwaltungsstäbe, die häufig als Sekretariate, Büros oder Kommissionen bezeichnet werden, das supranationale Element in internationalen Organisationen zum Ausdruck bringen, werden sie häufig fälschlicherweise mit der internationalen Organisation als Ganzes verwechselt.

keine Regierungsvertreter

Im Gegensatz zu den Mitgliedern von intergouvernementalen Organen – den Plenarorganen und den Exekutivräten – sind die bürokratischen Funktionsträger in den Verwaltungsstäben keine Regierungsvertreter der Mitgliedstaaten und deshalb gegenüber den Regierungen ihrer Herkunftsländer nicht weisungsgebunden. Ursprünglich leisteten die Verwaltungsstäbe lediglich technische Unterstützung bei der Vorbereitung von Sitzungen der Plenarorgane und der Exekutivräte. Da heute allerdings immer mehr Organisationen supranationale Merkmale aufweisen, üben die Verwaltungsstäbe häufig einen eigenständigen, unabhängigen Einfluss auf Entscheidungsprozesse internationaler Organisationen aus (Mathiason 2010).

UN-Sekretariat

Die Mitarbeiterinnen und Mitarbeiter des UN-Sekretariats werden sowohl nach Leistungs- und Eignungskriterien als auch nach politisch-geographischem Proporz ausgewählt. Die UN-Bediensteten bilden einen internationalen öffentlichen Dienst und dürfen keine Weisungen von den Regierungen ihrer Heimatstaaten oder anderer Mitgliedstaaten entgegennehmen. An der Spitze des UN-Sekretariats steht der Generalsekretär, der auf Empfehlung des Sicherheitsrates von der Generalversammlung für eine Amtszeit von fünf Jahren gewählt wird (Beigbeder 2000; Rivlin & Gordenker 1993). Der Generalsekretär kann die Entscheidungsfindung in der Generalversammlung und im Sicherheitsrat unter anderem durch die Erstellung von Berichten beeinflussen. So hatten beispielsweise die Berichte des Generalsekretärs über die humanitäre Situation in Bosnien in den frühen 1990er und im Sudan in den frühen 2000er Jahren maßgeblichen Einfluss auf die Entscheidungen des Sicherheitsrates (Chesterman 2007).

Europäische Kommission

Der Verwaltungsstab der EU, die Europäische Kommission, hat außerordentlich weitreichende Kompetenzen. Innerhalb der EU, genauer gesagt in wirtschafts-, währungs-, sozial- und umweltpolitischen Fragen, ist die Europäische Kommission das einzige Organ, das Initiativen für legislative Rechtsakte in den Rat einbringen kann. Somit ist der Rat in seiner Rechtsetzungstätigkeit von Kommissionsvorschlägen abhängig. Deshalb kann die Kommission als der Motor der Gesetzgebung in der EU bezeichnet werden und hat, unabhängig vom Rat, weitreichende legislative Kompetenzen. Neben der Mitwirkung an der Rechtsetzung kontrolliert die Kommission auch die Anwendung des Gemeinschaftsrechts in den Mitgliedstaaten und kann im Falle von Rechtsverstößen Klage vor dem Europäischen Gerichtshof erheben (Jönsson & Tallberg 1998; Wallace 2010: 70–75). Durch den Vertrag von Lissabon (2007) wurde ferner der Posten eines Hohen Vertreters der Union für Außen- und Sicherheitspolitik geschaffen, der die früheren Positionen des Hohen Vertreters für die Gemeinsame Außen- und Sicherheitspolitik und des Kommissars für Außenbeziehungen zusammenführt. Der Hohe Vertreter steht dem (Minister-)Rat für Auswärtige Angelegenheiten vor und ist einer der Vizepräsidenten der Kommission. Der Posten wird von einem beachtlichen diplomatischen Korps unterstützt, dem Europäischen Auswärtigen Dienst. Diese Reform stärkt die Rolle des Verwaltungsstabes auch im Bereich der GASP, welche traditionell eine Domäne intergouvernementaler Politikentwicklung war.

Gemäß dem Vertrag von Lissabon werden die (derzeit) 27 Mitglieder der Kommission von den Mitgliedstaaten im gegenseitigen Einvernehmen für eine Dauer von vier Jahren vorgeschlagen und vom Europäischen Parlament gewählt (nicht länger nur „bestätigt"). Jeder Mitgliedstaat wird von einem der 27 Kommissare „vertreten". Nichtsdestotrotz sind die Mitglieder der Kommission unabhängig von den Regierungen ihrer Herkunftsländer. An der Spitze der Kommission steht der Kommissionspräsident. Die Belegschaft der Kommission ist in Abteilungen unterteilt, die Generaldirektionen und Dienststellen genannt werden. Jede Generaldirektion arbeitet in einem spezifischen Politikfeld und wird von einem Generaldirektor geführt, der gegenüber einem der Kommissare verantwortlich ist. In den 1960er und 1970er Jahren wurden vor allem Spitzenbeamte aus den Mitgliedstaaten als Kommissare ernannt; seit den 1980er Jahren ist jedoch ein Trend zu erkennen, die Kommission mit Spitzenpolitikern aus den Mitgliedstaaten zu besetzen. Die Unabhängigkeit der Kommission wird dadurch gestärkt, dass sie weder vom Rat noch von den Mitgliedstaaten abgesetzt werden kann. Allein das Europäische Parlament hat das Recht, der Kommission mit einer Zweidrittelmehrheit sein Misstrauen auszusprechen (Diederichs 2000: 144–153).

4.2.4 Gerichtshöfe

In manchen internationalen Organisationen stellen Gerichtshöfe oder gerichtsähnliche Streitschlichtungsinstanzen einen wesentlichen Teil ihrer institutionellen Struktur dar. Die Aufgabe solcher Gremien besteht in der Entscheidung oder Schlichtung von Streitfällen zwischen Mitgliedstaaten der Organisation. In manchen Organisationen können diese Streitschlichtungsinstanzen aber auch Streitigkeiten zwischen der Organisation und ihren Mitgliedstaaten oder zwischen verschiedenen Organen der Organisation angehen.

gerichtliche vs. diplomatische Organe

Grundsätzlich ist zwischen eher gerichtlichen und eher diplomatischen Streitbeilegungsinstanzen zu unterscheiden. Je mehr diese Streitinstanzen gerichtlich sind, desto unabhängiger sind die Richter und desto mehr verfügen sie über eine obligatorische Gerichtsbarkeit. Das Streitschlichtungsorgan der Welthandelsorganisation („World Trade Organization", WTO) ist ein Beispiel dieser Art der supranationalen Streitbeilegung. Bei diplomatischen Streitbeilegungsorganen gibt es dagegen keine unabhängigen Richter und auch keine obligatorische Gerichtsbarkeit; vielmehr sind es hier die Streitparteien selbst, die allenfalls unter Vermittlung eines neutralen Dritten versuchen, ihre Streitigkeiten politisch beizulegen. Die Streitbeilegungspanels des alten Allgemeinen Zoll- und Handelsabkommens („General Agreement on Tariffs and Trade", GATT) vor Gründung der WTO sind ein gutes Beispiel für diese Art der intergouvernementalen Streitschlichtung (Keohane et al. 2000; Zangl 2006; 2008; Zangl & Zürn 2004).

IGH

Der Internationale Gerichtshof (IGH) in Den Haag ist die Gerichtsinstanz im System der UN, und der Europäische Gerichtshof (EuGH) mit Sitz in Luxemburg schlichtet Streitfälle für die EU. Während die 15 Richter des IGH vom UN-Sicherheitsrat und der UN-Generalversammlung mit einer absoluten Mehrheit in beiden Organen gewählt werden, so ernennen die EU-Mitgliedstaaten die 27 Richter und acht Generalanwälte des EuGH einstimmig – in der Praxis schlägt jeder Mitgliedstaat einen Richter seiner Nationalität vor, der dann von den anderen 26 Mitgliedstaaten akzeptiert wird. Die politische Unabhängigkeit der Richter ist in beiden Gerichtshöfen gewährleistet. Allerdings ist die Kompetenz des IGH, in zwischenstaatliche Rechtsstreitigkeiten einzugreifen, eher beschränkt, da der Gerichtshof über keine obligatorische Gerichtsbarkeit verfügt. Folglich müssen die Streitparteien die Autorität des Gerichtshofes, zwischenstaatliche Rechtsstreitigkeiten verbindlich zu entscheiden, akzeptieren, bevor sich dieser mit einem Streitfall auseinandersetzen kann.

EuGH

Im Gegensatz dazu verfügt der EuGH über obligatorische Gerichtsbarkeit. Denn die Mitgliedstaaten der EU unterwerfen sich qua Mitgliedschaft in der EU seiner Jurisdiktion. Dementsprechend kann kein Mitgliedstaat, der einer Verletzung seiner Verpflichtungen im Rahmen des Gemeinschaftsrechtes angeklagt wird, den EuGH an einer Gerichtsentscheidung hindern. Durch seine verbindlichen Urteile bekräftigt der EuGH die supranationale Normenhierarchie, in welcher das EU-Gemeinschaftsrecht über nationalem Recht steht, und setzt erstgenanntes in Verbindung mit den Gerichten der Mitgliedstaaten durch. Somit verfügt der EuGH über Kompetenzen, die vergleichbar mit jenen der nationalen Verwaltungs- und Verfassungsgerichte sind (Alter 2001; Panke 2010).

4.2.5 Parlamentarische Versammlungen

variierende Kompetenzen

Obwohl das Gros internationaler Organisationen, darunter auch die UN, über keine parlamentarischen Versammlungen verfügt, existieren solche in einigen Organisationen wie beispielsweise in der EU, im Europarat und in der Organisation für Sicherheit und Zusammenarbeit in Europa (OSZE) durchaus. Ihre zentrale Aufgabe ist es, den Entscheidungsfindungsprozessen internationaler Organisation zusätzliche demokratische Legitimität zu verleihen. Allerdings variieren sowohl die Kompetenzen dieser Versammlungen als auch die Art der demokratischen Repräsentation erheblich. Die Mitglieder des Europäischen Parlamentes (EP) werden seit 1979 direkt von den Bürgerinnen und Bürger der Mitgliedstaaten gewählt. Die Mitglieder der parlamentarischen Versammlungen des Europarates und der OSZE werden dagegen von den nationalen Parlamenten der Mitgliedstaaten entsandt. Während das EP mittlerweile bei zentralen Entscheidungsprozessen in der EU über wesentliche Mitbestimmungsrechte verfügt (Rittberger 2005), spielen die parlamentarischen Versammlungen des Europarates und der OSZE nur eine nachgeordnete Rolle im Politikentwicklungsprozess ihrer Organisationen.

Europäisches Parlament

Auch das EP wurde erst in den 1990er Jahren zu einer wirkmächtigen supranationalen Institution – zuvor gingen seine legislativen Befugnisse kaum über den Konsultativstatus hinaus. Die Mitglieder des EP konnten Stellungnahmen einreichen, die der Rat wiederum ignorieren konnte. Mit dem Zusammenarbeitsverfahren, das mit der Einheitlichen Europäischen Akte 1987 eingeführt wurde, mussten diese Stellungnahmen nun ernst genommen werden. Sie beeinflussten den Gesetzgebungsprozess innerhalb des Rates in der Form, dass die Ratsmitglieder die Stellungnahmen in einer zweiten Lesung nur mit Einstimmigkeitsbeschluss unberücksichtigt lassen konnten. Ein faktisches Vetorecht besitzt das EP allerdings erst seit der Einführung des Mitentscheidungsverfahrens durch den Maastrichter Vertrag (1992). Sollten Rat und Parlament auch nach der zweiten Lesung keine Einigung erzielt haben, wird ein gemeinsamer Vermittlungsausschuss eingesetzt. Wenn auch dieses Gremium keinen Konsens zu schaffen vermag, gilt der Rechtsakt als gescheitert. Das Parlament ist somit zum zweiten Gesetzgebungsorgan neben dem Rat avanciert. Diese Rolle wurde durch den Vertrag von Amsterdam (1997) und den Vertrag von Nizza (2001) bekräftigt. Diese Verträge erlaubten dem EP, durch das Mitentscheidungsverfahren auf rund 70 Prozent aller legislativen Akte der EU entscheidenden Einfluss zu nehmen (Maurer 1998; 2000; Rittberger 2005; Young 2010a). Im Vertrag von Lissabon von 2007 wurde das Mitentscheidungsverfahren – nunmehr umbenannt in „ordentliches Gesetzgebungsverfahren" – auf weitere Politikfelder wie Immigration, strafrechtliche Zusammenarbeit, polizeiliche Zusammenarbeit und einige Bereiche der Handelspolitik und Landwirtschaft ausgeweitet. Dadurch spielt das EP nun eine wichtige Rolle in fast allen EU-Rechtsetzungsakten.

4.2.6 Vertretung von nichtstaatlichen Akteuren

Öffnung von IOs

Bisher haben wir uns vornehmlich auf die institutionelle Struktur von internationalen Organisationen konzentriert, die dem (offenen) exekutiv-multilateralen Typus angehören. Dies ist insofern gerechtfertigt, als die meisten und auch die wichtigsten internationalen Organisationen wie die UN, die WTO oder die EU – mehr oder weniger offene – exekutiv-multilaterale Organisationen und keine inklusiven, multipartistischen Organisationen sind. Nichtsdestotrotz haben der Umfang und die Qualität der Repräsentation von nichtstaatlichen Akteuren in internationalen Organisationen zugenommen. So wurden nicht nur inklusive, multipartistische Organisationen wie der Globale Fonds zur Bekämpfung von

HIV/AIDS, Tuberkulose und Malaria oder die Initiative für Transparenz in der Rohstoffwirtschaft („Extractive Industries Transparency Initiative", EITI) geschaffen, in denen neben staatlichen Akteuren auch nichtstaatliche Akteure Mitglieder im Plenarorgan und/oder dem Exekutivrat sind und dort über zwar variierende, insgesamt jedoch substantielle Mitentscheidungsrechte verfügen. Vielmehr haben auch die meisten zwischenstaatlichen Organisationen versucht, ihre Legitimität zu erhöhen, indem sie sich für eine mehr oder weniger formalisierte Partizipation nichtstaatlicher Akteure öffneten. Zu diesem Zweck gewähren sie nichtstaatlichen Akteuren Konsultativstatus und haben Organe sowie Verfahren zur Vertretung zivilgesellschaftlicher Gruppen, privatwirtschaftlicher Vertreter und/oder regionaler und lokaler Gebietskörperschaften eingerichtet. Freilich variieren die Partizipationsmöglichkeiten, die diese Organe und Verfahren nichtstaatlichen Akteuren anbieten, erheblich (Aviel 2010; Steffek 2008).

NGOs bei ECOSOC

Innerhalb der UN ist der ECOSOC ein offenes intergouvernementales Gremium, das NGOs formale Zugangsrechte gewährt. Auf der Basis von Artikel 71 der UN-Charta und der ECOSOC-Resolutionen 1296 (1968) und 1996/13 (1996) können NGOs einen Konsultativstatus beantragen (Alger 2002; Chinkin 2000). Das dafür eingerichtete ECOSOC-Komitee über NGOs prüft diese Anträge. Derzeit genießen mehr als 3.200 NGOs wie beispielsweise Amnesty International, Greenpeace und Transparency International Konsultativstatus beim ECOSOC. Sie sind befugt, mündliche und schriftliche Stellungnahmen in den ECOSOC-Sitzungen abzugeben und Vorschläge für die Tagesordnung des ECOSOC und dessen Unterorgane zu unterbreiten (Schulze 2002). Neben der Teilnahme an ECOSOC-Sitzungen können NGOs auch an von den UN einberufenen „Weltkonferenzen" mitwirken. Dies ermöglicht den UN Interessen, die von nichtstaatlichen Akteuren artikuliert werden, kennenzulernen, aufzugreifen und bei ihren Entscheidungen mit zu berücksichtigen. Insbesondere in den Bereichen des Umweltschutzes und der Menschenrechte gelten NGOs mittlerweile als einflussreiche Teilnehmer an den Weltkonferenzen, die unter der Schirmherrschaft der UN veranstaltet werden (Brühl 2003; Steffek 2008).

relevante EU-Organe

Innerhalb des politischen Systems der EU ist der Wirtschafts- und Sozialausschuss das Hauptorgan, in welchem NGOs formell in Anhörungen vor der Kommission, dem Rat und dem Parlament ihre Anliegen vorbringen können. Zusätzlich ermöglicht der Ausschuss der Regionen, der 1993 mit dem Inkrafttreten des Maastrichter Vertrages eingerichtet wurde, den regionalen und lokalen Gebietskörperschaften einen gewissen Zugang zu den Entscheidungsprozessen der EU. Seine 344 Mitglieder sollen regionale und lokale Interessen auf europäischer Ebene bündeln und in den Rechtsetzungsprozess der EU einbringen. Der Ausschuss muss von Kommission, Rat und Parlament in vertraglich festgelegten Politikfeldern – u.a. in den Bereichen Bildung, Beschäftigung und Umwelt – gehört werden. Dem eigenen Anspruch, ein wirksames Bindeglied zwischen den europäischen Bürgerinnen und Bürgern und den Institutionen der EU darzustellen, konnte der Ausschuss der Regionen bisher jedoch nicht gerecht werden (Keating 2008; Mittag 2000).

4.3 Zusammenfassung

Zusammenfassend lässt sich festhalten, dass die Politikentwicklung von internationalen Organisationen von ihren konstitutionellen und institutionellen Strukturen beeinflusst wird. Internationale Organisationen werden gewöhnlich durch Gründungsverträge errichtet, die auf internationalem Vertragsrecht basieren. Diese Gründungsverträge oder „Verfassungen" formen die Politikentwicklung, indem sie die Ziele und Mission der Organisation darlegen, ihre Organe begründen und die Kompetenzverteilung zwischen den Organen festlegen. Die verfassungsmäßige Ordnung von internationalen Organisationen ist jedoch nicht ein für alle Male festgeschrieben, sondern unterliegt formellem und informellem Wandel. Bezogen auf die institutionelle Struktur weisen internationale Organisationen eine Reihe von typischen Organen auf, die in unterschiedlichem Maße auf Prozesse der Politikentwicklung einwirken.

4.4 Diskussionsfragen

Wie beeinflussen konstitutionelle und institutionelle Strukturen die Politikentwicklung von und in internationalen Organisationen? Veranschaulichen Sie Ihre Antwort mit Hilfe eines konkreten Beispiels.

Inwieweit birgt die Wahl von Entscheidungsverfahren oft einen Kompromiss zwischen der Wahrscheinlichkeit des Zustandekommens einer Entscheidung und der Wahrscheinlichkeit ihrer Beachtung? Wie kann dieses Spannungsverhältnis gelöst werden?

4.5 Literaturempfehlungen

Easton, David 1965. *A Framework for Political Analysis,* Englewood Cliffs, NJ: Prentice Hall, Kap. 2.

Jacobson, Harold K. 1984. *Networks of Interdependence: International Organizations and the Global Political System*, 2. Auflage, New York: Knopf, Kap. 5.

Weiss, Thomas G. & Daws, Sam (Hg.) 2007. *The Oxford Handbook on the United Nations,* Oxford: Oxford University Press, Teil III (v.a. Kap. 5 & 6).

5 Forderungen und Unterstützungsleistungen der Akteure – Die Input-Dimension internationaler Organisationen

Der Politikentwicklungsprozess in internationalen Organisationen wird durch das konstitutionelle und institutionelle Gefüge des politischen Systems internationaler Organisationen – ihre *polity* – strukturiert und kanalisiert. Angetrieben und inhaltlich bestimmt wird die Politikentwicklung jedoch durch die Interessen und Ideen sowie die Handlungsressourcen der beteiligten politischen Akteure. Wie die Spielregeln und die Abmessungen des Feldes und der Tore beim Fußball zwar das Spiel prägen, aber nicht dessen Verlauf und Ausgang determinieren, so wirkt die *polity* internationaler Organisationen als institutioneller Rahmen, der den Akteuren der internationalen Politik Handlungsoptionen eröffnet bzw. verschließt und so mögliche Spielzüge definiert und andere ausgeschlossen erscheinen lässt. Gleichwohl determiniert er nicht das Verhalten der politischen Akteure. Die *politics* bleiben –ebenso wie die Spielzüge der Fußballmannschaften – eine Domäne der Akteure.

fünf Akteursgruppen

In diesem Kapitel wollen wir die Inputs unterschiedlicher Akteure in den Blick nehmen, ehe wir uns in den darauffolgenden Kapiteln auf die Umwandlung (Konversion) der Inputs in Outputs sowie auf die Outputs selbst konzentrieren. Somit interessiert uns im Folgenden zunächst, wer Inputs produziert – d.h. welche Akteure, basierend auf den ihnen zur Verfügung stehenden Handlungsressourcen, spezifische Forderungen stellen können. Außerdem untersuchen wir, welche Akteure die notwendigen Unterstützungsleistungen für internationale Organisationen erbringen. Hierzu unterscheiden wir zwischen fünf verschiedenen Akteursgruppen (vgl. Abbildung 5.1):

1. Regierungen der Mitgliedstaaten;
2. Verwaltungsstäbe internationaler Organisationen;
3. parlamentarische Versammlungen internationaler Organisationen;
4. Interessengruppen;
5. Experten.

Abbildung 5.1: Das politische System internationaler Organisationen (Input)

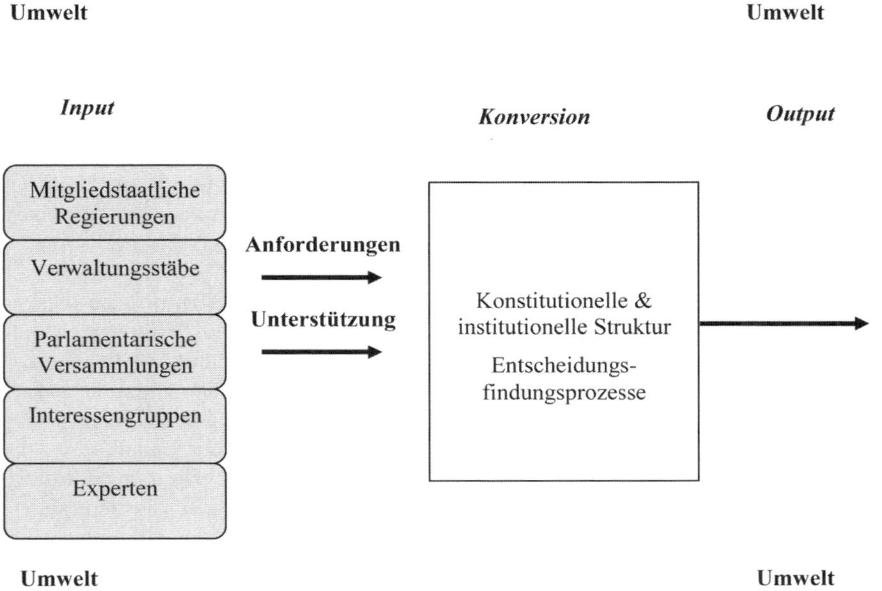

5.1 Regierungen der Mitgliedstaaten

In exekutiv-multilateralen Organisationen stammt das Gros der Inputs (Anforderungen und Unterstützungsleistungen) von den Mitgliedstaaten der jeweiligen Organisation. Sie definieren die Aufgaben der Organisation und erbringen u.a. durch ihre Beitragszahlungen jene Unterstützungsleistungen, die es internationalen Organisationen erst ermöglichen, ihre Aufgaben in Angriff zu nehmen. In inklusiven, multipartistischen Organisationen sind die Inputs der Mitgliedstaaten weniger vorherrschend, wobei sie auch hier für gewöhnlich die zentralen Akteure sind, die Anforderungen an die Organisation stellen und dieser Unterstützung anbieten.

Beitragszahlungen

Internationale Organisationen sind in besonderem Maße von den Beitragszahlungen ihrer Mitgliedstaaten abhängig, da sie keine eigenen – staatlichen Steuereinnahmen ähnliche – Einnahmen haben. In den meisten internationalen Organisationen spiegelt die Höhe der staatlichen Beiträge die auf dem nationalen Wohlstand basierende Zahlungsfähigkeit des jeweiligen Mitgliedstaates wider. Dementsprechend sind die USA, Japan und Deutschland nach wie vor die größten Beitragszahler der Vereinten Nationen (UN). Die USA zahlten 2010 517 Millionen US-Dollar in das reguläre UN-Budget ein (22 % des jährlichen regulären Budgets in Höhe von 2,35 Milliarden US-Dollar); Japan steuerte 295 Millionen US-Dollar bei (12,5 %), und Deutschlands Beitrag lag bei 188 Millionen US-Dollar (8,5 %). In der EU stammten die höchsten Beitragszahlungen 2010 von Deutschland (23,7 Milliarden Euro) gefolgt von Frankreich (20,3 Milliarden Euro) und Italien (16,2 Milliarden Euro). Diese drei Länder zahlten somit 19,6%, 18% bzw. 13,8% der staatlichen Gesamtbeiträge (121,5 Milliarden Euro), die einen Großteil des EU-Budgets in Höhe von 141,5 Milliarden Euro ausmachen. Es kann kaum überraschen, dass sich die Höhe der Beitragszahlungen in der Regel auf den Einfluss des jeweiligen Mitgliedstaates in der internationalen Organisation auswirkt. Anders ausgedrückt: Staaten können ihre finanziellen Beiträge in politischen Einfluss übersetzen. Denn wenn sich wichtige Beitragszahler von internationalen Organisationen abwenden, geraten diese zumeist in schwerwiegende finanzielle Schwierigkeiten. Die UN-Organisation für Erziehung, Wissenschaft und Kultur („United Nations Educational, Scientific and Cultural Organization“, UNESCO) und die UN-Organisation für industrielle Entwicklung („United Nations Industrial Development Organization“, UNIDO) mussten diese Erfahrung nach Austritten der USA in den 1980er bzw. 1990er Jahren machen. Doch auch diesseits eines drohenden Austritts aus einer Organisation verfügen die großen Beitragszahler über zusätzlichen politischen Einfluss. Der Internationale Währungsfond (IWF) und die Weltbank, deren Politikprogramme maßgeblich von den großen Geberstaaten gestaltet werden, bieten hier anschauliche Beispiele.

Artikulation von Anforderungen

Staaten erbringen für internationale Organisationen allerdings nicht nur die zentralen Unterstützungsleistungen, sondern sie definieren auch die zentralen Anforderungen. In der Regel artikulieren sie diese durch ihre Delegationen oder ihre Ständige Vertretung am Sitz der Organisation. In den meisten Fällen werden diese Anforderungen im Plenarorgan geäußert, da die mitgliedstaatlichen Vertreter dort über Stimmrecht verfügen. Das gilt in besonderem Maße für weitreichende Anforderungen. Weniger wichtige alltägliche Anforderungen werden hingegen in den Ausschüssen, Arbeitsgruppen oder den zuständigen Abteilungen des Sekretariats der Organisation vorgebracht.

Macht und Durchsetzungschancen

Die Chancen, die eigenen Anforderungen erfolgreich durchzusetzen, ist – trotz der formalen Gleichheit der Staaten – sicherlich nicht für alle Staaten gleich. Diese Chance hängt vielmehr maßgeblich von der Machtposition eines Staates in der betreffenden Organisation ab. Diese wird einerseits durch seine Beitragsleistungen für die Organisation bestimmt (siehe oben); sie definiert sich aber darüber hinaus auch durch seine Kontrolle über andere relevante Ressourcen. Diese Ressourcenmacht kann zwei Formen annehmen: Kontrolle über spezifische Ressourcen in einem Politikfeld (politikfeldspezifische Macht) oder Kontrolle über politikfeldübergreifende Ressourcen (allgemeine Macht) (Keohane& Nye 2001: 3–47). Die Macht, die ein Staat in einem bestimmten Politikfeld ausüben kann, hängt häufig von seiner Kontrolle über politikfeldspezifische Ressourcen ab (Baldwin 2002: 180). Saudi-Arabien kann z.B. aufgrund seiner sehr großen Erdölvorkommen als mächtig im Politikfeld des globalen Ölhandels angesehen werden. Tatsächlich kann Saudi-Arabien innerhalb der Organisation der erdölexportierenden Länder („Organization of Petroleum Exporting Countries“, OPEC) mehr Einfluss ausüben als beispielsweise Libyen. Frankreich, um ein weiteres Beispiel zu nennen, ist dank seiner nukleartechnologischen Expertise ein Schlüsselakteur im Politikfeld „Reaktorsicherheit“. Deshalb sind französische Delegierte in Diskussionen über internationale Standards für Reaktorsicherheit innerhalb der Internationalen Atomenergiebehörde („International Atomic Energy Agency“,

IAEA) einflussreicher als zum Beispiel ihre Schweizer Kollegen. Andererseits kontrollieren Großmächte wie China oder die USA wichtige Machtressourcen in vielen Politikfeldern und können so Machtressourcen, die sie in bestimmten Bereichen herausgebildet haben, nutzen, um Einfluss sogar in jenen Feldern auszuüben, in welchen es ihnen an relevanten politikfeldspezifischen Machtressourcen mangeln mag. Sowohl wirtschaftliche als auch militärische Ressourcen können über die Grenzen von Politikfeldern hinweg als Zuckerbrot oder Peitsche eingesetzt werden. Demzufolge können etwa die USA in fast jeder internationalen Organisation, in der sie Mitglied sind, erheblichen Einfluss ausüben. So gelten die USA, obgleich amerikanische Fischereiunternehmen nicht am Walfang beteiligt sind, zum Beispiel als einer der einflussreichsten Mitgliedstaaten in der Internationalen Walfangkommission (Zangl 1999).

Effekte auf Machtunterschiede

Trotz des offenkundigen Einflusses mächtiger Staaten bleibt die Frage strittig, ob Entscheidungsprozesse in internationalen Organisationen bestehende Machtunterschiede zwischen Staaten eher verringern oder ausweiten. In der Regel – ohne damit die Existenz wichtiger Ausnahmen zu bestreiten – dürfte eher ersteres denn letzteres zutreffen. Denn internationale Organisationen bieten kleinen oder schwachen Staaten (wie auch nichtstaatlichen Akteuren) zumeist Möglichkeiten, Entscheidungen zu ihren Gunsten zu beeinflussen, die sie außerhalb der Organisation nicht besitzen. Schwächere Staaten verfügen beispielsweise über Stimmrechte in den innerorganisatorischen Entscheidungsorganen und sind in dieser Hinsicht oftmals mit mächtigeren Staaten gleichgestellt. Kleinere und schwächere Staaten können zudem ihre Interessen beim Schnüren von Paketlösungen zur Geltung bringen. Dabei machen sie ihre Zustimmung zu Politiken, die von mächtigen Staaten favorisiert werden, von der Berücksichtigung ihrer Interessen in angrenzenden Politikfeldern abhängig. So war beispielsweise die Einrichtung eines europäischen Strukturfonds durch die Einheitliche Europäische Akte und eines Kohäsionsfonds durch den Maastrichter Vertrag das Ergebnis einer solchen Paketlösung. Finanzschwache Mitgliedstaaten wie Spanien, Portugal und Griechenland knüpften ihre Zustimmung zum Binnenmarktprogramm und zur Währungsunion, welche von mächtigen Staaten wie Frankreich und Deutschland gefordert wurden, an finanzielle Kompensationen aus speziellen Fonds (Hix 2005: Kap. 8 & 9). Ähnliche Kopplungsgeschäfte finden sich bei Programmen zum globalen Umweltschutz. So rangen die Entwicklungsländer den Industriestaaten nach der Verabschiedung des Montrealer Protokolls zum Schutz der stratosphärischen Ozonschicht (1989) die Einrichtung eines Multilateralen Fonds zur Implementierung des Montrealer Protokolls ab, der Entwicklungsländern für die Protokollimplementierung finanzielle Transferleistungen gewährt.

Koalitionsbildung

Außerdem ist kleinen Staaten dank der multilateralen Diplomatie in internationalen Organisationen die Gelegenheit gegeben, durch die Bildung von Koalitionen oder die Beteiligung an einer von einem mächtigen Staat angeführten Koalition ihre Verhandlungsposition zu stärken. Während des Kalten Krieges mussten die Großmächte gegenüber schwachen Staaten Zugeständnisse machen, um sich deren Unterstützung im Falle einer Konfrontation mit dem anderen Machtblock sicher zu sein. Durch die Gründung der Gruppe der 77 konnten die Entwicklungsländer ihren Einfluss auf die Politik der UN ausweiten, indem sie sich bei den Abstimmungen in der Generalversammlung gegenseitig unterstützten. Das Ende des Ost-West-Konfliktes wirkte sich zunächst negativ auf die Einflussmöglichkeiten schwacher Staaten aus. Trotzdem können kleinere und schwächere Staaten noch immer, wie die diversen UN-Weltkonferenzen zeigen, ihren Einfluss in internationalen Organisationen geltend machen (Deen 2000). In den vergangenen Jahren haben aufstrebende Mächte wie China und Indien vermehrt die Bildung von Koalitionen zwischen Entwicklungs- und Schwellenländern z.B. in den Verhandlungen der Welthandelsorganisation („World Trade Organization", WTO) über den Agrarhandel angeregt und gefördert (Narlikar 2004; Narlikar & Tussie 2003; Odell 2006).

5.2 Verwaltungsstäbe

Auch wenn die Mitgliedstaaten sicherlich die meisten Inputs für internationale Organisationen erzeugen, können auch die verschiedenen Organe der Organisation selbst, allen voran die Verwaltungsstäbe, gerade auf der Input-Seite bemerkenswerten Einfluss auf die Politikentwicklung ausüben. Auch wenn ihr Einfluss formal recht gering ist, ist er in der Politikpraxis internationaler Organisationen keineswegs zu vernachlässigen (Barnett & Finnemore 2004; Jacobson 1984: 118–123; Mathiason 2010; Sandholtz & Zysman 1989).

Einflussquellen

Dieser Einfluss ist vor allem der Position der Verwaltungsstäbe, insbesondere der Verwaltungsspitze, im Zentrum des Politikentwicklungsprozesses geschuldet. Dadurch verfügen sie im Vergleich zu den Mitgliedstaaten über einen Informationsvorsprung. Dieser ergibt sich aus den Studien, Berichten und Beschlussentwürfen, mit deren Anfertigung die Bürokratie der internationalen Organisation beauftragt wird oder die sie selbst initiiert, und die dann wiederum die Basis für die Politikentwicklung innerhalb der Organisation bilden. Außerdem verleiht ihre zentrale Position den Verwaltungsstäben eine bemerkenswerte Thematisierungsmacht. Häufig sind es die Verwaltungsstäbe, die die organisationsinterne Tagesordnung (mit-)bestimmen und somit Einfluss auf die zu treffenden Entscheidungen nehmen. Wo die Interessenlage auf Seiten der Mitgliedstaaten unklar ist, kann sich der Einfluss der Verwaltungsstäbe auf die Politikentwicklung schnell vergrößern, so dass sie nicht nur die Rolle des „Agenda-Setter", der die politische Tagesordnung (mit-)bestimmt, sondern auch die des Politikinhalte gestaltenden Politikunternehmers ausfüllen (Pollack 1997; 2003).

EU: Rolle der Kommission

Im Falle der EU wird die Thematisierungsmacht der Kommission oft anhand ihrer Rolle bei der Verwirklichung des Binnenmarktprogramms sowie der Wirtschafts- und Währungsunion aufgezeigt. Durch das 1985 vorgelegte Weißbuch gab die Kommission unter der Präsidentschaft von Jacques Delors den entscheidenden Impuls für den gemeinsamen Binnenmarkt, der später in der Einheitlichen Europäischen Akte vereinbart wurde. Außerdem wurden Delors Ideen zur Wirtschafts- und Währungsunion in den Maastrichter Vertrag übernommen (Ross 1995; Sandholtz & Zysman 1989). Durch das alleinige Gesetzesinitiativrecht verfügt die Kommission über ein besonderes Mittel zur Kontrolle des Inputs: In wirtschafts-, währungs-, umwelt- und sozialpolitischen Angelegenheiten kann der Rat ohne Vorschläge der Kommission keine legislativen Entscheidungen treffen.

UN: Initiativen des Generalsekretärs

Auch im Falle der UN kann dem Sekretariat mit dem Generalsekretär an der Spitze eine beachtliche Thematisierungsmacht zugesprochen werden. Die 1992 durch Boutros Boutros-Ghali vorgestellte „Agenda for Peace" (UN-Dok. A/47/277) kann als Grundlage für die UN-Friedenspolitik der 1990er Jahre mit ihren unterschiedlichen Interventionsmodi gesehen werden, die von Friedenssicherung („Peacekeeping") über Friedenskonsolidierung („Peacebuilding") zu Friedensstiftung („Peacemaking") und Friedenserzwingung („Peaceenforcement") reichen (vgl. Kap. 8). Ähnlich wie Boutros-Ghali nutzte auch sein Nachfolger im Amt des Generalsekretärs Kofi Annan seine Thematisierungsmacht, indem er den „Global Compact" (UN-Dok. SG/SM/7495) initiierte, der im Jahr 2000 zunächst von ungefähr 50 Unternehmen und einigen NGOs unterzeichnet wurde. Seit seinem Amtsantritt war Annan für eine zunehmende Öffnung der UN für zivilgesellschaftliche und privatwirtschaftliche Akteure eingetreten. Der „Global Compact", durch den sich die Vertragsparteien zur Einhaltung von zehn Prinzipien in den Bereichen Menschenrechtsschutz, Gesundheits- und Sicherheitsstandards, Umweltschutz und Korruptionsbekämpfung verpflichten, ist zu einem großen Teil ein institutioneller Ausdruck des persönlichen Engagements von Annan für eine engere Zusammenarbeit zwischen den UN und Akteuren aus dem Privatsektor.

Verhältnis zu Mitgliedstaaten

Adressaten der Initiativen, d.h. der Forderungen des Verwaltungsstabes internationaler Organisationen sind meist die Mitgliedstaaten oder das zentrale Entscheidungsgremium, also das Plenarorgan der internationalen Organisation. Die „Agenda-Setting"-Phase des Politikentwicklungsprozesses kann somit als Wechselspiel der Initiativen der Mitgliedstaaten und der Verwaltungsstäbe begriffen werden. Während die Verwaltungsstäbe – trotz zweifelsohne vorhandener bürokratischer Eigeninteressen – das kollektive Interesse der Organisation repräsentieren, vertritt jeder einzelne Mitgliedstaat hauptsächlich sein individuelles Interesse. Die Forderungen der Verwaltungsstäbe internationaler Organisationen sind meist auf die Stärkung der Autorität der Organisation gerichtet, wohingegen die der Mitgliedstaaten unterschiedliche Gestalt annehmen können. Manche Staaten unterstützen eine Stärkung der Autorität internationaler Organisationen – andere, in der Regel die mächtigeren Staaten, versuchen ihre Souveränität und mithin ihre Kontrolle über die Tätigkeiten der Organisation zu bewahren (Hix 2005: 27–31).

5.3 Parlamentarische Versammlungen

Steigerung demokratischer Legitimität

Auch parlamentarische Versammlungen können sowohl Anforderungen an internationale Organisationen herantragen, als auch Unterstützungsleistungen bereitstellen. Ihre wichtigste Unterstützungsleistung besteht darin, die Legitimität des Politikentwicklungsprozesses in internationalen Organisationen zu erhöhen. Parlamentarische Versammlungen werden geschaffen, um das Demokratiedefizit in der von Regierungsvertretern dominierten zwischenstaatlichen Politikentwicklung zu verringern (Rittberger 2009; Zürn 2000). Regierungen nutzen mitunter ihre privilegierte Position in internationalen Organisationen, um sich selbst von ihren nationalen Parlamenten und deren Kontrolle abzuschirmen (Wolf 2000). Internationale Politikentwicklungsprozesse sind nicht nur komplexer und weniger transparent. Häufig werden nationalen Parlamenten bei der Konfrontation mit den Politikergebnissen internationaler Organisationen mehr oder weniger vollendete Tatsachen vorgelegt, die nur unter hohen politischen (und mitunter auch ökonomischen) Kosten von Seiten der Parlamente verändert werden können. Unter solchen Bedingungen können nationale Parlamente auf internationaler Ebene im Gegensatz zur innerstaatlichen Politikgestaltung keine (hinreichende) demokratische Legitimität der Politikentscheidungen gewährleisten. Um diesen Missstand zu kompensieren, wurden internationale parlamentarische Versammlungen geschaffen (Rittberger 2005). Obwohl es nicht immer offensichtlich ist, dass die jeweiligen parlamentarischen Versammlungen der Organisationen wirklich in der Lage sind, den Politikprozessen und -entscheidungen zusätzliche Legitimität zu verleihen, genügt schon die Wahrnehmung, dass sie es tun, um es den Mitgliedstaaten und den Verwaltungsstäben zu erschweren, die Anforderungen der parlamentarischen Versammlungen zu ignorieren. Anders ausgedrückt ist ihre wahrgenommene Legitimität und ihre Legitimität stiftende Funktion die wichtigste Machtressource parlamentarischer Versammlungen.

Europäisches Parlament

So konnte vor allem das Europäische Parlament (EP) des Öfteren seine Anforderungen erfolgreich auf die Tagesordnung der EU bringen. Die Wiederbelebung des Programmes zur Realisierung des Gemeinsamen Marktes in den 1980er Jahren ging zum Beispiel zumindest teilweise auf den Druck des EP, die europäische Integration zu vertiefen, zurück (Corbett 2002; Sandholz & Zysman 1989). Außerdem kann das EP neben seiner wahrgenommenen Legitimität auch auf andere Machtressourcen zurückgreifen, um die Politik der EU zu beeinflussen. Mit dem Inkrafttreten der Einheitlichen Europäischen Akte (1987) und insbesondere dem Vertrag von Maastricht (1993) wurde dem EP die Macht gegeben, Ratsentscheidungen zu blockieren. Die Verträge von Nizza (2001) und Lissabon (2007) haben die legislativen Befugnisse des EP noch erweitert (vgl. Kap. 4). Demzufolge ist das EP zu einem zentralen Akteur in der Politikentwicklung der EU geworden, den weder der Rat noch die Kommission ignorieren kann. Ferner haben die Möglichkeit, ein Misstrauensvotum gegen die Kommission auszusprechen, sowie die Kompetenz, die Billigung des Budgets zu verweigern, die Rolle des EP gestärkt. Allerdings wird aufgrund der weitreichenden Konsequenzen dieser Maßnahmen für die EU als Ganzes das EP der Kommission seine Unterstützung nur in besonderen Ausnahmefällen entziehen. Da solch außergewöhnliche Umstände jedoch durchaus eintreten können, darf der institutionell abgesicherte Einfluss des EP auf die Politikentwicklung in der EU nicht unterschätzt werden (Maurer 2000: 194–196).

5.4 Interessengruppen

Interessengruppen, wie z.B. zivilgesellschaftliche Akteure und privatwirtschaftliche Unternehmen sowie ihre organisierten Vertretungen, stellen für internationale Organisationen eine weitere Inputquelle dar, da sie sowohl Anforderungen formulieren, als auch Unterstützungsleistungen anbieten. Je nach institutioneller Struktur können sie entweder formelle oder informelle Input-Kanäle nutzen (vgl. Kap. 1 & 4). Die Interaktion zwischen Interessengruppen und internationalen Organisationen kann für beide Seiten von Nutzen sein, da nichtstaatliche Akteure einerseits häufig an Zugangsmöglichkeiten zum Politikentwicklungsprozess internationaler Organisationen interessiert sind, während internationale Organisationen wiederum Zugang zu den Informationen, der Expertise oder den Legitimitätsressourcen nichtstaatlicher Akteure benötigen (Brühl 2003).

formelle Input-Kanäle

Sowohl das Ausmaß an Inputs als auch die formellen institutionellen Kanäle für den Input von nichtstaatlichen Akteuren variieren jedoch erheblich. In inklusiven, multipartistischen Organisationen wie dem Globalen Fonds zur Bekämpfung von HIV/AIDS, Tuberkulose und Malaria oder der Initiative für Transparenz in der Rohstoffwirtschaft („Extractive Industries Transparency Initiative“, EITI) verfügen nichtstaatliche Akteure über Stimmrechte im Entscheidungsprozess der Organisation. Das gilt auch für die Internationale Arbeitsorganisation („International Labour Organization“, ILO), in deren tripartistischem Entscheidungsorgan mitgliedstaatliche Repräsentanten zusammen mit Arbeitgeber- und Gewerkschaftsvertretern abstimmen. In den weitaus häufiger vorkommenden (offenen) exekutiv-multilateralen Organisationen haben nichtstaatliche Akteure kein formelles Stimmrecht, wobei sie – manchmal mehr, manchmal weniger effektiv – am politischen Diskurs teilnehmen können. Grundsätzlich lassen sich hier zwei Inputkanäle unterscheiden: Einerseits können nichtstaatliche Akteure ihre Interessen im Rahmen eines formal institutionalisierten Verfahrens artikulieren. Wie bereits erwähnt, können NGOs auf der Basis von Artikel 71 der UN-Charta und der ECOSOC-Resolutionen 1296 (XLIV, 1968) und 1996/31 beim Wirtschafts- und Sozialrat („Economic and Social Council“, ECOSOC) Konsultativstatus erlangen und in der Folge an Sitzungen des ECOSOC oder seiner Ausschüsse teilnehmen sowie mündliche und schriftliche Stellungnahmen und Vorschläge für die Tagesordnung einreichen. Andererseits können NGOs durch eigene Vertretungsorgane innerhalb des Institutionengefüges einer internationalen Organisation handeln. Der Wirtschafts- und Sozialausschuss der EU, bestehend aus 344 Vertretern von Arbeitgeberverbänden und Gewerkschaften sowie Verbraucherverbänden, ist ein solches Beispiel.

informelle Input-Kanäle

Die Artikulation gemeinsamer Interessen verläuft jedoch nicht immer durch formelle Inputkanäle, ihre informellen Pendants sind in vielen internationalen Organisationen mindestens ebenso wichtig. So versuchen zahlreiche nichtstaatliche Akteure die Politik der EU durch Lobbytätigkeiten zu beeinflussen. Mittlerweile unterhalten weit über 1000 Interessengruppen Verbindungsbüros in Brüssel. Einige haben sich europaweit organisiert (z.B. COPA als Vertretung der Landwirte, UNICE als Vertretung der Industrie und der Arbeitgeber oder EGB als Arbeitnehmervertretung), um dadurch größeren Einfluss zu gewinnen. Dass diese Entwicklung gerade in der Landwirtschaft, der Industrie sowie der Arbeitnehmervertretung am weitesten fortgeschritten ist, erscheint angesichts der Tiefe der europäischen Integration in diesen Politikbereichen wenig verwunderlich. Dies bestätigt, dass Interessengruppen sich vor allem dort – auf den Entscheidungsebenen und in den Politikfeldern – ansiedeln und aktiv werden, wo die sie betreffenden Entscheidungsbefugnisse am größten sind (Aviel 2010; Nugent 2006).

Determinanten von Einfluss

Der Einfluss, den nichtstaatliche Akteure – sei es durch formelle oder informelle Kanäle – tatsächlich auf die Politikformulierung ausüben, hängt wesentlich von ihrer materiellen und immateriellen Ressourcenausstattung ab. Zu den immateriellen Ressourcen nichtstaatlicher Akteure gehören etwa Informationen, Expertise und Legitimität, die nichtstaatliche Akteure internationalen Organisationen anbieten können und die wiederum essentiell für die Erreichung der Ziele internationaler Organisationen sind (vgl. Rittberger et al. 2010: 332–342; Kruck & Rittberger 2010). Ferner können Interessengruppen an Einfluss gewinnen, indem sie die öffentliche Meinung zu ihren Gunsten mobilisieren. Greenpeace konnte beispielsweise die Öffentlichkeit recht erfolgreich gegen den Walfang mobilisieren und so die Internationale Walfangkommission („International Whaling Commission“, IWC) dazu zwingen, einem internationalen Walfangmoratorium (1982) zuzustimmen. Als weiteres Beispiel lassen sich Hilfsorganisationen anführen, denen es angesichts der durch den Bürgerkrieg verursachten humanitären Katastrophe in Somalia gelang, die US-amerikanische Öffentlichkeit zur Unterstützung einer vom UN-Sicherheitsrat autorisierten humanitären Intervention zu aktivieren (Hasenclever 2001).

„advocacy networks“

Transnationale „advocacy networks“ und soziale Bewegungen haben sich als besonders erfolgreich bei der Mobilisierung der Öffentlichkeit erwiesen (Keck & Sikkink 1998; Smith et al. 1997). Diese Akteure vertreten keine partikularen materiellen Interessen, sondern beanspruchen für sich, im globalen Interesse zu handeln und zu diesem Zweck internationale Organisationen bei ihrer Politikentwicklung zu unterstützen. Allerdings gibt es auch „advocacy networks“ und soziale Bewegungen, welche die Politiken von großen internationalen Organisationen nicht unterstützen, sondern vielmehr kritisieren. So konnte z.B. ATTAC, ein weltweites Netzwerk von Globalisierungskritikern, die öffentliche Meinung mit Hilfe von Medienkampagnen zu Ungunsten der Weltbank, des Internationalen Währungsfonds und der Welthandelsorganisation beeinflussen (Green & Griffith 2002; Waters 2004).

5.5 Experten

Manche Inputs in das politische System internationaler Organisationen stammen auch von Experten, die Politikberatung betreiben. Da internationale Organisationen auf immer komplexer werdende Probleme reagieren müssen, nimmt die Bedeutung von Wissensressourcen und Beratungsleistungen von – oftmals nichtstaatlichen – Experten für die Entwicklung von Politikprogrammen weiter zu. Die UN greifen häufig auf Expertenkomitees und Berater zurück, die durchaus auch geographischen Proporzerwägungen entsprechend ausgewählt werden und

Expertise zur Verfügung stellen, die von den UN-Verwaltungsstäben nicht selbst aufgebracht werden kann. Deshalb haben internationale Bürokratien normalerweise ein Eigeninteresse daran, Experten in den Politikentwicklungsprozess einzubeziehen, während sich diese wiederum auch gerne daran beteiligen, um ihn quasi von innen zu beeinflussen.

„epistemic communities"

Der Einfluss der Experten hängt unter anderem davon ab, ob sie sich untereinander auf den Inhalt der zu gebenden Ratschläge für die Politikentwicklung in internationalen Organisationen einigen können (Haas 1989, 1992a, b). Wenn sich alle bzw. die relevantesten Experten auf die Ursachen und Folgen eines bestimmten Problems sowie die zu ergreifenden Maßnahmen einigen können und deshalb eine „epistemic community" bilden, ist die Wahrscheinlichkeit, dass sich ihre Ratschläge tatsächlich auf die Politikentwicklung auswirken, ungleich höher. Denn in dieser Situation fällt es Mitgliedstaaten schwer, die unisono geäußerten Empfehlungen zu ignorieren. Sollten die Experten sich jedoch nicht darauf einigen können, wie mit einem spezifischen Problem umzugehen ist, liegt es nahe, dass ihre Empfehlungen ein deutlich geringeres Gewicht besitzen. So können Mitgliedstaaten auf die Meinungsverschiedenheiten zwischen den Experten verweisen, um die Nichtberücksichtigung ihrer Ratschläge zu rechtfertigen. Außerdem können Mitgliedstaaten mit konfligierenden Interessen ihre Positionen dadurch begründen, dass sie sich auf jene Experten, deren Empfehlung ihren Eigeninteressen am nächsten kommt, beziehen. Dies kann wiederum leicht zu einer Pattsituation und Stillstand im Prozess der Politikformulierung führen.

Beispiel: Umweltpolitik

Den Einfluss, den Experten und insbesondere „epistemic communities" ausüben können, illustrieren die Umweltschutztätigkeiten verschiedener internationaler Organisationen. Diese waren zum Teil erst auf Initiative von Experten innerhalb und außerhalb der Verwaltungsstäbe internationaler Organisationen zustande gekommen. Beispielsweise sind die Tätigkeiten des Umweltprogramms der Vereinten Nationen („United Nations Environment Programme", UNEP) und der Weltorganisation für Meteorologie („World Meteorological Organization", WMO) im Bereich des Schutzes der stratosphärischen Ozonschicht weitgehend der Überzeugungsarbeit engagierter Experten geschuldet (Breitmeier 1996; Haas 1992b). Fast alle Experten der 1988 unter der Schirmherrschaft von UNEP und WMO gegründeten Zwischenstaatlichen Sachverständigengruppe über Klimaveränderungen („Intergovernmental Panel on Climate Change", IPCC) waren sich über die Ursachen und (grundsätzlichen) Folgen des Klimawandels einig. Demzufolge spielten die Experten des IPCC eine herausragende Rolle bei der Vorbereitung der UN-Rahmenkonvention über Klimaveränderungen („United Nations Framework Convention on Climate Change", UNFCCC), die 1992 auf der UN-Weltkonferenz für Umwelt und Entwicklung zur Unterzeichnung vorgelegt wurde, sowie bei der Erarbeitung des Kyoto-Protokolls, das 1997 von der Vertragsstaatenkonferenz („Conference of the Parties", COP) vereinbart wurde. Die Schwierigkeiten, sich auf ein strengeres Nachfolgeabkommen zum Kyoto-Protokoll zu einigen, zeigen allerdings auch die Grenzen des Einflusses von Expertenwissen, die vor allem dann erreicht sind, wenn dieses im Widerspruch zu den vitalen Wirtschaftsinteressen wichtiger Staaten steht.

5.6 Zusammenfassung

Es lässt sich zusammenfassen, dass die *polity* internationaler Organisationen zwar den Rahmen für den Politikentwicklungsprozess bildet, jedoch die Erarbeitung von Politikinhalten internationaler Organisationen die Domäne politischer Akteure und ihrer Interaktionsbeziehungen bleibt. In diesem Kapitel haben wir die Inputseite des Politikentwicklungsprozesses internationaler Organisationen untersucht und fünf zentrale Akteursgruppen unterschieden: (1) Regierungen der Mitgliedstaaten, (2) Verwaltungsstäbe internationaler Organisationen, (3) parlamentarische Versammlungen internationaler Organisationen, (4) Interessengruppen und (5) Expertengemeinschaften. Jede dieser Gruppen leistet – in Form von Anforderungen und Unterstützungsleistungen – Beiträge zum Politikentwicklungsprozess internationaler Organisationen. In Kapitel 6 widmen wir uns der Umwandlung dieser Inputs in Output, ehe wir uns in Kapitel 7 mit den Outputs selbst befassen.

5.7 Diskussionsfragen

Wie und warum können Verwaltungsstäbe eigenständigen Einfluss auf die Politikentwicklung in internationalen Organisationen ausüben?

Durch welche Kanäle können nichtstaatliche Akteure Anforderungen an internationale Organisationen herantragen und ihnen Unterstützungsleistungen anbieten? Nennen Sie ein konkretes Beispiel für jeden Input-Kanal.

5.8 Literaturempfehlungen

Easton, David 1965. *A Framework for Political Analysis*, Englewood Cliffs, NJ: Prentice-Hall, Kap. 5.

Tallberg, Jonas 2010. Transnational Access to International Institutions: Three Approaches, in: Tallberg, Jonas & Jönsson, Christer (Hg.) *Transnational Actors in Global Governance. Patterns, Explanations and Implications,* Basingstoke: Palgrave Macmillan, 45–66.

6 Entscheidungsprozesse in internationalen Organisationen – Die Umwandlung von Inputs in Outputs

Politische Akteure geben Inputs, damit internationale Organisationen bestimmte Outputs produzieren. Zwischen den Inputs in internationale Organisationen und den Outputs, die diese hervorbringen, liegt jedoch ein Umwandlungsprozess (Konversion), der die Erwartungen der Akteure enttäuschen oder erfüllen kann. In diesem Kapitel analysieren wir, wie in internationalen Organisationen Inputs in Outputs umgewandelt werden.

Dazu unterscheiden wir fünf Modelle politischer Entscheidungsprozesse. Keines dieser Modelle kann alle Typen von Entscheidungen internationaler Organisationen erfassen. Vielmehr sind unterschiedliche Modelle politischer Entscheidungsprozesse auf unterschiedliche Typen von Entscheidungen anwendbar. Denn die Art der Entscheidung beeinflusst, wie die Entscheidung im Regelfall getroffen wird. Zunächst stellen wir die fünf Modelle vor, um anschließend den systematischen Zusammenhang mit unterschiedlichen Typen von Entscheidungen aufzuzeigen. Wir unterscheiden die folgenden fünf Modelle (vgl. Allison 1975; Allison & Zelikow 1999; Barnett & Finnemore 2004; Wilson & DiIulio 1997):

fünf Entscheidungsmodelle

1. intergouvernementaler Aushandlungsprozess;
2. Mehrheitsentscheidung;
3. zentralisierte rationale Wahlhandlung;
4. routinisierte Standardverfahren;
5. bürokratischer Aushandlungsprozess.

6.1 Modelle politischer Entscheidungsprozesse

6.1.1 Intergouvernementaler Aushandlungsprozess

Diesem Modell liegt die Idee zugrunde, dass Entscheidungen in politischen Organisationen grundsätzlich durch Verhandlungen zwischen den mächtigsten Akteuren, die unterschiedliche Interessen innerhalb dieser Organisationen vertreten, getroffen werden (Wilson & DiIulio 1997). Folglich bedürfen Entscheidungen in der Regel eines Kompromisses, einer Einigung auf den kleinsten gemeinsamen Nenner aller interessierten Verhandlungsparteien oder einer umfassenden Paketlösung.

Aus dieser Perspektive werden Entscheidungen auf der Ebene der Einzelstaaten – auch wenn sie formell durch staatliche Organe wie das Parlament oder die Regierung getroffen werden – durch Aushandlungsprozesse zwischen den mächtigsten Interessengruppen innerhalb des Staates erreicht. Staatliche Organe treten hierbei vornehmlich als Mittler und Makler auf, die von den interessierten Akteuren in dieser Funktion akzeptiert werden. Regierung und Parlament können die Verhandlungen beeinflussen, ohne sie jedoch zu dominieren.

Übertragung auf IOs

Übertragen wir dieses Modell auf internationale Organisationen, so sind es die Staaten – insbesondere die mächtigen unter ihnen – und ihre (Regierungs-) Vertreter, die den Entscheidungsprozess dominieren (Steinberg 2002; Stone 2008). Der Verwaltungsstab fungiert lediglich als Mittler und Makler zwischen den unterschiedlichen, unter Umständen konfligierenden mitgliedstaatlichen Interessen. An ihn wird keine Entscheidungsautorität delegiert. Die Politikentwicklung bleibt also die Domäne der Mitgliedstaaten. Allerdings werden im Zuge der Öffnung internationaler Organisationen gegenüber nichtstaatlichen Akteuren intergouvernementale Verhandlungen – in variierendem Ausmaß – auch von Werten, Interessen und Wissen nichtstaatlicher Akteure beeinflusst, die durch formelle und/oder informelle Kanäle an den mitgliedstaatlichen Verhandlungen und den Entscheidungsprozessen teilhaben können (Steffek 2008; Tallberg 2010). Die Inklusion von Umwelt-NGOs in sowie ihr Einfluss auf intergouvernementale Verhandlungen über UN-Umweltabkommen stellen hierfür ein gutes Beispiel dar (Brühl 2003).

Implikationen des Verfahrens

Intergouvernementale Verhandlungen, die für eine Entscheidung einen Konsens aller Mitglieder verlangen, sind oft langwierig und können leicht ins Stocken geraten. Wenn Entscheidungen getroffen werden, bilden diese häufig lediglich den kleinsten gemeinsamen Nenner der diversen mitgliedstaatlichen Interessen ab. Zugleich ist zu erwarten, dass eine spätere absichtliche Missachtung von auf diesem Wege vereinbarten internationalen Normen und Regeln durch die Mitgliedstaaten sicher nicht ausgeschlossen, aber doch relativ selten sein sollte, weil Staaten, die bestimmte internationale Normen und Regeln strikt ablehnen, bereits in den intergouvernementalen Verhandlungen ihre – zur konsensualen Entscheidungsfindung notwendige – Zustimmung verweigert hätten.

internationale Verträge

Für die EU gilt das Modell intergouvernementaler Aushandlungsprozesse für die „großen" Entscheidungen, die etwa in den Verträgen von Maastricht, Amsterdam, Nizza und Lissabon festgelegt sind (Finke 2009; Moravcsik 1998). Bei den UN sind zum Beispiel die Entscheidungen über die Klimakonvention und die Konvention zum Schutz der Artenvielfalt, die auf der UN-Konferenz über Umwelt und Entwicklung in Rio de Janeiro (1992) getroffen wurden, sowie die Folgeabkommen – das Kyoto-Protokoll von 1997 und das Cartagena-Protokoll von 2000 – mit dem Modell intergouvernementaler Aushandlungsprozesse zu erfassen.

6.1.2 Mehrheitsentscheidung

Auch das Modell der Mehrheitsentscheidung betrachtet die Interessen der von Entscheidungen betroffenen Akteure als zentrale Bestimmungsfaktoren für Entscheidungen. Im Gegensatz zum vorherigen Modell stehen hier jedoch nicht Verhandlungen zwischen Interessengruppen, die nach einem Kompromiss suchen, ein umfassendes Verhandlungspaket schnüren oder sich auf den kleinsten gemeinsamen Nenner einigen, im Fokus. Vielmehr geht es um die Suche nach einer für die Beschlussfassung ausreichenden Mehrheit unter den betroffenen Akteuren (Wilson & DiIulio 1997). Demzufolge ist der Entscheidungsprozess geprägt von Versuchen, durch Koalitionen zwischen den relevanten Akteuren innerhalb einer Organisation eine Mehrheit zu bilden. Entscheidungen von politischen Organisationen orientieren sich folglich inhaltlich nicht unbedingt an den Interessen aller (mächtigen) Akteure, sondern an den Interessen einer Mehrheit dieser Akteure.

Auf den Staat und insbesondere auf Demokratien bezogen heißt dies, dass Entscheidungsprozesse zu einem großen Teil von mächtigen Interessengruppen beeinflusst werden. Staatsorgane wie das Parlament und die Regierung vermitteln nicht einfach zwischen den Interessen dieser Gruppen, sondern versuchen eine Mehrheit unter den mächtigsten Interessengruppen, die von der jeweiligen Entscheidung betroffen sind, zu finden. Dementsprechend sind Parlament und Regierung Teil eines Mehrheitsbildungsprozesses, der notwendig ist, um bestimmte Entscheidungen zu fällen.

Übertragung auf IOs

Analog dazu reflektiert der Entscheidungsprozess in internationalen Organisationen die Interessen einer Mehrheit der Mitgliedstaaten (und ggf. nichtstaatlichen Mitgliedern), die teils durch den Verwaltungsstab der Organisation selbst erst hergestellt bzw. herbeigeführt werden kann. Im Gegensatz zum intergouvernementalen Aushandlungsprozess ist bei Mehrheitsentscheidungen kein Konsens aller Mitgliedstaaten notwendig. Gemäß diesem Modell sind es gerade auch die Verwaltungsstäbe internationaler Organisationen, die nach Beschlussvorlagen suchen, welche für die Mehrheit der Mitgliedstaaten akzeptabel und zugleich für die Minderheit zumindest erträglich sind. Dazu können Kompetenzen (z.B. „Agenda-Setting"- und Initiativrecht) von den Mitgliedern an den Verwaltungsstab delegiert werden; die finale Entscheidung wird nichtsdestotrotz von einer Mehrheit der Mitgliedstaaten getroffen.

Implikationen des Verfahrens

So befördern internationale Organisationen die Bildung von wechselnden Koalitionen der Mitgliedstaaten, um Entscheidungen möglich zu machen, reflektieren aber auch dominante Koalitionen in ihrem Handeln und setzen ihre Politikvorstellungen um. Die Existenz von wechselnden (und konkurrierenden) mitgliedstaatlichen Koalitionen eröffnet den internationalen Bürokratien Möglichkeiten, informell ihre Autonomie und ihre Kompetenzen zu erhöhen – etwa indem sie konkurrierende Koalitionen gegeneinander ausspielen. Unter diesen Bedingungen gestaltet sich eine effektive Überwachung internationaler Organisationen durch die Mitgliedstaaten schwierig (Copelovitch 2010a; Nielson & Tierney 2003).

UN- und EU-Plenarorgane

Das Modell der Mehrheitsentscheidung kann z.B. auf die Politikentwicklung in der Generalversammlung der UN oder im Rat der EU angewandt werden, da Entscheidungen in beiden Organisationen entweder von einer qualifizierten oder einer einfachen Mehrheit getroffen werden. Hierbei obliegt es dem Sekretariat bzw. der Kommission, die für eine Entscheidung notwendige Mehrheit (mit) zu organisieren (Kennedy 2007; Nugent 2001).

6.1.3 Zentralisierte rationale Wahlhandlung

Entsprechend des Modells zentralisierter rationaler Wahlhandlungen treffen politische Organisationen Entscheidungen, indem sie – im Lichte der Interessen der *Gesamt*organisationen – die Kosten und Nutzen aller denkbaren Entscheidungsoptionen kalkulieren, bevor sie diejenige auswählen, die den gesamtorganisatorischen Interessen am ehesten entspricht (Allison & Zelikow 1999: 13–75; Downs 1957). Folglich basieren die Entscheidungen weniger auf den Interessen der mächtigsten Akteure bzw. der Mehrheit dieser Akteure, sondern auf dem Interesse der Gesamtorganisation selbst.

Innerstaatliche Entscheidungsprozesse werden demzufolge nicht von mächtigen Interessengruppen dominiert, zwischen denen staatliche Organe wie das Parlament oder die Regierung vermitteln bzw. eine Mehrheit bilden. Die zentralen staatlichen Entscheidungsgremien kalkulieren vielmehr die Kosten und Nutzen, die sich aus verschiedenen Politikalternativen ergeben, um jene Entscheidung zu wählen, die angesichts dieser Kosten-Nutzen-Kalkulationen das gesamtstaatliche Interesse am besten vertritt.

Übertragung auf IOs

Angewandt auf internationale Organisationen besagt das Modell, dass deren Entscheidungsgremien supranational organisiert und damit relativ autonom gegenüber den Interessen der Mitgliedstaaten (einschließlich der mächtigsten Mitglieder) sind. Denn sonst könnten sie zu keinen Entscheidungen gelangen, die aus Sicht der Gesamtorganisation als kollektiv rational gelten können. Ein Großteil der Entscheidungsautorität wird folglich in der Bürokratie internationaler Organisationen gebündelt oder an sie delegiert. Unterschiedliche Arten von Entscheidungen erfordern dabei unterschiedlich hohe Grade an Autonomie der Bürokratie. Je weniger glaubwürdig die politischen Versprechungen der Mitgliedstaaten sind, desto größer muss die Unabhängigkeit der Organe der internationalen Organisation sein, um zu gewährleisten, dass die Entscheidungen langfristig pareto-optimal, d.h. kollektiv rational sind (Alter 2008; Majone 2001).

begrenzte Anwendbarkeit / EZB

Während viele Entscheidungen internationaler Organisationen von den Entscheidungsträgern zumindest rhetorisch als optimale Lösung für die Gesamtorganisation gerechtfertigt werden, können tatsächlich nur wenige Entscheidungen durch das Modell der rationalen Wahlhandlung erfasst werden. Dazu mögen z.B. die Entscheidungen der Europäischen Zentralbank (EZB) gehören, die Zinssätze in der Eurozone zu erhöhen bzw. zu senken. Die EZB ist weitgehend unabhängig von den EU Mitgliedstaaten. Ihr zentrales Entscheidungsgremium, der EZB-Rat, kalkuliert die Kosten und Nutzen, die den europäischen Volkswirtschaften durch die unterschiedlich hohen Zinssätze entstehen könnten. Danach wählt die EZB den Zinssatz, von dem sie glaubt, dass er im besten Interesse der europäischen Volkswirtschaften ist (Hix 2005: 329–334).

6.1.4 Routinisierte Standardverfahren

Dieses Modell betont die Bedeutung von routinisierten Standardverfahren und allgemein gültigen Verhaltensmustern für die Entscheidungsfindung in politischen Organisationen. Demnach prägen standardisierte Verfahren und bürokratische Kulturen die Entscheidungen innerhalb einer Organisation in erheblichem Umfang. Entscheidungen sind weniger das Resultat von Kosten-Nutzen-Kalkulationen rationaler Akteure, sondern vielmehr das Produkt standardisierter Verwaltungsabläufe und institutionalisierter Eigenschaften von Bürokratien, die sich in wiederkehrenden Entscheidungssituationen gleichartig verhalten (Allison & Zelikow 1999: 143–196; Barnett & Finnemore 1999; 2004). Bezogen auf die staatliche Ebene postuliert dieses Model, dass die Entscheidungen von Parlamenten und Regierungen häufig nur ex-post-Legitimationen der „tatsächlichen" (Vor-)Entscheidungen sind, die bereits im Rahmen von Standardverfahren des bürokratischen Apparats getroffen wurden.

Übertragung auf IOs

Übertragen auf internationale Organisationen bedeutet dies, dass die „tatsächlichen" Entscheidungen (insbesondere, aber nicht ausschließlich alltägliche Entscheidungen) nicht von den Mitgliedstaaten, sondern von den Verwaltungsstäben internationaler Organisationen getroffen werden – entweder gänzlich eigenständig oder in Verbindung mit den mitgliedstaatlichen Bürokraten in sogenannten transgouvernementalen Netzwerken (Slaughter 2004; vgl. dazu auch das untenstehende Modell zum bürokratischen Verhandlungsprozess). Die Bürokratie internationaler Organisationen genießt demzufolge umfassende Autorität und Autonomie in der Politikentwicklung. Bürokratien können das Vertrauen der Staaten in – und deren Desinteresse an – standardisierte(n) Verwaltungsabläufe instrumentalisieren, um ihr Mandat kontinuierlich zu erweitern und ihre Autonomie zu erhöhen (Barnett & Finnemore 2004; Copelovitch 2010a).

Implikationen des Verfahrens

Grundsätzlich gelten bürokratische Kulturen und routinisierte Standardverfahren als sehr hartnäckig und resistent gegenüber externen Anforderungen. Für die Mitgliedstaaten ist es daher schwierig, die Bürokratie einer internationalen Organisation zu kontrollieren, sie in ihrem Handeln einzuschränken und sie zu reformieren (Weaver 2008). In dieser Hinsicht unterscheidet sich das Modell routinisierter Standardverfahren von rationalistischen Vorstellungen anreizbasierter Steuerung von Bürokratien. Routinisierung und funktionale Spezialisierung – beides typische Merkmale von standardisierten bürokratischen Verfahren – können zu einer Abschottung der Bürokratien von externem Feedback bezüglich ihrer Leistungsfähigkeit sowie zu bürokratischem Universalismus, der situative und lokale Unterschiede ignoriert, führen. Schließlich können sie auch eine Situation herbeiführen, in der sich Mittel, also Regeln und Verfahren, so verfestigen und so mächtig werden, dass sie den Zweck, d.h. die Ziele der Organisation, determinieren (Barnett & Finnemore 2004: 39–40). Folglich sind standardisierte Verfahren nicht notwendigerweise eine effiziente und effektive Art, Organisationsentscheidungen zu treffen.

Projektförderung durch IOs

In internationalen Organisationen spielen routinisierte Entscheidungsabläufe immer dann eine besonders bedeutende Rolle, wenn die Verwaltungsstäbe staatliche bzw. substaatliche Anträge zur Finanzierung oder Bezuschussung spezifischer Projekte zum Beispiel in den Bereichen Entwicklung und Forschung bearbeiten und bewerten. Hierbei definieren die Verwaltungsstäbe nicht nur die formellen und inhaltlichen Antragskriterien und -prozeduren. Sie überprüfen auch, ob die Anträge diesen gerecht werden. Dies zeigt sich sehr offenkundig bei der Vergabepraxis von EU-Regional- und Strukturfonds sowie bei EU-Forschungsdarlehen, aber auch bei Krediten der Weltbank und des Internationalen Währungsfonds (IWF) (vgl. Barnett & Finnemore; Marks 1992; 1993; Weaver 2008).

6.1.5 Bürokratischer Aushandlungsprozess

Auch das Modell des bürokratischen Aushandlungsprozesses betont die Bedeutung des bürokratischen Apparats für den Entscheidungsprozess in politischen Organisationen (Allison & Zelikow 1999: 255–324). Im Gegensatz zum Modell der routinisierten Standardverfahren begreift es Bürokratien aber nicht als einheitliche Akteure mit einer gemeinsamen bürokratischen Kultur und gemeinsamen Interessen. Vielmehr hebt es hervor, dass die Verwaltung politischer Organisationen wiederum aus Teilorganisationen besteht, die unterschiedliche Entscheidungen bevorzugen mögen. Allison und Zelikow (1999: 307) verdeutlichten die Bedeutung innerbürokratischer Differenzen mit dem viel zitierten Diktum: „Where you stand depends on where you sit“ – die Positionierung von Teilbürokratien in Bezug auf bestimmte Politikentscheidungen hängt also in erheblichen Maße von ihrer Stellung in der Gesamtorganisation und den sich daraus ergebenden Interessenlagen ab. Organisationsentscheidungen sind das Ergebnis von Verhandlungen und Machtkämpfen zwischen verschiedenen Teilbürokratien innerhalb des bürokratischen Apparats der Organisation. Entscheidungen können also entweder in Form des Sieges einer Teilbürokratie, eines Kompromisses zwischen allen relevanten Teilbürokratien oder als kleinster gemeinsamer Nenner, auf den sich alle involvierten Teilbürokratien einigen konnten, auftreten.

Dem Modell entsprechend erscheinen Entscheidungen auf staatlicher Ebene als Ergebnis eines Wettstreits zwischen verschiedenen Ministerien bzw. Ministerialabteilungen, bei dem jede(s) versucht, die eigene Position durchzusetzen. So vertritt das Außenministerium beispielsweise bei Rüstungskontrollentscheidungen oft andere Positionen als das Verteidigungsministerium. Die finale Einigung spiegelt den Ausgang dieses Wettstreits zwischen den beiden Akteuren wider.

Übertragung auf IOs

Auch dieses Modell lässt sich auf den Entscheidungsprozess in internationalen Organisationen anwenden (Chwieroth 2008a, b; Hanrieder 2010). Zwar mögen unterschiedliche administrative Untereinheiten sich bis zu einem gewissen Grad durchaus mit den gemeinsamen Zielen der Gesamtorganisation identifizieren. Zugleich können aber divergierende Interessen, die aus den unterschiedlichen Positionen in der internationalen Organisation resultieren, zu einem Wettstreit zwischen den Untereinheiten um Ressourcen, Kompetenzen und die inhaltliche Ausrichtung von Politikentscheidungen führen. Der bürokratische Verhandlungsprozess in internationalen Organisationen wird noch zusätzlich verkompliziert durch die vielfältigen und ständig wachsenden Verbindungen zwischen internationalen Verwaltungsstäben und mitgliedstaatlichen Bürokratien in transgouvernementalen Netzwerken (Slaughter 2004). Diese Netzwerke, die die Grenzen internationaler Organisationen durchdringen bzw. überspannen, sind heute ein zentraler Bestandteil der Arbeitsweise internationaler Organisationen.

Implikationen des Verfahrens

Bürokratische Aushandlungsprozesse in internationalen Organisationen können zum Sieg einer innerorganisatorischen Koalition oder zu einem mehr oder weniger ausgeglichenen Kompromiss führen, der die Vielfalt der unterschiedlichen Interessen der Teilbürokratien (und ihre unterschiedlichen Einflussmöglichkeiten) widerspiegelt. Sie können im Extremfall aber auch eine fast völlige Blockade oder gar Selbstschädigung der internationalen Organisation zur Folge haben. So betont dieses Modell im Gegensatz zu jenem der zentralisierten rationalen Wahlhandlung das Vorherrschen innerbürokratischer Konflikte als eine wichtige Quelle für Effizienzdefizite und Pathologien internationaler Organisationen.

EU-Binnenmarkt

Das Modell des bürokratischen Aushandlungsprozesses lässt sich gut am Beispiel der Umsetzung des EU-Binnenmarktprogramms veranschaulichen. Denn hier werden die Entscheidungen in einem mehrstufigen Verhandlungsprozess zwischen supranationalen EU-Bürokratien und nationalstaatlichen Bürokratien getroffen (Peters 1992; Wallace 2010; Young 2010a). Für das UN-System stellt das Verfahren zum Auffüllen der Ressourcen in der Weltbank und im IWF ein gutes Beispiel dar. In all diesen Beispielen folgen die Entscheidungen jeweils aus Verhandlungsprozessen zwischen supranationalen und nationalen Verwaltungen einerseits und verschiedenen Untereinheiten dieser Verwaltungen andererseits.

6.2 Programmentscheidungen und operative Entscheidungen

Jedes dieser fünf Modelle kann für unterschiedliche Entscheidungen in verschiedenen internationalen Organisationen Gültigkeit beanspruchen. Eine derart allgemeine Feststellung kann allerdings kaum befriedigen, solange keine Aussagen über den Zusammenhang zwischen dem Typ der zu treffenden Entscheidung und dem Modell des Entscheidungsprozesses in internationalen Organisationen möglich sind. Um eine solche Aussage treffen zu können, müssen wir zunächst zwischen zwei Typen von Entscheidungen differenzieren: Programmentscheidungen und operativen Entscheidungen.

Programmentscheidungen

Programmentscheidungen sind Entscheidungen über Normen und Regeln, die das Verhalten von sozialen Akteuren in eine bestimmte Richtung lenken sollen. Programmentscheidungen in internationalen Organisationen legen zumeist normative Standards für das Verhalten ihrer Mitgliedstaaten fest (manchmal auch für das Verhalten von nichtstaatlichen Mitgliedern oder sogar Nichtmitgliedern) und sind mit nationalstaatlicher Gesetzgebung vergleichbar.

operative Entscheidungen

Operative Entscheidungen beziehen sich auf die Umsetzung von Normen und Regeln bestehender Politikprogramme. Dazu gehören beispielsweise die Überwachung der mitgliedstaatlichen Einhaltung normativer Standards sowie die Durchsetzung dieser Standards im Falle der Nichteinhaltung. Auf der Grundlage dieser Unterscheidung zwischen Programm- und operativen Entscheidungen können wir nun Aussagen über den Zusammenhang zwischen dem Typ der zu treffenden Entscheidung und dem Modell der Entscheidungsfindung treffen.

6.2.1 Programmentscheidungen

Dominanz der Mitgliedstaaten

Programmentscheidungen internationaler Organisationen schränken die Autonomie ihrer Mitgliedstaaten ein, da diese sich internationalen Normen und Regeln unterwerfen. Da Staaten darauf bedacht sind, ihre Autonomie zu wahren, bestehen sie in der Regel darauf, zentrale Entscheidungen, die zu solchen Normen und Regeln führen, selbst zu treffen. Dementsprechend können fundamental wichtige Programmentscheidungen kaum vom Modell der zentralisierten rationalen Wahlhandlung, der routinisierten Standardverfahren oder der bürokratischen Aushandlungsprozesse erfasst werden. Denn in diesen drei Modellen wird der Entscheidungsprozess als stark beeinflusst vom bürokratischen Apparat der internationalen Organisation und nicht als von den Mitgliedstaaten dominiert dargestellt. Die Modelle des intergouvernementalen Aushandlungsprozesses und der Mehrheitsentscheidung bilden die staatliche Dominanz bei Programmentscheidungen besser ab.

Einfluss durch Informationen

Die Verwaltungsstäbe internationaler Organisationen können allerdings die Informationsgrundlage (mit-)prägen, auf der Staaten Programmentscheidungen treffen, und so auf die Programmentscheidungen Einfluss nehmen. Zu diesem Zweck sammeln und erzeugen internationale Bürokratien einschlägige Informationen. Diese Informationen werden beispielsweise in Jahrbüchern oder Jahresberichten veröffentlicht (vgl. Abbildung 6.1). So wird ein Großteil international verfügbarer Informationen über internationale Probleme wie Waffenarsenale, Wirtschaftskrisen, Arbeitslosigkeit, Umweltschäden, Armut, Kinderarbeit oder Hunger von Verwaltungsapparaten internationaler Organisationen gesammelt und publiziert. Dazu kommt, dass die Verwaltungsapparate internationaler Organisationen oftmals eigene Informationen über Problemursachen und Problemlösungsmöglichkeiten entwickeln. Dies ist dann besonders wirksam, wenn sie sich mit Experten vernetzen, die eine „epistemic community" bilden (Haas 1992b, Adler & Haas 1992: 379). Mit „epistemic communities" bezeichnet man transnationale Expertennetzwerke, die Probleme ähnlich beurteilen und ähnliche Problemlösungen vorschlagen (Goldstein & Keohane 1993: 9–11). So wurden beispielsweise die global verfügbaren Informationen zu den Problemen des Ozonlochs und möglichen Problemlösungsstrategien nachhaltig von einem Expertennetzwerk bestimmt, das das Umweltprogramm der Vereinten Nationen („United Nations Environment Programme", UNEP) und die Weltorganisation für Meteorologie („World Meteorological Organization", WMO) unterstützt haben. Da sich die durch die Verwaltungsapparate von internationalen Organisationen (mit-)erzeugten Informationen auf die Wahrnehmung globaler Probleme sowie geeigneter Problemlösungsstrategien auswirken – und also an der Konstruktion sozialer Realität beteiligt sind – haben sie erheblichen Einfluss auf die Programmentscheidungen internationaler Organisationen (Barnett & Finnemore 1999: 710–715, Chwieroth 2008a, b). Doch die Programmentscheidungen selbst werden trotzdem letztendlich von den Mitgliedstaaten in intergouvernementalen Verhandlungen oder durch Mehrheitsentscheid getroffen.

Abbildung 6.1: Berichte internationaler Organisationen

Herausgeber	**Titel des Berichts**	**erscheint seit**	**Periodizität**
Kinder			
UNICEF	The State of the World's Children	1980	jährlich
Entwicklung			
IBRD	World Development Report	1978	jährlich
UNDP	Human Development Report	1990	jährlich
Bildung			
OECD	Education at a Glance	1992	jährlich
UNESCO	Education for All: Global Monitoring Report	2002	jährlich
Beschäftigung			
ILO	World of Work Report (früher: World Labour Report)	1984	jährlich
ILO	World Social Security Report	2010	alle 2 Jahre
Umwelt			
UNEP	UNEP Annual Report	1974	jährlich
UNEP	World Environmental Atlas	1992	unregelmäßig
Ernährung			
FAO	The State of Food and Agricul-ture	1993	jährlich
FAO	The State of Food Insecurity in the World	1999	jährlich
Gesundheit			
WHO	World Health Report	1995	jährlich
Handel			
GATT/WTO	International Trade Statistics	1952	jährlich
WTO	World Trade Report	2002	jährlich
UNCTAD	Trade and Development Report	1981	jährlich
Weltwirtschaft			
IWF	World Economic Outlook	1980	halbjährlich (seit 1984)
UN	World Economic and Social Survey	1948	jährlich

Autonomie und Programmentscheidungen

Welche Programmentscheidungen sind aber eher in intergouvernementalen Aushandlungsprozessen zu erwarten und welche werden eher durch Mehrheitsentscheidungen getroffen? Ganz allgemein gilt, dass je stärker eine Entscheidung einer internationalen Organisation die Autonomie der Mitgliedstaaten beeinträchtigt, desto mehr ist zu erwarten, dass der Entscheidungsprozess dem Modell der intergouvernementalen Verhandlung entspricht. Denn Staaten erklären sich nur selten dazu bereit, sich einer Mehrheitsentscheidung zu unterwerfen, wenn ihre Autonomie grundlegend auf dem Spiel steht. Je weniger die Autonomie der Mitgliedstaaten von einer Programmentscheidung betroffen ist, desto eher kann der Entscheidungsprozess vom Modell der Mehrheitsentscheidung erfasst werden. Demzufolge ist zu erwarten, dass rechtlich bindende Programmentscheidungen internationaler Organisationen in der Regel – obgleich nicht ausschließlich – im Rahmen intergouvernementaler Verhandlungen getroffen werden, während rechtlich unverbindliche Programme oftmals das Ergebnis von Mehrheitsentscheidungen sein können.

Zwei-Ebenen-Spiele

Unabhängig davon, ob der Entscheidungsprozess dem Modell des intergouvernementalen Aushandlungsprozesses oder der Mehrheitsentscheidung entspricht, müssen Mitgliedstaaten und ihre Vertreter auf zwei Ebenen gleichzeitig agieren, wenn sie ihre Ziele verwirklichen möchten (Evans et al. 1993; Putnam 1988; Zangl 1999):

1. Auf der internationalen Ebene versuchen sie zu erreichen, dass ihre Interessen bei der Programmformulierung möglichst weitgehende Berücksichtigung finden.
2. Auf der mitgliedstaatlichen Ebene müssen sie die Entscheidungen, die in internationalen Organisationen getroffen wurden, gegenüber möglicherweise konfligierenden Interessen verteidigen.

Fairness von Entscheidungen

Weder im Modell des intergouvernementalen Aushandlungsprozesses noch in jenem der Mehrheitsentscheidung erfüllen Programmentscheidungen internationaler Organisationen strenge Kriterien zwischenstaatlicher Fairness. Denn mächtigere Staaten haben grundsätzlich mehr Einfluss auf Programmentscheidungen als weniger mächtige Staaten (oder nichtstaatliche Akteure). Das gilt sogar in Organisationen, in welchen jeder Mitgliedstaat über das gleiche Stimmrecht verfügt (Krasner 1991; Steinberg 2002). Nichtsdestotrotz kann die Entscheidungsfindung im Rahmen internationalen Organisationen sich Kriterien der Fairness eher annähern als Entscheidungsprozesse außerhalb eines solchen organisatorischen Rahmens. Denn außerhalb internationaler Organisationen können mächtige Staaten größtenteils ihre eigenen Entscheidungen treffen und die Interessen von weniger mächtigen Staaten ignorieren. Die Entscheidungsprozesse internationaler Organisationen unterstützen weniger mächtige Staaten (und zum Teil auch nichtstaatliche Akteure) darin, ihren Interessen Gehör zu verschaffen. Ferner geben sie ihnen die Gelegenheit, von mächtigeren Staaten einen Ausgleich dafür zu fordern, dass sie die von ihnen favorisierten Entscheidungen mittragen. Dies zeigt sich insbesondere, wenn weniger mächtige Staaten untereinander Koalitionen bilden oder sich einer Koalition anschließen, die von einem mächtigen Staat geführt wird, welcher nun die Interessen der Koalitionsmitglieder berücksichtigen muss (Peterson 2007; Voeten 2000).

EU-Programmentscheidungen

Die Modelle des intergouvernementalen Aushandlungsprozesses und der Mehrheitsentscheidung können zur Beschreibung von Programmentscheidungen in der EU (bzw. EG) herangezogen werden. So können beispielsweise die Programmentscheidungen über die Verwirklichung des Binnenmarktes und die Schaffung der Währungsunion, wie sie die Einheitliche Europäische Akte von 1986 sowie der Vertrag von Maastricht von 1992 vorsahen, im Modell intergouvernementaler Aushandlungsprozesse verstanden werden. Jene Entscheidungsprozesse wurden von Verhandlungen zwischen den drei mächtigsten Mitgliedstaaten – Deutschland, Frankreich und Großbritannien – dominiert (Moravcsik 1998). Folglich wurde eine Entscheidung zum Binnenmarkt nur dadurch möglich, dass die drei bedeutendsten Mitgliedstaaten Mitte der 1980er Jahre zum ersten Mal gleichzeitig ein gemeinsames Interesse an einer neoliberalen Wirtschaftspolitik und an der Verwirklichung des Binnenmarktes hegten, der bereits im Vertrag von Rom (1957) vorgesehen war. In seiner Rolle als Präsident des Europäischen Rates traf sich der französische Präsident Mitterrand sechsmal mit Bundeskanzler Kohl und Premierministerin Thatcher, um die Interessen bezüglich des Binnenmarkt-Projektes zu koordinieren. Analog dazu konnte auch die Entscheidung zur Schaffung einer europäischen Währung nur deshalb erreicht werden, weil die Mitgliedstaaten in den frühen 1990er Jahren ein gemeinsames Interesse an einer Wirtschafts- und Währungsunion entwickelten, die bereits im sogenannten Werner Plan von 1970 vorgesehen war (Moravcsik 1998; Wolf & Zangl 1996). In diesem Fall ergriffen allerdings nur Deutschland und Frankreich, die seit 1988 grundlegende währungs- und handelspolitische Interessen teilten, die Initiative, während Großbritannien sich zurückhaltender zeigte. So wurden die intergouvernementalen Verhandlungen nach der deutschen Wiedervereinigung vom französisch-deutschen Tandem, angeführt von Staatspräsident Mitterrand und Bundeskanzler Kohl, dominiert. Wie vom Modell des intergouvernementalen Verhandlungsprozesses vorhergesagt, blieb die Rolle der Europäischen Kommission bei den Verhandlungen über die Einheitliche Europäische Akte und den Vertrag von Maastricht darauf beschränkt, die Verwirklichung der Projekte eines Binnenmarktes und einer gemeinsamen Währung in einer Weise zu erleichtern und zu unterstützen, die den Interessen der großen europäischen Staaten entsprach (für eine abweichende Ansicht vgl. Bornschier 2000). Außerdem sind auch die Politikergebnisse der beiden Verträge typisch für intergouvernementale Verhandlungen. Einerseits reflektieren sie den kleinsten gemeinsamen Nenner der Interessen der mächtigsten Mitgliedstaaten. Zwar sollten der Binnenmarkt und die Währungsunion verwirklicht werden, allerdings wurden weitere Integrationsversuche seitens Frankreich und Deutschland von Großbritannien blockiert. Andererseits können die Erweiterung der Strukturfonds durch die EEA sowie die Schaffung eines Kohäsionsfond durch den Vertrag von Maastricht als Konzessionen der mächtigen Mitglieder interpretiert werden: diese wollten die Unterstützung von weniger mächtigen Staaten wie Griechenland, Irland, Portugal und Spanien für die jeweiligen Paketlösungen sicherstellen (Moravcsik 1991; 1998).

Lissabon-Vertrag

Die sehr schwierigen und langwierigen zwischenstaatlichen Verhandlungen über den Vertrag von Lissabon (2007), nachdem das Projekt einer europäischen Verfassung durch die ablehnenden Referenda in den Niederlanden und in Frankreich gescheitert war, sowie die Tatsache, dass einige der Bestimmungen im Lissaboner Vertrag offenkundig lediglich den kleinsten gemeinsamen Nenner zwischen den Mitgliedstaaten widerspiegeln, verdeutlichen die fortbestehende Relevanz des Modells intergouvernementaler Aushandlungsprozesse für grundlegende Programmentscheidungen der EU. Zugleich ist es in einer erweiterten EU noch schwieriger geworden, durch intergouvernementale Aushandlungsprozesse einen gangbaren Kompromiss zu finden, als dies in den 1980er und 1990er Jahren unter Führung von Frankreich, Deutschland und Großbritannien der Fall war. Deshalb hat der Vertrag von Lissabon die bestehenden Möglichkeiten für Mehrheitsentscheidungen über EU-Programmentscheidungen (wenn auch vorsichtig) weiter ausgeweitet, um die Fähigkeit der EU, tatsächlich Politikentscheidungen zu treffen, zu erhalten (Carbone 2010; Hosli 2010).

Mehrheitsentscheidungen in der EU

Bereits seit dem Inkrafttreten der EEA im Jahr 1987 können Programmentscheidungen in der EU auch durch Mehrheitsentscheid getroffen werden. Im Gegensatz zu den meisten anderen internationalen Organisationen finden Mehrheitsentscheidungen in der EU sowohl bei nicht bindenden als auch bei rechtlich bindenden Entscheidungen Anwendung. Durch die Einführung und die sukzessive Ausweitung der Anwendbarkeit qualitativer Mehrheitsentscheide im Rat haben sich die Entscheidungsprozesse der EU nicht nur beschleunigt. Vielmehr hat sich dadurch auch die Rolle der Kommission im Entscheidungsprozess grundlegend gewandelt. Zwar strebt der Rat noch immer nach Konsens und greift trotz erweiterter Anwendungsmöglichkeiten nur bei wenigen Entscheidungen auf das Mehrheitsprinzip zurück (Hix 2005: 87–90; T. Müller 2000; Warntjen 2010: 674). Jedoch hat die bloße Möglichkeit, dass Entscheidungen im Rat durch eine qualifizierte Mehrheit getroffen werden können, die Rolle der Europäischen Kommission in den Entscheidungsprozessen der EU gestärkt. Sie tritt nun weniger als reine Mittlerin auf, die aussichtsreich nur Vorschläge, welche die gemeinsamen Interessen aller Mitgliedstaaten widerspiegeln, einbringen kann. Vielmehr kann die Kommission nun eigene Anträge vorschlagen, welche die Interessen einer Mehrheit der Mitgliedstaaten reflektieren, und sich aktiv bei der Bildung von Koalitionen für ihre Anträge engagieren. So schlug die Europäische Kommission in den späten 1980er Jahren beispielsweise die Einführung moderater, EU-weiter Emissionsstandards für Kleinwagen vor, was zunächst auf den Widerstand sowohl von ökologischen Nachzüglern als auch von ökologisch führenden Mitgliedstaaten stieß. Anschließend beteiligte sich die Kommission an der Koalitionsbildung zwischen jenen Mitgliedstaaten, die für eine noch strengere Regulierung eintraten. So konnte sie zwei Gegner von Emissionsstandards, nämlich Italien und Spanien, von der Notwendigkeit der Maßnahmen überzeugen. Im Ergebnis wurde ein überarbeiteter Kommissionsantrag, der stärkere Verpflichtungen als der ursprüngliche Vorschlag beinhaltete, von einer (qualifizierten) Mehrheit der Ratsmitglieder angenommen. Hätte es keine Mehrheitsentscheidung gegeben, hätten die Rolle der Europäischen Kommission sowie der Inhalt der Regulierung ohne Zweifel anders ausgesehen (Engel & Borrmann 1991: 205–209).

Programmentscheidungen der UN

Die Modelle des intergouvernementalen Aushandlungsprozesses und der Mehrheitsentscheidung können auch zur Analyse von Entscheidungsprozessen in den UN genutzt werden. Das Modell des intergouvernementalen Aushandlungsprozesses findet dann Anwendung, wenn die UN internationale Konferenzen einberuft, die zu Entscheidungen führen sollen, die für alle teilnehmenden Staaten rechtlich bindend sind (z.B. internationale Verträge). Da UN-Konferenzen nur dann verbindliche Entscheidungen treffen können, wenn alle Staaten zustimmen, dominieren meistens die Staaten und ihre Interessen den Entscheidungsprozess. Allerdings sind mittlerweile auch nichtstaatliche Akteure regelmäßig in UN-Vertragskonferenzen eingebunden. Außerdem kanalisieren und formen transgouvernementale Netzwerke durch ihre zentrale Vorbereitungsarbeit die endgültigen in Vertragsform gegossenen Entscheidungen in erheblichem Maße.

UN-Seerechtskonferenz

Die Relevanz des Modells des intergouvernementalen Aushandlungsprozess zeigt sich deutlich am Beispiel der Dritten Seerechtskonferenz der Vereinten Nationen von 1973 bis 1982. Hier galt es, in einem langwierigen, bisweilen äußerst komplizierten Aushandlungsprozess die unterschiedlichen Interessen von über 150 Staaten an der Nutzung der Meere bei der Neugestaltung des internationalen Seerechts aufeinander abzustimmen. Das Ergebnis, das UN-Seerechtsübereinkommen („United Nations Convention on the Law of the Sea“, UNCLOS), welches auch heute noch als Jahrhundertwerk bezeichnet wird, war ein Verhandlungspaket, das zum einen die Interessen der Staaten mit langen Küstenstreifen und der militärischen Großmächte reflektierte. Die Ausweitung der Küstengewässer, der ausschließlichen (nationalen) Wirtschaftszonen und des Festlandsockels kam der Position der Langküsten- und Inselstaaten entgegen, während der freie Zugang zu diesen Zonen für die Schifffahrt den kommerziellen und militärischen Interessen vor allem der Supermächte entsprach. Die Zustimmung von Staaten mit kurzen Küstenstreifen oder Binnenstaaten sowie von Landproduzenten mineralischer Rohstoffe wurde schließlich durch diverse Konzessionen „erkauft“. Die Staaten mit kurzen Küstenstreifen sowie die Binnenstaaten sollten von der Errichtung einer internationalen Meeresbergbaubehörde und der damit einhergehenden Internationalisierung des Meeresbergbaus profitieren, indem sie an den Gewinnen des Meeresbergbaus beteiligt werden sollten. Die mengenmäßige Beschränkung beim Meeresbergbau kam hingegen den Staaten entgegen, die durch den Meeresbergbau einen Preisverfall der von ihnen zu Land geförderten mineralischen Rohstoffe fürchten mussten. Dieses umfangreiche und komplexe Verhandlungspaket macht deutlich, wie bei intergouvernementalen Aushandlungsprozessen die Interessen aller Staaten berücksichtigt werden müssen. Es zeigt allerdings auch, dass Staaten, die über politikfeldspezifische Ressourcen verfügen (Seemächte und Langküstenstaaten), die finale Entscheidung stärker beeinflussen können, als Staaten, die nicht über gleichermaßen effektive Ressourcen verfügen – in diesem Falle Staaten mit kurzen Küstenstreifen und Binnenstaaten (Talmon 2000: 458–461; Wolf 1981: 76–273).

Mehrheitsentscheidungen in den UN

Das Modell der Mehrheitsentscheidung kann hingegen die rechtlich nicht bindenden Resolutionen der UN-Generalversammlung gut abbilden. Diese Resolutionen können von einer qualifizierten Mehrheit verabschiedet werden. Ein typisches Beispiel hierfür sind die Beratungen über eine Neue Weltwirtschaftsordnung in den 1970er Jahren. Im Zuge dieser langen und komplexen Verhandlungen versuchten die Entwicklungsländer von dem Gewicht ihres großen Stimmenanteils in der Generalversammlung Gebrauch zu machen, um die Industriestaaten zu strukturellen Korrekturen der Weltwirtschaft zu zwingen. Die Mehrheit versuchte (vergeblich), ökonomische Kosten auf eine kleine Gruppe der hochindustrialisierten Staaten umzuverteilen und zusätzlichen Nutzen für eine große Gruppe, die Mehrheit der Entwicklungsländer, zu erlangen (Wilson & DiIulio 1997). Obwohl die Mehrheit der Entwicklungsländer zahlreiche Resolutionen durchbrachte, konnten die Industriestaaten diese aufgrund ihres nicht bindenden Charakters ignorieren.

Im Gegensatz dazu sind die neueren Resolutionen des UN-Sicherheitsrates zur Bekämpfung des Terrorismus und der Weiterverbreitung von Massenvernichtungswaffen (v.a. Resolution 1373 (2001) bzw. Resolution 1540 (2004)) rechtlich verpflichtende Programmentscheidungen, da sie allen UN-Mitgliedstaaten allgemein gültige (nicht bloß fallspezifische) Verhaltensstandards auferlegen. Bei dieser Art von „Quasi-Gesetzgebung" durch den Sicherheitsrat können verbindliche Programmentscheidungen von einer qualifizierten Mehrheit getroffen werden. Dies hat Beobachter zu dem Schluss kommen lassen, dass das Konsensprinzip in der völkerrechtlichen Rechtsetzung, das im Model des intergouvernementalen Aushandlungsprozesses seinen Ausdruck findet, nicht mehr ausnahmslos gültig ist (Talmon 2005).

6.2.2 Operative Entscheidungen

Autonomie und operative Entscheidungen

Grundsätzlich beeinträchtigen operative Entscheidungen internationaler Organisationen die Autonomie der Mitgliedstaaten nicht in demselben Maße wie Programmentscheidungen – schon alleine deshalb, weil Staaten Teile ihrer Autonomie bereits aufgaben, als sie sich internationalen Normen und Regeln unterwarfen, die operativen Entscheidungen vorgelagert sind. Deshalb sind Staaten weniger darauf bedacht, Entscheidungsprozesse für operative Entscheidungen zu dominieren, wodurch es den Bürokratien internationaler Organisationen leichter fällt, relativ unabhängig zu agieren. Die Modelle intergouvernementaler Verhandlungen und der Mehrheitsentscheidung können diese relative Unabhängigkeit der Verwaltungsstäbe schlechter abbilden als die Modelle der zentralisierten rationalen Wahlhandlung, der routinisierten Standardverfahren und der bürokratischen Aushandlungsprozesse. Die drei letztgenannten Modelle erkennen – obgleich in unterschiedlichem Maße – die Existenz einer bürokratischen Autorität an, die zumindest teilweise unabhängig von den Mitgliedstaaten ausgeübt werden kann. Dabei lässt sich vereinfachend behaupten: Je stärker die Politikprogramme internationaler Organisationen die Autonomie der Mitgliedstaaten beeinträchtigen, desto weniger sind die Mitgliedstaaten bereit, die Kontrolle über operative Entscheidungen, durch die jene Programme implementiert werden sollen, an eine internationalen Bürokratie zu übertragen. Sie werden dann also allenfalls bürokratische Aushandlungsprozesse zulassen, sich aber zentralisierten rationalen Wahlhandlungen bzw. routinisierten Standardverfahren verschließen. Umgekehrt gilt aber: Je weniger die Politikprogramme die mitgliedstaatliche Autonomie berühren, desto eher sind Staaten gewillt, den Verwaltungsstäben die Kontrolle über operative Entscheidungen zur Implementierung dieser Programme zu überlassen. Dementsprechend sind sie hier auch bereit, routinisierte Standardverfahren sowie zentralisierte rationale Wahlhandlungen zu akzeptieren.

bürokratisches Mehrebenensystem

Insgesamt gehen die drei Modelle jedoch davon aus, dass die Verwaltungsstäbe internationaler Organisationen eine eigenständige Rolle bei der Implementierung von Politikprogrammen spielen, die – in unterschiedlichem Maße – unabhängig von den Mitgliedstaaten ist. Zugleich argumentiert insbesondere das Modell der bürokratischen Aushandlungsprozesse, dass operative Entscheidungen in internationalen Organisationen regelmäßig eine mehrere Ebenen umfassende (längst nicht nur harmonisch verlaufende) Koordination zwischen und innerhalb verschiedener Bürokratien umfassen:

1. Auf der supranationalen Ebene müssen die Positionen der verschiedenen Untereinheiten des Verwaltungsstabs der internationalen Organisation koordiniert werden.
2. Auf der internationalen Ebene müssen die Positionen des Verwaltungsstabs der internationalen Organisation mit den Positionen der bürokratischen Apparate der verschiedenen Mitgliedstaaten abgestimmt werden, welche wiederum untereinander koordiniert werden müssen.
3. Auf der innerstaatlichen Ebene müssen die Positionen der verschiedenen Ministerien abgestimmt und anschließend an den nationalen Vertreter in der internationalen Organisation weitergegeben werden.
4. Ebenenübergreifend führen unterschiedliche Akteure auf den verschiedenen Ebenen Verhandlungen miteinander.

Machteffekte unabhängiger Bürokratien

Keines der drei Modelle der zentralisierten rationalen Wahlhandlung, der routinisierten Standardverfahren und der bürokratischen Aushandlungsprozesse lässt uns erwarten, dass die Positionen aller Mitgliedstaaten – gleichgültig wie mächtig oder machtlos sie sind – denselben Einfluss auf die Entscheidungen internationaler Organisationen haben. Allerdings legen sie aufgrund der unabhängigen Rolle, die sie den Verwaltungsstäben internationaler Organisationen zuschreiben, nahe, dass zwischenstaatliche Unterschiede in den Chancen, Politikergebnisse zu beeinflussen, in internationalen Organisationen ein Stück weit eingeebnet werden. Dies gilt, obwohl mächtige Staaten in der Regel einen großen Einfluss auf die Wahl der Leiter von Sekretariaten ausüben. Fallstudien über internationale Bürokratien zeigen, dass die Fähigkeit selbst der mächtigsten Staaten, internationale Bürokratien bei der Findung operativer Entscheidungen zu kontrollieren, zu lenken und zu reformieren, häufig eingeschränkt ist (Barnett & Finnemore 1999, 2004; Nielson et al. 2006; Weaver 2008).

Geldpolitik der EZB

Zur Illustration der genannten drei Modelle von Entscheidungsprozessen greifen wir wieder auf die EU sowie die UN zurück. Operative Entscheidungen internationaler Organisationen, die dem Modell der zentralisierten rationalen Wahlhandlung entsprechen, sind selten. Wie bereits erwähnt, stellen die Entscheidungen der Europäischen Zentralbank (EZB) in Bezug auf die europäische Geldpolitik eine wichtige Ausnahme dar. Seit der Verwirklichung der Wirtschafts- und Währungsunion (1999) ist die EZB für die Geldpolitik der mittlerweile 17 an der Euro-Währungszone beteiligten EU-Mitgliedstaaten verantwortlich. Entscheidungen werden vom EZB-Rat getroffen, der sich aus den sechs Mitgliedern des Direktoriums und den Präsidenten der nationalen Zentralbanken der 17 Eurostaaten zusammensetzt. Der Rat ist bei seinen geldpolitischen Entscheidungen gegenüber den nationalstaatlichen Regierungen, der Europäischen Kommission und dem Rat der EU unabhängig. Deshalb kann er seine Entscheidungen über das Niveau der Leitzinsen an dem durch die Satzung vorgegebenen Interesse orientieren, die Geldwertstabilität in der Euro-Zone zu sichern. Der EZB-Rat analysiert die wirtschaftliche Lage in der Euro-Zone, insbesondere hinsichtlich möglicher Inflationsrisiken. Nach Abwägung der Kosten und Nutzen unterschiedlicher Handlungsoptionen trifft er jene Entscheidung, von der er erwartet, dass sie die Geldwertstabilität am ehesten sicherstellt. Dementsprechend lassen sich die Entscheidungen des EZB-Rats gemäß dem Modell der zentralisierten rationalen Wahlhandlung begreifen.

Reform des UN-Sekretariats

Ebenso lassen sich die Entscheidungen der ehemaligen UN-Generalsekretäre Boutros Boutros-Ghali und Kofi Annan, das UN-Sekretariat zu reformieren, als zentralisierte rationale Wahlhandlungen deuten. Beide Generalsekretäre verfolgten das Ziel, das Sekretariat effizienter zu gestalten und damit sein Gewicht in und außerhalb der UN zu erhöhen. Einige Abteilungen wurden aufgelöst, andere wurden neu geschaffen. Außerdem wurde das Amt des stellvertretenden Generalsekretärs neu geschaffen und ein Kabinettstil eingeführt, der die persönliche Kontrolle des Generalsekretärs über die Arbeit des Sekretariats deutlich erhöhte (Volger 2002). Beide Generalsekretäre legten bei der Umstrukturierung des UN-Sekretariats ein relativ hohes Maß an Unabhängigkeit von den Mitgliedstaaten an den Tag. Boutros-Ghali überging sowohl Vorschläge eines mit 30 UN-Botschaftern besetzten Ad-hoc-Komitees als auch eine Resolution der Generalversammlung, um seine Vorstellungen durchzusetzen. Annan verringerte gegen den vehementen Widerstand einiger Mitgliedstaaten die Zahl der hochdotierten Untergeneralsekretäre und beigeordneten Generalsekretäre. Da beide Generalsekretäre die Sekretariatsreform jeweils relativ unabhängig vorantrieben, konnten sie sowohl das Interesse der Gesamtorganisation an Effektivitäts- und Effizienzsteigerung verfolgen als auch die eigenen Kompetenzen innerhalb der Organisation erweitern. Dies sind typische Merkmale zentralisierter rationaler Wahlhandlungen.

Implementierung der EU-Agrarpolitik

Entscheidungen, die dem Modell der routinisierten Standardverfahren entsprechen, finden sich sowohl in der EU als auch in den UN. In der EU ist das System der Agrarmarktregulierung und der Subventionierung der europäischen Landwirtschaft durch eine Reihe von standardisierten, routinisierten und fest vorstrukturierten Entscheidungsabläufen gekennzeichnet. Während die allgemeinen agrarpolitischen Programme der EU durch intergouvernementale Verhandlungen und Mehrheitsentscheidungen festgelegt werden, erfolgt die Implementierung dieser Programme durch standardisierte Verfahren der zuständigen Verwaltungsabteilungen (vgl. von Urff 2000). Vor der allmählichen, nach Ende der Uruguay-Runde des Allgemeinen Zoll- und Handelsabkommens („General Agreement on Tariffs and Trade“, GATT) einsetzenden Liberalisierung der EU-Agrarmärkte wurden garantierte Mindestpreise für europäische Landwirte durch standardisierte Verwaltungsverfahren festgelegt. Um zu verhindern, dass Importe von außerhalb der EU die Richtpreise auf dem EU-Markt unterboten, erhob die EU für Agrarimporte so genannte Abschöpfungen. Dies waren zollähnliche Zahlungen, die Erzeugnisse aus Staaten außerhalb der EU belasteten, um die teureren EU-Agrarprodukte konkurrenzfähig zu halten. Die Höhe dieser Abschöpfungen musste aufgrund der Preisschwankungen bei manchen Produkten beinahe täglich neu festgelegt werden. Es erschien daher einsichtig, dass die Entscheidung über die Höhe der Abschöpfung durch ein Standardverfahren routinisiert wurde. Demnach legte die zuständige Verwaltungsabteilung der Europäischen Kommission die Abschöpfung so fest, dass sie den Differenzbetrag zwischen Weltmarktpreisen und intern garantiertem Preis ausglich (von Urff 2000). Während sich die Gemeinsame Europäische Agrarpolitik („Common Agricultural

Policy“, CAP) allmählich von dieser Form der routinisierten Preisstabilisierung entfernt hat, werden neuere, weniger handelsverzerrende Unterstützungsmaßnahmen für Landwirte (wie z.B. Direktzahlungen) auch durch bürokratische Standardverfahren verteilt. So überprüft beispielsweise die zuständige Direktion der Europäischen Kommission mit Hilfe von routinisierten Verfahren, ob Landwirte, die einen Antrag auf Direktzahlungen stellen, bestimmte Standards der Gewährleistung der Gesundheit von Mensch, Tier und Pflanzen sowie des Umwelt- und Tierschutzes erfüllen.

Anrufung des Sicherheitsrats / „Blauhelme“

Auch innerhalb der Verwaltungsstäbe der UN werden zahlreiche operative Entscheidungen durch derartig routinisierte Entscheidungsabläufe getroffen. So zum Beispiel, wenn es darum geht, ob einer Anrufung des Sicherheitsrates stattgegeben wird oder nicht. Auch hier wird die Erfüllung standardisierter Kriterien für eine solche Anrufung überprüft – der den Sicherheitsrat anrufende Akteur muss beispielsweise ein anerkannter Staat sein. Sind diese Kriterien erfüllt, tritt der Sicherheitsrat zusammen. Auch bei der Entsendung von „Blauhelmen“ erfolgen viele Entscheidungen in routinisierten Standardverfahren. Denn wenn der Sicherheitsrat erst einmal entschieden hat, militärische Einheiten zur Friedenssicherung zu entsenden, werden die zahlreichen notwendigen Folgeentscheidungen, zum Beispiel bezüglich der Ausstattung, der Einweisung und des Transports der „Blauhelme“, durch standardisierte Verfahren des UN-Sekretariats getroffen.

Umsetzung des EU-Binnenmarktprogramms

Operative Entscheidungen, die dem Modell des bürokratischen Aushandlungsprozesses entsprechen, finden wir in praktisch jeder internationalen Organisation. Der Veranschaulichung mag das Beispiel der Entscheidungen zur Implementierung des Europäischen Binnenmarktes (1992) dienen. Das Binnenmarktprogramm, wie es von der Einheitlichen Europäischen Akte festgelegt wurde, legte lediglich die Grundzüge des zu schaffenden gemeinsamen Marktes fest. Die detaillierteren operativen Entscheidungen mussten durch die Zusammenarbeit der Europäischen Kommission mit den zuständigen Ausschüssen des Rates, die sich aus mitgliedstaatlichen Vertretern zusammensetzen, getroffen werden (Engel & Borrmann 1991: 51–55). Die Kommission muss diesen Ausschüssen Entwürfe von Vorschlägen geplanter Politikmaßnahmen zur Realisierung des Binnenmarktes vorlegen. Je nach Verfahren können die Ausschüsse diese Vorlagen auch zurückweisen und damit eine Entscheidung des Rates erzwingen. In der Regel werden derartige operative Entscheidungen jedoch in Abstimmung zwischen der Kommission und den Mitgliedern der zuständigen Ausschüsse getroffen, so dass der Rat und damit die Minister der Mitgliedstaaten am Entscheidungsprozess unbeteiligt bleiben (Wallace 2010; Young 2010a). Dies gilt umso mehr, als die Vertreter der mitgliedstaatlichen Ministerialbürokratien ihre Positionen weniger mit der Regierung oder dem zuständigen Minister abzustimmen brauchen als mit den diversen anderen innerstaatlichen Teilbürokratien, die durch die EU-Vorlage betroffen sind.

UN-Sonderkommissionen im Irak

Auch in den UN lassen sich operative Entscheidungen finden, die gemäß dem Modell der bürokratischen Aushandlungsprozesse getroffen wurden. Ein Beispiel hierfür sind die Entscheidungen der UN-Sonderkommissionen, die nach dem Irakkrieg von 1991 die Beseitigung von Massenvernichtungswaffen im Irak überwachten. Diese Sonderkommissionen wurden vom Sicherheitsrat durch die

Resolution 687 (1991) eingerichtet. Um alle Bestandteile des irakischen Programms zur Produktion und Lagerung von Massenvernichtungswaffen aufzuspüren und zu beseitigen, mussten die Sonderkommissionen – zunächst UNSCOM („United Nations Special Commission", 1991–97) und später UNMOVIC („United Nations Monitoring, Verification and Inspection Commission", 1999–2007) – eine Vielzahl von Entscheidungen treffen. Beispielsweise musste festgelegt werden, wie die der Lagerung von Massenvernichtungswaffen verdächtigen Anlagen im Irak zu inspizieren waren, wie auf die Weigerung des Irak, der Inspektionskommission zu bestimmten Anlagen Zugang zu gewähren, reagiert werden sollte und wie dauerhaft zu garantieren war, dass der Irak keine neuen Massenvernichtungswaffen herstellen oder erwerben konnte. Die notwendigen operativen Entscheidungen wurden von der Sonderkommission in enger Zusammenarbeit mit dem UN-Generalsekretär getroffen. Darüber hinaus waren die Vorsitzenden der Sonderkommissionen verpflichtet, über den Generalsekretär regelmäßig dem Sicherheitsrat über die Durchführung des Mandates zu berichten. Das heißt, die Sonderkommissionen waren zwar in ihren Entscheidungen nicht völlig frei, wurden jedoch in ihren Entscheidungen weder vom Sicherheitsrat noch vom Generalsekretär vollständig bestimmt. Die Entscheidungen wurden vielmehr in einem bürokratischen Aushandlungsprozess zwischen den Sonderkommissionen – insbesondere ihren Vorsitzenden –, dem Generalsekretär, dem Sicherheitsrat und vor allem dessen ständigen Mitgliedern getroffen.

6.3 Zusammenfassung

Regieren in und durch IOs

Auf der Basis dieses Kapitels können wir eine zusammenfassende Antwort auf die Frage geben, wer in internationalen Organisationen Entscheidungen trifft bzw. wer in ihnen und durch sie regiert. Regieren (*Governance*) umfasst dabei zwei Dimensionen. Zum einen beinhaltet es die Schaffung von Normen und Regeln durch Programmentscheidungen; zum anderen gehört dazu auch deren Umsetzung, die auf operativen Entscheidungen beruht. In internationalen Organisationen, die sich hauptsächlich mit der Implementierung von Politikprogrammen beschäftigen, verfügen die Verwaltungsstäbe in der Regel über ein höheres Maß an Unabhängigkeit von den mitgliedstaatlichen Vertretern. Geht es jedoch um die Formulierung von Politikprogrammen, sind die Mitgliedstaaten deutlich weniger gewillt, internationalen Bürokratien substantielle Entscheidungsautorität und Autonomie zu gewähren. Allerdings heißt dies nicht, dass die Mitgliedstaaten sich grundsätzlich nicht dafür interessieren würden, die operativen Tätigkeiten der Verwaltungsstäbe zu kontrollieren, oder dass internationale Bürokratien bei Programmentscheidungen keine Rolle spielten. Vielmehr sollten die Vorstellung der fünf Modelle von Entscheidungsprozessen und ihre Verknüpfung mit unterschiedlichen Typen von Entscheidungen in internationalen Organisationen als heuristische Hilfsmittel dienen, um die Komplexität inter- und innerorganisatorischer Politikprozesse analytisch zu vereinfachen und nicht sie eins zu eins abzubilden.

6.4 Diskussionsfragen

Was sind die Hauptunterschiede zwischen dem Model des intergouvernementalen Aushandlungsprozesses und dem Modell des bürokratischen Aushandlungsprozesses? Veranschaulichen Sie Ihre Antwort mit spezifischen Beispielen der Entscheidungsfindung in internationalen Organisationen.

Diskutieren Sie, inwieweit der Einfluss kleiner Staaten gegenüber mächtigen Staaten durch die Entscheidungsfindung in internationalen Organisationen gestärkt oder geschwächt wird. Illustrieren Sie Ihre Argumentation anhand konkreter Beispiele der Entscheidungsfindung in internationalen Organisationen.

6.5 Literaturempfehlungen

Allison, Graham T. & Zelikow, Philip 1999.*Essence of Decision. Explaining the Cuban Missile Crisis*, 2. Auflage, New York: Longman, Kap. 1, 3 & 5.

Barnett, Michael & Finnemore, Martha 1999.The Politics, Power, and Pathologies of International Organizations, in: *International Organization* 53: 4, 699–732.

Slaughter, Anne-Marie 2004. *A New World Order*, Princeton, NJ: Princeton University Press, Kap. 1.

7 Tätigkeiten internationaler Organisationen – Die Output-Dimension

In den vorangehenden Kapiteln haben wir uns auf die *polity*- und *politics*-Dimensionen internationaler Organisationen konzentriert und in allgemeiner Form die Strukturen, Akteure und Prozesse untersucht, die die Entscheidungsfindung in internationalen Organisationen prägen. Letztlich ist es aber doch vor allem bedeutsam, welche Tätigkeiten internationale Organisationen erbringen, d.h. welche *policies* sie produzieren. Deshalb stellen wir in diesem Kapitel die wichtigsten Outputs internationaler Organisationen vor. Wir differenzieren zwischen politischen Programmen und operativen Tätigkeiten (vgl. Abbildung 7.1; für einen Gesamtüberblick über das politische System internationaler Organisationen vgl. Abbildung 7.2 am Ende dieses Kapitels).

Abbildung 7.1: Das politische System internationaler Organisationen (Output)

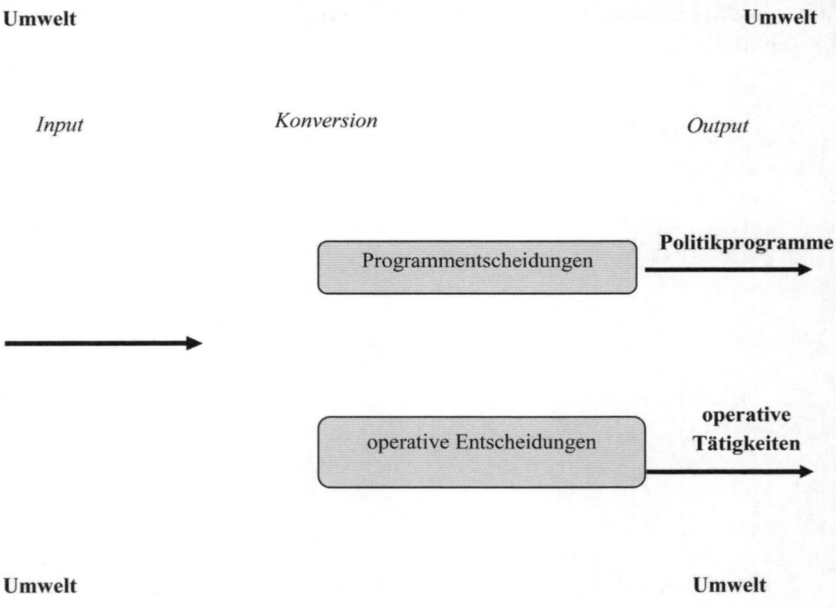

7.1 Politikprogramme

Politikprogramme bestehen aus sozialen Normen und Regeln, die darauf abzielen, das Verhalten sozialer Akteure zu lenken. Üblicherweise legen die Politikprogramme internationaler Organisationen normative Standards für das Verhalten ihrer Mitglieder fest. Bisweilen formulieren sie aber auch normative Standards für nichtstaatliche Akteure, die keine Mitglieder der Organisation sind. Darüber hinaus ist in diesen Politikprogrammen auch das Verhältnis zwischen den Mitgliedern und der internationalen Organisation selbst geregelt. Politikprogramme sind das Ergebnis von Programmentscheidungen internationaler Organisationen. Die Politikprogramme internationaler Organisationen können entsprechend der angestrebten Wirkungen und der Verbindlichkeit ihrer Normen und Regeln unterschieden werden.

7.1.1 Wirkungen

Politikprogramme können auf die Erzielung ganz unterschiedlicher Wirkungen ausgerichtet sein, je nachdem ob es sich um regulative, distributive oder redistributive Politikprogramme handelt (Lowi 1964).

regulative Politikprogramme

Regulative Politikprogramme zielen darauf ab, das Verhalten von sozialen Akteuren zu steuern, um unerwünschte Interaktionsergebnisse zu vermeiden oder erwünschte Interaktionsergebnisse herbeizuführen. Zu diesem Zweck werden Normen und Regeln festgelegt, die ein bestimmtes Verhalten unter spezifizierten Umständen vorschreiben bzw. verbieten. Sie dienen also als Richtlinien für das Verhalten von Akteuren (Lowi 1964: 694). Als innerstaatliche Beispiele für regulative Politikprogramme lassen sich die Strafgesetzgebung, die Umweltschutzgesetzgebung, Menschenrechtsgesetze oder Gesetze zum Verbraucherschutz aufführen.

Auf der internationalen Ebene helfen solche Programme den Staaten, unerwünschte Interaktionen wie Kriege zu vermeiden oder erwünschte Interaktionen wie Frieden zu erreichen. So ist das in der UN-Charta enthaltene Verbot der Androhung und Anwendung von Gewalt ein Beispiel für ein regulatives Politikprogramm. Weitere Beispiele sind der Atomwaffensperrvertrag („Nuclear Non-Proliferation Treaty", NPT), der allen Staaten – mit Ausnahme der USA, Großbritanniens, Russlands, Frankreichs und Chinas – den Erwerb von Nuklearwaffen untersagt; das Allgemeine Zoll- und Handelsabkommen, welches vorschreibt, dass jeder Mitgliedstaat der Welthandelsorganisation („World Trade Organization", WTO) gegenüber allen anderen Mitgliedstaaten die Meistbegünstigungsklausel einhalten muss; oder das Montrealer Protokoll sowie das Wiener Übereinkommen zum Schutz der Ozonschicht, die den Staaten vorschreiben, den Gebrauch von ozonschichtzerstörenden Chemikalien, wie etwa Fluorchlorkohlenwasserstoffe (FCKW), zu verbieten.

distributive Politikprogramme

Mit *distributiven* Politikprogrammen soll Verhalten, das die Verteilung von Gütern und Dienstleistungen zwischen sozialen Akteuren betrifft, reguliert werden. Diese Programme zielen darauf ab, Nutzen an Begünstigte zu verteilen, ohne Nichtbegünstigten dadurch Kosten aufzubürden. Anders ausgedrückt werden Güter und Dienstleistungen verteilt, die es vorher nicht gab oder die zumindest niemandem gehörten, d.h. ohne dass sie anderen entzogen wurden. Ein klassisches Beispiel distributiver Politik auf innerstaatlicher Ebene ist die Verteilung staatlicher Einnahmen aus dem Erdölgeschäft an die jeweiligen Gesellschaften in Rentierstaaten wie Saudi-Arabien oder Kuwait.

Distributive Politikprogramme, die von internationalen Organisationen geschaffen werden, sind allerdings selten. Einen solchen Ausnahmefall stellt beispielsweise die Zuteilung von Satellitenplätzen auf der geostationären Umlaufbahn über dem Äquator im Rahmen der Weltfunkverwaltungskonferenzen der Internationalen Fernmeldeunion („International Telecommunication Union", ITU) dar (Irion 2009: 99–101; Schrogl 1993; Wolf 1991: 177–234). Auch die seit 1998 von der „Internet Corporation for Assigned Names and Numbers" (ICANN) vorgenommene Einrichtung und Vergabe von Internet-Domains ist ein Beispiel distributiver Politik durch internationale Organisationen (Hofmann 2005).

redistributive Politikprogramme

Redistributive Politikprogramme zielen auf eine Umverteilung von Gütern und Dienstleistungen zwischen sozialen Akteuren ab. Im Gegensatz zu distributiven Politikprogrammen kommt der Nutzen hier nur einem Teil der Adressaten zugute, wohingegen ein anderer Teil der Adressaten mit Kosten belastet wird (Lowi 1964: 711). Der klassische Fall redistributiver Programme sind wohlfahrtstaatliche Politiken, die sozialen Wohnungsbau, Bildung, Arbeitslosenunterstützung oder die Gesundheitsversorgung gewährleisten. Viele dieser Programme werden vom Staat subventioniert, der durch eine progressive Einkommenssteuer Besserverdienende bei der Besteuerung von Einkommen proportional stärker belastet als einkommensschwache Bürger. Kosten werden also auf bestimmte soziale Gruppen konzentriert, um Transferleistungen an andere Gruppen zu gewähren.

Auch internationale Organisationen, wie etwa die Weltbank, das Entwicklungsprogramm der Vereinten Nationen („United Nations Development Programme", UNDP) oder die Organisation für industrielle Entwicklung („United Nations Industrial Development Organization", UNIDO), haben solche redistributiven Politikprogramme. Ihre Tätigkeiten zielen auf einen Ressourcentransfer von Industriestaaten an Entwicklungsländer ab (Marshall 2008; Murphy 2006). Auch innerhalb der Europäischen Union (EU) gibt es Politikprogramme, wie die Struktur- und Kohäsionsfonds, die materielle Ressourcen zwischen den Mitgliedstaaten umverteilen (Hix 2005: 289–295). Während die Kosten dieser Politikprogramme von allen Mitgliedstaaten getragen werden, konzentrieren sich die Leistungen auf weniger entwickelte Mitgliedstaaten oder ärmere Regionen innerhalb dieser.

7.1.2 Rechtsverbindlichkeit

Jenseits ihrer Wirkung lassen sich Politikprogramme auch nach der Verbindlichkeit ihrer Normen und Regeln unterscheiden (Abbott et al. 2000; Abbott & Snidal 2000). Diese geht zwar nicht zwingend mit dem Grad der Befolgung der Normen und Regeln durch die Mitglieder einher. Dennoch erscheint es wichtig, ob Politikprogramme lediglich empfehlende oder rechtsverbindliche Normen und Regeln beinhalten. Grundsätzlich ist es nicht ungewöhnlich, wenn innerhalb ein und derselben internationalen Organisation rechtsverbindliche und unverbindliche Politikprogramme koexistieren.

rechtsverbindliche EU-Politikprogramme

Die EU ist in dieser Hinsicht keine Ausnahme. Sie kann zum einen rechtsverbindliche Politikprogramme definieren. Die EU besitzt dabei sogar die Autorität, Politikprogramme zu definieren, die nicht nur für die Mitgliedstaaten, sondern auch für private Akteure in ihren Mitgliedstaaten direkt rechtsverbindlich sind. Dabei sind insbesondere Verordnungen und Richtlinien, welche die EU im Rahmen der Verwirklichung des europäischen Binnenmarktes beschließen kann, von zentraler Bedeutung. Verordnungen erhalten ihre bindende Rechtsqualität bereits mit dem EU-Beschluss, d.h. auch ohne dass nationale Autoritäten sie mittels nationalen Rechts umsetzen. Richtlinien, obgleich auch sie rechtsverbindlich sind, gewähren den Mitgliedstaaten etwas Handlungsspielraum, wie sie die in der Richtlinie formulierte Zielvorgabe durch nationales Recht verwirklichen. Seit dem Inkrafttreten des Vertrages von Lissabon (2007) sind die Kompetenzen der EU, rechtsverbindliche Politikprogramme (also Verordnungen und Richtlinien) zu verabschieden, nicht mehr auf die Binnenmarktpolitik beschränkt, sondern erstrecken sich auch auf Angelegenheiten der polizeilichen und justiziellen Zusammenarbeit.

nicht bindende EU-Politikprogramme

Die EU verabschiedet zum anderen auch Politikprogramme, die rechtlich nicht bindend sind. Diese enthalten Empfehlungen oder Stellungnahmen, die politische Zielsetzungen und keine rechtlichen Verpflichtungen zum Ausdruck bringen. So stellen die meisten EU-Politikprogramme, die sich auf die Gemeinsame Außen- und Sicherheitspolitik der EU beziehen, noch immer lediglich politische Empfehlungen dar (Archer 2000: 175; Craig & de Burca 2008: 192). Dementsprechend lautet Artikel 12 des Vertrags von Lissabon: „Die Union verfolgt ihre Gemeinsame Außen- und Sicherheitspolitik, indem sie a) die allgemeinen Leitlinien bestimmt, b) Beschlüsse erlässt zur Festlegung i) der von der Union durchzuführenden Aktionen, ii) der von der Union einzunehmenden Standpunkte, iii) der Einzelheiten der Durchführung der unter den Ziffern i und ii genannten Beschlüsse." Diese Beschlüsse sind rechtlich unverbindlich, d.h. kein „hartes" Recht.

Resolutionen der UN-Generalversammlung

Bei den UN haben viele Politikprogramme keine unmittelbare völkerrechtliche Bindungswirkung. So haben die Resolutionen und Erklärungen der Generalversammlung der UN – Budgetbeschlüsse und Entscheidungen über die interne Organisationsstruktur einmal ausgenommen – lediglich Empfehlungscharakter. Werden die Politikprogramme, die in solchen Resolutionen enthalten sind, häufig wiederholt, können sie jedoch in Form von internationalem Gewohnheitsrecht bindende Rechtsqualität erlangen – jedoch nur, wenn die meisten Mitgliedstaaten dem (in ihren Praktiken und Rechtsauffassungen) zustimmen.

Resolutionen des Sicherheitsrats / UN-Konventionen

Im Gegensatz dazu sind die Resolutionen des UN-Sicherheitsrates gemäß Kapitel VII der UN-Charta unmittelbar verbindlich. Auch die im Rahmen der UN und ihrer Sonderorganisationen ausgehandelten Konventionen, Abkommen oder Verträge können gegenüber den Mitgliedstaaten rechtsverbindlichen Charakter entwickeln. Dazu bedarf es in aller Regel jedoch deren Ratifizierung durch die Mitgliedstaaten. Bei vielen Verträgen, Abkommen und Konventionen macht die UN-Generalversammlung von der Möglichkeit Gebrauch, den Mitgliedstaaten in einer Resolution die schnelle Unterzeichnung und Ratifizierung zu empfehlen.

7.1.3 Politikprogramme und Entscheidungsprozesse

In Kapitel 6 haben wir gezeigt, dass das einschlägige Modell für den Entscheidungsfindungsprozess vom Typ der zu treffenden Entscheidung abhängt. Wir sind also der Maxime „policy determines politics" (Lowi 1972: 299) gefolgt. Während Programmentscheidungen hauptsächlich – wenn auch nicht ausschließlich – durch intergouvernementale Aushandlungsprozesse oder Mehrheitsentscheidungen getroffen werden, entsprechen operative Entscheidungen meistens den Modellen der zentralisierten rationalen Wahlhandlung, der routinisierten Standardverfahren oder des bürokratischen Aushandlungsprozesses. Des Weiteren argumentierten wir, dass Programmentscheidungen, welche die Autonomie von Staaten stark beeinträchtigen, mit hoher Wahrscheinlichkeit im Rahmen eines intergouvernementalen Aushandlungsprozesses getroffen werden. Im Unterschied dazu können Programmentscheidungen, die die staatliche Autonomie kaum betreffen, in der Regel auch mittels Mehrheitsbeschlüssen gefasst werden.

Programmmerkmale und Entscheidungsmodelle

Anhand der Unterscheidung zwischen regulativen, distributiven und redistributiven Programmen einerseits sowie der Differenzierung zwischen rechtlich bindenden und nicht bindenden Programmen andererseits können wir nun weitere Wahrscheinlichkeitsaussagen darüber treffen, welche Programme in der Regel entsprechend welcher Entscheidungsprozessmodelle getroffen werden. Danach sind rechtsverbindliche Programme zumeist auf intergouvernementale Verhandlungen zurückzuführen, wohingegen rechtlich unverbindliche Programme zumeist durch Mehrheitsbeschlüsse verabschiedet werden. Ferner lässt sich konstatieren, dass regulative Programme meist mittels intergouvernementaler Aushandlungsprozesse festgelegt werden, während redistributive Programme – sofern sie nicht im Rahmen eines Verhandlungspaketes intergouvernemental ausgehandelt wurden – mit größerer Wahrscheinlichkeit durch Mehrheitsentscheidungen vereinbart werden. Distributive Programme können sowohl durch zwischenstaatliche Aushandlungsprozesse als auch durch Mehrheitsbeschlüsse verabschiedet werden.

7.2 Operative Tätigkeiten

fünf Typen operativer Tätigkeiten

Neben Politikprogrammen stellen operative Tätigkeiten einen großen Teil des Outputs internationaler Organisationen dar. Operative Tätigkeiten sind das Resultat von operativen Entscheidungen, die sich ihrerseits auf die Verwirklichung von Politikprogrammen beziehen (Mayntz 1977). Hierbei lassen sich fünf Typen operativer Tätigkeiten unterscheiden:

1. Spezifizierung der Normen und Regeln von Politikprogrammen;
2. Implementierung der (spezifizierten) Normen und Regeln;
3. Überwachung der Implementierung der Politikprogramme durch die Mitgliedstaaten;
4. Feststellung von Norm- und Regelbrüchen und Streitschlichtung;
5. Verhängen von Sanktionen im Falle von Norm- und Regelverletzungen.

7.2.1 Spezifizierung von Normen und Regeln

Normen und Regeln bedürfen zumeist einer weiteren Spezifizierung, ehe sie umgesetzt werden können. Diese Spezifizierung wird zwar häufig von den Mitgliedstaaten vorgenommen. Deren Parlamente, Regierungen oder Bürokratien entscheiden, wie sie die Politikprogramme internationaler Organisationen umsetzen wollen. Doch teilweise wird die Spezifizierung der Politikprogramme internationaler Organisationen auch von diesen selbst vorgenommen.

Beispiele: EU, Weltbank, UN

Beispielsweise nimmt die EU die Konkretisierung der technischen und rechtlichen Standards, welche zur Verwirklichung des Binnenmarktes europaweit harmonisiert werden sollen, selbst vor. Ebenso arbeitet die Weltbank – bzw. ihre Bürokratie – die Detailbedingungen für Projekte in Entwicklungsländern aus. Auch Maßnahmen des Sicherheitsrates der UN, etwa die Bestimmung von Waffenstillstandbedingungen für den Irak am Ende des Irakkriegs von 1991, sind als operative Spezifizierung des UN-Programms zur Friedenssicherung zu interpretieren.

Übertragung auf nichtstaatliche Akteure

Inzwischen übertragen internationale Organisationen die Aufgabe der Spezifizierung der Normen und Regeln ihrer Politikprogramme vermehrt auch an nichtstaatliche Agenten. So definiert die EU beispielsweise bei technischen Produktstandards nur allgemeine Mindestanforderungen und beauftragt externe private Standardisierungsorgane mit der Spezifizierung von Bedingungen, die erfüllt sein müssen, damit die allgemeinen regulativen Anforderungen als erbracht gelten können (Abbott et al. 2010). Ebenso entschied die EU, dass börsennotierte europäische Unternehmen einheitliche Rechnungslegungsstandards nutzen sollten. Statt diese jedoch selbst festzulegen, nutzt sie die Standards des transnationalen „International Accounting Standards Board" (IASB) und verleiht ihnen so rechtliche Verbindlichkeit. Ein weiteres Beispiel stellt die Praxis der WTO dar, sich in den Regularien zur Lebensmittelsicherheit auf Entscheidungen der darauf spezialisierten Codex-Alimentarius-Kommission zu beziehen.

7.2.2 Implementierung von Normen und Regeln

Internationale Organisationen unterstützen Staaten nicht nur bei der Implementierung von Normen und Regeln, indem sie Politikprogramme spezifizieren, sondern implementieren diese mitunter auch direkt selbst. Allerdings sind die Möglichkeiten internationaler Organisationen dazu in der Regel beschränkt, da die Umsetzung international vereinbarter Programme ein Vorrecht der Mitgliedstaaten, also ihrer Parlamente, Regierungen und Bürokratien, bleibt. So legt die EU für alle Mitgliedstaaten verbindliche Standards für die Trinkwasserqualität fest. Die zur Umsetzung erforderlichen Maßnahmen, wie zum Beispiel der Bau von Kläranlagen, werden jedoch von den zuständigen Behörden innerhalb der Mitgliedstaaten vorgenommen.

Beispiele: EZB, UN

Dennoch implementieren internationale Organisationen gestützt auf ihre informationellen, personellen und finanziellen Ressourcen ihre Politikprogramme gelegentlich selbst. Die EZB implementiert beispielsweise die von ihr beschlossene Geldpolitik. Die UN, sowie viele ihrer Sonderorganisationen, stellen selbst humanitäre Hilfe für von Gewaltkonflikten betroffene Länder zur Verfügung, leisten technische Unterstützung für Entwicklungsländer, verwalten Entwicklungsfonds, und unterhalten Forschungseinrichtungen. Weitere Beispiele für direkte Implementierung von Programmen durch die UN sind im Bereich der Friedenssicherung vorzufinden. So haben die UN durch ihre Friedenseinsätze im Kosovo und in Osttimor auf der Grundlage der Sicherheitsratsresolutionen 1244 (Kosovo) und 1272 (Osttimor) vorübergehend sogar sämtliche Verwaltungsaufgaben übernommen (vgl. Schmitt 2009 und Kap. 8).

Übertragung auf nichtstaatliche Akteure

Internationale Organisationen können die Implementierung von Politikprogrammen auch auf nichtstaatliche Akteure übertragen (Abbott et al. 2010). Das ist vor allem dann wahrscheinlich, wenn eine internationale Organisationen nicht selbst über die notwendigen Ressourcen verfügt. So beauftragen die UN und einige ihrer Sonderorganisationen humanitäre NGOs mit der Durchführung von Entwicklungs- und Katastrophenhilfeprogrammen. Der Baseler Ausschuss für Bankenaufsicht („Basel Committee on Banking Supervision", BCBS) stützt sich bei der Implementierung von internationalen Standards für die Eigenkapitalanforderungen an Banken auf private Akteure (Banken selbst sowie externe Kreditratingagenturen). Der Baseler Ausschuss verlangt, dass die Eigenkapitalrücklagen von Banken bestimmte Mindestanforderungen erfüllen, um den Zusammenbruch von Banken und daraus resultierende systemische Ansteckungseffekte im Falle von Kreditausfällen zu verhindern. Diese Mindestanforderungen basieren auf den Kreditrisiken, denen die Bank ausgesetzt ist: Je riskanter die von der Bank vergebenen Kredite (je höher die Ausfallrisiken) sind, desto mehr Eigenkapital müssen die Banken zur Absicherung zurücklegen. Der Baseler Ausschuss bzw. die nationalen Aufsichtsbehörden messen das Kreditrisiko nun nicht selbst, sondern beziehen sich unter anderem auf die Risikobewertungen privater Kreditratingagenturen (vgl. Kruck 2011). Diese Kreditratingagenturen müssen ihrerseits bestimmte Unabhängigkeits- und Objektivitätskriterien erfüllen, die der Baseler Ausschuss definiert hat.

7.2.3 Überwachung der Implementierung der Politikprogramme

Da die Implementierung von Politikprogrammen nach wie vor meist durch die Mitgliedstaaten erfolgt, bedarf es der Norm- und Regelaufsicht. Fehlende Überwachung der Regeltreue könnte Staaten dazu verleiten, Politikprogramme internationaler Organisationen zu missachten. Schließlich könnten sie erwarten, dass ihre Regelverletzung unbemerkt bleibt bzw. dass andere Staaten die Regeln unbemerkt missachten. Um diese Anreize zu reduzieren, überwachen viele internationale Organisationen, inwieweit Mitgliedstaaten vereinbarte Politikprogramme umsetzen (Chayes & Chayes 1995; Underdal 1998; Zangl 1999: 68–71).

Beispiel: IAEA

Ein gutes Beispiel für die Überwachungstätigkeit internationaler Organisationen bietet die Internationale Atomenergiebehörde („International Atomic Energy Agency", IAEA), welche über die Einhaltung des Atomwaffensperrvertrages („Nuclear Non-Proliferation Treaty", NPT, 1968) durch die Mitgliedstaaten wacht. Ihr „Safeguards"-System soll gewährleisten, dass Nichtkernwaffenstaaten kein kernwaffentaugliches Material aus dem Bereich der zivilen Nutzung für militärische Zwecke abzweigen. Zu diesem Zweck kann die IAEA von Unterzeichnerstaaten Berichte über ihre zivilen atomaren Aktivitäten anfordern. Noch bemerkenswerter ist, dass sie Vorortinspektionen von zivilen Nuklearanlagen durchführen kann. Durch diese Inspektionen erzeugt sie Erwartungsverlässlichkeit zwischen den Vertragsstaaten, dass keiner von ihnen kernwaffentaugliches Material aus dem Bereich der zivilen Nutzung für militärische Zwecke abzweigt. Diese Erwartungsverlässlichkeit – obgleich immer wieder unterminiert, zum Beispiel durch das unentdeckte irakische Atomwaffenprogramm der 1980er Jahre – ist nicht nur eine Voraussetzung für die Einhaltung des Atomwaffensperrvertrages durch die Unterzeichnerstaaten, sondern stellte für viele Staaten auch eine Vorbedingung dafür dar, durch Vertragsunterzeichnung auf Atomwaffen zu verzichten.

Beispiel: Europ. Kommission

Auch die Europäische Kommission kann die Befolgung von EU-Normen und Regeln durch die Mitgliedstaaten überwachen. Allerdings erweisen sich auch diese (relativ weit gehenden) Überwachungsbefugnisse nicht immer als hinreichend. Dies zeigte sich in jüngerer Vergangenheit beispielsweise anhand der Unfähigkeit der Kommission, sich vor (und nach) dem Euro-Beitritt Griechenlands ein klares Bild von der griechischen Fiskalpolitik zu machen, die im Jahr 2010 zu einer schweren Schuldenkrise Griechenlands und zu einem umfangreichen Rettungspaket der EU und des Internationalen Währungsfonds (IWF) für Griechenland führte. Tatsächlich hatte Griechenland die EU-Schuldenobergrenze bereits Jahre vor seinem finanziellen Zusammenbruch überschritten.

Zusammenarbeit mit nichtstaatlichen Akteuren

Auch bei der Überwachung der Norm- und Regeltreue gilt, dass internationale Organisationen die Aufgaben oftmals nicht alleine durchführen. Sie unterstützen auch nichtstaatliche Akteure bei der Überwachung der Norm- und Regelbeachtung und nehmen ihre Dienste in Anspruch. Diese Form der Kooperation ist im Bereich des Menschenrechtsschutzes von besonderer Bedeutung (vgl. ausführlich Kap. 11). Denn internationale Organisationen wie das UN-Hochkommissariat für Menschenrechte („Office of the High Commissioner for Human Rights", OHCHR) sind bei der Überwachung in hohem Maße von nichtstaatlichen Menschenrechtsorganisationen wie Amnesty International oder Human Rights Watch abhängig. So stellen diese NGOs Informationen über die Menschenrechtslage in den Mitgliedstaaten bereit, welche internationale Organisationen aufgrund zeitlicher, materieller und politischer Einschränkungen nicht bereitstellen könnten. Deshalb haben Organisationen wie das OHCHR institutionalisierte Kontakt- und Zugangskanäle geschaffen, mittels derer NGOs Informationen über Menschenrechtsverletzungen an die Organisation übermitteln können (Sweeney & Saito 2009). Internationale Organisationen koordinieren, unterstützen und nutzen also die Überwachungstätigkeiten von Nichtregierungsorganisationen.

7.2.4 Feststellung von Norm- und Regelbrüchen

Überwachung alleine kann die Norm- und Regelbeachtung von Mitgliedstaaten nicht garantieren. Denn oftmals ist zwar das Verhalten der Regelungsadressaten bekannt, dessen Interpretation als regelkonform oder regelverletzend aber umstritten. Um die willkürliche Auslegung der Normen und Regeln ihrer Politikprogramme zu verhindern und die beteiligten Staaten bei solchen Streitfällen zur Norm- und Regelbeachtung zu bewegen, besitzen zahlreiche internationale Organisationen das Recht, Norm- und Regelverstöße autoritativ feststellen zu dürfen. Sie können so zu einer unparteiischen Interpretation ihrer Politikprogramme beitragen. Dies gilt insbesondere für internationale Organisationen, die nicht nur auf diplomatische Streitbeilegungsverfahren zurückgreifen können, um zwischen den Staaten eine einvernehmliche Norm- und Regelauslegung zu vermitteln, sondern über gerichtsähnliche Streitbeilegungsorgane verfügen, die Rechtsstreitigkeiten unabhängig von den Mitgliedstaaten autoritativ entscheiden können (Keohane et al. 2000; Zangl 2001; 2006; 2008).

Beispiel: IGH

In den UN ist im Allgemeinen der Internationale Gerichtshof (IGH) für die Feststellung von Norm- oder Regelverstößen zuständig. Allerdings sind seine Kompetenzen sehr begrenzt, da er nur dann aktiv werden kann, wenn die staatlichen Streitparteien seine Gerichtsbarkeit akzeptieren. Tatsächlich sind deshalb der Sicherheitsrat und der Menschenrechtsrat bei der Regelung von Streitigkeiten über Verstöße gegen UN-Politikprogramme erheblich bedeutender. Gemäß Artikel 39 der UN-Charta kann der Sicherheitsrat Verstöße gegen das allgemeine Gewaltverbot feststellen und sie als Verletzung der UN-Charta verurteilen (Mondré 2009). Analog besteht eine der Aufgaben des Menschenrechtsrates darin, über das Vorliegen von Verstößen gegen Menschenrechtsverpflichtungen seitens der Mitgliedstaaten zu entscheiden. Das bedeutet, dass sowohl der Sicherheitsrat als auch der Menschenrechtsrat befugt sind, Mitgliedstaaten zu verurteilen, die fundamentale Rechtsverpflichtungen verletzen (Cronin 2008).

Beispiel: EuGH

In der EU ist es im Wesentlichen der Europäische Gerichtshof (EuGH), der bei Streitfällen für die Feststellung von Norm- und Regelverstößen verantwortlich ist (Alter 2001). Der EuGH ist im Gegensatz zum Sicherheitsrat und zum Menschenrechtsrat, aber analog zum IGH politisch unabhängig. Im Unterschied zum IGH aber – und in dieser Hinsicht vergleichbar mit dem Sicherheitsrat und dem Menschenrechtsrat – kann er Regelverstöße feststellen, ohne dass es einer gesonderten Ermächtigung, d.h. einer Anerkennung seiner Gerichtsbarkeit durch die Streitparteien bedarf. Vor dem EuGH können sowohl supranationale als auch private Akteure als Parteien in einem Rechtsstreit auftreten. So kann die Europäische Kommission vor dem EuGH Mitgliedstaaten verklagen, die nach ihrem Dafürhalten gegen geltendes EU-Recht verstoßen haben. Besonders bemerkenswert ist, dass sich auch private Akteure über nationale Gerichtsinstanzen an den EuGH wenden können, wenn sich Mitgliedstaaten nicht an EU-Recht halten (Alter 2001; Oppermann et al. 2009: 267–290).

7.2.5 Verhängung von Sanktionen

zentrale und dezentrale Sanktionen

Die Überwachungstätigkeiten internationaler Organisationen sowie die autoritative Feststellung von Norm- und Regelverstößen können zur mitgliedstaatlichen Befolgung der Normen und Regeln ihrer Politikprogramme beitragen. Wenn ein Mitgliedstaat jedoch nicht bereit ist, sich an den Entscheid einer internationalen Streitbeilegungsinstanz zu halten, sind möglicherweise Sanktionen erforderlich.

Internationale Organisationen können Bemühungen zur Sanktionierung von regelbrüchigen Staaten unterstützen. Sie können zwar nur eher wenige zentralisierte Sanktionen selbst verhängen, koordinieren aber öfters mitgliedstaatliche Bemühungen zur Sanktionierung von Norm- und Regelbrechern, indem sie beispielsweise diese dezentralen Sanktionsmaßnahmen autorisieren.

Anprangern als Sanktion

Die zentralisierten Sanktionsmöglichkeiten internationaler Organisationen sind zumeist auf die öffentliche Bekanntmachung und das Anprangern der Norm- und Rechtsverletzungen eines Mitgliedstaates beschränkt. Dennoch ist der betroffene Staat durch diese – obgleich moderate – Sanktion zumeist dem vermehrten Druck der internationalen Staatengemeinschaft und nationaler zivilgesellschaftlicher Akteure ausgesetzt (Risse-Kappen 1995). Ferner kann dieses Bekanntmachen und Anprangern die Reputation des regelverletzenden Staates als vertrauenswürdiger Partner, der den Völkerrechtsgrundsatz des „pacta sunt servanda" (Verträge sind einzuhalten) respektiert, nachhaltig beschädigen. Dieser Reputationsverlust kann sowohl innerhalb als auch außerhalb internationaler Organisationen deutliche Verhandlungsnachteile nach sich ziehen (Guzman 2008). So könnten andere Staaten intensivierte Überwachungsvorkehrungen zu einer Vorbedingung für zukünftige Vereinbarungen mit dem in Misskredit geratenen Staat machen (Keohane 1984; Young 1979: 19).

Ausschluss als Sanktion

Manche internationale Organisationen verfügen jedoch über zentralisierte Sanktionskompetenzen, die über das beschriebene Bekanntmachen und Anprangern hinausgehen. Sie können Mitgliedstaaten, die ihre Verpflichtungen fortdauernd missachten, (zeitweilig oder dauerhaft) aus der Organisation ausschließen. Eine derartige Sanktionsmöglichkeit ist in den Gründungsverträgen vieler internationaler Organisationen vorgesehen. In den UN kann die Generalversammlung auf Empfehlung des Sicherheitsrates Mitglieder ausschließen, die beharrlich im Widerspruch zur UN-Charta agieren. Die Satzung des Europarates sieht vor, dass Staaten, die die Grundsätze der Organisation verletzen, aufgefordert werden, ihren Austritt zu erklären. In inklusiven, multipartistischen Organisationen wie dem „Global Compact" können auch nichtstaatliche Akteure, die anhaltend und in schwerwiegendem Maße die Verhaltensstandards der Organisation verletzen, von der Liste der Teilnehmer gestrichen werden – das heißt, ihre Mitgliedschaft kann vorübergehend suspendiert oder gänzlich beendet werden. Allerdings hat sich der Ausschluss von Mitgliedern (seien es Staaten oder nichtstaatliche Akteure) als zweischneidiges Schwert erwiesen. Einerseits kann die Organisation die Rechtsbrecher durch den Ausschluss bestrafen; anderseits beraubt sie sich dadurch einer Möglichkeit, weiter auf den regelverletzenden Akteur einwirken zu können. Diese Erfahrung musste der Europarat im Falle der Menschenrechtsverletzungen in Griechenland nach dem Putsch der Obristen 1967 machen (List 1991). Im Lichte dieser gescheiterten Politik schreckte der Europarat Ende der 1990er Jahre davor zurück, Russland trotz der Menschenrechtsverletzungen in Tschetschenien aus der Organisation auszuschließen.

Stimmrechteentzug als Sanktion

Einige internationale Organisationen können auch Mitglieder, die sich fortgesetzter Regelverstöße schuldig machen, ihre Stimmrechte entziehen. Die Generalversammlung der UN kann auf Empfehlung des Sicherheitsrates Mitgliedstaaten, gegen die der Sicherheitsrat Zwangsmaßnahmen verhängt hat (Art. 6

UN-Charta), das Stimmrecht in der Generalversammlung entziehen. Die EU besitzt seit dem Vertrag von Amsterdam (1997) die Möglichkeit, die Rechte von Mitgliedstaaten, die ihnen durch ihre Mitgliedschaft zustehen, zu beschränken. Dies ist allerdings nicht bei einem einfachen Norm- oder Regelverstoß möglich, sondern setzt vielmehr eine schwerwiegende und anhaltende Verletzung der Grundsätze der Demokratie, der Menschenrechte und Grundfreiheiten sowie der Rechtstaatlichkeit voraus. Diese Verletzung muss zunächst mit Zustimmung des Europäischen Parlaments durch den Rat (in diesem Fall bestehend aus Staats- und Regierungschefs, jedoch ohne Vertreter des regelverletzenden Staates) einstimmig festgestellt werden, ehe dieser mit qualifizierter Mehrheit den Entzug von Beteiligungsrechten beschließen kann.

EU: zentralisierte Strafzahlungen

Nur wenige internationale Organisationen können norm- bzw. regelverletzenden Staaten zentralisierte Strafzahlungen auferlegen. Zu diesen wenigen Organisationen gehört jedoch die EU. Sie besitzt die Möglichkeit, gegen Staaten, die fortwährend EU-Richtlinien und Verordnungen verletzen, Zwangsgelder zu verhängen. Wenn ein Mitgliedstaat, nachdem er vom EuGH des Verstoßes gegen eine EU-Richtlinie oder Verordnung schuldig befunden wurde, nicht willens ist, den Regelbruch zu korrigieren, kann die Europäische Kommission die Verhängung von Zwangsgeldern beim EuGH beantragen. Verweigert der betroffene Staat jedoch die Zahlung, kann die EU kaum etwas dagegen unternehmen (Oppermann et al. 2009: 259–262).

überwiegend dezentrale Sanktionierung

Jenseits dieser zentralisierten Sanktionsmöglichkeiten besitzen die meisten internationalen Organisationen dezentralisierte Sanktionsmöglichkeiten. Sie koordinieren die Sanktionen der von Norm- und Regelverstößen betroffenen Staaten, indem sie diese entweder mandatieren oder autorisieren. Der UN-Sicherheitsrat bietet hier ein gutes Beispiel. Er kann gegen Staaten nichtmilitärische Sanktionen verhängen, um einer Friedensbedrohung, einem Friedensbruch oder einem Akt der Aggression zu begegnen. Um Sanktionsmaßnahmen wie ein Waffen-, Luftverkehrs- oder Handelsembargo durchsetzen zu können, ist er allerdings auf die Unterstützung der übrigen Mitgliedstaaten angewiesen. Diese kann er aber anweisen – also mandatieren –, seine Embargomaßnahmen zu unterstützen. Doch auch wenn Mitgliedstaaten tatsächlich Sanktionen erheben, garantiert das noch nicht die Effektivität dieser Maßnahmen. So führte beispielsweise das 1977 gegen Südafrika (wegen dessen Apartheidpolitik) verhängte Embargo nicht zu der gewünschten Verhaltensänderung des sanktionierten Staates.

„smart sanctions" des Sicherheitsrats

Angesichts dieser Effektivitätsmängel ist der Sicherheitsrat dazu übergegangen, anstatt allgemeiner Handelssanktionen gegen einen Staat, vermehrt so genannte intelligente Sanktionen („smart sanctions") zu verhängen. Diese richten sich nicht gegen die gesamte Volkswirtschaft eines Staates, sondern gegen spezifische Personen (z.B. Kriegsverbrecher, Rebellenführer, Terroristen) und Wirtschaftsbereiche (z.B. Öl, Diamanten, Holz) (Brzoska 2001; Cortright & Lopez 2002; Heupel 2005). Außerdem wurde zunehmend erkannt, dass diese Sanktionsmaßnahmen nur dann effektiv sind, wenn nicht nur staatliche, sondern auch nichtstaatliche Akteure, die mit den jeweiligen Wirtschaftsgütern Handel treiben, in gemeinsame öffentlich-private Sanktionsmechanismen eingebunden werden (Böge et al. 2006; Paes 2005). Doch obwohl die institutionelle Einbindung privatwirtschaftlicher Akteure in Sanktionssysteme oftmals eine notwendige Bedingung für effektive Sanktionen darstellt, garantiert das keineswegs, dass die Sanktionsmaßnahmen den Handel mit verbotenen Gütern erfolgreich unterbinden. Dies wird etwa an der gemischten Erfolgsbilanz des Zertifikationssystems des Kimberley-Prozesses gegen den Handel mit „Blutdiamanten" deutlich (Haufler 2010).

militärische Zwangsmaßnahmen

Wenn es der UN-Sicherheitsrat für notwendig befindet, kann er auch über nichtmilitärische Zwangsmaßnahmen hinausgehende militärische Zwangsmaßnahmen autorisieren. In der Praxis ist der Sicherheitsrat bei der Autorisierung militärischer Zwangsmaßnahmen auf den Willen der Staaten angewiesen, sich an diesen Zwangsmaßnahmen auch zu beteiligen. Dementsprechend kam es 1950 im Koreakrieg sowie im Irakkrieg von 1991 zu vom Sicherheitsrat autorisierten militärischen Zwangsmaßnahmen durch Koalitionen von Mitgliedstaaten, die jeweils unter der Führung der USA agierten. Des Weiteren hat der Sicherheitsrat in den 1990er Jahren Mitgliedstaaten autorisiert, mit Gewalt in die humanitären Katastrophen in Somalia (1992), Bosnien (1992), Ruanda (1994) und Haiti (1994) einzugreifen, die er als Bedrohungen des Frieden und der internationalen Sicherheit einstufte (Abiew 1999; Pape 1997). Außerdem autorisierte der Sicherheitsrat im September 2001 erstmals den Einsatz militärischer Zwangsmaßnahmen zur Bekämpfung des internationalen Terrorismus, vor allem – obgleich nicht ausschließlich – in Afghanistan. Der Sicherheitsrat bestätigte, dass die USA von Terroristen angegriffen wurden und deshalb das Recht hätten, sich selbst zu verteidigen. Anschließend genehmigte er im Dezember 2001 (vgl. Resolution 1386) die Schaffung einer friedenserzwingenden Internationalen Schutztruppe („International Security Assistance Force", ISAF) für Afghanistan, die seit 2003 von der NATO geführt wird. Offiziell konzentriert sich diese auf den politischen und wirtschaftlichen Wiederaufbau Afghanistans, wobei sie faktisch auch auf die Bekämpfung des Terrorismus abzielt (vgl. Kap. 8).

7.2.6 Typen operativer Tätigkeiten und Entscheidungsprozesse

In Kapitel 6 haben wir argumentiert, dass operative Entscheidungen internationaler Organisationen häufig auf zentralisierten rationalen Wahlentscheidungen, routinisierten Standardverfahren oder bürokratischen Aushandlungsprozessen beruhen. Außerdem gingen wir davon aus, dass operative Entscheidungen, die die mitgliedstaatliche Autonomie erheblich beeinträchtigen, üblicherweise entsprechend des Modells des bürokratischen Aushandlungsprozesses getroffen werden. Wenn operative Entscheidungen hingegen kaum Auswirkungen auf die Autonomie der Mitgliedstaaten haben, können sie auch durch zentralisierte rationale Wahlentscheidungen oder operative Standardverfahren zustande kommen.

Tätigkeitstypen und Entscheidungsmodelle

Die Unterscheidung verschiedener Typen operativer Tätigkeiten – Spezifizierung von Politikprogrammen, Implementierung, Überwachung, Feststellung von Norm- und Regelbrüchen und Verhängung von Sanktionen – erlaubt uns, die Zusammenhänge zwischen Typen von operativen Entscheidungen und den jeweiligen Entscheidungsmodellen weiter zu spezifizieren. So folgen die Spezifizierung von Politikprogrammen sowie das Verhängen von Sanktionen gegen Mitgliedstaaten meist dem Modell des bürokratischen Aushandlungsprozesses.

Hingegen sind operative Entscheidungen, die sich auf die direkte Implementierung von Politikprogrammen durch die Organisation oder von ihr beauftragte Akteure, auf die Überwachung der mitgliedstaatlichen Regelbefolgung sowie auf die rechtliche Prüfungstätigkeit durch die internationale Organisation beziehen, eher dem Modell der zentralisierten rationalen Wahlhandlung oder der routinisierten Standardverfahren zuzuordnen – auch wenn Merkmale des Modells des bürokratischen Aushandlungsprozesses in allen operativen Entscheidungen zum Tragen kommen können.

7.3 Zusammenfassung

Die Output-Leistungen internationaler Organisationen stellen einen (potentiell) ganz wesentlichen Bestandteil von Global Governance dar. Denn internationale Organisationen sind sowohl an der Norm- und Regelsetzung als auch an deren Implementierung beteiligt. Sie führen Tätigkeiten aus, die es – trotz des Fehlens einer zentralen Letztentscheidungsinstanz, d.h. einer Weltregierung – staatlichen

Abbildung 7.2: Das politische System internationaler Organisationen (Gesamtübersicht)

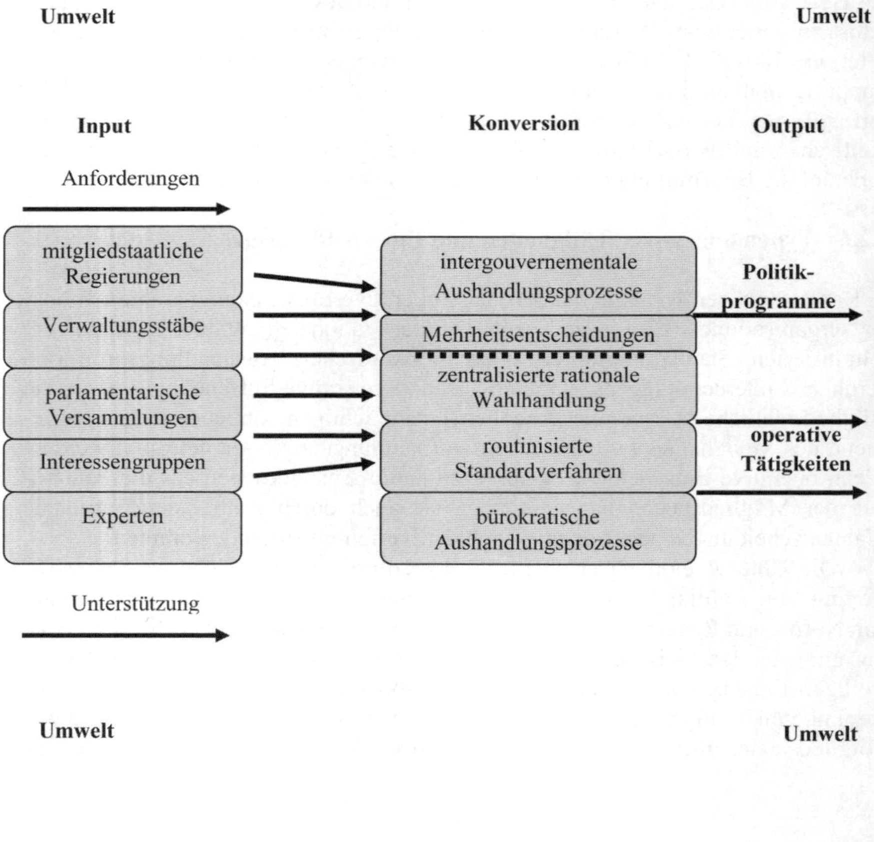

und nichtstaatlichen Akteuren erleichtern, ihre sozialen Beziehungen erwartungsverlässlich zu regulieren und globale öffentliche Güter bereit zu stellen. Bisher haben wir allerdings noch nicht empirisch untersucht, ob die Politikprogramme sowie die operativen Tätigkeiten internationaler Organisationen auch *tatsächlich* zu (effektiver) Global Governance in verschiedenen Politikfeldern beitragen. Deshalb analysieren wir in Teil III, inwiefern die Outputs internationaler Organisationen die Kooperation zwischen Staaten (und nichtstaatlichen Akteuren) bei der Bearbeitung von grenzüberschreitenden Problemen wirklich fördern. Dadurch wird deutlich, wie die Politikprogramme sowie die operativen Tätigkeiten verschiedener internationaler Organisationen zu Global Governance in den Sachbereichen „Sicherheit", „Wohlfahrt", „Umwelt" und „Menschenrechte" beitragen.

7.4 Diskussionsfragen

Welche Typen von Entscheidungen und Tätigkeiten internationaler Organisationen können welchen Entscheidungsmodellen zugeordnet werden? Begründen Sie Ihre Antwort und veranschaulichen Sie sie mit empirischen Beispielen. Fallen Ihnen auch Beispiele ein, die von den in diesem Kapitel formulierten Zusammenhängen abweichen? Wenn ja, womit könnten diese Abweichungen erklärt werden?

Inwieweit müssen sich internationale Organisationen auf nichtstaatliche Akteure stützen und mit diesen kooperieren, um ihre operativen Aufgaben effektiv erfüllen zu können?

7.5 Literaturempfehlungen

Keohane, Robert O., Moravcsik, Andrew & Slaughter, Anne-Marie 2000. Legalized Dispute Resolution: Interstate and Transnational, in: *International Organization* 54: 3, 457–488.

Victor, David G, Raustiala, Kal & Skolnikoff, Eugene B. 1998. *The Implementation and Effectiveness of International Environmental Commitments. Theory and Practice*, Cambridge, MA: MIT Press, Kap. 3 & 4.

Cortright, David & Lopez, George A. 2000. *The Sanctions Decade. Assessing UN Strategies in the 1990s*, Boulder, CO: Lynne Rienner.

Teil III: Politikfeldaktivitäten internationaler Organisationen

In Teil II haben wir internationale Organisationen als politische Systeme betrachtet, die Inputs in Outputs – also Anforderungen und Unterstützungsleistungen in Politikprogramme und operative Tätigkeiten – umwandeln. Nach dieser Fokussierung auf das politische System internationaler Organisationen gilt es nunmehr genauer zu analysieren, was internationale Organisationen in ihren jeweiligen Politikfeldern tun. Dabei untersuchen wir die Rolle internationaler Organisationen bei der Herstellung und Stabilisierung internationaler Kooperation und der Bereitstellung von Global Governance in zentralen Sachbereichen.

vier Sachbereiche

Die Auswahl bestimmter Sachbereiche und Politikfelder, in denen internationale Organisationen aktiv sind, spiegelt die Auffassung wider, dass angebbare Merkmale eines Sachbereichs oder eines Politikfelds die Art der politischen Problembearbeitung vorprägen, d.h. „policy determines politics" (Lowi 1972: 299). Wir betrachten Politikfelder in den vier Sachbereichen „Sicherheit", „Wirtschaft", „Umwelt" und „Menschenrechte" (ähnlich: Czempiel 1981: 198). Im Sachbereich „Sicherheit" geht es in erster Linie um Politikfelder, die die Gewährleistung der physischen Existenz und Autonomie von Staaten und anderen politischen Entitäten tangieren. Der Sachbereich „Wirtschaft" umfasst die Politikfelder, welche die Herstellung und Verteilung materieller Güter zwischen Staaten sowie zwischen anderen politischen und sozialen Entitäten innerhalb dieser Staaten betreffen. Im Sachbereich „Umwelt" geht es um Politikfelder, welche sich mit dem Erhalt der natürlichen Grundlagen menschlichen Lebens befassen. Der Sachbereich „Menschenrechte" besteht schließlich aus Politikfeldern, in denen Individuen ihre Grundrechte – seien sie bürgerlicher, politischer, sozialer oder kultureller Natur – gegenüber staatlichen Herrschaftsträgern einfordern und dadurch deren Herrschaftsausübung begrenzen.

8 Sicherheit

Sicherheitsdilemma als Kooperationshindernis

Aufgrund des Sicherheitsdilemmas, welches aus der anarchischen Struktur des internationalen Systems resultiert, sind die Hindernisse für internationale Kooperation und Global Governance im Bereich der Sicherheit besonders ausgeprägt. Da es keinen Weltstaat gibt, der die Sicherheit der Staaten wirksam garantieren könnte, muss jeder Staat selbst für seine eigene Sicherheit sorgen. Die Bemühungen eines Staates, seine Sicherheit etwa durch militärische Aufrüstung zu vergrößern, werden von anderen Staaten regelmäßig als Bedrohung für die eigene Sicherheit wahrgenommen. Dies führt in einen Teufelskreis, in dem die Bemühungen eines Staates seine Sicherheit zu mehren, ebensolche Bemühungen anderer Staaten hervorrufen, was wiederum die Bemühungen des erstgenannten Staates, seine Sicherheit zu mehren, weiter antreibt (Herz 1950). Im Ergebnis steigt das Sicherheitsbemühen aller Staaten, ohne dass die individuelle Sicherheit der Staaten dadurch anwachsen würde, während kollektiv betrachtet die Sicherheit aller Staaten zusammen sogar unterminiert wird. Denn der angesprochene Teufelskreis ist zugleich Ursache und Wirkung des gegenseitigen Misstrauens, das den Kern des Sicherheitsdilemmas ausmacht. Dieses Misstrauen kann als fundamentales Hindernis für internationale Kooperation und Global Governance im Bereich der Sicherheit gesehen werden.

Allerdings sind das Sicherheitsdilemma und das ihm inhärente Misstrauen nicht unveränderlich. Internationale Organisationen können dazu beitragen, die strukturellen Bedingungen im internationalen System so zu verändern, dass internationale Kooperation und Global Governance im Sicherheitsbereich möglich werden. Dies soll im Folgenden anhand der Tätigkeiten der Vereinten Nationen (UN) als wichtigster internationaler Organisation im Sachbereich „Sicherheit" verdeutlicht werden. Dabei stehen die Tätigkeiten der UN in den Politikfeldern „gewaltsame Selbsthilfe" und „Rüstungsdynamik" im Vordergrund.

8.1 Gewaltsame Selbsthilfe: UN

Erwartungsstabilisierung durch IO

Dem Sicherheitsdilemma ist die latente Gefahr der Androhung oder Anwendung von Gewalt durch jeden individuellen Akteur inhärent, unabhängig von den guten oder schlechten Absichten der betroffenen Akteure. Selbst solche Akteure, die allgemein ein nichtaggressives Verhalten bevorzugen, können versucht sein, Gewalt anzudrohen oder anzuwenden, um ihre eigene Sicherheit zu wahren. Das fundamentale Sicherheitsproblem besteht also darin, die Erwartungen der Akteure über das nichtaggressive Verhalten der jeweils anderen Akteure zu stabilisieren, um gegenseitigen Gewaltverzicht zu ermöglichen. Internationale Organisationen können zur Stabilisierung dieser Erwartungen durch ihre politischen Programme und operativen Tätigkeiten beitragen. Im Folgenden konzentrieren wir uns auf die UN als bedeutendste internationale Sicherheitsorganisation.

8.1.1 Politikprogramm der UN

allgemeines Gewaltverbot

Das zentrale Ziel der UN ist es, „den Weltfrieden und die internationale Sicherheit zu wahren“ (Art. 1 UN-Charta). Um dieses Ziel zu erreichen, enthält bereits die Charta ein politisches Programm, das seither durch zahlreiche Resolutionen der Generalversammlung und des Sicherheitsrates sowie zahlreiche internationale Vereinbarungen erweitert wurde. Dieses regulative Programm zielt darauf ab, die Anwendung und Androhung von Gewalt zwischen Staaten zu unterbinden. Tatsächlich enthält die Charta der UN erstmals in der Geschichte ein umfassendes Verbot der Androhung oder Anwendung von Gewalt zwischen Staaten. Artikel 2 Absatz 4 bestimmt entsprechend: „Alle Mitglieder unterlassen in ihren internationalen Beziehungen jede gegen die territoriale Unversehrtheit oder die politische Unabhängigkeit eines Staates gerichtete oder sonst mit den Zielen der UN unvereinbare Androhung oder Anwendung von Gewalt.“ Ergänzt wird dieses allgemeine Gewaltverbot durch Artikel 2 Absatz 3, der besagt, dass alle Mitglieder ihre internationalen Streitigkeiten mit friedlichen Mitteln so beizulegen haben, „dass der Weltfriede, die internationale Sicherheit und die Gerechtigkeit nicht gefährdet werden“ (Pflicht zur friedlichen Streitbeilegung). Die Charta verbietet also nicht nur Angriffskriege, sondern auch jegliche unautorisierte Androhung oder Anwendung von Gewalt und verlangt eine friedliche Streitbeilegung. Die Charta nennt nur zwei mögliche Ausnahmen vom generellen Gewaltverbot: Zum einen bestätigt Artikel 51 das „naturgegebene“ Recht der Staaten auf individuelle und kollektive Selbstverteidigung im Falle eines bewaffneten Angriffs, und zum anderen sieht Kapitel VII die Möglichkeit vom Sicherheitsrat autorisierter militärischer Zwangsmaßnahmen gegen Staaten vor, die gegen das Gewaltverbot verstoßen.

Ausnahme: Selbstverteidigung

Nach Artikel 51 ist der Einsatz militärischer Gewalt dann gerechtfertigt, wenn es sich um einen Akt der Selbstverteidigung handelt. Diese Bestimmung beinhaltet freilich die Möglichkeit ihres Missbrauchs durch Staaten, die Gewalt eigentlich in aggressiver Absicht einsetzen, sie aber als Selbstverteidigung rechtfertigen. Um dies zu verhindern, hat die Generalversammlung 1974 nach langen und schwierigen Verhandlungen eine Aggressionsdefinition beschlossen (Resolution 3314 (XXIX)). Stark vereinfacht könnte man danach sagen, dass eine Angriffshandlung dann vorliegt, wenn ein Staat zuerst militärische Gewalt anwendet. Da Staaten aber berechtigt sind, als erste zu militärischen Mitteln zu greifen, wenn ein Angriff eines anderen Staates unmittelbar bevorsteht, ist die Angelegenheit etwas komplizierter. Daher definiert die Resolution eine ganze Reihe staatlicher Handlungen, die als Aggression zu werten sind, etwa eine Invasion oder ein Angriff, eine Küsten- oder Hafenblockade und auch das Entsenden bewaffneter Gruppen, irregulärer Kämpfer und Söldner durch einen Staat (Resolution 3314 (XXIX), Art. 3). Jedenfalls hat die Resolution zu einer Klarstellung dessen beigetragen, was als Aggressionshandlung und somit nicht (mehr) als Akt der Selbstverteidigung zu bewerten ist.

Zwangsmaßnahmen nach Kap. VII

Im Falle einer Bedrohung des Friedens, eines Bruchs des Friedens oder einer Angriffshandlung kann der Sicherheitsrat gemäß Kapitel VII der Charta militärische und nichtmilitärische Zwangsmaßnahmen zur Wiederherstellung der internationalen Sicherheit ergreifen. Dabei hat vor allem das Konzept der Bedrohung des Friedens einen grundlegenden Interpretationswandel erfahren. Während ursprünglich lediglich die Gefahr zwischenstaatlicher Kriege als Friedensbedrohung angesehen wurde, werden heute oftmals auch innerstaatliche Kriege sowie humanitäre Katastrophen infolge derartiger Kriege als Friedensbedrohung eingestuft (Pape 1997).

innerstaatliche Friedensbedrohungen

Erstmalig geschah dies, als 1991 das irakische Militär nach dem Golfkrieg gegen die kurdische Bevölkerung im Norden und die schiitische Bevölkerung im Süden des Landes gewaltsam vorging (Resolution 688). Jedoch spielten bei der Bewertung des Konflikts auch dessen grenzüberschreitende Auswirkungen – insbesondere die Flüchtlingsströme in die Türkei und in den Iran – eine Rolle, so dass es sich zumindest auch um eine Bedrohung des *internationalen* Friedens handelte. Demgegenüber stellte der Sicherheitsrat bereits 1993 im Fall des Bürgerkriegs in Angola eine Bedrohung des Friedens fest, ohne jegliche Gefährdung des internationalen Friedens zwischen Staaten zu postulieren (Resolution 864). Der Rat gründete seine Entscheidung vollständig auf innerstaatliche Kriegshandlungen (Chesterman 2003: 137–138). Infolge dieses Präzedenzfalles stellte der Sicherheitsrat u.a. auch bei den innerstaatlichen Kriegen in Somalia, Bosnien, Kosovo, Osttimor und im Sudan Friedensbedrohungen im Sinne von Kapitel VII der Charta fest.

„responsibility to protect“

Neben innerstaatlichen Kriegen hat der Sicherheitsrat zunehmend auch anhaltende schwere Menschenrechtsverletzungen von Staaten als Friedensbedrohung eingestuft, die militärische oder nichtmilitärische Zwangsmaßnahmen nach sich ziehen können (vgl. eingehender dazu Kap. 10). Der Schutz der Menschenrechte wurde durch die Praxis des Rates in den 1990er Jahren gestärkt. Zudem ist schrittweise das Konzept der Schutzverantwortung („responsibility to protect“) entstanden und einflussreich geworden, dem gemäß die Staaten dafür verantwortlich sind, dass grundlegende Menschenrechte geachtet werden. Dort wo Menschenrechte etwa durch Völkermord, Kriegsverbrechen oder Verbrechen gegen die Menschlichkeit massiv missachtet werden, ohne dass der betreffende Staat dies verhindern kann oder will, geht diese Schutzverantwortung dann aber auf die internationale Staatengemeinschaft über (ICISS 2001). Das allgemeine Recht oder gar eine allgemeine Pflicht des Sicherheitsrates bei solchen Menschenrechtsverletzungen mit militärischen oder nichtmilitärischen Zwangsmaßnahmen zu intervenieren, bleibt aber umstritten. Dementsprechend wird in allen einschlägigen Resolutionen des Sicherheitsrates, in denen Zwangsmaßnahmen als Reaktion auf massive Menschenrechtsverletzungen beschlossen wurden, auf die „Einmaligkeit“ der Situation verwiesen (Chesterman 2003: 160–162).

erbetene Intervention

Neben den beiden genannten Ausnahmen – Selbstverteidigung und Zwangsmaßnahmen des Sicherheitsrats – sieht die Charta keine weiteren Möglichkeiten vor, vom allgemeinen Gewaltverbot abzuweichen. Allerdings verbietet die Charta nicht explizit die erbetene Intervention eines Staates auf Ersuchen eines anderen. Dieser Umstand eröffnet natürlich Möglichkeiten, das Gewaltverbot zu umgehen, wie es die Fälle der US-Intervention in Grenada 1983 und der sowjetischen Invasion Afghanistans 1979 zeigen. Dies ist umso problematischer, als es in vielen internen Konflikten unklar sein kann, welche politische Gruppe überhaupt die legitime Staatsgewalt besitzt und als solche eine Intervention von außen anfordern darf (Bothe & Martenczuk 1999: 129; Woyke 2008: 265).

8.1.2 Operative Tätigkeiten der UN

Um die Staaten bei der Einhaltung des Gewaltverbots zu unterstützen, haben die UN drei Typen operativer Tätigkeiten entwickelt: Zwangsmaßnahmen (kollektive Sicherheit), Verfahren friedlicher Streitbeilegung (konsensuale Sicherheit) und Peacekeeping (ebenfalls konsensuale Sicherheit).

Kollektive Sicherheit: Zwangsmaßnahmen

System kollektiver Sicherheit

Einige operative Tätigkeiten der UN zur Umsetzung des allgemeinen Gewaltverbots stellen militärische oder nichtmilitärische Zwangsmaßnahmen nach Kapitel VII der UN-Charta dar. Diese werden von den UN im Rahmen ihres Systems kollektiver Sicherheit durchgeführt. Ein System kollektiver Sicherheit gibt seinen Mitgliedstaaten die Garantie, dass die Gemeinschaft jedem Mitgliedstaat beisteht, der sich der Gewaltanwendung oder Gewaltandrohung eines anderen Mitgliedstaates ausgesetzt sieht. Im Gegensatz zu Systemen kollektiver Verteidigung handelt es sich bei Systemen kollektiver Sicherheit nicht um Allianzen, bei denen sich die Mitglieder Beistand gegen einen Angriff durch einen Nichtmitgliedstaat versprechen. Vielmehr versprechen sich die Mitglieder Beistand gegen den Angriff eines Mitglieds ihrer Gemeinschaft. Es handelt sich also um eine nach innen, nicht nach außen gerichtete Sicherheitsgarantie.

Sicherheitsrat als zentrales Organ

Um das System kollektiver Sicherheit der UN weltweit wirksam werden zu lassen, weist die UN-Charta dem Sicherheitsrat weitreichende Kompetenzen zu (Thompson 2006; Voeten 2005). Der Sicherheitsrat kann im Falle einer Angriffshandlung, eines Friedensbruchs oder einer Friedensbedrohung kollektive Zwangsmaßnahmen verhängen und so die Friedenspflicht durchsetzen („Peace-enforcement“). Dabei darf nur der Sicherheitsrat feststellen, ob ein Verstoß gegen das Gewaltverbot stattgefunden hat, und ob ein Friedensbruch oder eine Friedensbedrohung vorliegt. Der Sicherheitsrat kann u.a. dann tätig werden, wenn ihn der betroffene Staat anruft. Darüber hinaus können aber auch andere Staaten oder der UN-Generalsekretär den Sicherheitsrat auf Situationen aufmerksam machen, die den Weltfrieden und die internationale Sicherheit bedrohen (Art. 99). Der Sicherheitsrat entscheidet sodann, ob „eine Bedrohung oder ein Bruch des Friedens oder eine Angriffshandlung vorliegt“ (Art. 39). Im Rahmen des Systems kollektiver Sicherheit der UN kann nur eine derartige Feststellung des Rates weitere kollektive Zwangsmaßnahmen legitimieren.

Praxis des Sicherheitsrats bis 1990 …

Angesichts der Vielzahl von Kriegen, die seit 1945 geführt wurden, fällt die Anzahl der vom Sicherheitsrat festgestellten Friedensbrüche, Friedensbedrohungen und Angriffshandlungen eher gering aus. Allerdings ist auch die Anzahl zwischenstaatlicher Kriege verglichen mit innerstaatlichen Kriegen eher niedrig, so dass der Sicherheitsrat – zumindest so lange nur zwischenstaatliche Konflikte als Friedensbedrohung oder Friedensbruch im Sinne von Kap. VII angesehen wurden – oftmals auch gar nicht tätig werden konnte (Gleditsch et al. 2002;

Harbom & Wallensteen 2010). Doch selbst da, wo der Sicherheitsrat tätig werden konnte, musste der Sicherheitsrat während des Ost-West-Konflikts oftmals untätig bleiben; zumeist verhinderte eines der ständigen Sicherheitsratsmitglieder mit seinem Veto, dass befreundete Staaten aufgrund eines Friedensbruchs, einer Friedensbedrohung oder einer Angriffshandlung kritisiert wurden. So kam es lediglich bei „Paria-Staaten" wie Südafrika oder Rhodesien vereinzelt zur Feststellung einer Friedensbedrohung. Darüber hinaus wurde Nordkorea für seinen Angriff auf Südkorea (1950) und Argentinien für die Besetzung der von Großbritannien beanspruchten Falkland-Inseln (1982) kritisiert.

… und seit 1990

Seit dem Ende des Ost-West-Konflikts ist die Anzahl der Resolutionen des Sicherheitsrates nach Kapitel VII der Charta beträchtlich gestiegen (Human Security Project 2010: Kap. 4; Rittberger et al. 2010: 389–390). Die ständigen Sicherheitsratsmitglieder verzichten zunehmend, wenn auch bei weitem nicht durchgängig, darauf, befreundete Staaten, die sich einer Friedensbedrohung, eines Friedensbruchs oder einer Angriffshandlung schuldig machten, vor verurteilenden Sicherheitsratsresolutionen zu schützen. Dementsprechend konnte der Überfall des Irak auf Kuwait 1990 durch den Sicherheitsrat ebenso verurteilt werden (Resolution 660 (1990)) wie die Kriegshandlungen, mit denen sich Serbien und Montenegro gegen den Zerfall Jugoslawiens wehrten (Resolution 713 (1991)). Dazu kam, dass der Sicherheitsrat seit dem Ende des Ost-West-Konflikts auch innerstaatliche Kriegshandlungen vermehrt als Friedensbedrohung wertete. So sah der Sicherheitsrat sowohl im Falle von Somalia (Resolution 746 (1992)) als auch beispielsweise im Falle von Ruanda (Resolution 918 (1994)), Osttimor (Resolution 2172 (1999)) und Kongo (Resolution 1925 (2010)) eine Bedrohung des Weltfriedens, welche durch innerstaatliche Kriegshandlungen ausgelöst wurde. Darüber hinaus beschränkt der Sicherheitsrat seine Bedrohungsfeststellungen nicht länger lediglich auf staatliche Handlungen, sondern wertet auch Aktivitäten nichtstaatlicher Akteure (z.B. der Taliban oder von Al Qaida) als Bedrohung des Friedens nach Artikel 39 der UN-Charta (vgl. u.a. Resolution 1267 (1999) ff., 1373 (2001) ff., 1540 (2004)). Selbst Piraterie wird heute vom Sicherheitsrat als Friedensbedrohung im Sinne der Charta eingestuft (vgl. Resolutionen 1814, 1816 sowie 1846 (2008)).

rechtsverbindliche Verhaltensanweisungen

Wenn der Sicherheitsrat die Existenz eines Bruchs oder einer Bedrohung des Friedens feststellt oder eine Angriffshandlung gemäß Artikel 39 verurteilt, kann er Staaten rechtlich verbindliche Verhaltensanweisungen erteilen. So verurteilte der Sicherheitsrat (Resolution 660 (1990)) beispielsweise die irakische Invasion in Kuwait und verlangte, dass der Irak alle seine Streitkräfte unverzüglich und bedingungslos zurückziehe. Gleichzeitig rief er Irak und Kuwait dazu auf, Verhandlungen zur Lösung ihrer Konflikte aufzunehmen. Ganz ähnlich verurteilte der Sicherheitsrat (Resolution 1160 (1998)) die Gewalttaten serbischer Polizeikräfte im Kosovo und verlangte die Aufnahme politischer Gespräche. Darüber hinaus forderte er im Kosovokonflikt die Wiederherstellung des Autonomiestatus der Region Kosovo. Weiterhin kann der Sicherheitsrat die Einstellung militärischer Handlungen, den Rückzug aus besetzten Gebieten, die Achtung der Souveränität und der territorialen Integrität eines Staates, die Vernichtung von Atomwaffen oder auch die Einstellung von Menschenrechtsverletzungen fordern. Das heißt, hat der Sicherheitsrat eine Friedensbedrohung, einen Friedensbruch oder eine Angriffshandlung festgestellt, so kann er den betreffenden Gewaltakteuren spezifische rechtlich verbindliche Vorgaben machen, wie der Weltfrieden und die internationale Sicherheit wieder herzustellen ist.

nichtmilitärische Zwangsmaßnahmen…

Kommen die Streitparteien den Weisungen des Sicherheitsrates nicht nach, so kann dieser Zwangsmaßnahmen beschließen, die „zu ergreifen sind, um seinen Beschlüssen Wirksamkeit zu verleihen" (Art. 41 UN-Charta). Zunächst kann der Rat nichtmilitärische Zwangsmaßnahmen verhängen. Die Charta sieht hier eine „vollständige oder teilweise Unterbrechung der Wirtschaftsbeziehungen, des Eisenbahn-, See- und Luftverkehrs, der Post-, Telegrafen- und Funkverbindungen sowie sonstiger Verkehrsmöglichkeiten und den Abbruch der diplomatischen Beziehungen" (Art. 41 UN-Charta) vor. Zwar ist der Sicherheitsrat bei der Umsetzung von Zwangsmaßnahmen auf die Mitgliedstaaten angewiesen, kann diese aber rechtsverbindlich dazu auffordern, die von ihm verfügten Zwangsmaßnahmen umzusetzen (Cortright & Lopez 2002; Cortright et al. 2007).

… während des Ost-West-Konflikts …

Während des Ost-West-Konflikts hat der Sicherheitsrat allerdings lediglich in zwei Fällen von Artikel 41 Gebrauch gemacht, um seine Resolutionen mit nichtmilitärischen Zwangsmaßnahmen durchzusetzen. Im ersten Fall verhängte er 1966 Wirtschaftssanktionen gegen Rhodesien (Resolution 232 (1966)), nachdem er die Unabhängigkeitserklärung des weißen Minderheitsregimes (gemäß Art. 39 UN-Charta) als Friedensbedrohung eingestuft hatte. In der Folge verschärfte der Sicherheitsrat seine Boykottmaßnahmen, bis er sie 1979 wieder aufhob, als Rhodesien unter der Führung einer schwarzen Mehrheitsregierung unter dem Namen „Simbabwe" die Unabhängigkeit erlangte. Im zweiten Fall – dem Apartheidregime in Südafrika – verhängte der Sicherheitsrat in Reaktion auf die blutigen Unruhen in den „black townships" (1976) ein Waffenembargo (Resolution 418 (1977)). Rechtsverbindliche Wirtschaftssanktionen wurden hingegen nicht verhängt. Der Sicherheitsrat beschränkte sich hier auf die Empfehlung an die Mitgliedstaaten, freiwillig umfassende Sanktionsmaßnahmen gegen Südafrika zu ergreifen. Nach dem Ende des Apartheidregimes wurden die Sanktionen 1994 wieder aufgehoben.

… und seit 1990

Seit 1990 hat der Sicherheitsrat in zahlreichen Fällen nichtmilitärische Sanktionen verhängt (Hurd 2005): Beispielsweise wurde schon vier Tage nach dem Überfall des Irak auf Kuwait 1990 ein umfassendes Handelsembargo gegen Irak verhängt (Resolution 713 (1991)). Um die Kämpfe im ehemaligen Jugoslawien einzudämmen, beschloss der Sicherheitsrat 1991 ein vollständiges Waffenembargo (Resolution 713 (1991)). Zudem wurden gegen Serbien und Montenegro Wirtschaftssanktionen verhängt. Insbesondere wurden die Unterbindung des Handels mit Rohstoffen und Fertigwaren sowie eine Unterbrechung des Luftverkehrs angeordnet. Der Sicherheitsrat hob die genannten Sanktionen im Jahre 1996 auf (Resolution 1074), verhängte aber nur zwei Jahre später im Zuge des Kosovo-Konflikts erneut ein Waffenembargo (Resolution 1160 (1998)), welches im September 2001 aufgehoben wurde. Der Sicherheitsrat hat ferner vermehrt sogenannte „smart sanctions" (intelligente Sanktionen) verhängt. Diese richten sich nicht gegen Staaten, sondern eher gegen Individuen, die mit vom Sicherheitsrat festgestellten Friedensbedrohungen in Verbindung gebracht werden. Die

Listung von Terrorverdächtigen, deren Bankkonten eingefroren werden müssen, ist das offensichtlichste Beispiel für diese Praxis des Sicherheitsrates (Cortright & Lopez 2002). Um diese Sanktionen durchzusetzen, hat der Sicherheitsrat inzwischen mehrfach Sanktionsausschüsse gegründet (z.B. Al Qaida- und Taliban-Sanktionsausschuss). Diese tragen zur Umsetzung der Sanktionen bei, indem sie beispielsweise die Listen der Terrorverdächtigen, die Sanktionen unterliegen, verwalten.

Nach dem Ost-West-Konflikt hat der Sicherheitsrat auch davon Gebrauch gemacht, Mitgliedstaaten (gemäß Art. 48 UN-Charta) aufzufordern, nichtmilitärische Zwangsmaßnahmen militärisch durchzusetzen. Um sein Handelsembargo gegen den Irak durchzusetzen, forderte er in Resolution 665 (1990) „diejenigen Mitgliedstaaten, die mit der Regierung Kuwaits zusammenarbeiten und Seestreitkräfte in das Gebiet verlegen, auf, (...) alle einlaufenden und auslaufenden Seetransporte zur Kontrolle (...) ihrer Fracht (...) anzuhalten." Auch das Waffenembargo gegen das ehemalige Jugoslawien wurde im Auftrag des Sicherheitsrats von Seestreitkräften u.a. der NATO durchgesetzt.

militärische Zwangsmaßnahmen

So sich die nichtmilitärischen Zwangsmaßnahmen zur Durchsetzung seiner Beschlüsse als ungenügend erweisen, kann der Sicherheitsrat zu militärischen Zwangsmaßnahmen greifen. Gemäß der UN-Charta kann er „mit Luft-, See-, oder Landstreitkräften die zur Wahrung oder Wiederherstellung des Weltfriedens und der internationalen Sicherheit erforderlichen Maßnahmen durchführen" (Art. 42 UN-Charta). Um den Sicherheitsrat in die Lage zu versetzen, derartige militärische Zwangsmaßnahmen vorzunehmen, sieht die Charta die Einrichtung eines Generalstabsausschusses vor, dem eigene Streitkräfte zur Verfügung stehen (Art. 47 UN-Charta). Laut Charta sollen die Mitgliedstaaten „nach Maßgabe eines oder mehrerer Sonderabkommen dem Sicherheitsrat auf sein Ersuchen Streitkräfte zur Verfügung stellen" (Art. 43 UN-Charta). Tatsächlich wurden bis heute keine derartigen Sonderabkommen geschlossen, so dass den UN keine eigenen Streitkräfte zur Verfügung stehen (Kühne 2000a: 295). Die ständigen Mitglieder des Sicherheitsrates hatten zwar in einer Resolution 1946 den Generalstabsausschuss beauftragt, über die Bereitstellung von Streitkräften zu beraten. Die beteiligten Staaten waren jedoch im Kontext des Ost-West-Konfliktes nicht in der Lage, sich über die Modalitäten der Aufstellung von UN-Streitkräften zu einigen. Eine der Voraussetzungen eines wirksamen kollektiven Sicherheitssystems ist deshalb bis heute unerfüllt geblieben. Die UN bleiben somit für die Durchführung kollektiver militärischer Zwangsmaßnahmen auf die fallweise Stellung von Streitkräften durch einzelne Mitgliedstaaten (gemäß Art. 48 UN-Charta) oder regionale Abmachungen (Art. 53 Abs. 1 UN-Charta) angewiesen.

Während des Ost-West-Konflikts konnte der Sicherheitsrat kein einziges Mal militärische Zwangsmaßnahmen beschließen. Lediglich die Maßnahmen, die im Zusammenhang mit dem Korea-Krieg (1950) beschlossen wurden, ähnelten den in der UN-Charta vorgesehenen militärischen Zwangsmaßnahmen. Diese Maßnahmen konnten jedoch nur deshalb beschlossen werden, weil die UdSSR die Sitzungen des Sicherheitsrates zeitweilig boykottierte und es deshalb versäumte, ihr andernfalls zu erwartendes Veto einzulegen. So konnte der Sicherheitsrat den Mitgliedern der UN gemäß Art. 48 der Charta empfehlen, Südkorea bei der Abwehr der Angriffe aus Nordkorea zu unterstützen. Da jedoch die USA beauftragt wurden, anstelle des Generalstabsausschusses das Oberkommando zu bilden, hatte der Einsatz eher den Charakter einer US-Militäraktion als den eines UN-Einsatzes im Sinne der kollektiven Sicherheit.

Beispiele militärischer Zwangsmaßnahmen

Nach dem Ende des Ost-West-Konflikts sind in einigen Fällen militärische Zwangsmaßnahmen vom Sicherheitsrat beschlossen und/oder autorisiert worden. Der Golfkrieg 1991 stellte näherungsweise einen solchen Fall dar. Der Sicherheitsrat führte die militärischen Maßnahmen nach dem irakischen Überfall auf Kuwait zwar weder (gemäß Art. 42 UN-Charta) selbst durch, noch hatte er die Mitglieder zur Anwendung militärischer Zwangsmaßnahmen (gemäß Art. 48 UN-Charta) aufgefordert. Er gab aber immerhin sein Einverständnis, „alle notwendigen Mittel einzusetzen", wodurch er die mit Kuwait verbündeten Staaten autorisierte, mit militärischen Zwangsmaßnahmen gegen die irakische Besatzung vorzugehen. Daher kann die Befreiung Kuwaits auch als ein Akt der „individuellen oder kollektiven Selbstverteidigung" (Art. 51 UN-Charta) gesehen werden, welcher jedoch vom Sicherheitsrat ausdrücklich unterstützt wurde. In einigen Fällen hat der Sicherheitsrat aber Mitgliedstaaten ausdrücklich zu militärischen Zwangsmaßnahmen aufgefordert. So verlangte er 1993 von der NATO, die Flugverbotszone über Bosnien-Herzegowina durchzusetzen (Resolution 816 (1993)). Auch die darauf folgenden, von der NATO ausgeführten, Luftschläge gegen Stellungen der bosnischen Serben stützten sich auf eine autorisierende Resolution des UN-Sicherheitsrates (Resolution 836 (1993)). In ihr wurde die NATO ermächtigt, die Schutztruppe der Vereinten Nationen („United Nations Protection Force", UNPROFOR) mittels Einsatzes von Luftstreitkräften zu unterstützen. Zudem autorisierte der Sicherheitsrat beispielsweise in den Gewaltkonflikten in Somalia (Resolution 746 (1992)), Ruanda (Resolution 918 (1994)) und Haiti (Resolution 940 (1994)) sogenannte humanitäre Interventionen, also den militärischen Eingriff in Staaten zur Verhinderung oder Beendigung von Menschenrechtsverletzungen. Ähnlich agierte der Sicherheitsrat 2011, als er durch Resolution 1973 (2011) die UN-Mitgliedstaaten autorisierte, „alle notwendigen Maßnahmen zu ergreifen, [...] um von Angriffen bedrohte Zivilpersonen und von der Zivilbevölkerung bewohnte Gebiete [...] zu schützen", die mit den Truppen des libyschen Regimes Muammar al-Gaddafis konfrontiert waren. Die NATO wurde so ermächtigt, mit Luftschlägen gegen die Stellungen der libyschen Streitkräfte vorzugehen.

nicht autorisierte Interventionen: Kosovo, Irak

Diese vom Sicherheitsrat genehmigten militärischen Zwangsmaßnahmen sind von nicht autorisierten militärischen Interventionen grundsätzlich zu unterscheiden. Dazu gehören u.a. die NATO-Operation „Allied Force" im Rahmen des Kosovo-Konflikts im Frühjahr 1999 (Bothe & Martenczuk 1999; Brock 2000: 136; Chesterman 2003: 213–215) sowie die Invasion des Irak 2003 durch eine von den USA angeführte „Koalition der Willigen" (Cockayne & Malone 2008: 396–405). In beiden Fällen hatte der Sicherheitsrat zwar im Vorfeld eine Friedensbedrohung festgestellt. Darüber hinaus hatte er nichtmilitärische Zwangsmaßnahmen verhängt, militärische Zwangsmaßnahmen jedoch nicht autorisiert. In beiden Fällen war deutlich, dass entsprechende Resolutionsentwürfe im Sicherheitsrat scheitern würden, weshalb diese jeweils wieder zurückgezogen wurden.

Die nachfolgenden militärischen Interventionen der NATO im Kosovo sowie der von den USA geführten Koalition im Irak waren somit völkerrechtswidrig.

Konsensuale Sicherheit I: Verfahren friedlicher Streitbeilegung

System konsensualer Sicherheit

Das auf Friedenserzwingung ausgelegte System kollektiver Sicherheit wird im Rahmen der UN durch ein System konsensualer Sicherheit ergänzt, das auf Verfahren der friedlichen Streitbeilegung nach Kapitel VI der UN-Charta beruht. Anders als im System kollektiver Sicherheit, welches kollektive Zwangsmaßnahmen gegen einzelne Mitgliedstaaten vorsieht, benötigen Maßnahmen im System konsensualer Sicherheit eines Konsenses aller Konfliktparteien. Das System konsensualer Sicherheit stellt dann operative Maßnahmen bereit, die der Erfüllung der Staatenpflicht zur friedlichen Streitbeilegung dienen sollen.

Gute Dienste

Die UN versuchen, mit Hilfe verschiedener Techniken des Konfliktmanagements die Chancen friedlicher Streitbeilegung in den internationalen Beziehungen zu verbessern. Dazu gehören einmal die Guten Dienste, die bei den UN in der Regel vom Generalsekretär oder von einer von ihm beauftragten Person geleistet werden. Sie bieten einen Kommunikationskanal für Konfliktparteien, die keinen direkten Kontakt zueinander wünschen (Whitfield 2007). Die Konfliktparteien können beispielsweise die Guten Dienste nutzen, um Bedingungen zur Aufnahme von Verhandlungen zu vereinbaren. Sie können so kommunizieren, ohne offiziell in Gespräche über die Aufnahme von Verhandlungen eingetreten zu sein, also die andere Seite bereits vorab als Verhandlungspartner anzuerkennen. Die Guten Dienste des Generalsekretärs können die Aufnahme von Verhandlungen zwischen den Konfliktparteien ermöglichen und somit zur friedlichen Streitbeilegung beitragen. Der Generalsekretär hat seine Guten Dienste wiederholt in Konfliktsituationen angeboten, zum Beispiel im Streit zwischen den USA und dem Irak. 1998 schaffte es Kofi Annan etwa, den Streit über Waffeninspektionen im Irak zumindest zeitweise zu entschärfen. Gestützt auf das Prestige seines Amtes gelang es, Saddam Hussein eine Zustimmung zur Weiterführung der Inspektionen abzuringen.

Untersuchung

Eine weitere Möglichkeit der UN, Konfliktparteien bei der friedlichen Streitbeilegung behilflich zu sein, stellt das Verfahren der Untersuchung dar. Die Untersuchung beinhaltet eine unabhängige Tatsachenfeststellung durch Dritte, z.B. durch eine Untersuchungskommission der UN. Diese soll zur Klärung der dem Konflikt zugrunde liegenden Sachverhalte beitragen. So wird den Konfliktparteien „objektives" Material zur Beurteilung des Streitfalls an die Hand gegeben. Dieses kann die Konfliktparteien zwar nicht binden, jedoch hilfreich sein, da Streitigkeiten oftmals durch Differenzen über die zugrunde liegenden Sachverhalte verschärft werden. Gemäß Artikel 34 der UN-Charta verfügt insbesondere der Sicherheitsrat über die Möglichkeit, Untersuchungskommissionen einzusetzen. Er hat davon in einer Reihe von Fällen Gebrauch gemacht, wenngleich nur in zwei Fällen (1946 in Bezug auf Griechenland und 1948 in Bezug auf den Kaschmir-Konflikt) ausdrücklich unter Berufung auf Artikel 34 der Charta.

Vermittlung

Ebenso kann die Vermittlung ein Instrument der UN zur Verbesserung der Chancen friedlicher Streitbeilegung sein. Die Vermittlung geht über die Möglichkeiten der Guten Dienste und der Untersuchung deutlich hinaus (Bercovitch 2007; Cocker et al. 2004; Keashly & Fisher 1996). Die UN spielen als Vermittler eine erheblich aktivere Rolle, indem sie ggf. auch eigene Vorschläge einbringen, um die Streitigkeiten durch Verhandlungen beizulegen. Der Generalsekretär wurde wiederholt vom Sicherheitsrat beauftragt, bei zwischenstaatlichen Konflikten entweder selbst zu vermitteln oder einen Vermittler zu benennen. Letzteres ist beispielsweise im Falle der Kämpfe im ehemaligen Jugoslawien geschehen, bei denen sich UN-Vermittler (Cyrus Vance und Thorvald Stoltenberg) gemeinsam mit Vermittlern der Europäischen Union (David Owen und Carl Bildt) um die Aushandlung eines Friedensplanes bemühten. Die Vermittlungsanstrengungen führten jedoch erst unter der Führung der USA zu einem die Kämpfe beendenden Ergebnis, dem Abkommen von Dayton im Jahre 1995 (Holbrooke 1999). Nichtsdestotrotz ist die Nachfrage für Vermittlung durch die UN innerhalb der letzten zwei Jahrzehnte deutlich angewachsen (United Nations Secretary-General 2009: 3). Beispielsweise haben sich Vertreter der UN – mit unterschiedlich großem Erfolg – in Afghanistan, Georgien, Myanmar, Nigeria/Kamerun, Westsahara, der Zentralafrikanischen Republik und Zypern um Vermittlung bemüht.

richterliche Entscheidung

Bei Streitigkeiten rechtlicher Art zwischen den Mitgliedstaaten der UN besteht die Möglichkeit, eine richterliche Entscheidung durch den Internationalen Gerichtshof herbeizuführen (Rosenne 2003; Schulte 2004). Die Anrufung des Gerichtshofes, dessen Statut Teil der UN-Charta ist, kann ein wirksames Mittel der friedlichen Streitbeilegung sein, da seine Urteile verbindlich sind. Allerdings setzt ein derartiges Urteil die Erklärung der Streitparteien voraus, dass sie die Zuständigkeit des Gerichtshofs anerkennen. Bis Ende 2011 haben jedoch nur 67 UN-Mitgliedstaaten ihre allgemeine Unterwerfung unter die Jurisdiktion des Gerichtshofes erklärt. Für die übrigen Staaten gilt, dass sie eine Unterwerfungserklärung für den jeweiligen Einzelfall abgeben müssen, wenn der Gerichtshof ein Urteil sprechen können soll. Aus diesem Grund hat eine Vielzahl von internationalen Rechtsstreitigkeiten niemals den Internationalen Gerichtshofs erreicht. Insgesamt sind seit 1946 nur in ungefähr 100 Fällen (Stand: Ende 2011) verbindliche Urteile gefällt worden.

Konsensuale Sicherheit II: Peacekeeping

Peacekeeping als Teil konsensualer Sicherheit

Die Friedenssicherung (der gebräuchlichere Begriff ist die englische Bezeichnung „Peacekeeping") findet zwar keinerlei Erwähnung in der UN-Charta, hat sich jedoch zu einer der wichtigsten Tätigkeiten der UN im Sicherheitsbereich entwickelt (Doyle & Sambanis 2006; 2007; Weiss et al. 2007: 33–41, 45–80). Durch seinen wiederholten Einsatz durch die UN besitzt das Peacekeeping heute eine völkergewohnheitsrechtliche Grundlage. Peacekeeping wurde bereits während des Ost-West-Konflikts entwickelt. Wie die Techniken der friedlichen Streitbeilegung gemäß Kapitel VI der UN-Charta beruhte auch Peacekeeping zunächst auf dem Konsens aller Konfliktparteien. Eben weil dieses „klassische" Peacekeeping sich auf den Konsens der Streitparteien über die Entsendung von UN-Beobachtern oder UN-Friedenstruppen („Blauhelmsoldaten") stützt, ist es dem System konsensualer Sicherheit (Kapitel VI) und nicht dem System kollektiver Sicherheit (Kapitel VII) zuzuordnen. Da es aber zumeist auch den Einsatz von UN-Friedenstruppen vorsieht, ist Peacekeeping auch als „chapter six-and-a-half" der UN-Charta bezeichnet worden (Dag Hammarskjöld, zit. nach Weiss et al. 2007: 39). Zudem wurden seit dem Ende des Ost-West-Konflikts vermehrt auch „robuste" Peacekeeping-Missionen unter Berufung auf Kapitel VII der UN-Charta damit beauftragt, ggf. unter Einsatz von Gewalt eine „sichere Umgebung" wiederherzustellen. Diese Einsätze waren auch nicht mehr abhängig vom Konsens aller Konfliktparteien (vgl. unten).

Kompetenzen der UN-Organe

Alle Peacekeeping-Operationen werden vom UN-Sicherheitsrat autorisiert (vgl. allgemein Art. 24 UN-Charta). Er legt in den entsprechenden Mandats- und Einsatzresolutionen nicht nur fest, dass UN-Beobachter oder UN-Friedenstruppen im Rahmen von Peacekeeping zum Einsatz kommen sollen, sondern beschließt zudem die Einsatzbedingungen, welche auf den jeweiligen Konflikt zugeschnitten werden. Neben dem Sicherheitsrat kommt dem Generalsekretär bei der inhaltlichen Ausgestaltung von Peacekeeping-Operationen besondere Bedeutung zu. Der Generalsekretär muss mit den Konfliktparteien das Einsatzgebiet, die Einsatzziele, die Befugnisse des UN-Personals und weitere Eckpunkte der Operation in einem Richtlinienabkommen festlegen, das dann häufig vom Sicherheitsrat bestätigt wird. Außerdem ist es Aufgabe des Generalsekretärs, das notwendige Personal (z.B. zivile Fachkräfte oder Polizei) und die erforderlichen Truppenkontingente bei den Mitgliedstaaten anzufordern und deren Einsatz mit den teilnehmenden Mitgliedstaaten zu koordinieren.

klassisches Peacekeeping

Peacekeeping-Operationen haben eine Vielzahl von Aufgaben erfüllt, die sich immer weiter ausdifferenzierten. Ursprünglich galten Peacekeeping-Missionen vor allem der Überwachung von Waffenstillstandsabkommen. Hierbei entsenden die UN Beobachtergruppen oder Friedenstruppen, welche die Einhaltung von zwischen den Konfliktparteien vereinbarten Waffenstillständen überwachen sollen. Die 400 Mann starke UN-Einheit UNIIMOG („United Nations Iran–Iraq Military Observer Group"), die nach dem Ersten Golfkrieg von 1988 bis 1991 den Waffenstillstand zwischen Iran und Irak überwachte, stellt ein gutes Beispiel einer solchen „klassischen" Peacekeeping-Operation dar. Im Falle eines Bruchs des Waffenstillstands können die Beobachtergruppen oder Friedenstruppen feststellen, welche Konfliktpartei verantwortlich zu machen ist. So soll in Waffenstillstandssituationen ein Mindestmaß an Erwartungsverlässlichkeit hergestellt werden. Beobachter und Friedenstruppen der UN wurden zudem auch schon präventiv eingesetzt, um den Ausbruch von Feindseligkeiten zu verhindern. Die Entsendung einer UN-Friedensmission in die frühere jugoslawische Teilrepublik Mazedonien („United Nations Preventive Deployment Force", UNPREDEP, 1995–99) ist ein solches Beispiel. Das Mandat von UNPREDEP umfasste die Beobachtung von und Berichterstattung über Entwicklungen in den Grenzgebieten zwischen Mazedonien und der Bundesrepublik Jugoslawien sowie Albanien, die die Stabilität Mazedoniens unterminieren und seine territoriale Integrität verletzen könnten.

multidimensionales Peacekeeping

Seit dem Ende des Ost-West-Konflikts beschränken sich Peacekeeping-Operationen nur mehr selten darauf, Waffenstillstandsabkommen zu stabilisieren, indem sie einen Puffer zwischen den Konfliktparteien bilden. Vielmehr wurden vermehrt „multidimensionale" Peacekeeping-Operationen durchgeführt, die darüber hinaus darauf abzielen, die Bedingungen für stabilen Frieden zu verbessern. So sind UN-Beobachter oder UN-Friedenstruppen an Demokratisierungsprozessen beteiligt, indem sie in Bürgerkriegsgesellschaften Wahlen überwachen (z.B. „United Nations Mission in Bosnia-Herzegovina", UNMIBH, seit 1995); sie übernehmen oder überprüfen die Entwaffnung verfeindeter Bürgerkriegsparteien (z.B. „United Nations Mission of Observers in Tajikistan", UNMOT, 1997–2000); sie nehmen Ordnungsfunktionen staatlicher Bürokratien wahr (z.B. „United Nations Operation in Somalia", UNOSOM I und II, 1992–95) und sie leisten humanitäre Hilfe (z.B. UNPREDEP in Mazedonien, 1995–99).

robustes Peacekeeping

Allerdings konnte die UN derartige multidimensionale Peacekeeping-Operationen nur dann erfolgreich durchführen, wenn alle Konfliktparteien jenseits eines bloßen Waffenstillstands einem entsprechenden Friedensabkommen freiwillig zugestimmt hatten. Da in vielen Bürgerkriegssituationen die Konfliktparteien dazu nicht bereit sind, warb der ehemalige UN-Generalsekretär Boutros Boutros-Ghali in seiner „Agenda for Peace" (1992) für ein vermehrtes Engagement der UN, um Bürgerkriege zu beenden und Staatszerfall aufzuhalten. Dies führte zu einer weiteren Ausweitung des Aufgabenspektrums von Peacekeeping-Operationen. Friedensmissionen wurden nun unter Kapitel VII der UN-Charta ermächtigt, auch mit Waffengewalt ein „sicheres Umfeld" herzustellen, in dem die UN dann weitergehende Friedensbemühungen durchführen bzw. unterstützen kann. Die Peacekeeping-Operationen in Somalia (UNOSOM II, 1993–95) und im ehemaligen Jugoslawien (UNPROFOR, 1992–95) verkörpern dieses „robuste" Peacekeeping, das allerdings bereits in der Friedensmission im Kongo („Opérations des Nations Unies au Congo", ONUC, 1960) einen frühen Vorläufer hatte (Doyle 1999: 456).

komplexes Peacekeeping

Schließlich verdeutlichen die Friedensmissionen für das Kosovo („United Nations Interim Administration Mission in Kosovo", UNMIK, seit 1999) und Osttimor („United Nations Transitional Administration in East Timor", UNTAET, 1999–2002), dass mittlerweile eine weitere Kategorie des Peacekeeping entstanden ist. Denn die komplexen Mandate dieser Friedensmissionen verbinden Friedenssicherung durch militärische Einheiten mit Friedenskonsolidierung („Peacebuilding") durch zivile Kräfte (Kühne 2000b: 1357; Rittberger 2007: 13). Letztere zeichnet sich durch eine weitgehende Übernahme politischer und administrativer Verantwortung aus; das entsandte Zivilpersonal übt treuhänderisch Regierungsgewalt aus, bis eine lokale Selbstverwaltung an ihre Stelle treten kann. Das „komplexe" Peacekeeping zielt mithin auf den extern geförderten (Wieder-)Aufbau effektiver und legitimer staatlicher Institutionen ab („Statebuilding"), weil diese als Voraussetzung für die Konsolidierung von nachhaltigem Frieden („Peacebuilding") angesehen werden.

Kommission für Friedenskonsolidierung

Trotz des quantitativen Anstiegs der Nutzung von Peacekeeping (vgl. Abbildung 8.1) und der qualitativen Veränderungen der Missionsmandate, halten Diskussionen über eine grundlegende Reform des Peacekeeping-Instrumentariums an. So sind komplexe Peacekeeping-Missionen zwar möglicherweise besser geeignet, nachhaltigen Frieden herzustellen, sie benötigen jedoch auch mehr Ressourcen und eine bessere Koordinierung. Zu diesem Zweck errichteten der

Sicherheitsrat (in Resolution 1645) und die Generalversammlung (in Resolution 60/180) im Jahr 2005 gemeinsam die UN-Kommission für Friedenskonsolidierung („UN Peacebuilding Commission“) als intergouvernementales Beratungsgremium. Die Kommission für Friedenskonsolidierung wurde mit den Aufgaben betraut, Wiederaufbaustrategien für Staaten in Nachkriegssituationen zu entwickeln, höhere und verlässlichere Beitragszahlungen von Mitgliedstaaten für UN-Peacekeeping-Operationen anzuregen und die Koordinierung der beteiligten Akteure in komplexen Missionen zu verbessern (Paris 2010; Rittberger et al. 2010: 393).

Rolle regionaler Organisationen

Eine Lösung für dieses Koordinierungsproblem zu finden, wird besonders wichtig vor dem Hintergrund, dass der Sicherheitsrat vermehrt regionale Organisationen wie die NATO („International Security Assistance Force“, ISAF, in Afghanistan, seit 2003 unter NATO-Kommando) oder die EU („European Union Force“, EUFOR, in der Demokratischen Republik Kongo, 2006) zur Durchführung von Peacekeeping-Operationen autorisiert oder sogar hybride Missionen gemeinsam mit Regionalorganisationen durchführt (Pelz & Lehmann 2007: 2). Die von der UN und der AU gemeinsam getragene Peacekeeping-Mission UNAMID („United Nations-African Union Mission in Darfur“) stellt ein Beispiel für solche hybriden Missionen dar. Bis zu 20.000 Soldaten und 6.000 Polizisten wurden hier in die sudanesische Region Darfur entsandt (Resolution 1769 (2007)).

Abbildung 8.1: Anzahl von UN-Peacekeeping-Operationen (1948–2012)

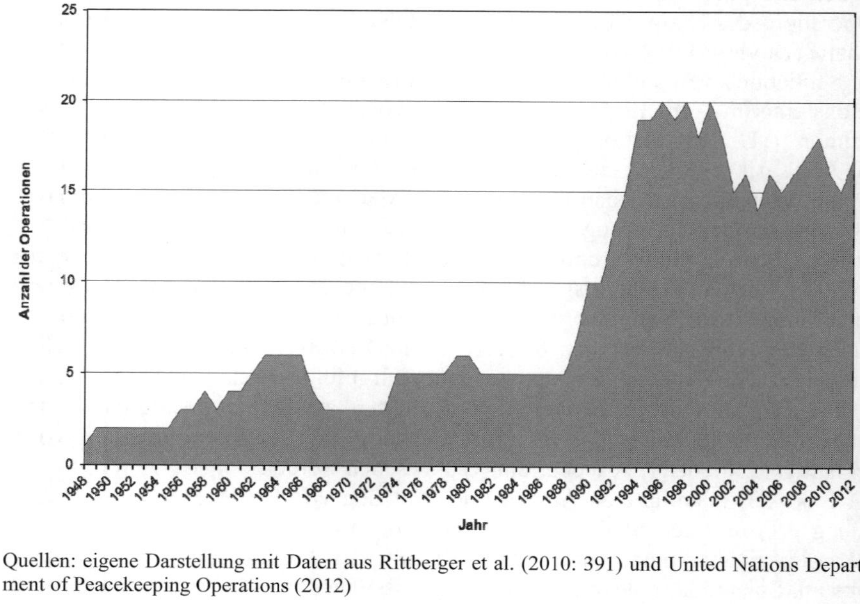

Quellen: eigene Darstellung mit Daten aus Rittberger et al. (2010: 391) und United Nations Department of Peacekeeping Operations (2012)

8.1.3 Beurteilung der Effektivität der UN

Ebenen: Output, Outcome, Impact

Eine der wichtigsten Fragen bei der Untersuchung von internationalen Organisationen ist die nach ihrer Effektivität (vgl. Underdal 2002; 2004; Young 2004). Grundsätzlich stellt sich dabei die Frage, ob ihr *Output* (Programme und operative Tätigkeiten) das Verhalten der Regelungsadressaten wirksam zu lenken vermag (Effektivität auf der *Outcome*-Ebene) und dazu beiträgt, internationale Probleme zu lösen (Effektivität auf der *Impact*-Ebene). Mit Blick auf das Politikfeld der gewaltsamen Selbsthilfe ist also zu fragen, ob die Tätigkeiten der UN das Problem der Anwendung und Androhung militärischer Gewalt lindern (Impact-Ebene) und ob sie das Verhalten potentieller Gewaltakteure in friedliche Bahnen zu lenken vermögen (Outcome-Ebene). Um die Effektivität der UN bei der Verhinderung, Entschärfung und Beendigung militärischer Gewaltanwendung und Gewaltandrohung zu bestimmen, stützen wir uns auf verschiedene empirische Indikatoren und existierende Studien.

Rückgang zwischenstaatlicher Kriege

Leistet das UN-Politikprogramm mit seinem Gewaltverbot einen relevanten Beitrag zur Überwindung der Androhung oder Anwendung militärischer Gewalt in den internationalen Beziehungen? Die im Vergleich zu innerstaatlichen Kriegen sinkende Anzahl zwischenstaatlicher Kriege mag ein erstes Indiz dafür sein (vgl. Abbildung 8.2), dass bereits die Ächtung der Gewaltanwendung oder -androhung zwischen Staaten durch die UN einen Beitrag zum Weltfrieden leistet.

Abbildung 8.2: Anzahl bewaffneter Konflikte (1946–2009)

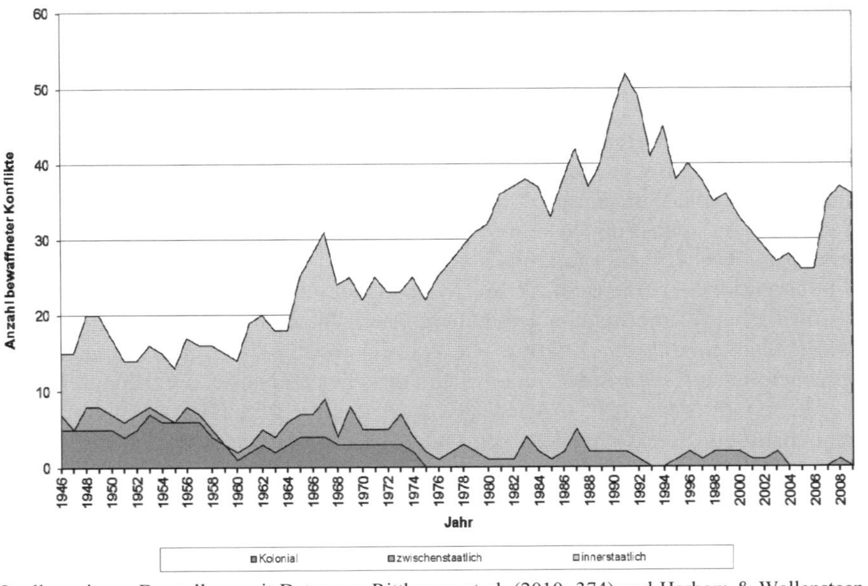

Quellen: eigene Darstellung mit Daten aus Rittberger et al. (2010: 374) und Harbom & Wallensteen (2010)

Die seit 1945 kontinuierlich abnehmende Anzahl zwischenstaatlicher bewaffneter Konflikte mag zwar auch durch andere Entwicklungen wie etwa die Industrialisierung und Demokratisierung zahlreicher Staaten begünstigt worden sein. Insofern beweist sie die Effektivität des Gewaltverbots der UN nicht. Trotzdem kann die abnehmende Anzahl als ein – wenngleich schwaches – Indiz für die Effektivität des Politikprogramms des Gewaltverbots gesehen werden.

Rückgang kriegerischer Landnahme

Ein etwas stärkeres Indiz für die Effektivität des Gewaltverbots und der damit verbundenen Resolutionen der Generalversammlung und des Sicherheitsrats bietet die Beobachtung, dass die Anzahl der Fälle, in denen Staaten es vermochten, mit kriegerischer Gewalt territoriale Grenzen zu verschieben, dramatisch gesunken ist. Während Landnahme durch Krieg in der internationalen Politik bis ins frühe 20. Jahrhundert relativ üblich war, ist dies mit dem Gewaltverbot der UN-Charta zur Ausnahme geworden. Wie Zacher (2001) zeigt, führten vor 1945 ca. 80 Prozent aller zwischenstaatlichen Kriege zu territorialen Grenzverschiebungen, demgegenüber fiel diese Zahl nach 1945 auf unter 30 Prozent. Angesichts des Gewaltverbots der UN-Charta und damit verbundener Resolutionen der Generalversammlung und des Sicherheitsrats ist die internationale Gemeinschaft nicht länger willens, Landgewinne zu akzeptieren, die mit kriegerischer Gewalt erzwungen wurden. Die Reaktionen der internationalen Staatengemeinschaft auf Iraks Angriffskrieg gegen Kuwait und dessen anschließende Besetzung 1990 mag dies ebenso illustrieren wie die Tatsache, dass die US-geführte Koalition, die die irakischen Truppen aus Kuwait vertrieb, nie die Intention hegte, ihren militärischen Sieg in territoriale Gewinne umzuwandeln. Tatsächlich gab es seit 1976 keinen bedeutenden Fall erfolgreicher territorialer Erweiterung durch zwischenstaatlichen Krieg mehr (Zacher 2001).

Peacekeeping in zwischenstaatlichen Konflikten

Was die operativen Tätigkeiten der UN betrifft, wurde insbesondere die Effektivität von Peacekeeping-Operationen eingehend untersucht. Ein erster Blick auf den Zusammenhang zwischen der Anwesenheit von Friedenstruppen zur Stabilisierung von Waffenstillstands- bzw. Friedensabkommen und dem Wiederaufflammen militärischer Gewalt zwischen Staaten legt den Schluss nahe, dass Peacekeeping nicht wirksam ist. Tatsächlich scheint es sogar so, dass bei Anwesenheit von Friedenstruppen ein Wiederaufflammen der Kampfhandlungen wahrscheinlicher wird (Fortna 2004b: 490). Diehl et al. (1996) postulieren, dass UN-Interventionen keine signifikante Wirkung auf die Wiederaufnahme zwischenstaatlicher Kampfhandlungen haben. Auch Werner (1999) argumentiert, dass die Einmischung durch Dritte wie beispielsweise UN-Friedenstruppen die Wahrscheinlichkeit der Fortsetzung des Krieges eher erhöht denn verringert (vgl. auch Werner & Yuen 2005). Allerdings liegt diesem scheinbar negativen Zusammenhang ein Selektionseffekt zugrunde: Friedenstruppen kommen nicht bei einer repräsentativen Auswahl von Konflikten zum Einsatz. Vielmehr werden sie bevorzugt bei Konflikten eingesetzt, bei denen ein Wiederaufflammen der Kämpfe besonders wahrscheinlich ist (Fortna 2004b: 491, 499). Diesen Sachverhalt berücksichtigend kommt Fortna (2004b: 517) zu dem Ergebnis, dass „peace lasts substantially longer when international personnel deploy than when states are left to maintain peace on their own". Verglichen mit Fällen, in denen Staaten nach einem Krieg auf sich allein gestellt bleiben, sinkt die Wahrscheinlichkeit eines erneuten Krieges um 85%, wenn Friedenstruppen in der Konfliktregion sind. Interessanterweise macht laut Fortna die Größe einer Peacekeeping-Mission dabei statistisch gesehen keinen Unterschied (Fortna 2004b: 500).

Peacekeeping in innerstaatlichen Konflikten

Das Gros der empirischen Studien zur Effektivität von Peacekeeping fokussiert allerdings nicht auf die Friedenssicherung nach zwischenstaatlichen Kriegen, sondern vielmehr auf die nach innerstaatlichen Kriegen. Dabei zeigt sich, dass nach dem Ende des Ost-West-Konflikts die Anzahl von UN-Peacekeeping-Operationen deutlich gestiegen ist, während die Anzahl innerstaatlicher bewaffneter Konflikte stark abgenommen hat (vgl. Abbildungen 8.1 und 8.2). Das heißt, Peacekeeping-Operationen kommen nicht nur absolut, sondern auch relativ betrachtet immer häufiger zum Einsatz. Dabei zeigen zahlreiche empirische Studien durchaus belastbar, dass durch die Peacekeeping-Operationen nach dem Ost-West-Konflikt ein Wiederaufflammen eines durch einen Waffenstillstand beruhigten Bürgerkrieges sehr viel unwahrscheinlicher wird (Doyle & Sambanis 2000, 2006; Fortna 2004a, 2008; Hartzell et al. 2001; Walter 2002). Wie auch bei zwischenstaatlichen Kriegen werden Friedenstruppen bevorzugt in Bürgerkriegssituationen eingesetzt, bei denen andernfalls auch nach einem Waffenstillstand kaum zu erwarten wäre, dass die Konfliktparteien zu einem dauerhaften Gewaltverzicht in der Lage sind. Dementsprechend endeten einige UN-Peacekeeping-Operationen auch mit dramatischen Fehlschlägen. Der Rückzug der Friedenstruppen aus Ruanda (1994) angesichts des unmittelbar bevorstehenden Genozids bietet ein entsprechendes Beispiel (Barnett & Finnemore 2004: 121–155). Stellt man jedoch in Rechnung, dass sie vor allem bei schwer lösbaren Konflikten zum Einsatz kommen, dann zeigt sich, dass Friedensmissionen erhebliche Auswirkungen auf den Erfolg eines Waffenstillstands- oder Friedensabkommens haben. Von Peacekeeping begleitete Abkommen halten signifikant länger als jene, die nicht durch Peacekeeping-Operationen abgestützt werden (Fortna 2004a; Fortna & Howard 2008: 290).

Wirkung verschiedener Typen unklar

Doyle & Sambanis (2000) kommen zu dem Schluss, dass insbesondere multidimensionale Peacekeeping-Operationen erfolgreich sind. Bei multidimensionalen Peacekeeping-Operationen ist es besonders wahrscheinlich, dass es innerhalb der ersten beiden Jahre nach der Beendigung von Kampfhandlungen nicht zu einem Wiederaufflammen der Kämpfe kommt. Darüber hinaus deutet ihre Studie auch darauf hin, dass robuste Friedensmissionen erfolgreicher sind als klassische Friedensoperationen. Demgegenüber hat Fortna (2008) in einer Studie gezeigt, dass relativ kleine, schwache und konsensbasierte Peacekeeping-Operationen oftmals ebenso effektiv sind wie robustere Friedensoperationen. Zwischen Missionen, die unter Kapitel VI, und solchen, die unter Kapitel VII firmieren, stellt sie keine signifikanten Unterschiede fest. Insgesamt bleibt somit unklar, welche Arten von Friedensmissionen besonders effektiv sind (Fortna & Howard 2008: 292). Auch die Frage, ob externe Drittparteien wie die UN mit komplexen Staatsbildungs- und Friedenskonsolidierungsmissionen in Bürgerkriegsgesellschaften dazu beitragen können, funktionierende Staatsstrukturen zu etablieren, ist nicht abschließend beantwortet; es gibt erhebliche Zweifel, ob sich Staatlichkeit quasi importieren lässt (Paris 2004, Fortna & Howard 2008: 293; vgl. Edelstein 2008; Marten 2004; von Hippel 2000).

Bereitstellungslücke

Eindeutig hingegen scheint, dass die vermehrte Nutzung von Peacekeeping sowie die Ausweitung der Mandate zu einer Lücke zwischen der Nachfrage für und der Bereitstellung von mitgliedstaatlichen Ressourcen geführt hat. Dieses Problem wurde weithin anerkannt, so beispielsweise im Brahimi-Bericht aus dem Jahr 2000 (A55/305) oder dem Abschlussbericht des „High-Level Panel on Threats, Challenges, and Change“ (A/59/565, 2004) und stellte die Grundlage für die Schaffung der UN-Kommission für Friedenskonsolidierung (SC-Resolution 1645, GA-Resolution 60/180) im Jahr 2005 dar. Diese versucht, die verschiedenen Strategien und Tätigkeiten im komplexen Feld der Friedenskonsolidierung in Nachkriegsgesellschaften zu koordinieren. Trotz dieser jüngsten Reformen bleiben die Anstrengungen der UN zur Steigerung der Effektivität von Peacekeeping und zur Vergrößerung der Bereitschaft der Staaten, sich an Peacekeeping-Operationen zu beteiligen, weit davon entfernt, die in den genannten Berichten und Resolutionen gesteckten Ziele zu erreichen.

8.2 Rüstungsdynamik: UN / IAEA

Gefahr eines Rüstungswettlaufs

Wie bereits erwähnt, ist dem Sicherheitsdilemma nicht nur die Gefahr der Androhung und Anwendung von Gewalt inhärent, sondern auch die eines sich selbst antreibenden und verstärkenden internationalen Rüstungswettlaufs. Selbst Staaten, die grundsätzlich zu umfassender Rüstungskontrolle bereit wären, können demzufolge versucht sein, ihre Rüstungsanstrengungen zu steigern, um ihre eigene Sicherheit gegenüber Staaten zu gewährleisten, deren Rüstungsanstrengungen sie als bedrohlich empfinden. Agieren alle Staaten so, dann steigen ihre Rüstungsausgaben, ohne dass sich dadurch ihre Sicherheitslage verbessert, weshalb sie alle zusammen an Rüstungskontrollvereinbarungen interessiert sein sollten. Derartige Rüstungskontrollvereinbarungen können durch internationale Organisationen – ihre Programme sowie ihre operativen Tätigkeiten – stabilisiert werden. Dies soll im Folgenden anhand der Nichtweiterverbreitung von Nuklearwaffen illustriert werden.

8.2.1 Politikprogramm der UN

Unbestimmtheit der Charta

Während die UN-Charta bezüglich der Androhung und Anwendung von Gewalt ein detailliertes Politikprogramm enthält, bleibt ihr Politikprogramm zur Begrenzung der Rüstungsdynamik eher unbestimmt. Präzise Bestimmungen über staatliche Waffenarsenale und zulässige Waffengattungen oder gar die operative Umsetzung möglicher Rüstungskontrollvereinbarungen sind in der UN-Charta nicht enthalten. Die Charta sieht aber vor, dass im Rahmen der UN ein Rüstungskontrollprogramm entwickelt werden soll. Gemäß Artikel 26 der UN-Charta „ist der Sicherheitsrat beauftragt, […] Pläne auszuarbeiten, die den Mitgliedern der UN zwecks Errichtung eines Systems der Rüstungsregelung vorzulegen sind.“ Da der Sicherheitsrat angesichts des Ost-West-Konflikts jedoch blockiert war, übernahm die Generalversammlung (gemäß Art. 11 UN-Charta) an seiner statt die Aufgabe, Grundsätze der Rüstungskontrolle zu erörtern und Empfehlungen zu verabschieden.

Entstehung des NPT

Eine Vereinbarung zu einer möglichst umfassenden nuklearen Abrüstung wurde im Rahmen der UN bereits seit ihrer Gründung debattiert. Ein konkreter Antrag, demgemäß zumindest die Weiterverbreitung von Kernwaffen verhindert werden sollte, wurde 1958 von Irland in die Generalversammlung eingebracht. Der Antrag Irlands fand damals jedoch keine Unterstützung. Erneut auf eine Initiative Irlands hin sprach sich die Generalversammlung 1961 dann in Resolution 1665 (XVI) einstimmig für das Ziel der Nichtverbreitung von Kernwaffen aus. In Resolution 2028 (XX) forderte sie 1965 den seit 1961 in Genf tagenden 18-Mächte-Abrüstungsausschuss auf, vorrangig über einen nuklearen Nichtverbreitungsvertrag zu verhandeln. Die Mitglieder des Ausschusses, der sich aus je fünf Staaten des westlichen und des östlichen Lagers sowie aus acht Vertretern der Blockfreien zusammensetzte, traten daraufhin in einen intergouvernementalen Verhandlungsprozess ein, der für das Erreichen von politikprogrammatischen Entscheidungen typisch ist (vgl. Kapitel 6). Wie das Modell des intergouvernementalen Aushandlungsprozesses vermuten lässt, wurden die Verhandlungen von den mächtigsten Staaten, insbesondere den USA und der UdSSR, dominiert, die den schwächeren Staaten einen Atomwaffenverzicht durch Seitenzahlungen wie Zugeständnisse im zivilnuklearen Bereich und in Form von Abrüstungsversprechen annehmbar zu machen versuchten. Schließlich konnten sich die Staaten des 18-Mächte-Ausschusses 1968 auf einen Text für den – häufig auch als Atomwaffensperrvertrag bezeichneten – Nuklearen Nichtverbreitungsvertrag („Nuclear Non-Proliferation Treaty", NPT) einigen. Dieser wurde noch im selben Jahr von der Generalversammlung (Resolution 2373 (XXII)) mit großer Mehrheit angenommen und den Mitgliedern zur baldigen Unterzeichnung und Ratifizierung empfohlen (Müller et al. 1994).

regulatives Programm des NPT

Das in seinem Kern regulative Programm des Vertrags spiegelt in seiner Verteilung der Rechte und Pflichten in hohem Maße die faktische Ungleichheit der Staaten wider (Müller 1989: 282–287; Müller et al. 1994). Während er für Nichtkernwaffenstaaten eine weitreichende Beschränkung ihrer Handlungsoptionen beinhaltet, sind die offiziellen Kernwaffenstaaten – also die USA, die UdSSR, das Vereinigte Königreich, Frankreich und China – in ihrer Handlungsfreiheit weit weniger eingeschränkt. Der Vertrag verlangt von den Nichtkernwaffenstaaten, „Kernwaffen und sonstige Kernsprengkörper oder die Verfügungsgewalt darüber von niemandem unmittelbar oder mittelbar anzunehmen, Kernwaffen oder sonstige Kernsprengkörper weder herzustellen noch sonst wie zu erwerben und keine Unterstützung zur Herstellung von Kernwaffen oder sonstigen Kernsprengkörpern zu suchen oder anzunehmen" (Art. 2 NPT; Verzichtsnorm). Der Vertrag führt folglich zum Verlust der Kernwaffenoption für die Staaten, die zum Zeitpunkt der Vertragsunterzeichnung nicht bereits über Kernwaffen verfügten. Die Kernwaffenmächte wurden hingegen lediglich verpflichtet, „Kernwaffen und sonstige Kernsprengkörper oder die Verfügungsgewalt darüber an niemanden unmittelbar oder mittelbar weiterzugeben" (Art. 1 NPT; Nichtweitergabenorm). Gleichzeitig geben die Kernwaffenstaaten, die den Vertrag unterzeichnet und ratifiziert haben, das Versprechen ab, „in redlicher Absicht Verhandlungen zu führen über wirksame Maßnahmen zur Beendigung des nuklearen Wettrüstens in naher Zukunft und zur nuklearen Abrüstung sowie über einen Vertrag zur allgemeinen und vollständigen Abrüstung unter strenger und wirksamer internationaler Kontrolle“ (Art. 6 NPT; Abrüstungsnorm).

schwache Einschränkung vertikaler Proliferation

Diese Verknüpfung des Verbots der horizontalen Proliferation, d.h. der Verbreitung von Nuklearwaffen an Staaten, die bisher keine besaßen, mit der Begrenzung der vertikalen Proliferation, d.h. der weitergehenden nuklearen Aufrüstung der Atommächte, blieb jedoch sehr unbestimmt (Krause 2007). Im Gegensatz zur Einschränkung der horizontalen Proliferation wurde die der vertikalen Proliferation trotz der wiederholten Mahnung seitens der Nichtnuklearwaffenstaaten lediglich in Ansätzen beispielsweise in den SALT („Strategic Arms Limitation Talks“)- und START („Strategic Arms Reduction Treaty“)-Verträgen sowie im INF („Intermediate Nuclear Forces“)-Vertrag verwirklicht (Marin Bosch 1999: 381–383). Daran hat auch die von den Nichtkernwaffenstaaten im Gegenzug für die unbefristete Verlängerung des Nichtverbreitungsvertrages 1995 verlangte Verpflichtung der Kernwaffenstaaten zu konkreten und überprüfbaren Abrüstungsschritten einschließlich der Forderung nach Ratifizierung des 1996 ausgearbeiteten umfassenden Teststoppvertrages („Comprehensive Test-Ban Treaty“, CTBT) nur wenig verändert (Müller 2002: 169–171). Denn der Teststoppvertrag ist bis heute nicht in Kraft getreten, da sich zwei der anerkannten Nuklearmächte, die USA und China, weiter einer Ratifikation des Vertrages verweigern.

zivilnuklearer Handel

Neben dem Abrüstungsversprechen konnten die Kernwaffenstaaten die Nichtkernwaffenstaaten besonders mit der Zusage an den Vertrag binden, die Politik der Technologieverweigerung als Strategie der Nichtverbreitung von Atomwaffen aufzugeben. Sie garantierten den „nuklearen Habenichtsen“, am internationalen zivilnuklearen Handel auf der Basis der Gleichberechtigung teilhaben zu können (Art. 4 NPT). Für den zivilnuklearen Bereich setzt der Vertrag allerdings Sicherungsmaßnahmen („Safeguards“) voraus, „damit verhindert wird, dass Kernenergie von der friedlichen Nutzung abgezweigt und für Kernwaffen oder sonstige Kernsprengkörper verwendet wird“ (Art. 3 Abs. 1 NPT; Sicherungsnorm). Die Kernwaffenstaaten verpflichten sich ihrerseits, nur mit Nichtkernwaffenstaaten, die die Sicherungsmaßnahmen akzeptiert haben, zivilnuklearen Handel zu treiben (Art. 3 Abs. 2 NPT; Exportkontrollnorm).

8.2.2 Operative Tätigkeiten der IAEA

Um zu verhindern, dass die Normen und Regeln des Nichtverbreitungsvertrages toter Buchstabe bleiben, wurde die Internationale Atomenergiebehörde („International Atomic Energy Agency“, IAEA, gegründet 1957) damit beauftragt, die zur Implementierung notwendigen operativen Tätigkeiten zu übernehmen.

Spezifizierung der Exportkontrollnorm

Um das beschriebene Politikprogramm zu implementieren, bedurfte es zunächst einmal der inhaltlichen Konkretisierung. Insbesondere musste spezifiziert werden, welche nuklearen Ausgangsmaterialien und Anlagen von Staaten nur dann exportiert werden dürfen, wenn der importierende Staat die ausschließlich zivile Nutzung der Exportgüter garantiert und Überwachungsmaßnahmen durch die IAEA zustimmt. Eine Liste von Gütern, die beim Export Kontrollmaßnahmen der IAEA im Importstaat voraussetzt, wurde im Nuklearen Exportkomitee der IAEA ausgehandelt. Dieses Exportkomitee wurde nach seinem ersten Vorsitzenden, dem Schweizer Claude Zangger, als Zangger-Komitee bekannt. Das Zangger-Komitee vereinigte die wichtigsten Exporteure nuklearer Technologien und sollte zu einer Abstimmung ihrer Exportpraktiken führen, um zu verhindern, dass für die Kernwaffenproduktion taugliche Güter ohne Sicherungsmaßnahmen weitergegeben würden. Allerdings dauerte es bis 1974, ehe die Lieferländer von nuklearen Technologien zur ersten, wenn auch sehr allgemeinen und wenig restriktiven Vereinbarung über ihre nukleare Exportpolitik gelangten („Trigger"-Liste, veröffentlicht als IAEA-Dokument INFCIRC/209). Im gleichen Jahr zündete Indien einen Atomsprengkörper. 1975 wurden daraufhin strengere Exportrichtlinien und größere Zurückhaltung beim Export von Nukleartechnologie vereinbart. Allerdings erfolgte die Koordinierung außerhalb des institutionellen Gefüges der IAEA im Rahmen eines Exportkartells der Lieferländer von nuklearen Technologien, dem „London Suppliers Club" (Spector 2002: 127–128). Die vom „London Suppliers Club" verfolgte Strategie der Technologieverweigerung gegenüber potenziellen Atomwaffenstaaten hatte allerdings zwei grundlegende Schwächen: Sie führte erstens zu einer offenen Diskriminierung der Importländer von nuklearen Technologien. Zweitens war die Einhaltung der Exportvereinbarungen in das Belieben der Lieferländer gestellt, da keine Kontrolle der Exportpraktiken vereinbart worden war.

irakisches Nuklearprogramm (in 1990ern)

Die nuklearen Lieferländer konnten, ohne das Risiko entdeckt zu werden, weiterhin ihren wirtschaftlichen Interessen folgend Nukleartechnologie exportieren. Diese Praxis wurde in den frühen 1990er Jahren durch die Aufdeckung des geheimen Nuklearwaffenprogramms des Irak offenkundig (Spector 2002: 128–129). Einen Großteil der Ausrüstungsgegenstände für sein Nuklearprogramm hatte der Irak von den nukleartechnologisch entwickelten Staaten bezogen. Die Entdeckung des irakischen Nuklearwaffenprogramms führte dazu, dass der „London Suppliers Club" die obsolet gewordenen Exportrichtlinien neu verhandelte. Besondere Beachtung fanden die Bestimmungen, die den Export von „dual-use"-Technologie, d.h. nukleare Ausrüstung und Materialien, die sowohl zu zivilen als auch zu militärischen Zwecken verwendet werden können, betreffen.

Spezifizierung der Sicherungsnorm

Der nur begrenzt erfolgreichen und lange Zeit vernachlässigten Konkretisierung und Implementierung der Exportkontrollnorm des Nichtverbreitungsvertrages steht die weitgehend gelungene Spezifizierung und Umsetzung der Sicherungsnorm der IAEA gegenüber. Anders als die Aushandlung von Exportkontrollrichtlinien ging die Erarbeitung von Sicherungsmaßnahmen („Safeguards") relativ zügig vonstatten (Chellaney 1999: 380–382). Bereits vor Inkrafttreten des Atomwaffensperrvertrages verfügte die IAEA über Sicherungsmaßnahmen in Form der 1961 und 1966 vom Gouverneursrat angenommenen Modellabkommen INFCIRC/26 und INFCIRC/66. Nur ein Jahr nach der Unterzeichnung des Nichtverbreitungsvertrages im Jahr 1968 wurde mit INFCIRC/153 ein neues Modellabkommen ausgearbeitet. Dieses behielt bis zur grundlegenden Reform des „Safeguards"-Systems in den Jahren 1995 und 1997 seine Gültigkeit und diente dem Generaldirektor der IAEA bei der Aushandlung von Abkommen über die Durchführung der Sicherungsmaßnahmen mit den Unterzeichnerstaaten des Kernwaffensperrvertrages als Leitfaden.

„Safeguards“

Gemäß INFCIRC/153 ist jeder Nichtkernwaffenstaat, der mit der IAEA ein „Safeguards“-Abkommen geschlossen hat, verpflichtet, alle Anlagen und Materialien, die der zivilen Nutzung der Kernenergie dienen, der IAEA zu melden. Weiterhin muss er für die deklarierten Anlagen eine Kernmaterialbilanz führen, die nachvollziehbar machen soll, ob nukleares Material aus der zivilen Nutzung für militärische Zwecke abgezweigt wurde. Das Neuartige und bislang Einmalige der „Safeguards“ ist, dass die Kernmaterialbilanzierung durch eine internationale Organisation, die IAEA, überwacht wird. Zu diesem Zweck können die Inspekteure der IAEA die deklarierten Anlagen vor Ort inspizieren. Außerdem hat die IAEA das Recht, an Schlüsselpunkten von Nuklearanlagen automatische Überwachungsvorrichtungen wie Kameras zu installieren (den Dekker 2001: 274–297).

Lücken und Reform der Überwachung

Trotz dieser weitreichenden Kontrollbefugnisse bot das „Safeguards“-System der IAEA gegen ein Abzweigen von waffentauglichen Kernbrennstoffen keinen vollständigen Schutz. Die IAEA verfügte in der Praxis über keine Möglichkeit zu überprüfen, ob ein Staat tatsächlich alle Anlagen und das gesamte nukleare Ausgangsmaterial seiner nuklearen Aktivitäten deklariert hatte. Die Lücken im Sicherungssystem der IAEA wurden etwa 1991 offenkundig, als eine Sonderkommission der UN im Irak auf Anzeichen eines umfangreichen Atomwaffenprogramms stieß. Das Land hatte bei der IAEA falsche Angaben sowohl hinsichtlich seiner Anlagen als auch über das vorhandene nukleare Ausgangsmaterial gemacht (Chayes & Chayes 1995: 181). Bereits im Juni 1991 formulierte der Generaldirektor der IAEA daraufhin ein Reformprogramm in drei Punkten. Erstens sollte seine Organisation uneingeschränkten Zugang zu allen verdächtigen Anlagen erhalten. Zweitens sollten sich die Inspekteure auf das Wissen der Geheimdienste stützen können. Drittens sollte der UN-Sicherheitsrat mit der IAEA kooperieren, um den Sanktionsprozess zu stärken. 1997 nahm der Gouverneursrat ein neues Modell für „Safeguards“-Abkommen an (INFCIRC 540). Auch wenn dem Wunsch des Generaldirektors nach uneingeschränktem Zugang nicht entsprochen wurde, sah das neue Modellabkommen doch eine deutliche Ausweitung der Berichtspflicht der Mitgliedstaaten sowie der Inspektionsrechte der IAEA vor (Colijn 1998: 95–97; den Dekker 2001: 297–305; Loosch 2000).

„Small Quantities Protocol“

Im Jahr 2005 einigte sich der Gouverneursrat der IAEA auf Veränderungen am Protokoll betreffend geringe Mengen („Small Quantities Protocol“, SQP), das für Staaten gilt, die kein oder nur wenig Nuklearmaterial besitzen. Das alte Protokoll hatte den Staaten gestattet, über geringe Mengen spaltbaren Materials zu verfügen, ohne diese der IAEA melden zu müssen. Die beschlossenen Veränderungen trugen der weit verbreiteten Ansicht Rechnung, dass das SQP eine Schwäche im Sicherungssystem darstellte. Daher verlangt die IAEA nunmehr von den Staaten, ihr Nuklearmaterial komplett und ohne Ausnahme an die Behörde zu melden und zudem frühzeitig Baupläne für geplante Nuklearanlagen zur Verfügung zu stellen. Außerdem wurde durch die Änderungen das Recht der IAEA wiederbelebt, Inspektionen auch in SQP-Staaten durchzuführen.

kaum eigene Sanktionsmöglichkeiten

Die IAEA kann, wie etwa 2006 im Zusammenhang mit dem iranischen Atomprogramm geschehen, Resolutionen verabschieden, die mangelnde Kooperation von Vertragsstaaten und Vertragsbrüche verurteilen. Sie kann jedoch keine rechtlich verbindlichen Sanktionen erlassen. Dafür ist die IAEA auf den Sicherheitsrat angewiesen – und auf ihre Fähigkeit, bei allen ständigen Mitgliedern des Sicherheitsrats für Unterstützung zu werben. Im Falle eines Vertragsbruchs ist die Verhängung von Sanktionen also auch dann keine leichte Aufgabe, wenn der Gouverneursrat eine solche Information direkt an den Sicherheitsrat weiterleiten kann. Sofern der Sicherheitsrat in dem Vertragsbruch eine Bedrohung des Weltfriedens und der internationalen Sicherheit erkennt, hat er das Recht, kollektive Zwangsmaßnahmen gegen den vertragsbrüchigen Staat zu verhängen (Müller et al. 1994). So hat der Sicherheitsrat in mehreren Resolutionen ein Embargo auf Waffen und Nukleartechnologie gegen den Iran verhängt (Resolutionen 1696 (2006), 1737 (2006), 1747 (2007), 1803 (2008), 1929 (2010)).

„Proliferation Security Initiative“

Aufgrund von Blindstellen im Nichtverbreitungsvertrag und wahrgenommenen Mängeln und Schwächen des IAEA-Kontrollregimes (vgl. unten) haben die USA im Jahr 2003 die „Proliferation Security Initiative“ (PSI) ins Leben gerufen. Die PSI zielt darauf ab, den Handel mit Massenvernichtungswaffen, ihren Trägersystemen und damit verbundenen Materialien zu Wasser, in der Luft sowie an Land zu unterbinden. Die 21 aktiv teilnehmenden Staaten und fast 100 Unterstützernationen (Stand: Ende 2011) verpflichten sich in einer Reihe von Unterbindungsgrundsätzen („Interdiction Principles“) darauf, „effektive Maßnahmen“ zu ergreifen, um den Transfer und Transport von Nuklearwaffenmaterialien zu verhindern, auf schnellstem Wege weiterverbreitungsrelevante Informationen auszutauschen sowie dafür notwendige rechtliche und institutionelle Voraussetzungen auf nationaler Ebene zu schaffen (Heupel 2007). Zwar betonen die USA durchweg, dass die PSI den Nichtverbreitungsvertrag ergänzen und nicht mit ihm rivalisieren soll; ihre Schaffung und eher informelle, US-geführte Struktur spiegeln nichtsdestotrotz eine Unzufriedenheit mit den bestehenden Anstrengungen im Bereich der Nichtweiterverbreitung und die wahrgenommene Notwendigkeit, alternative Mechanismen zu entwickeln, wider.

8.2.3 Beurteilung der Effektivität der UN / IAEA

Effektivität bei horizontaler Proliferation

Die Effektivität der UN und der IAEA im Bereich der Nichtweiterverbreitung von Kernwaffen ist hinsichtlich der horizontalen und der vertikalen Proliferation unterschiedlich zu beurteilen. Die Effektivität bei der Eindämmung der horizontalen Proliferation ist kaum zu bestreiten. Obwohl Indien, Israel, Pakistan und Nordkorea Nuklearwaffen erlangt haben, wird in zahlreichen Studien gemeinhin anerkannt, dass es ohne die Politikprogramme und operativen Tätigkeiten der UN und der IAEA heute wohl eine weitaus größere Anzahl von Nuklearwaffenstaaten gäbe (Beckman et al. 2000: 222–225; Brzoska 1991; Müller 2010). Ein wichtiges Indiz dafür ist, dass sich mit dem Inkrafttreten des Nichtverbreitungsvertrags (1970) der Zuwachs an Nuklearwaffenstaaten deutlich verlangsamt hat, so dass die Gesamtzahl der Nuklearwaffenstaaten insgesamt relativ niedrig geblieben ist (vgl. Abbildung 8.3). Während bis 1970 praktisch jeder Staat, der dazu in der Lage war, auch tatsächlich Nuklearwaffen erlangt hat, sind seither nur einige wenige potentielle Atommächte zu tatsächlichen Nuklearwaffenstaaten geworden.

Kam bis 1970 noch durchschnittlich alle 5 Jahre ein neuer Nuklearwaffenstaat hinzu, dauerte es seither durchschnittlich 10 Jahre, bis ein weiterer Nuklearwaffenstaat auftrat. Eine beträchtliche Anzahl von Staaten, die Nuklearwaffenprogramme (in unterschiedlichen Entwicklungsstadien) verfolgt hatten, haben diese früher oder später eingestellt (vgl. auch Levite 2002/2004; Müller 2000; Müller & Schmidt 2010). Nicht weniger als 26 Staaten, die einmal ernsthaft den Plan verfolgt hatten, zu Nuklearwaffenstaaten zu werden, haben die entsprechenden Nuklearwaffenprogramme wieder aufgegeben (Müller 2010: 189).

Abbildung 8.3: Anzahl der Staaten, die Nuklearwaffen besitzen

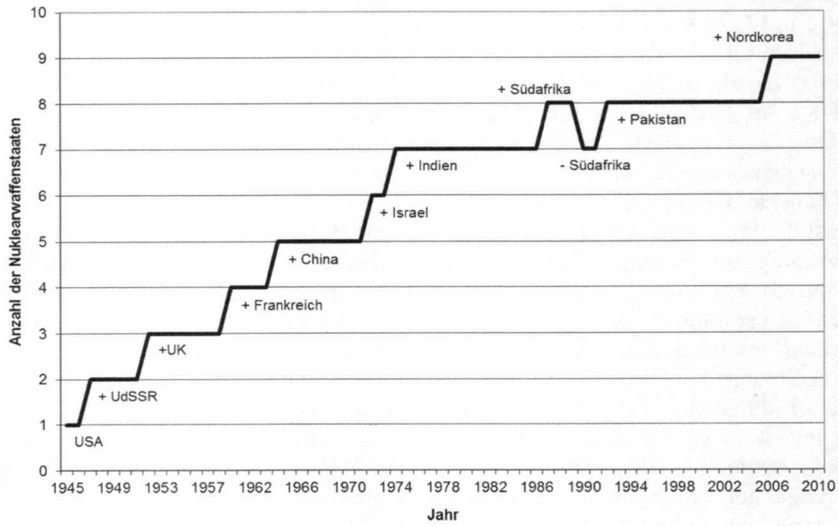

Quellen: eigene Darstellung mit Daten aus Beisheim et al. (1999: 180–182) und Norris & Christensen (2010)

Beitrag des „Safeguards"-Systems

Das „Safeguards"-System der IAEA liefert einen wichtigen Beitrag zur Nichtweiterverbreitung von Kernwaffen. Die Kontrolle durch die IAEA gibt den Nichtkernwaffenstaaten eine gewisse Erwartungssicherheit, dass andere Nichtkernwaffenstaaten keinen waffentechnischen Vorteil erlangen, indem sie kernwaffentaugliches Material aus der zivilen Nutzung zu militärischen Zwecken abzweigen. Das „Safeguards"-System fördert somit die Erwartung, durch den eigenen Atomwaffenverzicht von anderen Staaten nicht übervorteilt zu werden (Beckman et al. 2000: 223). Nur auf Grundlage dieser Erwartungssicherheit scheint die Option des Verzichts auf Kernwaffen überhaupt möglich.

Grenzen des „Safeguards"-Systems

Die Grenzen des „Safeguards"-System werden offensichtlich, wenn man auf die Atomprogramme Nordkoreas, des Iran sowie auf das angebliche irakische Nuklearprogramm vor dem Irak-Krieg 2003 blickt. Obwohl die Waffeninspekteure der IAEA und der UN keine Hinweise für eine Wiederaufnahme des Atomprogramms im Irak fanden, marschierten die USA, Großbritannien und einige Verbündete in den Irak ein. Der Fall Nordkoreas, das den Nichtverbreitungsvertrag 2003 kündigte, die Inspekteure der IAEA aus dem Land verwies und nur drei Jahre später einen Atomwaffentest durchführte, unterstreicht das problematische Charakteristikum des Nichtverbreitungsvertrages, dass es nicht möglich ist, einen Staat daran zu hindern, aus dem Vertragswerk auszutreten, um Kontrollen zu entgehen (Rittberger et al. 2010: 458–460). Der Fall des Iran, welcher noch immer dem Vertrag angehört, ist hingegen illustrativ für die Schwierigkeiten der Sanktionierung einer festgestellten Nichteinhaltung des Vertrags. Selbst wenn sich die Mitglieder des UN-Sicherheitsrates auf das Verhängen von Sanktionen einigen, wie sie es im Falle des Iran getan haben, stellt dies in keiner Weise sicher, dass ein vertragsbrüchiger Staat sein Verhalten deshalb ändert und auf den Pfad der Rechtsbefolgung und der Kooperation mit der IAEA zurückkehrt. Dies nährt Zweifel an der Effektivität der Sanktionsmechanismen, welche den UN und der IAEA zur Verfügung stehen, um die horizontale Proliferation zuverlässig zu unterbinden.

Effektivitätsschwäche bei vertikaler Proliferation

Darüber hinaus ist die Effektivität der UN und der IAEA bei der Verhinderung der vertikalen Proliferation bestenfalls umstritten. Während des Ost-West-Konflikts konnten die genannten Organisationen wenig zur Verlangsamung des nuklearen Rüstungswettlaufes zwischen den Supermächten beitragen (Beckman et al. 2000: 222). Sowohl die USA als auch die UdSSR bauten ihre Nuklearwaffenarsenale erheblich aus, was letztlich die Legitimität und so auch die langfristige Effektivität des Nichtverbreitungsvertrags beschädigte (Müller 2010: 189). Zwar hatten die USA die Anzahl nuklearer Sprengköpfe in ihrem Besitz seit Mitte der 1970er Jahre kontinuierlich reduziert, doch erst mit dem Ende des Ost-West-Konflikts konnten sowohl in den USA als auch in Russland eine substantielle Verringerung der Nuklearwaffenarsenale erreicht werden (vgl. Abbildung 8.4). Dass diese Abrüstungsmaßnahmen mit dem Nichtverbreitungsvertrag und den auf ihn bezogenen Tätigkeiten der UN und der IAEA verbunden sind, darf allerdings bezweifelt werden. Darauf deutet bereits der Umstand hin, dass bislang jedes Abkommen über nukleare Abrüstung zwischen den USA und der UdSSR (und später Russland) außerhalb der UN verhandelt und abgeschlossen wurde. Dies gilt auch für den neuen START-Vertrag („New Strategic Arms Reduction Treaty") zwischen Russland und den Vereinigten Staaten, der 2010 unterzeichnet wurde und seit 2011 in Kraft ist. Er sieht aber immerhin bis 2018 eine Reduktion der Anzahl nuklearer Sprengköpfe und ihrer Trägersysteme um rund die Hälfte vor.

„nukleares Tabu"

Bei der Beurteilung der Effektivität der UN und der IAEA bei der nuklearen Nichtverbreitung sind allerdings auch indirekte Effekte zu berücksichtigen. So wird argumentiert, dass beide Organisationen mit ihren Programmen zur nuklearen Nichtverbreitung und den darauf bezogenen operativen Tätigkeiten nicht nur die horizontale und vertikale Proliferation beeinflusst haben, sondern auch dazu beigetragen haben, dass seit 1945 Nuklearwaffen nicht mehr zum Einsatz kamen (Tannenwald 1999; 2005; 2007). Demnach haben beide Organisationen dazu beigetragen, dass sich ein – rechtlich nicht bindendes, aber trotzdem sozial wirksames – Verbot des Einsatzes von Atomwaffen, ein „nukleares Tabu", entwickeln konnte (Tannenwald 1999; vgl. auch Daase 2003). Laut Tannenwald (1999: 434) ist diese normative Ächtung von Nuklearwaffen essentiell, um zu verstehen, warum Atomwaffen seit 1945 ungenutzt geblieben sind. So zogen die USA, die 1945 noch Atomwaffen eingesetzt hatten und dies auch im Koreakrieg 1950 noch erwogen, während des Vietnam-Kriegs in den 1970er Jahren den Einsatz von Kernwaffen kaum mehr in Betracht. Im Irak-Krieg der 1990er galt die Nichtverwendung von Nuklearwaffen bereits als Selbstverständlichkeit. Das von den UN und der IAEA gestützte nukleare Tabu ist hier aus Sicht von Tannenwald (1999) ganz entscheidend.

Abbildung 8.4: Vertikale Proliferation: Atomwaffenbestände (1945–2010)

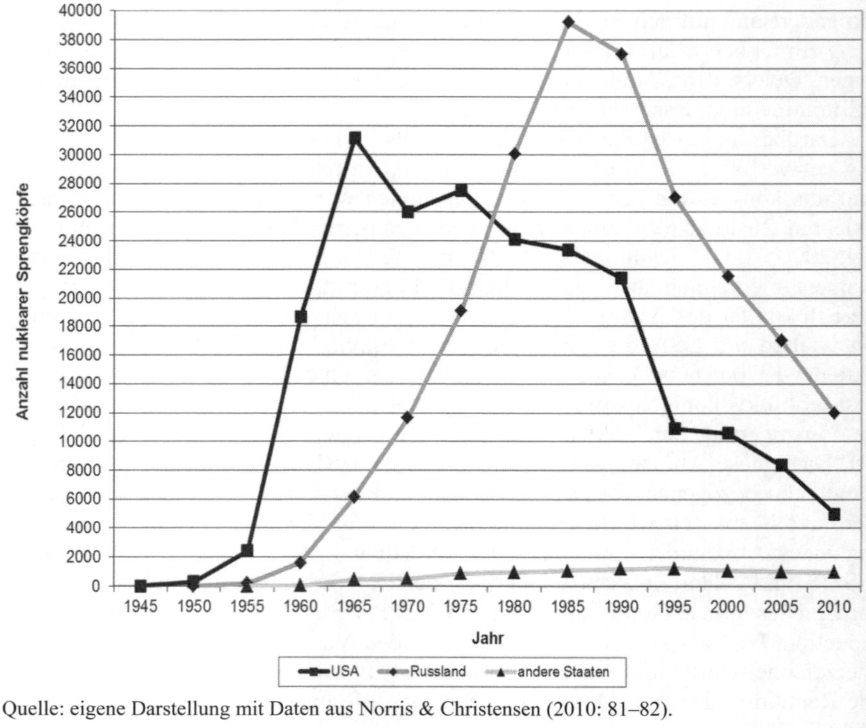

Quelle: eigene Darstellung mit Daten aus Norris & Christensen (2010: 81–82).

8.3 Zusammenfassung

Zusammenfassend kann festgehalten werden, dass die Politikfelder der gewaltsamen Selbsthilfe und der Rüstungsdynamik noch immer in erheblichem Maße von den Selbsthilfemaßnahmen der Staaten geprägt sind – allerdings bewegen sich diese in einem mittlerweile dicht institutionalisierten Kontext. Es besteht eine Vielzahl von Organen und Mechanismen, die internationale Kooperation und Global Governance im Sicherheitsbereich befördern sollen. Ihre Effektivität bei der Schaffung und Implementierung von Normen und Regeln, die den Weltfrieden und internationale Sicherheit gewährleisten, ist jedoch begrenzt. Wenngleich diese Ergebnisse nicht besonders ermutigend sind, so spiegeln sie doch unsere Erwartung wider, dass die Hindernisse für Kooperation und Global Governance im Sachbereich „Sicherheit" besonders groß sind. Zugleich ist es aber auch wichtig zu sehen, dass es in beiden in diesem Kapitel analysierten Politikfeldern durchaus Teilbereiche gibt, in denen leidlich effektive Global Governance möglich wurde. Dies zeigt, dass internationale Organisationen einen wichtigen Beitrag zum Weltfrieden und zur internationalen Sicherheit leisten können und auch tatsächlich leisten.

8.4 Diskussionsfragen

Diskutieren Sie anhand von empirischen Beispielen, ob es dem UN-Sicherheitsrat nach dem Ost-West-Konflikt vermehrt gelungen ist, den Weltfrieden und die internationale Sicherheit zu stabilisieren.

Stellen Sie dar, wie sich die UN-Peacekeeping-Operationen in den vergangenen Jahrzehnten entwickelt haben. Erläutern Sie, mit welchen Mitteln UN-Peacekeeping-Operationen zur Friedenskonsolidierung beitragen, und diskutieren Sie, wie erfolgreich diese (verschiedenen) Maßnahmen sind.

Was sind die Hauptschwächen des nuklearen Nichtverbreitungsregimes? Erklären Sie die Existenz und die Auswirkungen bestehender institutioneller Defizite unter Rückgriff auf geeignete Theorien über internationale Organisationen (vgl. Kap. 2).

8.5 Literaturempfehlungen

Voeten, Erik 2005. The Political Origins of the UN Security Council's Ability to Legitimize the Use of Force, in: *International Organization* 59: 3, 527–557.

Fortna, Virginia Page 2004. Does Peacekeeping Keep Peace? International Intervention and the Duration of Peace After Civil War, in: *International Studies Quarterly* 48: 2, 269–292.

Krause, Keith 2007. Disarmament, in: Weiss, Thomas G. & Daws, Sam (Hg.) *The Oxford Handbook on the United Nations*, Oxford: Oxford University Press, 287–299.

9 Wirtschaft

Wohlfahrtsdilemma als soziale Falle

Auch im Sachbereich „Wirtschaft“ sind internationale Kooperation und Global Governance durch ein Dilemma – das Wohlfahrtsdilemma – geprägt. Das Wohlfahrtsdilemma resultiert aus einer dezentralen internationalen Wirtschaftsordnung, in der die Staaten in Abwesenheit einer Weltwirtschaftsregierung ihre eigene Handels- und Währungspolitik verfolgen können. Unter diesen Bedingungen ist jeder Staat versucht, seinen Anteil am internationalen „Wohlstandskuchen“ auf Kosten anderer Staaten durch Handelsschranken und Währungsmanipulationen zu steigern. Wenn nun aber alle (oder auch nur viele) Staaten versuchen, ihren Wohlstand auf Kosten anderer zu mehren, wird der absolute Wohlstand auf lange Sicht sinken, d.h. der zu verteilende Kuchen wird kleiner werden. Das Wohlfahrtsdilemma beschreibt somit eine soziale Falle: Eine auf kurzfristigen einzelstaatlichen Nutzen abzielende Handels- und Währungspolitik wird langfristig nicht nur die Staatengemeinschaft als Kollektiv, sondern auch die Einzelstaaten individuell schlechter stellen, als es bei effektiver internationaler Kooperation der Fall wäre.

Internationale Organisationen können jedoch dazu beitragen, dass Staaten dieser sozialen Falle entkommen. Sie können auch im Wirtschaftsbereich zu internationaler Kooperation und Global Governance beitragen. Um dies zu verdeutlichen, konzentrieren uns auf einige wenige, aber zentrale Politikfelder und die in diesen Politikfeldern tätigen internationalen Organisationen. Wir gehen detailliert auf die Politikfelder „internationale Handelsbeziehungen“ mit der Welthandelsorganisation („World Trade Organization“, WTO) und der Europäischen Union (EU); „internationale Finanz- und Währungsbeziehungen“ mit dem Internationalen Währungsfond (IWF) und der EU; sowie „internationale Entwicklungsdisparitäten“ mit der Weltbankgruppe ein.

9.1 Globale Handelsbeziehungen: WTO

internationaler Kooperationsbedarf

Das Wohlfahrtsdilemma kann in den globalen Handelsbeziehungen zu kollektiv und v.a. längerfristig auch individuell unerwünschten Interaktionsergebnissen führen, wenn Staaten versuchen, durch Zölle oder nichttarifäre Handelsbarrieren den eigenen Anteil am Welthandel auf Kosten anderer Staaten auszuweiten. Durch internationale Kooperation lassen sich solche unerwünschten Ergebnisse vermeiden. Allerdings wird internationale Kooperation scheitern, wenn sich die Staaten nicht auf gemeinsame Politikprogramme – zur Vermeidung von Protektionismus und zur Förderung freien Handels – einigen können. Die WTO konzentriert sich in ihren Tätigkeiten daher auf die Generierung und Spezifizierung entsprechender Politikprogrammen sowie die Gewährleistung der einheitlichen Auslegung und Befolgung dieser Programme durch die Mitgliedstaaten.

9.1.1 Politikprogramm der WTO

vom GATT zur WTO

Das Allgemeine Zoll- und Handelsabkommen („General Agreement on Tariffs and Trade“, GATT, 1947) wurde ursprünglich nur als Ersatz für die gescheiterte internationale Handelsorganisation („International Trade Organization“, ITO) in Form eines Regierungsabkommens vorläufig in Kraft gesetzt, prägte die globalen Handelsbeziehungen dann aber bis Mitte der 1990er Jahre (vgl. Kap. 3). Seit 1994 bilden das überarbeitete GATT, das Allgemeine Abkommen über den Handel mit Dienstleistungen („General Agreement on Trade in Services“, GATS) und das Abkommen über handelsrelevante Aspekte der Rechte am geistigen Eigentum („Agreement on Trade-Related Aspects of Intellectual Property Rights“, TRIPS) den programmatischen Kern der neu gegründeten WTO (Cohn 2002: 216–218; Wilkinson 2000: 11–30).

„embedded liberalism“

Die in der WTO zusammengeführten Normen und Regeln zielen auf die Verwirklichung weitgehend liberaler Handelsbeziehungen ab. Jedoch begründeten weder das GATT noch die WTO eine ausschließlich liberale Welthandelsordnung; vielmehr sind sie einer beschränkt liberalen Handelsordnung („embedded liberalism“) verpflichtet. Diese verpflichtet die Staaten zwar zu Freihandel, soll ihnen aber zugleich erlauben, ihre nationalen Märkte soweit von den globalen Märkten abzuschirmen, wie dies für eine wirksame ökonomische Steuerung und gedeihliche soziale Sicherung auf nationaler Ebene notwendig ist (Lipson 1983: 241; Ruggie 1983). Allerdings wurde mit der Gründung der WTO dieses Prinzip des „eingebetteten Liberalismus“ zugunsten eines weniger stark beschränkten Liberalismus zumindest aufgeweicht (Ruggie 1994; vgl. Kap. 3).

Gebot der Nichtdiskriminierung

Das regulative, durch einige wenige redistributive Elemente ergänzte Politikprogramm der WTO (Hauser & Schanz 1995; Jackson 1997; 1998) ist nur teilweise das Resultat von Programmentscheidungen der Organisation selbst. Bereits der GATT-Gründungsvertrag (nebst späteren Ergänzungen und Änderungen) beinhaltet die konstitutiven Normen und Regeln, die die internationalen Handelsbeziehungen bis heute regulieren (Matsushita et al. 2004; Senti 2000). Kern des Programms der WTO ist das Gebot der Nichtdiskriminierung. Demnach sind alle 157 Mitgliedstaaten (Stand: Ende 2011) einerseits auf die Inländerbehandlung und andererseits auf die Meistbegünstigungsklausel verpflichtet. Die Inländerbehandlung sieht vor, dass „Waren, die aus dem Gebiet einer Vertragspartei in das Gebiet einer anderen Vertragspartei eingeführt werden, (…) hinsichtlich aller Gesetze, Verordnungen und sonstigen Vorschriften über den Verkauf, das Angebot, den Einkauf, die Beförderung, Verteilung oder Verwendung im Inland keine weniger günstige Behandlung erfahren [dürfen] als gleichartige Waren inländischen Ursprungs“ (Art. 3 Abs. 4 GATT). Die Meistbegünstigungsklausel verlangt, dass „alle Vorteile, Vergünstigungen, Vorrechte und Befreiungen, die von einem Vertragspartner für ein Erzeugnis gewährt werden, das aus irgendeinem anderen Land stammt oder für irgendein anderes Land bestimmt ist, (…) sofort und bedingungslos auch auf jedes gleichartige Erzeugnis ausgedehnt [werden], das aus den Gebieten irgendwelcher anderer Vertragspartner stammt oder für sie bestimmt ist“ (Art. 1 GATT). Eine Diskriminierung einzelner Handelspartner wird somit, sowohl was den Marktzutritt als auch was die

Marktteilnahme betrifft, ausgeschlossen (Beise 2001; Wilkinson 2000: 80–84). Davon ausgenommen sind allerdings unter anderem Zollunionen und Freihandelszonen, innerhalb derer die Präferenzbehandlung von Handelspartnern zulässig ist (Art. 24 GATT), weil zu ihren Gunsten von der Vermutung ausgegangen wird, dass sie insgesamt handelsschaffend und nicht bloß handelsumleitend wirken (Wilkinson 2000: 93–95). Nur auf der Basis dieser Ausnahmeregelung ist beispielsweise das Binnenmarktprogramm der EU mit dem GATT vereinbar (Hix 2005: 382–385).

Verpflichtung zu Handelsliberalisierung

Das GATT verpflichtet die Mitgliedstaaten über die Nichtdiskriminierung hinaus auf eine Beschränkung bzw. den schrittweisen Abbau tarifärer und nichttarifärer Handelshemmnisse. So sind insbesondere nichttarifäre Handelshindernisse in Form von Importquoten untersagt (Art. 11 GATT). Dagegen sind andere nichttarifäre Handelshindernisse sowie tarifäre Handelshindernisse in Form von Zöllen zwar nicht verboten; doch die Mitgliedstaaten sind verpflichtet, in wiederkehrenden, von der WTO-Ministerkonferenz einberufenen Verhandlungsrunden dem Prinzip der Reziprozität (Gegenseitigkeit) folgend deren Abbau anzustreben (Wilkinson 2000: 109–111).

Ausnahmen: Marktsicherungs- und Entwicklungsnorm

Allerdings lässt das Politikprogramm der WTO durchaus weitreichende Ausnahmen von in den WTO-Abkommen eingegangenen Nichtdiskriminierungs- und Liberalisierungsverpflichtungen zu. Eine Ausnahme bezieht sich auf die Zerrüttung inländischer Märkte aufgrund übermächtiger ausländischer Konkurrenz (Marktsicherungsnorm). Demnach ist es Staaten, die sich einem erheblichen Importanstieg aus einem bestimmten ausländischen Industriezweig ausgesetzt sehen, dann erlaubt, einen industriellen Sektor vorübergehend zu schützen, wenn durch diesen Importanstieg der betroffene inländische Industriezweig massiv geschädigt wird (Art. 19 GATT). Dadurch werden die Mitgliedstaaten in die Lage versetzt, die sozialen Härten, die mit der Handelsliberalisierung verbunden sein können, abzumildern. Der Einsatz von Sicherungsmaßnahmen wie die Suspendierung vereinbarter Handelszugeständnisse setzt allerdings eine Kompensation der betroffenen Handelspartner voraus (Beise 2001: 47–50). Eine andere Ausnahme bezieht sich auf die Präferenzbehandlung der Entwicklungsländer, insbesondere der am wenigsten entwickelten Länder („least developed countries", LDCs) (Entwicklungsnorm). Demnach gilt die Verpflichtung zur Reziprozität beim Abbau von Handelshindernissen für Entwicklungsländer nicht oder nur eingeschränkt. Dadurch sollen die Exportchancen der Entwicklungsländer gesteigert werden, ohne diese zu zwingen, sich sofort für Importe aus Industrieländern zu öffnen. Darüber hinaus sind das Diskriminierungsverbot und das Meistbegünstigungsgebot für den Handel von Industriestaaten mit Entwicklungsländern partiell aufgehoben.

(Weiter-)Entwicklung durch Verhandlungsrunden

Die mindestens alle zwei Jahre tagende Ministerkonferenz, in der alle Mitgliedstaaten vertreten sind, ist das höchste Entscheidungsgremium der WTO. Obgleich Mehrheitsbeschlüsse formell möglich sind, werden Beschlüsse in der Regel einstimmig getroffen. Die Entwicklung neuer und v.a. die Weiterentwicklung bestehender Politikprogramme erfolgen durch wiederkehrende, jeweils auf mehrere Jahre angelegte Verhandlungsrunden (Cohn 2002: 231–275). Der Entscheidungsprozess bei diesen Verhandlungsrunden entspricht weitgehend dem

Modell intergouvernementaler, partiell aber auch dem Modell bürokratischer Aushandlungsprozesse. Je mehr es um Fragen der Implementierung von grundsätzlich bereits vereinbarten Politikprogrammen geht, umso stärker kann das Sekretariat der WTO die Aushandlungsprozesse beeinflussen. Da aber an diesen Verhandlungen Vertreter aller Mitgliedstaaten teilnehmen, werden auch solche von der WTO-Bürokratie mitbeeinflussten Aushandlungsprozesse von den Regierungen dominiert. Insgesamt sind die Verhandlungsrunden geprägt von den Interessen der großen Handelsnationen und -blöcke; dazu zählen neben den USA, Japan und der EU mittlerweile auch Schwellenländer wie Brasilien, China oder Indien, denen zunehmend eine Führungsrolle bei der Bildung von Koalitionen der Entwicklungsländer zukommt.

Liberalisierung durch Verhandlungsrunden

Durch die jahrzehntelange Praxis der GATT-Verhandlungsrunden hat sich eine schrittweise, in der Summe aber erhebliche programmatische Expansion der Organisation vollzogen (Cohn 2002: 235). Die Kennedy-Runde (1964–67), die Tokio-Runde (1973–79) und insbesondere die Uruguay-Runde (1986–94) trugen beträchtlich zur Weiterentwicklung internationaler Normen und Regeln für den Welthandel bei. Sie brachten einen Abbau der Zölle für Fertigwaren um jeweils ein Drittel, so dass die durchschnittlichen Zollsätze von ursprünglich mehr als 40 Prozent im Jahr 1947 bis auf ca. drei Prozent des Importwertes der Güter im Jahr 2000 gesenkt werden konnten. Damit wurden Zölle als Handelshindernis nach jahrzehntelangen Verhandlungen aus dem internationalen Handel mit Industriegütern weitgehend eliminiert (Hauser & Schanz 1995: 63–70). Darüber hinaus wurden durch die Tokio- und Uruguay-Runde Vereinbarungen getroffen, um nichttarifäre Handelsbarrieren durch internationale Antisubventions- und Antidumpingregeln einzudämmen (Kahler 1995: 29–47). Damit liegt es nicht länger im freien Belieben der Staaten, das Vorliegen von Dumping, Subventionen oder Marktzerrüttung festzustellen, um Gegenmaßnahmen zu rechtfertigen (Hauser & Schanz 1995: 72–110; Senti 2000). Die Tokio- und die Uruguay-Runde schränkten zudem die Handelshindernisse, die durch nationale Produktnormen etwa zum Gesundheits-, Verbraucher- oder Umweltschutz geschaffen werden können, erheblich ein. So ist im WTO-Regelwerk vorgeschrieben, dass Produktnormen keine unnötigen Handelshindernisse begründen dürfen. Sie dürfen mithin nicht restriktiver ausgestaltet werden als zwingend erforderlich ist, um dem Gesundheits-, Verbraucher- und Umweltschutz Genüge zu tun. Darüber hinaus sind abweichende Produktnormen anderer Mitgliedstaaten anzuerkennen, sofern diese gleichermaßen geeignet sind, den Gesundheits-, Verbraucher- und Umweltschutz zu gewährleisten (Beise 2001: 47–50). Vor allem die Uruguay-Runde (1986–1994), die zu einer Transformation des GATT in die WTO führte, hat zu einer starken Ausweitung des Politikprogramms geführt. Die Uruguay-Runde hat Handelsbereiche, die bislang durch das GATT nur unzureichend erfasst wurden, in das Regelwerk der WTO integriert. Dazu zählen unter anderem der Agrar- und Textilhandel sowie der Dienstleistungshandel und der Schutz von Rechten an geistigem Eigentum (Beise 2001). Gerade der Agrar- und Textilhandel ist insbesondere für die Entwicklungsländer von großer Bedeutung, da sie in diesen Bereichen erhebliche komparative Kostenvorteile haben. Die Liberalisierung des Dienstleistungshandels nutzt hingegen vor allem den Industrieländern, wo der

Dienstleistungssektor bis zu 50 Prozent des Bruttoinlandsprodukts ausmacht. Auch der Schutz von Rechten an geistigem Eigentum, der durch das TRIPs-Abkommen Bestandteil des WTO-Programms wurde, ist in erster Linie ein Anliegen der Industriestaaten.

Blockade der Doha-Runde

Insgesamt wurden in den Verhandlungsrunden die Reichweite und die Bestimmtheit der internationalen Normen und Regeln für den Welthandel deutlich erhöht. Nach der großen Erweiterung des Politikprogramms bei der Gründung der WTO fand jedoch keine weitere politikprogrammatische Expansion statt. Die Verhandlungen in der 2001 begonnenen Doha-Entwicklungsrunde gerieten in den 2000er Jahren zusehends ins Stocken bzw. kamen zeitweise völlig zum Erliegen. Interessendivergenzen sowie Konflikte über die Verteilung der Liberalisierungsgewinne und -kosten zwischen den durch die EU und die USA geführten entwickelten Ländern und Schwellenländern wie Brasilien, China und Indien blockierten die weitere Programmentwicklung (Jones 2009). Unterschiedliche Standpunkte gibt es unter anderem bei der Handelsliberalisierung im Agrarbereich, im Bereich des Dienstleistungshandels und auch beim Handel mit Industriegütern. Auf einer grundlegenderen Ebene ist festzustellen, dass die Bereitschaft der Industriestaaten schwindet, die aufsteigenden Schwellenländer bei der Handelsliberalisierung trittbrettfahren zu lassen; d.h. die Industriestaaten wollen ihre Märkte nicht länger öffnen, ohne durch eine entsprechende Marktöffnung der Schwellenländer dafür kompensiert zu werden. Zugleich verfolgen die Schwellenländer ihre Interessen (unter anderem die Reduzierung noch bestehender Handelsbarrieren in Industriestaaten und die Erhaltung ihrer eigenen Möglichkeiten zum Schutz inländischer Produzenten) inzwischen nachdrücklicher, nicht zuletzt weil ihr wirtschaftliches und politisches Gewicht gewachsen ist. Dieser grundlegende Konflikt hemmt die Weiterentwicklung des WTO-Programms. Denn die WTO ist zumindest bei der Programmentwicklung eine stark von den Mitgliedstaaten bestimmte Organisation, die davon abhängig ist, dass die Mitgliedstaaten gewillt und in der Lage sind, Verhandlungsabschlüsse von allseitigem Nutzen zu erzielen (Steinberg 2002). Dieser intergouvernementale Charakter prägt weiterhin die WTO – trotz ihrer (begrenzten) Öffnung gegenüber nichtstaatlichen Akteuren, die es registrierten NGOs erlaubt, an den intergouvernementalen Verhandlungen teilzunehmen, und ihnen auch ein Rederecht einräumt (Steffek & Ehling 2008).

9.1.2 Operative Tätigkeiten der WTO

Obwohl die zwischenstaatliche Einigung auf Politikprogramme entscheidend für die Aufrechterhaltung einer (beschränkt) liberalen internationalen Handelsordnung ist, sind die operativen Tätigkeiten, die die WTO bei der Implementierung dieser Normen und Regeln übernimmt, nicht zu vernachlässigen.

Spezifizierung in Räten und Ausschüssen

Die weitere Spezifizierung der in den Politikprogrammen der WTO festgelegten Normen und Regeln ist eine wichtige operative Tätigkeit. Da die Entscheidungen der WTO-Verhandlungsrunden oft sehr technischer Natur sind, werden diese in der Regel in den Fachbürokratien der Mitgliedstaaten und innerhalb des Verwaltungsstabes der WTO noch weiter spezifiziert. Zu diesem Zweck besteht eine Reihe von WTO-Räten, Ausschüssen und Arbeitsgruppen mit speziellen thematischen Schwerpunkten. Es existieren drei themenorientierte Räte, namentlich der Rat für den Handel mit Waren, der Rat für den Handel mit Dienstleistungen und der Rat für handelsbezogene Aspekte der Rechte an geistigem Eigentum. Diese Räte setzen sich aus allen WTO-Mitgliedern zusammen und sind verantwortlich für die Ausgestaltung der spezifischen multilateralen Vorschriften in ihrem jeweiligen Handelsbereich. Jeder dieser Räte verfügt zudem über Unterorgane, in denen die Handelsdiplomaten der Mitgliedstaaten die Spezifizierung und die konkrete Anwendung der immer noch abstrakten Regeln diskutieren, auf die sich die Verhandlungsrunden geeinigt haben. Der Rat für den Handel mit Waren hat zum Beispiel elf Ausschüsse, die sich mit spezifischen Themen (wie Agrarwirtschaft, Marktzugang, Subventionen und Antidumpingregeln) auseinander setzen. Somit finden sich bei der Implementierung der Normen und Regeln der WTO-Programme auch Züge des Modells bürokratischer Aushandlungsprozesse (Wilkinson 2000: 68–70).

Überwachung von Handelspolitiken

Sich auf internationale Handelsregeln zu einigen, ist eine Sache; sich an diese dann auch zu halten, ist jedoch eine andere. Staaten sind oft versucht, die ausgehandelten Regeln zu ignorieren oder zu missachten, um zusätzliche Vorteile für sich selbst zu erzielen. Daher sind die Überwachung der Implementierung der Politikprogramme, die Feststellung von Norm- und Regelbrüchen und die Streitschlichtung sowie ggf. das Verhängen von Sanktionen im Falle von Norm- und Regelverletzungen wichtige operative Tätigkeiten der WTO, um die dauerhafte und verlässliche Einhaltung der Normen und Regeln zu gewährleisten. Während sich das alte GATT weitgehend darauf beschränkte, seine Mitgliedstaaten zu verpflichten, regelmäßig über ihre Norm- und Regelimplementierung zu berichten, verfügt die WTO über weiter reichende Überwachungsbefugnisse. Danach müssen sich insbesondere die großen Handelsstaaten oder -blöcke einer regelmäßigen Überprüfung ihrer Handelspolitik unterwerfen. Dabei berichten der jeweilige Mitgliedstaat selbst und das WTO-Sekretariat über die Implementierung der geltenden Normen und Regeln. Die beiden Implementierungsberichte werden dann einem speziell geschaffenen Organ zur Überprüfung der Handelspolitik („Trade Policy Review Body“, TPRB) übermittelt, in dessen Rahmen die Berichte miteinander verglichen werden (Beise 2001: 214–215; van den Bossche 2008: 121–124). Damit wird für die Mitgliedstaaten ein zusätzlicher Anreiz geschaffen, ihre Handelspraktiken zutreffend darzustellen, und die Überwachung der Staatenpraxis wird auf eine verlässlichere Grundlage gestellt als bei einem reinen Staatenberichtverfahren.

Streitbeilegungsverfahren

Nichtsdestotrotz lassen die Normen und Regeln Interpretationsspielräume, und es kann nicht mit Gewissheit davon ausgegangen werden, dass das wechselseitig erwartete Staatenverhalten auch tatsächlich eintritt (Franck 1990). Streitigkeiten über die Interpretation von Normen und Regeln sowie Fälle der (angeblichen oder tatsächlichen) Missachtung von Normen und Regeln stellen erhebliche Kooperationshindernisse dar. Die WTO gibt mit ihrem Übereinkommen zur Streitbeilegung („Dispute Settlement Understanding“, DSU) eine Antwort auf diese Kooperationsprobleme (Beise 2001: 215–225; Jackson 2004). Das DSU, in dessen Mittelpunkt das Panelverfahren steht, ist ein Abkommen, das eine Lösung von Handelsstreitigkeiten durch ein verrechtlichtes, gerichtsähnliches Streitbeilegungsverfahren vorsieht. Das Verfahren kann von jedem Mitgliedstaat angestoßen werden, der sich durch eine Verletzung von WTO-Normen und Regeln durch einen anderen Mitgliedstaat negativ betroffen sieht. Der klageführende Staat kann eine Prüfung des Falles durch ein aus drei bis fünf politisch unabhängigen Handelsexperten bestehendes Panel verlangen, wenn die vorausgegangenen Pflichtkonsultationen zwischen den Streitparteien den Fall nicht bereinigen konnten. Das Panel untersucht den Streitfall, hört beide Seiten an und zieht mitunter auch technische Experten heran. Es ermittelt und prüft die auf diesen Streitfall anwendbaren Normen und Regeln und stellt fest, ob diese verletzt wurden bzw. was für und was gegen die erhobene Beschwerde spricht. Abschließend fertigt das Panel einen Bericht an, in dem es den Streitfall aus seiner Sicht darlegt und bewertet. Berichte des Panels werden automatisch bindend, sofern sie nicht einstimmig durch das WTO-Streitschlichtungsorgan („Dispute Settlement Body", DSB), dem alle Mitgliedstaaten angehören, abgelehnt werden.

Berufungsinstanz

Allerdings haben beide Streitparteien, ehe ein Panelbericht vom DSB angenommen wird, noch die Möglichkeit, ein Berufungsverfahren vor der Berufungsinstanz („Appellate Body", AB) anzustrengen. Die Berufungsinstanz setzt sich aus sieben auf vier Jahre gewählten unabhängigen Experten im Handelsrecht zusammen. Auch dessen Bericht kann von keinem einzelnen Mitgliedstaat blockiert werden. Wie der Bericht des Panels wird er verbindlich, sofern ihm nicht alle Mitglieder des DSB widersprechen. Folglich sind Streitigkeiten über die Interpretation von WTO-Normen und Regeln Gegenstand verrechtlichter und mithin verlässlicher Streitschlichtungsverfahren (Jackson 2004: 114–119; Wilkinson 2000: 115–136; Zangl 2006; 2008). Die WTO hat mittlerweile die Möglichkeit geschaffen, dass sich über die Mitgliedstaaten hinaus auch NGOs an Streitbeilegungsverfahren beteiligen können. Diese können zwar nicht als Streitpartei auftreten; insbesondere besitzen sie kein Klagerecht. NGOs können jedoch durch eigene Eingaben – so genannte „amicus curiae briefs" – dem Panel Informationen zukommen lassen, um dadurch den Ausgang des Verfahrens zu beeinflussen. Die Streitschlichtungsinstanzen können allerdings frei darüber entscheiden, wie sie mit auf diesem Wege erlangten Informationen umgehen (Ohloff 1999).

Autorisierung von Sanktionen durch DSB

Werden die Berichte des Panels oder der Berufungsinstanz durch einen Staat nicht umgesetzt, muss dieser Staat mit Handelssanktionen rechnen. Diese Sanktionen werden durch den geschädigten Staat und nicht durch die WTO selbst verhängt. Das DSB autorisiert lediglich Sanktionen. Der geschädigte Staat kann demzufolge nicht beliebige Sanktionen verhängen, sondern muss sich spezifische Sanktionen – Kompensationen und/oder die Aufhebung von erteilten Handelszugeständnissen gegenüber der unterlegenen Streitpartei – vom DSB genehmigen lassen. Die Sanktionen gelten als genehmigt, sofern der DSB nicht einstimmig dagegen stimmt; dadurch ist es in der WTO deutlich einfacher, gegen Norm- und Regelverstöße mit Sanktionen vorzugehen, als dies unter dem alten GATT der Fall war. Die Sanktionierung erfolgt zwar immer noch dezentral, da die WTO nicht selbst Straf- oder Kompensationszahlungen verhängt. Dadurch dass Sanktionen durch den DSB autorisiert werden müssen, kommt der WTO aber eine eigenständige operative Rolle zu, die darauf abzielt, einer Eskalation von unilateralen Vergeltungsmaßnahmen zu „Handelskriegen“ vorzubeugen.

9.1.3 Beurteilung der Effektivität der WTO

Anstieg von Außenhandelsquoten

Im Laufe der letzten Jahrzehnte ist der Welthandel schneller gewachsen als die globale Produktion von Waren und Dienstleistungen. Die Außenhandelsquote der wichtigsten Volkswirtschaften, d.h. der Anteil von Importen und Exporten am Bruttoinlandsprodukt, ist gewachsen, bei einigen Staaten sogar ganz erheblich (vgl. Abbildung 9.1).

Abbildung 9.1: Außenhandelsquote der wichtigsten Volkswirtschaften (Anteil von Importen + Exporten von Waren und Dienstleistungen am BIP, 1960–2009, in %)

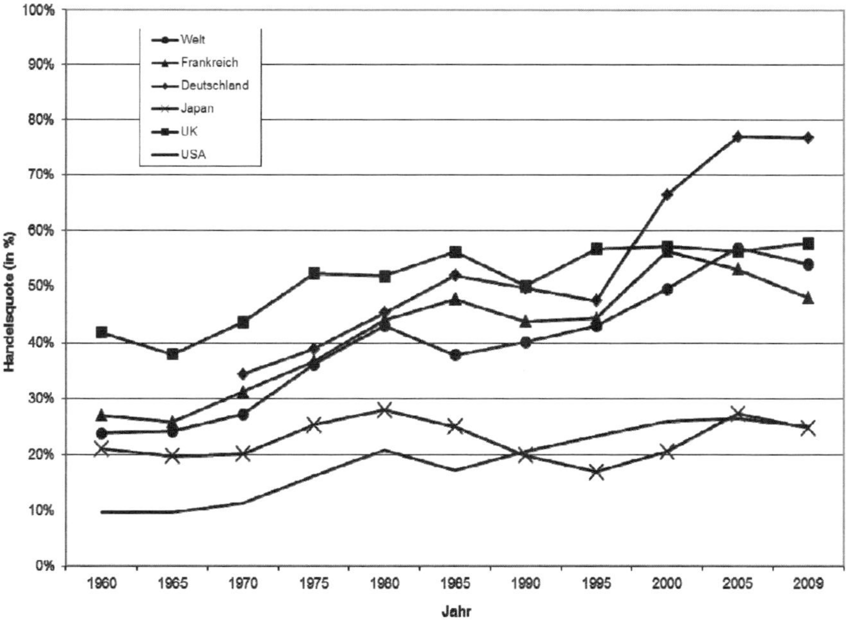

Quelle: eigene Darstellung mit Daten der Weltbank (http://data.worldbank.org)

Beitrag zu Handelssteigerung

Es herrscht nahezu wissenschaftlicher Konsens, dass dieser Anstieg im Welthandel mit dem GATT und der WTO in Verbindung zu bringen ist. Das GATT bzw. die WTO wurden lange Zeit als eine der erfolgreichsten internationalen Organisationen angesehen. Die Mitgliederzahl ist seit der GATT-Gründung erheblich gestiegen und der internationale Handel ist parallel dazu spürbar gewachsen. Viele Beobachter erkennen eine Verbindung zwischen diesen Trends (Goldstein et al. 2007: 38; vgl. Bagwell & Staiger 2002; Irwin 1995; Jackson 1999; Kahler 1995; Ruggie 1993). So zeigen etwa Goldstein et al. (2007) in einer empirischen

Studie, dass das GATT und die WTO den Handel zwischen den Mitgliedstaaten deutlich gesteigert haben. Darüber hinaus hatten sie einen ähnlichen handelbefördernden Einfluss auf ehemalige Kolonien und neue unabhängige Staaten, die formell noch gar nicht beigetreten waren, aber de facto die Rechte und Pflichten von Mitgliedstaaten besaßen. Der Nutzen des GATT und der WTO in Form von Handelszuwächsen blieb nicht auf die Industrieländer beschränkt, sondern kam auch Entwicklungsländern zu Gute (Goldstein et al. 2007: 63–64). Diese positiven Ergebnisse widerlegen Rose's (2004) frühere, viel diskutierte Studie, die keinen Beleg für eine Steigerung des Handels zwischen den Mitgliedstaaten durch das GATT und die WTO fand. Eine weitgehend positive Beurteilung der Effektivität von GATT und WTO bei der Steigerung des Handelsvolumens wird auch von einer Reihe weiterer Studien unterstützt. Mansfield & Reinhardt (2008) kommen zum Beispiel zu dem Schluss, dass GATT und WTO starke ökonomisch schädliche Schwankungen in mitgliedstaatlichen Handelspolitiken und in den Handelsströmen reduzieren konnten. Auch dadurch haben GATT bzw. WTO auf lange Sicht das globale Handelsvolumen gesteigert (vgl. auch Ingram et al. 2005).

Nutzen von Flexibilität

Weitere empirische Studien deuten zudem darauf hin, dass Flexibilitätsklauseln im Politikprogramm der WTO (wie z.B. die Erlaubnis zu Antidumpingzöllen bei Niedrigpreisimporten, die heimischen Produzenten schaden) der Handelsliberalisierung langfristig eher genutzt als geschadet haben. Spielräume, handelsliberalisierende Zugeständnisse zeitweise auszusetzen oder zu beschneiden, erhöhen demzufolge sowohl die grundsätzliche Bereitschaft der Staaten, multilaterale Handelsabkommen abzuschließen, als auch die Bereitschaft zu ambitionierten Zugeständnissen bei der Handelsliberalisierung. Staaten, die auf Flexibilitätsklauseln zurückgreifen können, stimmen eher weitreichenden Zollsenkungsabkommen zu und erheben auch tatsächlich niedrigere Zollsätze (Kucik & Reinhardt 2008; vgl. Rosendorf & Milner 2001: 832). Über die Förderung einer schrittweisen Handelsliberalisierung hinaus trugen das GATT und die WTO auch dazu bei, trotz zahlreicher Handelskonflikte zum Beispiel zwischen den USA und der EU eine Spirale des Protektionismus zu verhindern. Obwohl die WTO die mächtigen Handelsstaaten wie China und die USA oder Handelsblöcke wie die EU letztlich nicht davon abhalten kann, multilaterale Normen und Regeln gelegentlich zu verletzen, werden die bestehenden Normen und Regeln überwiegend zufriedenstellend befolgt (Jackson 1999).

Schwächen bei Programmentwicklung

Nichtsdestotrotz gibt es einige Schwachstellen in der Funktionsweise und im Regelwerk der WTO, die ihre Effektivität einschränken; dies gilt insbesondere mit Blick auf die Fortentwicklung des Politikprogramms der WTO. Intergouvernementale Aushandlungsprozesse über neue WTO-Normen und Regeln sind langwierig und können sich völlig festfahren, wenn der Einfluss nationaler protektionistischer Interessengruppen oder Konflikte über die zwischenstaatliche Verteilung von Liberalisierungsgewinnen und -kosten einen internationalen Konsens unmöglich machen. Dies zeigt sich in den Verhandlungen der Doha-Runde, die seit ihrem Beginn im November 2001 nur wenige Fortschritte zu verzeichnen hatte. Marktzugangsbeschränkungen (gerade auch in Industriestaaten) behindern immer noch den Agrarhandel, und es herrscht nach wie vor ein Mangel an multilateralen Regelungen für den Handel mit Dienstleistungen. Die Industrieländer bestehen auf Handelsliberalisierung auch in Entwicklungsländern, während sie weiterhin Sektoren (z.B. Agrar- und Textilsektor) ihrer eigenen Wirtschaft schützen oder subventionieren, in denen Entwicklungsländer einen Wettbewerbsvorteil haben. Zudem haben der wirtschaftliche Aufstieg und das wachsende politische Selbstbewusstsein von Schwellenländern wie Brasilien, China oder Indien (neben den traditionellen Handelsmächten EU, USA und Japan) multilaterale Einigungen nicht leichter gemacht.

hohe Effektivität bei Streitbeilegung

Während sich bei der Weiterentwicklung der Politikprogramme erhebliche Effektivitätsmängel zeigen, weist die Streitbeilegung durch die WTO eine hohe Effektivität auf. Es werden nicht nur immer mehr Handelsdispute vor das WTO-Streitschlichtungsorgan gebracht. Es lässt sich auch zeigen, dass die Verrechtlichung der Streitschlichtungsverfahren, die mit der Gründung der WTO einherging, die Bereitschaft der Staaten weiter erhöht hat, ihre Handelsstreitigkeiten nach Maßgabe multilateraler Regeln und Verfahren auszutragen. Die Staaten akzeptieren die verrechtlichten Streitschlichtungsverfahren der WTO nachweislich besser als die diplomatischen Verfahren des GATT. Im Falle von Handelsstreitigkeiten folgen die Staaten in der Regel den WTO-Verfahrensvorgaben, anstatt diese zu meiden, zu manipulieren oder gar offen abzulehnen (Zangl 2008; vgl. Jackson 1999; Petersmann 1997). Neben dieser zunehmenden Verfahrenstreue hat die Verrechtlichung des Streitschlichtungssystems aber auch die mitgliedstaatliche Folgebereitschaft gegenüber den substantiellen Ergebnissen, d.h. den Entscheidungen des DSB, erhöht (Iida 2004; Leitner & Lester 2005). Angesichts wachsender empirischer Evidenzen für die Wirkmächtigkeit des verrechtlichten WTO-Streitschlichtungsverfahrens erscheinen die Einschätzungen von Kritikern, die keinen Einfluss der Verrechtlichung auf das Verhalten der Staaten sehen (Busch & Reinhardt 2003a; Goldsmith & Posner 2005: 135–162; Posner & Yoo 2005), zunehmend fragwürdig. Allerdings besteht auch hier ein Ungleichgewicht zwischen mächtigen Industrie- und Schwellenländern und weniger einflussreichen Entwicklungsländern fort; letztere profitieren schon deshalb weniger von der Streitschlichtung, weil ihnen die Ressourcen zur Einleitung und Führung eines (aussichtsreichen) Verfahrens fehlen (Busch & Reinhardt 2003b; Guzman & Simmons 2005). Trotz dieser Einschränkung und der Tatsache, dass in einigen Fällen die USA und vor allem die EU Entscheidungen des WTO-Streitschlichtungsorgans nicht befolgt haben, lassen sich im Rahmen der WTO – zumindest im Verhältnis zwischen vergleichbar mächtigen Akteuren wie den USA und der EU – Ansätze einer internationalen Rechtstaatlichkeit erkennen (Zangl 2008: 848).

Insgesamt hat sich die WTO in den Bereichen der Implementierung existierender Normen und Regeln und der Schlichtung von Handelsstreitigkeiten zu einer vergleichsweise effektiv arbeitenden Organisation entwickelt. Zugleich fällt die Bilanz bei der Entwicklung von Politikprogrammen zumindest in jüngerer Vergangenheit weniger positiv aus.

9.2 Europäische Handelsbeziehungen: EU

stärkere regionale Integration

Auf regionaler Ebene haben sich meist noch stärker institutionalisierte Formen handelspolitischer Kooperation herausgebildet. Die an regionalen Handelsregimen wie der EU, dem Nordamerikanischen Freihandelsabkommen („North American Free Trade Agreement“, NAFTA) oder dem Verband Südostasiatischer Staaten („Association of Southeast Asian Nations“, ASEAN) beteiligten Staaten sind zumeist untereinander homogener und können damit leichter Konsens in handelspolitischen Fragen erzielen. Folglich besteht zumindest das Potential einer weiterreichenden Integration der Handelsbeziehungen innerhalb einer regionalen Organisation. Vor allem in der EU ist die regionale Integration sehr weit fortgeschritten. Während die WTO „nur“ darauf abzielt, Freihandel zwischen den Mitgliedstaaten herzustellen, war die EU von Beginn an auf die Schaffung eines gemeinsamen Marktes hin ausgelegt und ging damit weit über die Herstellung einer Freihandelszone hinaus.

9.2.1 Politikprogramm der EU

frühes Ziel: gemeinsamer Markt

Vom Gründungsvertrag der Europäischen Wirtschaftsgemeinschaft (EWG) von 1957 bis zum Vertrag über die Europäische Union von 1992 und darüber hinaus war das politikprogrammatische Ziel der EU stets die Errichtung eines gemeinsamen Marktes (Moravcsik 1998: 86–158). Dieser gemeinsame (oder Binnen-) Markt sollte durch die Beseitigung der Hindernisse für den freien Verkehr von Waren, Dienstleistungen, Kapital und Arbeitskräften bis 1969 errichtet werden. Ein konkretes Programm wurde jedoch zunächst nur für den Warenverkehr entwickelt. Dieses Programm sah für den Warenhandel die Abschaffung der Zölle und mengenmäßigen Beschränkungen zwischen den Mitgliedstaaten vor, um sie in einer Freihandelszone zu vereinigen. Die Integration ging aber noch weiter: Die Mitgliedstaaten vereinbarten zudem die Einführung eines gemeinsamen Außenzolltarifs und einer gemeinsamen Handelspolitik, um so eine Zollunion zu begründen (Nugent 2006: 43–47).

von der Zollunion zum Binnenmarkt

Bis 1968 wurden die Zölle innerhalb der Gemeinschaft abgebaut und gemeinsame Außenzölle eingeführt (Zollunion). Von einem echten Binnenmarkt blieb die Gemeinschaft aber noch weit entfernt. Trotz der Harmonisierung von nahezu 400 Bestimmungen bis zum Jahr 1982 blieben zahlreiche nichttarifäre Handelsschranken wie zum Beispiel unterschiedliche Produktstandards bestehen (Moravcsik 1998: 159–237). Zusätzlich wurde der Wettbewerb durch unterschiedliche Steuersätze innerhalb der Gemeinschaft verzerrt. Darüber hinaus war die Gemeinschaft bei der Beseitigung der Hindernisse für freien Handel in den Bereichen Dienstleistungen, Kapital und Arbeit weitgehend in den Anfängen stecken geblieben. Erst im Jahr 1986 – die ursprüngliche Frist zur Verwirklichung des Binnenmarktes war bereits 16 Jahre verstrichen – nahm die Gemeinschaft das Projekt mit der Zielvorgabe eines Binnenmarktes bis 1992 wieder auf. Auf der Grundlage eines von der Kommission ausgearbeiteten Weißbuchs zur Vollendung des Binnenmarktes (Sandholtz & Zysman 1989: 114–116; Young 2010b: 113–118) konnten sich die Staaten nach fast zwei Jahre andauernden intergouvernementalen Verhandlungen zu einer grundlegenden Erneuerung und Erweiterung des EWG-Vertrages von 1957 durchringen (Moravcsik 1991; 1998: 314–378). Dieser Erneuerung und Erweiterung wurde in der Einheitlichen Europäischen Akte von 1986 (die 1987 in Kraft trat) festgehalten, welche zudem den 31.12.1992 als neuen Stichtag zur Vollendung des Binnenmarktes vorgab. Darüber hinaus sah sie ein neues, mittlerweile durch die Verträge von Maastricht (1992), Amsterdam (1997), Nizza (2001) und Lissabon (2007) erneut verändertes Entscheidungsverfahren vor. Für Entscheidungen innerhalb des Rates der EU wurde das Einstimmigkeits- zugunsten des Mehrheitsprinzips aufgegeben, um damit für die Herstellung des Binnenmarkts entscheidende Elemente wie die Angleichung oder wechselseitige Anerkennung unterschiedlicher rechtlicher, technischer und steuerlicher Standards in den Mitgliedstaaten der Gemeinschaft zu erleichtern. Darüber hinaus wurde die Rolle des Europäischen Parlaments im Entscheidungsprozess schrittweise gestärkt (vgl. Kapitel 4; Rittberger 2005).

9.2.2 Operative Tätigkeiten der EU

zweistufiger Spezifizierungsprozess

Die bloße Einigung der Mitgliedstaaten auf das Binnenmarkprogramm garantierte natürlich noch nicht dessen Verwirklichung. Das ambitionierte Programm legte nur fest, welche Handelshindernisse abgebaut werden sollten, nicht aber wie dies geschehen sollte. Zur Spezifizierung der Normen und Regeln bedurfte es operativer Tätigkeiten der EU. Die EU folgte einem zweistufigen Prozess der Spezifizierung. Beide Prozesse decken sich mit dem Modell eines bürokratischen Aushandlungsprozesses auf drei Ebenen (supranational, intergouvernemental und national), allerdings variierte die Gewichtung der verschiedenen Verhandlungsebenen.

Richtlinien und Verordnungen (Rat)

Die inhaltliche Festlegung auf konkrete Maßnahmen zur Verwirklichung des Binnenmarktes erfolgte – auf einer ersten Stufe – durch Richtlinien und Verordnungen des Rates. Die meisten Entscheidungen wurden vom Rat in einem institutionalisierten Aushandlungsprozess mit dem Europäischen Parlament mit qualifizierter Mehrheit getroffen (vgl. Kapitel 4). Die Kommission überwacht die Umsetzung der Entscheidungen in den Mitgliedstaaten und stellt eine einheitliche Implementierung sicher.

Durchführungsbestimmungen (Kommission)

Zu diesem Zweck erlässt sie jährlich mehr als 4000 Durchführungsbestimmungen, die somit die zweite Stufe der Programmspezifizierung darstellen. Dabei ist die Kommission auf die Kooperation von Seiten der Mitgliedstaaten in zahlreichen Ausschüssen angewiesen – ein Verfahren, das als Komitologie bezeichnet wird (Wallace 2010: 75; Wessels 1996). Durchführungsbestimmungen werden von der Kommission in Abstimmung mit einer Vielzahl von Ausschüssen erarbeitet, in denen zumeist Spitzenbeamte sowie Experten aus den Fachverwaltungen der einzelnen Mitgliedstaaten vertreten sind (Joerges & Falke 2000; Nugent 2006: Kap. 9). Die Kommission muss die jeweils zuständigen Ausschüsse anhören. Kommt es zu keiner Einigung zwischen Kommission und Ausschüssen, können die Ausschüsse den Rat zu einem Eingreifen auffordern. Dazu kommt es allerdings selten. Die Ausschüsse ermöglichen es den Mitgliedstaaten zumindest in gewissem Umfang, die Kommission zu kontrollieren. Letztere kann wiederum auf die Spitzenbeamten und Experten der Ausschüsse zurückgreifen, um die für die Vorbereitung und Implementierung der Beschlüsse notwendige Expertise zu erhalten (Joerges & Neyer 1997a, b). Dies ist von großer Bedeutung angesichts des mit ca. 25.700 Angestellten vergleichsweise kleinen Verwaltungsapparates der Kommission, in dem zudem fast die Hälfte der Angestellten nur für Übersetzungsdienste und Sekretariatsarbeiten zuständig ist (European Parliament 2011: 111). Da die Ausschüsse in der Regel mit leitenden Beamten aus den nationalen Fachverwaltungen besetzt sind, sitzt dort jenes Personal, das auch national mit der Umsetzung von Verordnungen und Richtlinien der EU betraut ist. Die Implementierung der Beschlüsse wird mithin dadurch gesichert, dass möglicherweise auftretende Probleme bei der nationalen Umsetzung bereits vor der Beschlussfassung im zuständigen Ausschuss thematisiert werden können (Wallace 2010: 75).

Vertretung in Außenhandelsbeziehungen

Ein großer Teil der Implementierung von EU-Beschlüssen obliegt zwar weiterhin den Mitgliedstaaten. Nichtsdestotrotz ist die EU im Vergleich zu anderen internationalen Organisationen insofern ungewöhnlich, als ihre supranationalen Organe über sehr weitreichende operative Kompetenzen verfügen. So ist die EU zum Beispiel seit 1970 allein verantwortlich für die Außenhandelsbeziehungen. Dieser Kompetenztransfer war nach der Verwirklichung der Zollunion notwendig geworden. In den WTO-Verhandlungsrunden werden die EU-Mitgliedstaaten kollektiv durch die Kommission vertreten. Dabei handelt die Kommission jedoch nicht völlig autonom. Ein vom Rat erteiltes Verhandlungsmandat schränkt die Kompetenzen der Kommission ein. Ein spezielles Organ, der 133er-Ausschuss (benannt nach Artikel 133 des Vertrages von Amsterdam, jetzt Artikel 207 des Vertrages von Lissabon), das sich aus Beamten der Mitgliedstaaten zusammen setzt, kontrolliert die Einhaltung des Verhandlungsmandates durch die Kommission. Die Verhandlungsergebnisse, die die Kommission in der WTO erzielt hat, müssen zudem vom Rat mit qualifizierter Mehrheit angenommen werden. Folglich wird die Kommission auch in der Außenhandelspolitik durchaus von den Mitgliedstaaten überwacht; nichtsdestotrotz trägt die Kommission die Verantwortung für die Außenhandelspolitik (Vanhoonacker 2005: 71–74; Woolcock 2010).

Überwachungsbefugnisse der Kommission

Da die EU nur in wenigen Bereichen zur direkten Implementierung ihrer Normen und Regeln befugt ist, fallen der Kommission wichtige Überwachungsbefugnisse in Bezug auf die mitgliedstaatliche Umsetzung von EU-Beschlüssen zu. Die Kommission kann von den Mitgliedstaaten Berichte über die Implementierung von Verordnungen und Richtlinien anfordern. Darüber hinaus darf sie mit eigenen Inspektionsteams Vorortinspektionen in den Mitgliedstaaten durchführen. Die Ressourcen der Kommission reichen jedoch bei weitem nicht aus, um auf diesem Wege die Einhaltung von Normen und Regeln in den Mitgliedstaaten umfassend zu überwachen. Deshalb muss sich die Kommission auf Stichproben beschränken. Um eine verlässliche Implementierung sicher zu stellen, ist die Kommission somit auf andere Mittel der Überwachung angewiesen; dazu zählen neben der gegenseitigen Überwachung der Mitgliedstaaten selbst insbesondere Informationen privater Akteure (z.B. Unternehmen). Letztere können sehr wichtige Quellen von Informationen über die Umsetzung und (Nicht-) Einhaltung von EU-Recht in den Mitgliedstaaten sein.

Feststellung von Regelverstößen

Kommen durch derartige Informationen Zweifel an der hinreichenden Implementierung von EU-Recht durch einen Mitgliedstaat auf, wird die Kommission diesen zunächst informell in Kenntnis setzen, dass er möglicherweise gegen bestehende Normen und Regeln verstößt, um ihn zur freiwilligen Norm- und Regelbeachtung anzuhalten. Scheitert dieser Versuch, wird die Kommission den Mitgliedstaat durch ein amtliches Schreiben („letter of formal notice") in Kenntnis setzen, dass er aus der Sicht der Kommission gegen bestehendes EU-Recht verstößt. Zumeist kommt es spätestens jetzt zu einem Einlenken des Mitgliedstaates. Sollte sich der betreffende Mitgliedstaat allerdings weiter weigern, die EU-Normen und Regeln wie gefordert zu beachten, kann die Kommission in einer begründeten Stellungnahme („reasoned opinion") nochmals begründen, warum sie der Auffassung ist, dass der betreffende Mitgliedstaat einen Norm- und Regelverstoß begangen hat bzw. noch begeht. Sollte es erneut zu keiner gütlichen Einigung kommen, kann die Kommission den betreffenden Mitgliedstaat vor dem Europäischen Gerichtshof (EuGH) verklagen. Dies geschieht allerdings nur in sehr wenigen Fällen. Der Europäische Gerichtshof ist berechtigt, für die Mitgliedstaaten verbindliche Urteile zu fällen (Hix 2005; Jönsson & Tallberg 1998; Mendrinou 1996; Tallberg 2002b; Weidenfeld 2010).

Rolle des EuGH

Doch nicht nur die Kommission, sondern auch Privatpersonen und Privatkörperschaften können bei Verstößen gegen EU-Normen und Regeln den Europäischen Gerichtshof anrufen (Alter 2001: 16–27; Stone Sweet & Brunell 1998). Dazu wenden sie sich allerdings nicht direkt an den Europäischen Gerichtshof, sondern zunächst an die jeweiligen mitgliedstaatlichen Gerichte. Diese sind bei Klagen, die sich auf EU-Recht beziehen, gehalten, den Europäischen Gerichtshof anzurufen. Dieser klärt in einer Vorabentscheidung autoritativ, ob ein Verstoß gegen EU-Recht vorliegt. Die Vorabentscheidung geht an das mitgliedstaatliche Gericht zurück, das dann in seinem Urteil an die Vorabentscheidung gebunden ist. Faktisch sorgen hier also mitgliedstaatliche Gerichte unter der Anleitung des Europäischen Gerichtshofes dafür, dass die Auslegung von EU-Recht nicht in das freie Ermessen der mitgliedstaatlichen Regierungen gestellt ist.

kaum Sanktionen gegen Staaten

Die weitreichenden Überwachungs- und Feststellungsmöglichkeiten innerhalb der EU werden nur durch rudimentär ausgebildete Sanktionsmechanismen ergänzt. Den Mitgliedstaaten ist es sogar ausdrücklich untersagt, gegen Mitgliedstaaten, die gegen bestehende europarechtliche Normen und Regeln verstoßen, mit Sanktionen vorzugehen. Selbst wenn ein Mitgliedstaat sich weigert, einen vom Europäischen Gerichtshof festgestellten Verstoß zu korrigieren, dürfen die übrigen Mitgliedstaaten darauf nicht mit Sanktionen reagieren. Auch die Kommission konnte lange Zeit keine Sanktionen gegen Mitgliedstaaten verhängen, bis ihr im Vertrag von Maastricht (1992) diese Kompetenz eingeräumt wurde. So kann sie inzwischen beim Europäischen Gerichtshof gegen einen Mitgliedstaat, der einen vom Gerichtshof festgestellten EU-Rechtsverstoß nicht behoben hat, die Verhängung von Zwangsgeld beantragen (Oppermann et al. 2009: 259–261). Bisher wurden stärkere Sanktionsmöglichkeiten auch angesichts der fast ausnahmslosen Beachtung der Urteile des Europäischen Gerichtshofs als überflüssig angesehen (Tallberg 2002b; Wallace 2010: 84–86).

starke Sanktionen gegen Private

Während die EU gegenüber ihren Mitgliedstaaten nur über schwache Sanktionsmöglichkeiten verfügt, kann sie Privatpersonen und insbesondere Privatkörperschaften mit starken Sanktionen zur Beachtung von in der EU geltenden Normen und Regeln zwingen. Dies gilt insbesondere für die Durchsetzung des EU-Wettbewerbsrechts. Die Kommission ist bei Verstößen gegen europäisches Wettbewerbsrecht befugt, gegen die betreffenden Unternehmen sehr hohe Bußgelder zu verhängen (McGowan 2000: 118–138). Die Unternehmen können die Sanktionsmaßnahmen zwar vom Europäischen Gerichtshof rechtlich prüfen lassen, sind ansonsten aber zur Zahlung der Zwangsgelder verpflichtet.

9.2.3 Beurteilung der Effektivität der EU

hohe EU-interne Handelsquote

Handel ist das älteste und am stärksten integrierte Politikfeld der EU (Meunier 2003: 69; Moravcsik 2002: 606–608). Im Jahr 2009 betrug der Anteil des Handels (Exporte plus Importe) am Bruttoinlandsprodukt in Frankreich 48%, in Deutschland 77% und im Vereinigten Königreich 58%. In Japan und in den USA betrug dieser Anteil jeweils nur 25%; dies deutet bereits auf einen hohen Grad wirtschaftlicher Offenheit unter den EU-Mitgliedstaaten hin (vgl. Abbildung 9.1 oben). Zudem stieg die EU-interne-Handelsquote, d.h. der Anteil von Exporten und Importen zwischen den EU-Mitgliedern am gesamten BIP der EU, zwischen der Vollendung des Binnenmarktes (1993) und der Weltfinanzkrise (ab 2007) deutlich an (vgl. Abbildung 9.2). Zudem ist ein großer Abstand zwischen der EU-internen Handelsquote (Handel zwischen Mitgliedstaaten) und der EU-Außenhandelsquote (Handel von EU-Staaten mit Nicht-EU-Mitgliedern) zu beobachten. Dies ist sicher teilweise der geographischen Nähe der Mitgliedstaaten geschuldet. Gleichzeitig ist es aber sehr wahrscheinlich, dass auch die Verwirklichung des Binnenmarktes zu diesem Abstand beigetragen hat (vgl. Abbildung 9.2).

Förderung „negativer Integration“

Es ist weitgehend unstrittig, dass die Europäische Kommission und der Europäische Gerichtshof einen freieren Waren- und Kapitalverkehr in Europa befördert und damit zu „negativer Integration“ beigetragen haben (Scharpf 1999). Negative Integration, also der Abbau von Handelsbarrieren und Wettbewerbshindernissen in Europa, ist auf Grund der Tätigkeiten der Kommission und des Europäischen Gerichtshofs weit entwickelt; unzählige nationale Gesetze, die den freien Verkehr von Waren, Kapital und Dienstleistungen beeinträchtigen, wurden auf Grund von regulativen Entscheidungen der EU abgebaut (Kohler-Koch & Rittberger 2006: 40–41; vgl. Allen et al. 1998; Stone Sweet 2004). Diese positive Einschätzung wird durch wirtschaftswissenschaftliche Studien gestützt, die aufzeigen, dass der Binnenmarkt ein wirksames Instrument für die ökonomische Integration innerhalb der EU ist. Gleichzeitig bietet der Binnenmarkt erhebliche makroökonomische Vorteile in Form von Wirtschaftswachstum und der Schaffung neuer Arbeitsplätze, auch wenn immer noch nichttarifäre Hindernisse für Handel und Investitionen insbesondere im Dienstleistungsbereich bestehen, die die Effektivität des Binnenmarktes beeinträchtigen (Ilzkovitz et al. 2007). Vor diesem Hintergrund ist es nicht verwunderlich, dass inzwischen zahlreiche Staaten in verschiedenen Weltregionen zumindest Teile des europäischen Binnenmarktmodells zu kopieren suchen (Meunier & McNamara 2007; vgl. Anderson & Reichert 1999; Moravcsik 2007).

Abbildung 9.2: EU-interner und EU-Außenhandel im Vergleich (Anteil von Exporten + Importen von Waren am EU BIP, 1995–2009, in %)

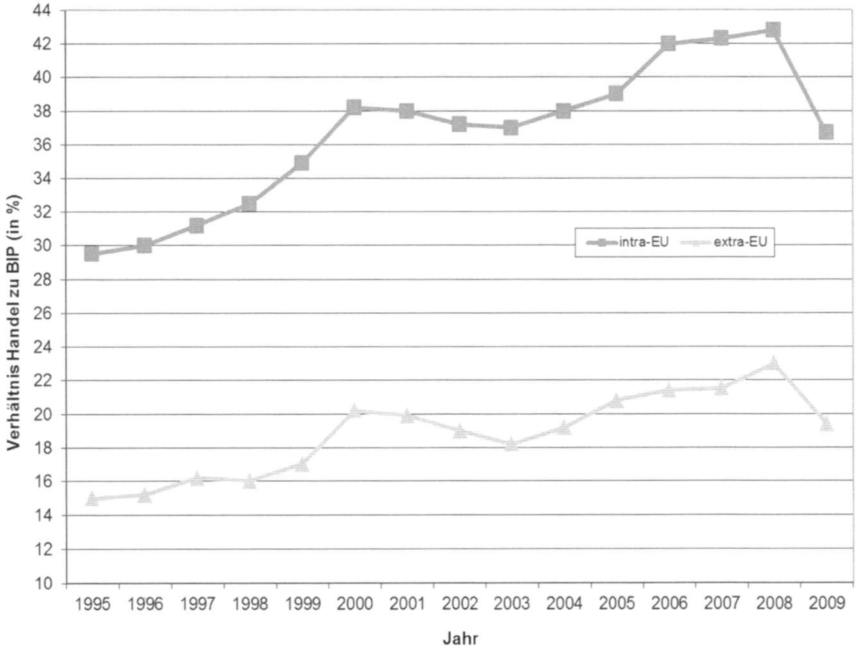

Quellen: eigene Darstellung mit Daten von Eurostat (2010) und Ilzkovitz et al. (2007: 30)

weniger „positive Integration“

Im Gegensatz zu den großen Erfolgen im Bereich der negativen Integration war die EU bei der positiven Integration, also bei der Verabschiedung gemeinsamer Wirtschafts-, Sozial- und Steuerpolitiken insgesamt weniger erfolgreich (Scharpf 1999). Natürlich wurden auch in der Wirtschafts- und Sozialpolitik durchaus europaweite Regelungen geschaffen und umfangreiche Programme zur Förderung regionaler Entwicklung aufgelegt (vgl. Eichener 1997; Grande & Jachtenfuchs 2000). Allerdings sind die Möglichkeiten für die supranationalen Organe der EU, Maßnahmen positiver Integration durchzusetzen, deutlich begrenzter. Solche Maßnahmen bedürfen der expliziten Zustimmung des Ministerrates und des Europäischen Parlamentes und letztlich eines Konsenses zwischen zahlreichen divergierenden nationalen und sektoralen Interessen (Kohler-Koch & Rittberger 2006: 41; Scharpf 1999: 71). Entscheidungsverfahren, die, abhängig von der Reichweite und Tiefe der Europäisierung von redistributiven Politiken, in den EU-Organen Einstimmigkeit oder zumindest große Mehrheiten für die Beschlussfassung vorsehen, beeinträchtigen die Effektivität der EU bei der positiven Integration.

Debatte über Demokratiedefizit

Der Transfer von Souveränität an EU-Institutionen hat nicht nur den europäischen Binnenmarkt hervorgebracht und zu erheblicher wirtschaftlicher und wirtschaftspolitischer Integration geführt, sondern auch die Debatte über ein Demokratiedefizit der EU befeuert. Der Wechsel vom Einstimmigkeits- zum Mehrheitsprinzip im Ministerrat hat unter demokratischen Gesichtspunkten weitreichende Konsequenzen. Die Parlamente der Mitgliedstaaten können ihre Regierungen nicht länger verantwortlich machen für Entscheidungen, die im Ministerrat ohne deren Zustimmung beschlossen wurden. Nichtsdestotrotz sind diese Mehrheitsentscheidungen für alle Mitgliedstaaten bindend. Im Ergebnis wird den mitgliedstaatlichen Parlamenten nicht nur die Entscheidungshoheit in weiten Bereichen der Politik, sondern auch die Möglichkeit, ihre Regierungen für diese Entscheidungen effektiv zur Verantwortung zu ziehen, genommen. Diesen Problemen wird im Vertrag von Lissabon (2007) durch ein neues Verfahren begegnet: Den Parlamenten wird die Möglichkeit gegeben, ihre Einwände gegen Vorhaben der EU, die ihrer Ansicht nach das Subsidiaritätsprinzip verletzen, gegenüber der Kommission zu äußern. Allerdings kann eine solche Initiative dadurch nur verzögert und nicht abschließend blockiert werden.

Rolle des Europäischen Parlaments

Das Problem mangelnder demokratischer Legitimation wird allerdings durch die kontinuierlich ausgeweiteten Mitentscheidungskompetenzen des Europäischen Parlaments abgeschwächt (Rittberger 2005). Der Vertrag von Lissabon hat das Mitentscheidungsverfahren (unter der neuen Bezeichnung „ordentliches Gesetzgebungsverfahren") auf zahlreiche Politikfelder – einschließlich Handel und Landwirtschaft – ausgeweitet. Doch solange das Europäische Parlament nicht (in allen Bereichen) die Entscheidungskompetenzen besitzt, die bisher üblicherweise den mitgliedstaatlichen Parlamenten eingeräumt werden, wird die EU weiter an einem Demokratiedefizit leiden. Auch vor dem Hintergrund der EU-Erweiterung erweist sich die Findung eines Ausgleichs zwischen prozeduraler Effizienz und demokratischer Legitimität der Entscheidungsfindung als schwierig. Bei nunmehr 27 Mitgliedern ist Einstimmigkeit bei Entscheidungen, die zur weiteren Integration der Handelspolitik notwendig sind, nur schwer zu erzielen. Für eine effektive und effiziente Arbeit der EU bedarf es somit eher mehr als weniger qualifizierter Mehrheitsentscheidungen des Rates. Dies wirft aber zugleich wieder die Frage nach einer Aufrechterhaltung der Kontrollmöglichkeiten mitgliedstaatlicher Parlamente und/oder der weiteren Stärkung des Europäischen Parlaments auf, um einen Weg zu finden, der eine effektive und effiziente Entscheidungsfindung der EU sichert, ohne die Rolle der demokratischen Organe gleichzeitig zu schwächen.

9.3 Globale Finanzbeziehungen: IWF

soziale Fallen in Finanzbeziehungen

Das Wohlfahrtsdilemma führt die Staaten auch in den internationalen Finanzbeziehungen in soziale Fallen. Finanzpolitische Instrumente wie die Abwertung einer Währung oder die Einschränkung der Bankenaufsicht haben ähnliche Effekte wie die Errichtung von tarifären oder nichttarifären Handelshindernissen. Machen zahlreiche Staaten von derartigen am kurzfristigen Eigennutzen orientierten Handlungsoptionen Gebrauch, werden die internationalen Austauschbeziehungen zum Schaden Aller nachhaltig gestört. Eine lasche Bankenaufsicht stärkt die Wettbewerbsfähigkeit von Geschäftsbanken eines Staates gegenüber Banken in anderen Staaten, die striktere Regeln haben. Dabei steigt aber das Risiko, dass durch den zeitgleichen Zusammenbruch mehrerer Geschäftsbanken entweder das internationale Finanzsystem zum Einsturz kommt oder teure Rettungsaktionen auf Kosten der Staatshaushalte und damit der Steuerzahler vieler Staaten notwendig werden. Langfristig stellen sich also alle Staaten – kollektiv und individuell – schlechter, wenn sie nicht kooperieren, um solche Finanzpraktiken auszuschließen. Um dieses Wohlfahrtsdilemma zu lindern, wurde nach dem Zweiten Weltkrieg der IWF begründet. Er zielt darauf ab, internationale Kooperation und Global Governance in der Finanz- und Währungspolitik zu befördern.

9.3.1 Politikprogramm des IWF

Bretton-Woods-Ordnung

Mit dem Politikprogramm des IWF wurde nach dem Zweiten Weltkrieg eine der Welthandelsordnung entsprechende beschränkt liberale Weltfinanzordnung geschaffen. Die 1944 in einem von den USA und Großbritannien dominierten intergouvernementalen Aushandlungsprozess in Bretton Woods vereinbarten Normen und Regeln des IWF sollten einerseits die durch das GATT vereinbarten liberalen Handelsbeziehungen stützen, jedoch andererseits den Staaten Handlungsspielräume für eine wirksame ökonomische Steuerung und stabile soziale Sicherungssysteme belassen (Gilpin 2000: 57–68; Helleiner 1994: 25–72). Vor allem jene Normen und Regeln, die die Staaten zur Herstellung der freien Konvertibilität ihrer Währungen verpflichten, dienten der Förderung liberaler Handelsbeziehungen. Denn nur wenn der freie Tausch einer Währung in eine andere Währung garantiert ist, kann der den internationalen Handel stützende Zahlungsverkehr reibungslos vonstattengehen.

System fester Wechselkurse

Darüber hinaus verpflichteten die ursprünglichen Normen und Regeln des IWF die Staaten auf feste, aber anpassungsfähige Wechselkurse ihrer Währungen (Kahler 1995: 48–64; Spero & Hart 2003). Damit wurde versucht, die Vorteile eines Systems fester Wechselkurse mit denen eines Systems flexibler Wechselkurse zu kombinieren, ohne sich die jeweiligen Nachteile der beiden Systeme einzuhandeln. Bei flexiblen wie bei festen Wechselkursen bestimmen aufgrund ihrer freien Konvertibilität Angebot und Nachfrage auf den internationalen Finanzmärkten den Wert einer Währung. Bei flexiblen Wechselkursen werden jedoch Angebot und Nachfrage nicht staatlich beeinflusst, so dass sich die Wechselkurse relativ frei bewegen können. Bei festen Wechselkursen hingegen beeinflussen die staatlichen Zentralbanken Angebot und Nachfrage auf den internationalen Finanzmärkten in einer Weise, dass die Wechselkursrelationen den vereinbarten Leitkursen entsprechend stabil bleiben. So kann internationaler Handel stattfinden, ohne dass die Händler ständig mit Wechselkursschwankungen rechnen müssen. Um den Wert ihrer Währung konstant zu halten, müssen die Staaten allerdings ihre gesamte Wirtschafts- und Finanzpolitik auf die Erhaltung des außenwirtschaftlichen Gleichgewichts ausrichten. Dadurch geht ihnen anders als bei flexiblen Wechselkursen der Handlungsspielraum für eine autonome ökonomische Steuerung und stabile soziale Sicherungssysteme weitgehend verloren.

Innerhalb des IWF-Systems der festen, aber anpassungsfähigen Wechselkurse waren alle Währungen an den als Währungsanker dienenden US-Dollar gebunden. Der US-Dollar war seinerseits wiederum durch die Golddeckung gesichert, wonach 35 US-Dollar einer Unze Feingold entsprachen. Die verschiedenen Währungen durften gegenüber dem US-Dollar um bis zu ein Prozent nach oben oder unten vom vereinbarten Leitkurs abweichen, so dass sie untereinander um bis zu zwei Prozent schwanken konnten. Darüber hinaus war es möglich, bei fundamentalen Zahlungsbilanzungleichgewichten, die den vereinbarten Leitkurs fortwährend gefährden konnten, den Wechselkurs einer nationalen Währung anzupassen. So wurde den Staaten die Freiheit gegeben, sozial- oder wirtschaftspolitische Maßnahmen zu ergreifen bzw. weiter zu verfolgen, die sonst Zahlungsbilanzungleichgewichte verschärft hätten (Helleiner 1994: 25–50; Spero & Hart 2003).

IWF als Währungspuffer

Um die sozial- und wirtschaftspolitischen Handlungsspielräume der Staaten unabhängig von etwaigen Wechselkurskorrekturen abzusichern, wurden dem IWF von jedem Mitgliedstaat Währungsreserven als Quoten übertragen, die einzelne Staaten bei Zahlungsbilanzschwierigkeiten als vorübergehende Fremdwährungskredite erhalten („ziehen") konnten. Damit sollten die Staaten in die Lage versetzt werden, Interventionen auf den internationalen Finanzmärkten zugunsten ihrer Währung zu finanzieren. Die Ziehungsrechte bemaßen sich nach den Währungsreserven, die der jeweilige Staat dem IWF zur Verfügung gestellt hatte. Dementsprechend verfügten Staaten mit einer hohen Quote über einen größeren Kreditrahmen als Staaten mit einer geringeren Quote. Bei Zahlungsbilanzschwierigkeiten durfte jeder Staat bedingungslos bis zu 100 Prozent seiner Quote in Anspruch nehmen, bei Krediten bis zu 125 Prozent seiner Quote hatte er hingegen bestimmte Konditionen zu erfüllen. Durch die Kreditfazilitäten des IWF wurde ein Währungspuffer errichtet, der es den Staaten ermöglichte, trotz des Systems fester Wechselkurse selbst dann Handlungsspielräume aufrecht zu erhalten, wenn sie in Zahlungsbilanzschwierigkeiten geraten waren (Gilpin 2000: 59–62; Helleiner 1994: 25–50).

Kapitalverkehrskontrollen möglich

Im Sinne einer nur beschränkt liberalen Finanzordnung wurden die Staaten durch die Normen und Regeln des IWF nicht gezwungen, auf Kapitalverkehrskontrollen, die den Kapitalfluss zwischen Staaten begrenzen, zu verzichten. Die Staaten konnten Kapitalverkehrskontrollen nutzen, um ohne Furcht vor einer Kapitalflucht ökonomische Steuerung betreiben und soziale Sicherungssysteme erhalten zu können (Gilpin 2000: 139–140). Darüber hinaus hoffte man, durch einen beschränkten Kapitalverkehr das System fester Wechselkurse zu stabilisieren, weil damit auch die Möglichkeiten der Währungsspekulation begrenzt wurden (Helleiner 1994: 25–72; Pauly 1997: 79–97).

Entstehung der Eurodollarmärkte

Das im IWF verankerte System von Bretton Woods wurde in den 1950er und 1960er Jahren zwar verwirklicht, war jedoch nur solange funktionsfähig, wie der Kapitalverkehr tatsächlich beschränkt werden konnte. Doch diese Bedingung war mit dem Entstehen der so genannten Eurodollarmärkte in den späten 1950er und frühen 1960er Jahren zunehmend weniger gegeben. Britische und amerikanische Banken in London versuchten, für ihre internationalen Finanzgeschäfte bestehende Kapitalverkehrskontrollen zu umgehen. Während britische Banken ihre internationalen Finanzgeschäfte zunehmend in US-Dollar tätigten, verlegten amerikanische Banken ihre internationalen Finanzgeschäfte nach London. Da sich die britischen Kapitalverkehrskontrollen nur auf Finanzgeschäfte in Pfund bezogen und die amerikanischen Kapitalverkehrskontrollen sich nur auf Finanzgeschäfte in den USA erstreckten, entstand so in London ein Finanzplatz, der einen weitgehend freien Kapitalverkehr zuließ (Eichengreen 1996: 93–152; Helleiner 1994: 81–122).

Druck auf Bretton-Woods-System

Der rasch wachsende Eurodollarmarkt setzte das in Bretton Woods vereinbarte Finanz- und Währungsregime zunehmend unter Druck. Denn der freiere Kapitalverkehr erlaubte nun spekulative Attacken auf einzelne Währungen, so dass es immer schwieriger wurde, die festen Wechselkursrelationen zu halten. Die Kredite des IWF reichten nicht aus, um diesen Attacken wirksam zu begegnen, insbesondere als sich spekulative Attacken auch gegen den US-Dollar richteten. Die USA sahen sich einem Dilemma ausgesetzt, gegen das sie nur wenig tun konnten. Hätten sie ihr seit den 1950er Jahren bestehendes Zahlungsbilanzdefizit reduziert, so wären die internationalen Handelsbeziehungen nachhaltig geschädigt worden. Denn dem internationalen Handel wäre die durch das Zahlungsbilanzdefizit der USA bereitgestellte Liquidität verloren gegangen. Eine Fortsetzung der US-Politik einer defizitären Zahlungsbilanz setzte dagegen die Glaubwürdigkeit der Golddeckung des US-Dollar aufs Spiel (Helleiner 1994: 81–122). Um dieses Dilemma zu entschärfen, schuf der IWF 1969 mit den Sonderziehungsrechten („Special Drawing Rights", SDR) ein zusätzliches internationales Zahlungsmittel, das die für den internationalen Handel notwendige Liquidität zur Verfügung stellen sollte.

Übergang zu flexiblen Wechselkursen

Doch da dem Dilemma auch damit nicht mehr zu entkommen war, gaben die USA schließlich 1971 die Golddeckung des US-Dollar auf. Infolgedessen ließen sich die festen Wechselkursparitäten nicht mehr halten. Nach einem erfolglosen Versuch, die festen Wechselkurse im „Smithsonian Agreement" (1971) mit veränderten Wechselkursparitäten und Wechselkursschwankungen von bis zu 4,5 Prozent nochmals wiederzubeleben, wurden die Wechselkurse 1973 endgültig freigegeben (Gilpin 2000: 124–125; Spero & Hart 2003).

IWF als „lender of last resort"

Mit dem Übergang von festen zu flexiblen Wechselkursen änderte sich auch grundlegend die Funktion der Kreditvergabe durch den IWF. Als Währungspuffer überflüssig geworden, fungiert der IWF seit den 1980er Jahren als Kreditgeber der letzten Instanz („lender of last resort") im Umfeld einer zunehmend von Kapitalverkehrskontrollen befreiten liberalen Finanz- und Währungsordnung. Der IWF, dem mittlerweile 187 Staaten angehören (Stand: Ende 2011), soll unter anderem durch seine Kreditvergabe dazu beitragen, dass sich nationale Finanz- und Schuldenkrisen wie die in Mexiko (1982), Brasilien (1987) und Russland (1997) bzw. regionale Finanz- und Schuldenkrisen wie die in Asien (1997) und Europa (seit 2010) nicht ausbreiten können, um möglicherweise das gesamte Weltfinanz- und -währungssystem zu gefährden (Helleiner 1994: 169–191).

Konditionalität von Krediten

Im Falle solcher Finanz- bzw. Schuldenkrisen unterstützt der IWF die betroffenen Staaten mit eigenen Krediten. Die Kreditnehmer müssen allerdings Strukturanpassungsprogrammen zustimmen. Mit diesen Strukturanpassungsprogrammen will der IWF sicherstellen, dass der entsprechende Staat in Zukunft seine Schulden bedienen kann. Die Kredite sind also seitens des IWF an Konditionen gebunden: Die betreffenden Staaten müssen sich auf die vom IWF geforderten Veränderungen ihrer Innen- und Außenwirtschaftspolitik einlassen, um Kredite vom IWF zu erhalten. Damit der IWF den Kreditanforderungen nachkommen und seine Rolle als Kreditgeber der letzten Instanz wahrnehmen kann, mussten seine Quoten wiederholt aufgestockt werden. Zuletzt wurden die Quoten Ende 2010 auf rund 750 Milliarden US-Dollar aufgestockt und damit glatt verdoppelt.

9.3.2 Operative Tätigkeiten des IWF

Spezifizierung der Kreditvergaberegeln

Die Vergabe von Krediten bestimmt die operativen Tätigkeiten des IWF. Im Zuge der Spezifizierung der Normen und Regeln der Kreditvergabe legt der IWF fest, wie viel Kredit ein in Schwierigkeiten geratener Staat zu welchen Konditionen erhalten kann. Jeder Staat kann zwar bei Zahlungsbilanzschwierigkeiten 25 Prozent seiner Quote unverzüglich als vorübergehenden Kredit aufnehmen. Doch um weitere Kredite bis höchstens 300 Prozent seiner Quote erhalten zu können, muss er dem IWF darlegen, wie er sein Zahlungsbilanzproblem lösen und eine Rückzahlung der durch den IWF gewährten Kredite sicherstellen will.

Festlegung von Bedingungen

Ein solcher Reformplan wird in Form einer Absichtserklärung („letter of intent") an den IWF übermittelt. Der IWF legt daraufhin haushalts-, finanz-, handels- und arbeitsmarktpolitische Konditionalitäten fest, die oft weitreichende Eingriffe in die Gesellschaft des kreditnehmenden Staates beinhalten (Barnett & Finnemore 2004; Martin 2006). Die zwischen kreditnehmendem Staat und IWF-Bürokratie ausgehandelten Bedingungen und avisierten Politiken müssen vom Exekutivdirektorium des IWF gebilligt werden, ehe der Kredit bereitgestellt wird; ausbezahlt wird er meist in Raten, wobei spätere Raten nur bei Einhaltung der gemachten Reformzusagen in Anspruch genommen werden können (Driscoll 1998: 19–24).

nichtkonzessionale Fazilitäten

Dem IWF stehen mehrere Kreditinstrumente – so genannte Fazilitäten – zur Verfügung, die auf verschiedene Ländertypen und unterschiedliche Krisensituationen zugeschnitten sind. Die drei wichtigsten nichtkonzessionalen Kreditlinien, die zu marktähnlichen Konditionen vergeben werden, sind die Bereitschaftskreditvereinbarungen („Stand-By Arrangements", SBAs), die Erweiterte Fondsfazilität („Extended Fund Facility", EFF) und die Flexible Kreditlinie („Flexible Credit Line", FCL). Im Rahmen der SBAs unterstützt der IWF Staaten mit kurzfristigen Zahlungsbilanzproblemen. Der gewährte Kredit wird – vorausgesetzt, der betreffende Staat hält seine Reformzusagen ein – innerhalb von ein bis zwei Jahren in Raten ausbezahlt; die Rückzahlung erfolgt über drei bis fünf Jahre. Die 1974 eingeführte EFF kommt dagegen bei längerfristigen strukturellen Zahlungsbilanzschwierigkeiten zum Einsatz, weshalb sich die Auszahlung über drei bis vier Jahre erstreckt, und der Kredit erst innerhalb von fünf bis zehn Jahren zurückgezahlt werden muss. Die 2009 eingeführte FCL richtet sich an Staaten mit grundsätzlich starken wirtschaftlichen Fundamentaldaten, die sich in kurzfristigen Zahlungsbilanzschwierigkeiten befinden. Sie dient der Krisenprävention und -eindämmung. Die Auszahlung erstreckt sich über ein bis zwei Jahre, und die Rückzahlung erfolgt wie bei den SBAs über drei bis fünf Jahre. Der Unterschied zu den SBAs ist, dass FCL-Kredite nicht an spezifische Konditionalitäten gebunden sind, eben weil sie von vornherein nur an Staaten mit solider wirtschaftlicher Basis vergeben werden. Neben der FCL gibt es noch einen weiteren Krisenreaktionsfonds, den Finanzierungsmechanismus für Krisenfälle („Emergency Financing Mechanism", EFM), der 1995 eingerichtet wurde, um bei plötzlich auftretenden Zahlungsbilanzproblemen von Mitgliedstaaten sehr schnell Kredite gewähren zu können. Nachdem der EFM nach der Asienkrise 1997 weitgehend in Vergessenheit geraten und kaum mehr genutzt worden war, wurde er während der Weltfinanzkrise (ab 2007) mehrfach (re-)aktiviert.

„Heavily Indebted Poor Countries"

Neben diesen nichtkonzessionalen Kreditlinien verfügt der IWF über eine Reihe von kurz- und langfristigen Instrumenten, die dazu dienen, Kredite zu Vorzugsbedingungen an einkommensschwache Staaten zu vergeben. 1996 lancierte der IWF die Initiative für hochverschuldete arme Länder („Heavily Indebted Poor Countries", HIPC), die solchen Ländern einen raschen Schuldenerlass bringen sollte. Die HIPC-Initiative wurde 1999 mit dem Ziel überarbeitet, die Entschuldung voran zu treiben und zugleich stärker mit Maßnahmen zur Armutsreduzierung und Eindämmung sozialpolitischer Probleme zu verbinden. Die überarbeitete HIPC-Initiative sah neben makroökonomischen Anpassungsmaßnahmen auch sozialpolitische Reformen einschließlich höherer öffentlicher Investitionen in das Bildungs- und Gesundheitssystem vor.

Fazilitäten mit Vorzugsbedingungen

Im Zuge der Weltfinanzkrise reformierte der IWF im Jahr 2010 sein System zur Unterstützung von einkommensschwachen Ländern erneut und richtete einen neuen Armutsminderungs- und Wachstumsfonds mit drei unterschiedlichen Fazilitäten ein. Diese Fazilitäten – die Erweiterte Kreditfazilität („Extended Credit Facility", ECF), die Bereitschaftskreditfazilität („Stand-By Credit Facility", SCF) und die Schnellkreditfazilität („Rapid Credit Facility", RCF) – ähneln nicht nur nominell den oben beschriebenen nichtkonzessionalen Kreditlinien, stellen jedoch Kredite zu Vorzugsbedingungen bereit. Die ECF ersetzte die Armutsminderungs- und Wachstumsfazilität („Poverty Reduction and Growth Facility", PRGF) als wichtigstes Werkzeug des IWF, um einkommensschwachen Staaten mit strukturellen Zahlungsbilanzproblemen mittelfristig und langfristig angelegte, an Konditionalitäten geknüpfte Hilfen zur Verfügung zu stellen. Im Rahmen der ECF werden zinslose Kredite vergeben, die fünfeinhalb Jahre tilgungsfrei sind und deren Rückzahlung erst nach zehn Jahren fällig ist. Die SCF vergibt finanzielle Hilfen an Länder mit niedrigem Einkommen und kurzfristigen, ggf. auch periodisch wiederkehrenden Zahlungsbilanzproblemen. Die zinslosen SCF-Kredite sind mit spezifischen Bedingungen verbunden. Sie können auch vorsorglich bei möglicherweise bevorstehenden Zahlungsbilanzschwierigkeiten beantragt werden und werden dann nur ausgezahlt, wenn diese Probleme auch tatsächlich eingetreten sind. SCF-Kredite sind nach acht Jahren fällig, die ersten vier Jahre sind tilgungsfrei. Die RCF schließlich stellt rasche finanzielle Hilfen für einkommensschwache Staaten mit akuten Deckungslücken in ihrer Zahlungsbilanz zur Verfügung. Die zinslosen RCF-Kredite sind an vergleichsweise wenige Bedingungen geknüpft und nach 10 Jahren (bei einer tilgungsfreien

Schonzeit von fünfeinhalb Jahren) fällig. Sie werden vor allem an Staaten vergeben, die einen makroökonomischen Schock, eine Naturkatastrophe oder einen Gewaltkonflikt hinter sich haben.

Finanzierung der Kreditvergabe

Die operative Arbeit des IWF bezieht sich allerdings nicht nur auf die Kreditvergabe, sondern auch auf deren Finanzierung. Die wichtigste Finanzquelle des IWF sind die bereits erwähnten Quoten, die jeder Staat, der dem IWF beitritt, zu entrichten hat. Sie richten sich nach dem relativen Gewicht des jeweiligen Staates in der Weltwirtschaft. Bis zu 25 Prozent werden in einer allgemein akzeptierten Währung und 75 Prozent in der eigenen Währung entrichtet. Da die Weltwirtschaft insgesamt, die Wirtschaftslage einzelner Staaten sowie der Kreditbedarf der Staaten ständigen Veränderungen unterliegen, müssen die Quoten des IWF regelmäßig an die neuen Verhältnisse angepasst werden. Dementsprechend führt das Exekutivdirektorium des IWF mindestens alle fünf Jahre eine Quotenüberprüfung durch, um etwaige Quotenerhöhungen vorzuschlagen, die im IWF-Gouverneursrat von mindestens 85 Prozent der Mitgliedstaaten genehmigt werden müssen. So hat der Gouverneursrat im Dezember 2010 eine Erhöhung der Quoten um 100 Prozent auf nun mehr als 750 Milliarden US-Dollar beschlossen. Zugleich wurden die Quotenanteile zugunsten Brasiliens, Russlands, Indiens und Chinas umverteilt, um die sich verändernden ökonomischen Machtverhältnisse unter den IWF-Mitgliedstaaten auch bei der Quotenverteilung und damit der Stimmengewichtung abzubilden.

„New Arrangements to Borrow“

Da die über Quoten an den IWF entrichteten Finanzmittel mitunter nicht ausreichen, hat sich der IWF die Möglichkeit geschaffen, selbst Kredite bei seinen Mitgliedern aufzunehmen. Dies geschieht auf Basis der Allgemeinen Kreditvereinbarungen („General Arrangements to Borrow“, GAB) von 1962 sowie der Neuen Kreditvereinbarungen („New Arrangements to Borrow“, NAB) von 1997, die inzwischen mehrmals erneuert und leicht reformiert wurden. Beide Kreditvereinbarungen wurden im Rahmen eines auf mehreren Ebenen verlaufenden bürokratischen Aushandlungsprozesses zwischen dem IWF und einigen seiner Mitgliedstaaten geschlossen und später reformiert. In der neusten Fassung der NABs haben sich 40 Industrie- und Schwellenländer (Stand: Ende 2011) bereit erklärt, Kredite bis zu 575 Milliarden US-Dollar an den IWF zu vergeben, wenn hohe Finanzbeträge erforderlich sind, um die Stabilität des internationalen Finanz- und Währungssystems zu sichern. Die Weltfinanzkrise (ab 2007) hat hier zu einer massiven Ausweitung der NABs geführt: vor der Krise standen nur maximal 51 Milliarden US-Dollar zur Verfügung, und die Kreditgeber kamen ausschließlich aus den Reihen der Industrieländer. Durch die Ausweitung soll sichergestellt werden, dass der IWF über ausreichende finanzielle Mittel verfügt, um zukünftigen Krisen effektiv zu begegnen und eine Ausbreitung der Krise bis hin zum Zusammenbruch des internationalen Finanzsystems zu verhindern.

direkte Implementierung

Der IWF spezifiziert nicht nur Normen und Regeln, sondern übernimmt auch deren direkte Implementierung. Dies gilt insbesondere für die durch routinisierte Standardverfahren geprägte Kreditauszahlung und deren Rückzahlung. Denn nachdem der IWF einen solchen Kredit genehmigt hat, übernimmt er die Kreditauszahlung selbst, indem er dem betreffenden Staat allgemein akzeptierte Währungen zur Verfügung stellt, die er von anderen Staaten – entweder aufgrund ihrer Quoten oder als Kredit – erhalten hat. Der den Kredit aufnehmende Staat „kauft" diese Fremdwährungen mit seiner eigenen Währung. Russland beispielsweise könnte Kredite vom IWF beziehen, indem es Rubel hinterlegt, um dafür US-Dollar, Euro oder Yen zu erhalten. Bei der Rückzahlung kauft der kreditaufnehmende Staat dann seine eigene Währung mit allgemein akzeptierten Währungen vom IWF zurück.

Überwachung von Zielvereinbarungen

Zur Bewertung des mit dem Empfängerstaat festgelegten Reformplans werden bereits im Vorfeld der Kreditvergabe Erfüllungskriterien festgelegt, anhand derer ein Erfolg oder ein Scheitern des Reformplans gemessen wird. Dadurch wird weniger überwacht, wie ein Reformplan implementiert wird, sondern nur überprüft, ob die getroffenen Zielvereinbarungen erreicht werden. Dabei greift die IWF-Bürokratie vor allem auf makroökonomische Kennziffern wie die Inflationsrate, nationale Spareinlagen oder die Auslandsverschuldung eines Landes zurück, die im Rahmen eines routinisierten Standardverfahrens viertel- oder halbjährlich erhoben und bewertet werden. Sollte die Prüfung im Lichte dieser Kriterien ergeben, dass ein Reformplan nicht erfolgreich umgesetzt wurde, kann der IWF weitere Kreditraten zurückhalten und deren Auszahlung gegebenenfalls an neu zu vereinbarende Reformbemühungen knüpfen.

allgemeinere Überwachung

Die Überwachung durch den IWF bezieht sich allerdings nicht nur auf die im Rahmen der Kreditvergabe vereinbarten Reformpläne, sondern erstreckt sich darüber hinaus auf die gesamte Wirtschafts-, Finanz-, Währungs-, und Geldpolitik der Mitgliedstaaten des IWF. Die Überwachung durch den IWF vollzieht sich im Wesentlichen durch jährlich mit jedem Mitgliedstaat stattfindende Konsultationen. Dabei reisen vier bis fünf Mitglieder des IWF-Verwaltungsstabes für ca. zwei Wochen in den betreffenden Staat, um dort Daten über das Wachstum, den Außenhandel, die Arbeitslosigkeit, die Inflation, die Zinssätze, die Löhne, die Geldmenge, die Investitionen und die Staatsausgaben zusammen zu tragen und zu sichten. Darüber hinaus werden intensive Gespräche mit Regierungsvertretern geführt, um zu bemessen, ob die bislang verfolgte Wirtschaftspolitik erfolgreich war und ob oder wie sie gegebenenfalls verändert werden soll. Danach erarbeiten die Mitarbeiter des IWF einen detaillierten Bericht, der dem Exekutivdirektorium vorgelegt wird. Seit 1997 wird dieser Bericht zusammen mit der Beurteilung durch das Exekutivdirektorium veröffentlicht. Der IWF zielt mit diesem Überwachungssystem darauf ab, mögliche Finanzkrisen frühzeitig zu erkennen, um präventiv vorgehen zu können (Schirm 2007: 267–273). Im Zuge der Weltfinanzkrise (ab 2007) hat der IWF nochmals seinen Anspruch bekräftigt, über seinen Status als Kreditgeber der letzten Instanz hinaus durch intensivierte Überwachungstätigkeiten auf nationaler, regionaler und globaler Ebene als wichtigster Hüter der globalen Finanzstabilität zu fungieren.

9.3.3 Beurteilung der Effektivität des IWF

Wachstum globaler Kapitalflüsse

Der IWF hat dazu beigetragen, eine liberale Weltfinanz- und -währungsordnung zu schaffen und aufrecht zu erhalten. Er war – gerade auch in jüngerer Vergangenheit – durchaus effektiv bei der Verbreitung der Vorstellung, dass der grenzüberschreitende Kapitalverkehr durch möglichst wenige Restriktionen und Regulierungen eingeschränkt werden sollte (Abdelal 2009: Kap. 6; Barnett & Finnemore 2004: Kap. 3; Chwieroth 2009). In diesem Sinne hat der IWF auch zum geradezu atemberaubenden Wachstum globaler Kapitalflüsse in den 1990er und 2000er Jahren beigetragen (vgl. Abbildung 9.3).

Abbildung 9.3: Globale Kapitalströme (Zuflüsse in Milliarden US-Dollar, 1998–2007)

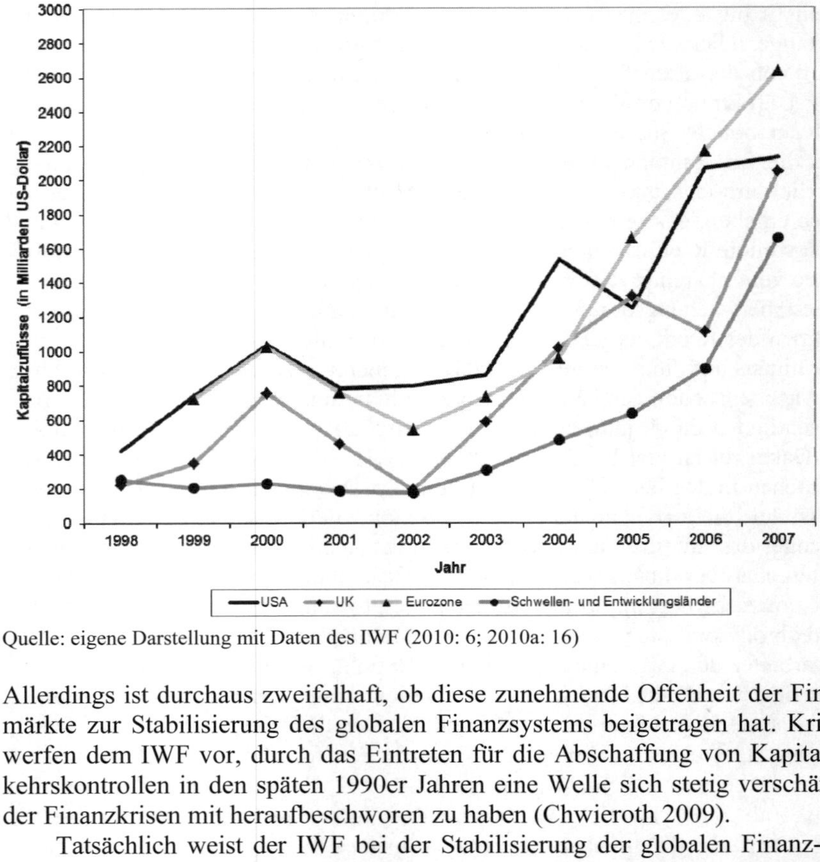

Quelle: eigene Darstellung mit Daten des IWF (2010: 6; 2010a: 16)

Allerdings ist durchaus zweifelhaft, ob diese zunehmende Offenheit der Finanzmärkte zur Stabilisierung des globalen Finanzsystems beigetragen hat. Kritiker werfen dem IWF vor, durch das Eintreten für die Abschaffung von Kapitalverkehrskontrollen in den späten 1990er Jahren eine Welle sich stetig verschärfender Finanzkrisen mit heraufbeschworen zu haben (Chwieroth 2009).

gemischte Bilanz bei Krisen

Tatsächlich weist der IWF bei der Stabilisierung der globalen Finanz- und Währungsordnung eine gemischte Bilanz auf. Er konnte weder die Schuldenkrisen in den Entwicklungsländern Lateinamerikas in den 1980er Jahren, noch die Finanzkrisen in Asien und Russland in den 1990er Jahren verhindern. Auch die große Weltfinanzkrise der späten 2000er Jahre, die in der US-Hypothekenkrise (2007) ihren Ausgang nahm, konnte nicht verhindert werden. Allerdings gelang es dem IWF jeweils eine Eskalation dieser Krisen bis hin zum Zusammenbruch des Weltfinanzsystems zu verhindern. Trotzdem hat die jüngste Weltfinanzkrise die Grenzen des IWF bei der Krisenprävention aufgezeigt, gelang es ihm doch nicht, die Krise rechtzeitig vorherzusehen, um ihr präventiv begegnen zu können. Die schweren Defizite bei der Vorhersage und Prävention von systemischen Risiken lässt sich laut dem unabhängigen Evaluationsbüro des IWF auf eine Reihe von Gründen zurückführen. Insbesondere entwickelte sich innerhalb des IWF-Verwaltungsstabes eine relativ homogene, liberalisierungsfreundliche und Risiken vernachlässigende Verwaltungskultur. Der Verwaltungsstab wurde zudem stark von den Ansichten der transnationalen Finanzindustrie beeinflusst und griff auf fehlerhafte bzw. unpassende analytische Modelle zur Bewertung der Lage auf den Finanzmärkten zurück (IEO 2011: v). Auch die beschränkten Überwachungskompetenzen des IWF behindern eine frühzeitige Erkennung sich aufbauender systemischer Finanzmarktrisiken (Lombardi & Woods 2008). Ferner wird dem IWF vorgeworfen, sich vornehmlich um die Stabilitätsinteressen der reichen Industriestaaten zu kümmern und diejenigen der Entwicklungs- und Schwellenländer zu vernachlässigen (Stiglitz 2002). So hat sich der IWF mit den Krisen in Entwicklungsländern nur dann befasst, wenn diese drohten, destabilisierende Kettenreaktionen auszulösen, und damit auch die Industrieländer betrafen.

sozioökonomische Effekte von Krediten

Doch nicht nur hinsichtlich der Stabilisierung der globalen Finanz- und Währungsordnung weist der IWF eine gemischte Bilanz auf. Auch die Effektivität seiner mit der Kreditvergabe verbundenen Strukturanpassungs- und Reformpolitik ist Gegenstand kontroverser Debatten (Steinwand & Stone 2008: 124, 141–143). Eine Reihe von Studien findet keine positiven Auswirkungen von IWF-Krediten und den damit verbundenen Konditionalitäten auf das Wirtschaftswachstum von Empfängerstaaten; einige legen sogar nahe, dass IWF-Kredite und die damit verbundenen Konditionalitäten in den Empfängerstaaten negative Wachstumseffekte haben (ebd.; Vreeland 2007: 89–90). Außerdem zeigen Studien, dass die IWF-Konditionen bei der Kreditvergabe eine wirksame Armutsbekämpfung in den Empfängerstaaten verhindert haben. Der IWF hat darauf zwar mittlerweile reagiert und seine Kreditvergabe dahingehend verändert, dass in den vereinbarten Reformplänen der Armutsbekämpfung mehr Gewicht eingeräumt wird. Allerdings ergaben erste empirische Studien keine allzu vielversprechenden Ergebnisse (vgl. die Diskussion der Effektivität der Weltbank unten). Immerhin scheint die Kreditvergabe durch den IWF in den Empfängerstaaten zu niedrigeren Haushaltsdefiziten, zu sinkenden Inflationsraten und verbesserten Zahlungsbilanzen beizutragen (Steinwand & Stone 2008: 141–143; Vreeland 2007: 89–90).

9.4 Europäische Finanzbeziehungen: EU

weit fortgeschrittene Integration

Zahlreiche regionale Organisationen haben eigene Politikprogramme und operative Tätigkeiten im Finanzbereich entwickelt. Insbesondere als sich auf globaler Ebene ein System flexibler Wechselkurse durchzusetzen begann, versuchte eine Reihe internationaler Organisationen, zumindest auf regionaler Ebene feste Wechselkurse zu halten. Ähnlich wie im Handelsbereich ist die regionale Integration in der Währungs- und Finanzpolitik in der EU relativ zu anderen Weltregionen weit fortgeschritten.

9.4.1 Politikprogramm der EU

Die Politikprogramme der EU sahen ursprünglich keine gemeinschaftliche Währungspolitik vor. Als jedoch in der globalen Währungsordnung die bislang festen Wechselkurse zugunsten flexibler Wechselkurse aufgegeben wurden, gab es bald Bemühungen mit dem Ziel, die europäischen Währungsbeziehungen einem Regime mit festen Wechselkursen zu unterstellen. Allerdings wurden weder der Werner-Plan von 1970, der bereits die Errichtung einer sehr weitreichenden Wirtschafts- und Währungsunion vorsah, noch die europäische „Währungsschlange" von 1972, mit der letztlich die alte Währungsordnung des IWF auf Europa übertragen werden sollte, verwirklicht (Eichengreen & Frieden 2001: 2–6).

Europäisches Währungssystem

Erst die gemeinsamen Initiative des französischen Präsidenten Valery Giscard d'Estaing und des deutschen Bundeskanzlers Helmut Schmidt von 1978 zur Errichtung eines Europäischen Währungssystems (EWS) mit dem Ziel, die Wechselkurse zwischen den Währungen der Mitgliedstaaten zu stabilisieren, führte zum Erfolg. Das im Rahmen eines intergouvernementalen Aushandlungsprozesses entstandene regulative Programm des EWS trat 1979 in Kraft und definierte ein System weitgehend stabiler Wechselkurse. Dieses System bediente sich als Referenzgröße der neu geschaffenen europäischen Währungseinheit ECU („European Currency Unit"). Demnach wurde für jede mitgliedstaatliche Währung eine Wechselkursrelation zur ECU festgelegt und zugleich alle Währungen in ein Gitter fester Wechselkursbeziehungen untereinander gebracht. Leitkursänderungen waren nur dann vorgesehen, wenn die Wechselkursrelationen der Währungen nicht mehr zu halten waren. Die ECU war keine eigenständige Währung, sie war – ähnlich wie die Sonderziehungsrechte beim IWF – lediglich eine „Korbwährung", die sich aus den Währungen der EU-Mitgliedstaaten entsprechend ihrer wirtschaftlichen Bedeutung zusammensetzte (Levitt & Lord 2000: 32).

Interventionspflicht

Kern des Politikprogramms des EWS (dem die meisten, aber nicht alle EU-Staaten beitraten) war die Verpflichtung der Staaten zur Intervention, um die Wechselkurse innerhalb einer Bandbreite von 4,5 Prozent (ausnahmsweise waren auch 6 Prozent zulässig) im Gitter bilateraler Leitkurse zu halten. Eine unmittelbare Interventionspflicht bestand dann, wenn die Wechselkurse der Währungen von zwei oder mehr Mitgliedstaaten gleichzeitig die obere (+2,25 Prozent) und die untere Grenze (-2,25 Prozent) der Bandbreite erreichten. Lagen beispielsweise die Deutsche Mark am oberen und die italienische Lira am unteren Ende der Bandbreite, so waren die Bundesbank und die italienische Notenbank gleichermaßen verpflichtet, auf den internationalen Finanzmärkten Lire aufzukaufen und D-Mark zu verkaufen. Damit schufen sie ein zusätzliches Angebot an D-Mark und eine zusätzliche Nachfrage nach Lire, so dass sich die Wechselkursrelationen der beiden Währungen wieder auf den Leitkurs zubewegten. Um derartige Interventionen zu erleichtern, sah das EWS-Programm verschiedene Kreditmechanismen vor, auf die die Zentralbanken der beteiligten Staaten neben ihren eigenen Währungsreserven zurückgreifen konnten, um ihre Interventionen zu finanzieren (Eichengreen & Frieden 2001: 2–4).

Europ. Wirtschafts- und Währungsunion

Mit Hilfe des EWS konnten die Wechselkurse zwischen den Währungen der beteiligten Staaten in den späten 1980er und frühen 1990er Jahren weitgehend stabil gehalten werden. Vor dem Hintergrund des Binnenmarktprojektes (Wegner 1991: 124–125) wurde dann die bereits im Werner-Plan von 1970 avisierte Idee einer Wirtschafts- und Währungsunion wieder aufgegriffen (Moravcsik 1998: 379–471). Im Jahr 1989 legte ein Ausschuss unter der Führung des damaligen Kommissionspräsidenten Jacques Delors einen Bericht (den Delors-Bericht) vor, in dem die Einrichtung einer Europäischen Wirtschafts- und Währungsunion (EWWU) vorgeschlagen wurde. In dieser sollten die verschiedenen mitgliedstaatlichen Währungen durch eine europäische Währung ersetzt werden, über deren Stabilität eine zu gründende Europäische Zentralbank (EZB) wachen sollte. Der Delors-Bericht sah die Verwirklichung dieser Währungsunion in drei Stufen vor (Wolf 1999: 77–105). Zunächst sollte die Zusammenarbeit der Mitgliedstaaten in der Wirtschafts- und Währungspolitik weiter vertieft werden. In der zweiten Stufe war vorgesehen, ein Europäisches System der Zentralbanken zu gründen und eine unabhängige Europäische Zentralbank aufzubauen. Schließlich sollten die verschiedenen mitgliedstaatlichen Währungen durch eine gemeinsame europäische Währung ersetzt werden.

EZB-Gründung und Euroeinführung

Nach heftigen Auseinandersetzungen zwischen den Befürwortern einer Währungsunion (insbesondere Deutschland und Frankreich) und Skeptikern (vor allem Großbritannien) kam es letztlich in intergouvernementalen Verhandlungen zu einer Einigung, die im Vertrag von Maastricht verankert wurde (Cameron 1995: 57–73; Moravcsik 1998: 379, 471; Wolf & Zangl 1996). Demnach wurde am 1. Juni 1998 die Europäische Zentralbank (EZB) errichtet. Ihre Geldpolitik ist ausschließlich auf die Stabilität des Euro, der dem Maastrichter Vertrag folgend im Jahre 1999 als gemeinsame europäische Währung eingeführt wurde, verpflichtet. Die EZB ist in ihrer Geldpolitik genauso unabhängig wie vormals die Deutsche Bundesbank, die mit den übrigen mitgliedstaatlichen Zentralbanken im Europäischen System der Zentralbanken (ESZB) zusammengefasst wurde. Die Geldpolitik in Europa kann somit weder von den an der Währungsunion bislang beteiligten 17 Staaten oder ihren Regierungen noch von anderen Organen der EU direkt gesteuert werden; dazu ist ausschließlich die EZB befugt (Nugent 2006: 326–327).

Konvergenzkriterien

Um auszuschließen, dass einzelne Mitgliedstaaten der Europäischen Wirtschafts- und Währungsunion versuchen, die Lasten der Inflationsbekämpfung auf andere Staaten der Eurozone abzuwälzen, so dass alle Mitgliedstaaten unter zusätzlichen Inflationsgefahren zu leiden hätten, führten die künftigen Mitgliedstaaten der Wirtschafts- und Währungsunion bereits im Vertrag von Maastricht die Konvergenzkriterien ein. Mitglied der Wirtschafts- und Währungsunion konnten nur diejenigen EU-Mitgliedstaaten werden, die diese Kriterien erfüllt hatten. Das heißt, ihre jährliche Neuverschuldung durfte höchstens 3,0 Prozent, ihre Gesamtverschuldung höchstens 60 Prozent ihres Bruttosozialprodukts betragen. Darüber hinaus durfte ihre Inflationsrate nicht mehr als 1,5 Prozent über der durchschnittlichen Rate der drei Staaten mit der geringsten Inflation in der Union liegen; der Zinssatz durfte den durchschnittlichen Zinssatz der drei Staaten mit der geringsten Inflation nicht um mehr als 2,0 Prozentpunkte übersteigen; und von dem betreffenden Staat durften seit mindestens zwei Jahren keine Spannungen im Wechselkursmechanismus des EWS ausgehen (Wolf 1999: 192–195).

Stabilitätspakt / Fiskalpakt

Der Stabilitäts- und Wachstumspakt, der 1997 beschlossen wurde und dessen Inhalte 2011 in einer insbesondere auf eine Stärkung der Implementierung (siehe unten) abzielenden Reform bekräftigt und erweitert wurden, sieht vor, dass die Mitgliedstaaten die Stabilitätskriterien über ihren Beitritt zur Wirtschafts- und Währungsunion hinaus erfüllen müssen. Dadurch soll den langfristigen Inflationsrisiken einer Währungsunion entgegen gewirkt werden. Die Mitgliedstaaten legten sich insbesondere darauf fest, ihre jährliche Neuverschuldung unter 3,0 Prozent ihres Bruttoinlandsprodukts (BIP) und den Stand ihrer öffentlichen Verschuldung unter 60 Prozent ihres BIP zu halten. Aufgrund der europäischen Finanz- und Staatsschuldenkrise wurde der Stabilitäts- und Wachstumspakt durch den 2012 unterzeichneten (Stand Mitte 2012 allerdings noch nicht in Kraft getretenen) Fiskalpakt weiter verschärft. Dieser sieht unter anderem vor, dass alle Mitglieder der Währungsunion ausgeglichene staatliche Haushalte aufweisen und diese „Schuldenbremse" in ihren nationalen Verfassungen (oder auf vergleichbarer Ebene) verankern müssen. Mittelfristig darf demzufolge die Neuverschuldung nicht mehr als 0,5 Prozent der Wirtschaftskraft eines Landes betragen. Konkret gilt der Grundsatz eines ausgeglichenen Haushalts als eingehalten, wenn das jährliche strukturelle Defizit, bei dem Konjunktureffekte und einmalige Sonderausgaben nicht berücksichtigt werden, 0,5 Prozent des nominellen BIP (bzw. 1,0 Prozent bei Ländern mit Schuldenstand „erheblich" unter 60 Prozent) nicht übersteigt. Da dies nicht sofort zu erreichen ist, verpflichten sich die Mitgliedstaaten im Fiskalpakt (Art. 3, Abs. 1) auf eine „rasche Annäherung an ihr jeweiliges mittelfristiges Ziel" gemäß einem von der Kommission vorgeschlagenen Zeitplan. Allerdings sollen auch hier bei Vorliegen „außergewöhnlicher Umstände" (Art. 3, Abs. 3) Abweichungen möglich sein.

9.4.2 Operative Tätigkeiten der EU

weitgehende Unabhängigkeit

Die Teilnehmerstaaten der Wirtschafts- und Währungsunion haben wichtige die Stabilität des Euros betreffende operative Kompetenzen auf die EZB übertragen. Vor dem Hintergrund ihrer Unabhängigkeit kann die EZB Entscheidungen weitgehend entsprechend dem Modell zentralisierter rationaler Wahlhandlungen treffen. Das höchste Organ der EZB, der EZB-Rat, legt die Leitzinsen fest. Der EZB-Rat setzt sich aus den 17 Präsidenten der nationalen Zentralbanken der Eurozone und den sechs Mitgliedern des EZB-Direktoriums zusammen. Das Direktorium besteht aus dem Präsidenten und dem Vizepräsidenten der EZB sowie vier weiteren Mitgliedern, die im gegenseitigen Einvernehmen von den Staats- und Regierungschefs der Teilnehmerstaaten ernannt werden. Das supranationale Direktorium koordiniert mit den 17 Präsidenten der mitgliedstaatlichen Zentralbanken die Geldpolitik im Rahmen der EZB.

Leitzinsen als zentrales Instrument

Die Leitzinsen sind das zentrale Instrument der EZB, da sie bestimmen, zu welchen Konditionen sich die Geschäftsbanken bei den Zentralbanken Geld leihen können. Die EZB steuert auf diese Weise die Geldwertstabilität, weil sich die Geschäftsbanken bei hohen Leitzinsen weniger Geld bei den Zentralbanken leihen werden als bei niedrigen Leitzinsen. So kann die EZB durch die Leitzinsen die für die Geldwertstabilität entscheidende Geldmenge steuern. Die Währungsstabilität wird beeinflusst, weil die Geschäftsbanken bei hohen Leitzinsen ihrerseits die Zinssätze anheben und damit die Inflationsgefahr eindämmen.

Intervention auf den Finanzmärkten

Seit der europäischen Finanz- und Staatsschuldenkrise (ab 2010) kauft die EZB auch Staatsanleihen von Mitgliedern der Währungsunion, die erhebliche Refinanzierungsprobleme haben. So hat die EZB von 2010 bis März 2012 griechische, italienische und spanische Staatsanleihen in einem Umfang von mehr als 210 Milliarden Euro aufgekauft, um die Finanzmärkte zu stützen. Mit dieser Intervention werden die Zinskosten von Euro-Krisenstaaten gesenkt und zusätzliches Geld in den Wirtschaftskreislauf eingespeist. Der Kauf von Staatsanleihen durch die EZB zielt somit auf die Stabilisierung von einzelnen Staaten mit Finanzierungsproblemen sowie der gesamten Währungsunion ab, ist jedoch auch ein Instrument der EZB, das (gewollt oder ungewollt) die Inflationstendenzen in der Eurozone beeinflusst. Die EZB kann darüber hinaus beschließen, auf den internationalen Währungsmärkten zu intervenieren. Bei einem schwachen Wechselkurs des Euro kann sie ihre Währungsreserven nutzen, um Euro aufzukaufen und dadurch den Wechselkurs etwa gegenüber dem US-Dollar zu stützen. Bei einem zu hohen Wechselkurs des Euro wird sie hingegen mit Euro andere Währungen wie den US-Dollar oder den Yen kaufen, um somit den Wechselkurs des Euro zu senken. Bedarf es zur Umsetzung der im EZB-Rat gefassten Beschlüsse der Hilfe der mitgliedstaatlichen Zentralbanken, so ist das Direktorium gegenüber diesen weisungsbefugt.

Überwachung von Finanzpolitiken

Im Bereich der Finanzpolitik ist die Situation komplizierter, und die Findung operativer Entscheidungen ist insgesamt weniger supranational organisiert. Die Verschuldungssituation der Staaten muss im Rahmen des Stabilitätspaktes (und des Fiskalpaktes) überwacht werden. Die Europäische Kommission hat die Aufgabe und die Befugnis, den Rat zu unterrichten, falls sich die Neuverschuldung eines an der Währungsunion beteiligten Staates der im Stabilitäts- und Wachstumspakt festgelegten Drei-Prozent-Grenze seines Bruttoinlandsprodukts (BIP) nähert oder diese gar übersteigt. Ergreift ein Staat nach der Meldung durch die Kommission keine geeigneten Korrekturmaßnahmen, um seinen Neuverschuldungsanteil am BIP zu senken, so ist die Kommission verpflichtet, dem Wirtschafts- und Finanzrat („Economic and Financial Affairs Council", ECOFIN) einen Bericht über die Neuverschuldung des betreffenden Mitgliedstaates vorzulegen. Es liegt dann aber letztlich in der Verantwortung des aus den Wirtschafts- und Finanzministern der Mitgliedstaaten zusammengesetzten ECOFIN, ob er mit der erforderlichen qualifizierten Mehrheit das Vorliegen eines „übermäßigen Defizits" feststellt oder nicht. Die 2011 beschlossene Reform des Stabilitätspaktes sieht vor, dass die Kommission neben der Neuverschuldung verstärkt auch die Einhaltung des Gesamtschuldenkriteriums von maximal 60 Prozent des BIP überwachen muss. Sie kann auch hier im Falle eines Verstoßes dem Rat die Einleitung eines Defizitverfahrens empfehlen, demzufolge der betreffende Staat – bei Androhung von Sanktionen – seine Schulden senken muss, und zwar jährlich um mindestens 5 Prozent jenes Schuldenanteils, der über der 60-Prozent-Grenze liegt. Der Fiskalpakt führt (nach dessen Inkrafttreten) nochmals zu einer Ausweitung der Überwachungskompetenzen und -aufgaben der Kommission. Demnach obliegt es der Kommission gemeinsam mit dem Rat, von Eurozonen-Mitgliedstaaten im Defizitverfahren vorgelegte Programme mit Strukturreformen zur dauerhaften Korrektur ihrer übermäßigen Defizite zu billigen sowie die Durchführung der Programme und die entsprechenden jährlichen Haushaltsplanungen zu überwachen. Zudem soll der EuGH gemäß dem Fiskalpakt die Einführung und rechtliche Verankerung der Schuldenbremse auf nationaler Ebene kontrollieren.

Sanktionen bei „übermäßigem Defizit"

Bei Vorliegen eines – vom ECOFIN festgestellten – „übermäßigen Defizits" kann die Kommission Sanktionen gegen den jeweiligen Staat beantragen. Seit der Verschärfung des Wachstums- und Stabilitätspaktes (2011) kann der Rat Sanktionsempfehlungen der Kommission nur noch mit qualifizierter Mehrheit zurückweisen; die Sanktionierung, nicht aber die Feststellung, eines übermäßigen Defizits wird somit „quasi-automatisch". Zudem sind nunmehr grundsätzlich auch bei Nichtbefolgung des Gesamtschuldenkriteriums von maximal 60 Prozent des BIP Sanktionen möglich.

Sanktionen (im etablierten Verfahren der Sanktionierung übermäßiger Neuverschuldung) erfolgen zunächst in Form einer rückzahlbaren Einlage bei der EU. Diese Einlage wird jedoch in ein Strafgeld umgewandelt, wenn der betreffende Staat nicht innerhalb von zwei Jahren die erforderlichen Maßnahmen ergreift, um seine Verschuldung zu senken. Das Strafgeld, das insgesamt 0,5 Prozent des Bruttoinlandsprodukts des betreffenden Mitgliedstaates nicht überschreiten darf, setzt sich zusammen aus einer festen Komponente von 0,2 Prozent des Bruttoinlandsprodukts des betreffenden Mitgliedstaates und einer flexiblen Komponente von zehn Prozent jener Neuverschuldung, die die erlaubte Neuverschuldung in Höhe von drei Prozent des Bruttoinlandsprodukts übersteigt. Um zu verhindern, dass sie gegen einzelne Mitgliedstaaten tatsächlich Strafgelder beantragen muss, hat die Europäische Kommission ein Verfahren entwickelt, in dem sie die betreffenden Staaten frühzeitig auf eine drohende übermäßige Neuverschuldung aufmerksam macht. Nach einem qualifizierten Mehrheitsbeschluss des Rates wird ein „Blauer Brief" versandt. Der betroffene Staat wird darin aufgefordert, seine Neuverschuldung zu korrigieren, bevor die Kommission formal gegen diesen Staat vorgehen muss.

Kreditvergabe an Krisenstaaten

Die EU tritt mittlerweile auch als Kreditgeber für Mitgliedstaaten in einer finanziellen Krisensituation auf und hat zu diesem Zweck Unterstützungsfonds geschaffen. Im Zuge der europäischen Finanz- und Schuldenkrise (ab 2010) stellte sich heraus, dass mehrere Mitgliedstaaten der Währungsunion – vor allem Griechenland, aber auch Irland, Italien, Portugal und Spanien – übermäßige Defizite angehäuft hatten. Ihre Schuldenlast machte es für einige dieser Staaten extrem kostspielig bzw. nahezu unmöglich, sich Geld auf den privaten Kapitalmärkten zu leihen. Neben der drohenden Insolvenz von Mitgliedstaaten der Währungsunion, vor allem Griechenlands, gefährdete die Finanz- und Schuldenkrise die finanzielle Stabilität der gesamten Eurozone. Der Euro wurde Gegenstand spekulativer Währungsattacken. Als Reaktion darauf schnürten die Finanzminister der Eurozone mit der Unterstützung des IWF mehrere umfangreiche Rettungspakete, um die vom Staatsbankrott (und insbesondere im Falle Spaniens vom Zusammenbruch des Bankensystems) bedrohten Länder zu unterstützen, die Ausweitung der Finanz- und Schuldenkrise auf weitere Länder zu verhindern und die spekulativen Attacken auf den Euro einzudämmen.

EFSF, EFSM und ESM

Als vorübergehende Krisenmechanismen wurden zunächst die Europäische Finanzstabilitätsfazilität („European Financial Stability Facility", EFSF) und der Europäische Finanzstabilisierungsmechanismus („European Financial Stabilization Mechanism", EFSM) eingerichtet. Mit der Unterstützung des IWF sind diese Mechanismen in der Lage, bis zu 750 Milliarden Euro an Notfallkrediten (letztlich garantiert durch die Mitgliedstaaten der Eurozone) an Euro-Staaten mit ernsthaften finanziellen Schwierigkeiten zu vergeben. In den Jahren 2010 bis 2012 erhielten Griechenland, Irland, Portugal und Spanien solche Notkredite in einer Höhe von mehreren 100 Milliarden Euro. Neben diesen Maßnahmen zur Bewältigung der akuten Krise haben die Regierungen der Mitgliedstaaten die Schaffung eines permanenten Krisenmechanismus, des Europäischen Stabilitätsmechanismus („European Stability Mechanism", ESM, ab Mitte 2012) beschlossen. Wie auch die EFSF und der EFSM knüpft der ESM die Kreditvergabe an tief in die Wirtschafts-, Finanz- und Sozialpolitik der Kreditnehmer eingreifende Bedingungen, die zwischen dem kreditnehmenden Staat, der EU-Kommission, der EZB und dem IWF ausgehandelt und von den Mitgliedstaaten der Eurozone gebilligt werden müssen. Die Reaktionen der EU-Mitgliedstaaten auf die Finanz- und Schuldenkrise schufen mithin die Voraussetzungen für eine dauerhafte Ausweitung der operativen Tätigkeiten der EU im Bereich der Finanzpolitik.

9.4.3 Beurteilung der Effektivität der EU

Geldwertstabilität als Erfolg

Die Integration der europäischen Finanz- und Währungsbeziehungen wird weithin als Erfolgsgeschichte angesehen – auch wenn die europäische Finanz- und Staatsschuldenkrise (ab 2010) nicht nur die übermäßigen fiskalischen Defizite einiger Länder, sondern auch erhebliche institutionelle Defizite in der Finanzpolitik der EU offenbart hat. Entgegen düsterer Prognosen, dass der Euro rasch zusammenbrechen werde, war das erste Jahrzehnt des Euro bemerkenswert stabil (Buti et al. 2010: 1, 10–11). Zumindest bis zur Weltfinanzkrise (ab 2007) gelang es der EZB, die Inflationsrate in der Eurozone auf konstantem, vergleichsweise niedrigem Niveau zu halten (vgl. Abbildung 9.4). Die Inflationsrate war dabei in aller Regel auch deutlich niedriger als in den USA.

Die EZB kann die Aufrechterhaltung einer hohen Geldwertstabilität als Erfolg ihrer Geldpolitik verbuchen (Deroose et al. 2007; Geraats 2010; Neumann 2010), auch wenn die lange Zeit sehr gute Bewertung der Effektivität der EZB-Politik unter den EU-Bürgern seit 2008 nachweislich gelitten hat (Jones 2009).

Abbildung 9.4: Inflation in der Euro-Zone (17 Staaten) und in den USA (1997–2010)

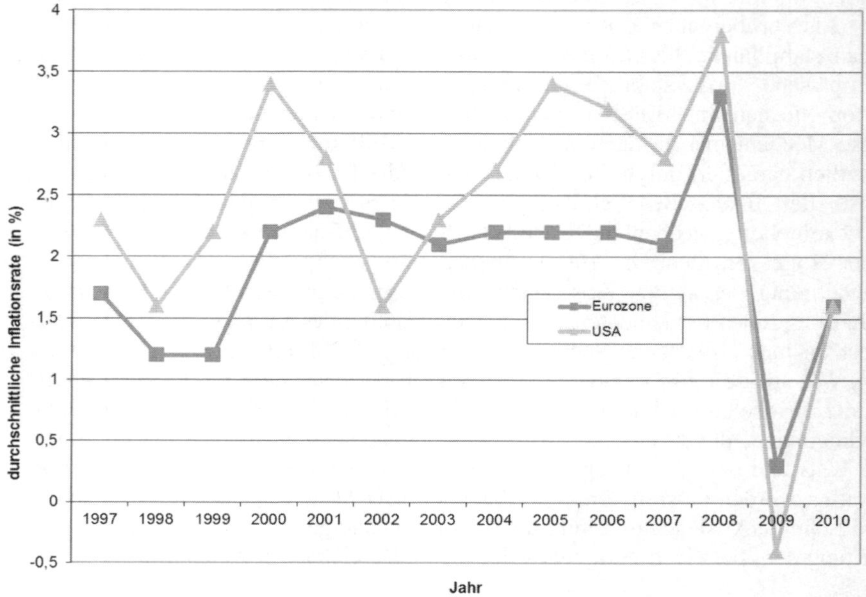

Quelle: eigene Darstellung mit Daten von Eurostat (2011a)

Defizite in der Fiskalpolitik

Die Achillesverse der europäischen Finanz- und Währungsbeziehungen bleiben die eingeschränkten Möglichkeiten der EU, fiskalische Disziplin in der Eurozone sicherzustellen und nationale makroökonomische Politiken zu koordinieren oder gar zu vereinheitlichen (De Grauwe 2006; Hallerberg & Bridwell 2008; Pauly 2009; von Hagen & Wyplosz 2010). In den frühen 2000er Jahren wiesen unter anderem Deutschland und Frankreich ein Haushaltsdefizit jenseits der vom Stabilitäts- und Wachstumspakt erlaubten 3 Prozent des BIP auf (vgl. Abbildung 9.5). Zudem schnellten durch die Weltfinanz- und Wirtschaftskrise (ab 2007) und ihre Folgen die Haushaltsdefizite in der gesamten Eurozone nach Jahren der – mehr oder weniger ausgeprägten – Fiskaldisziplin wieder in die Höhe. Die Mittel der Kommission, Staaten im Rahmen eines Defizitverfahrens zur Einhaltung des Stabilitäts- und Wachstumspaktes zu bewegen, sind begrenzt. Die Warnung vor einem drohenden Verstoß gegen die Stabilitätskriterien durch einen „blauen Brief" läuft oft ins Leere. Inwiefern der europäische Fiskalpakt und die Verschärfung des Stabilitätspaktes im Jahr 2011 zu einer effektiveren Überwachung und erwartungsverlässlicheren Sanktionierung von Verstößen und letztlich mehr Haushaltsdisziplin beitragen werden, bleibt abzuwarten.

Die Kommission verfügt – außerhalb akuter Krisen – nur über begrenzte Kompetenzen und Kapazitäten zur verlässlichen Überwachung der mitgliedstaatlichen Haushaltspolitiken. Dies wurde besonders deutlich in der europäischen Finanz- und Schuldenkrise (ab 2010), als sich zeigte, dass Griechenland, obgleich den Regeln des Stabilitäts- und Wachstumspakt verpflichtet, ein Haushaltsdefizit von mehr als 13 Prozent angehäuft hatte. Zudem ist der Rückgriff auf die Unterstützung des IWF bei den Rettungspaketen für Griechenland, Irland, Portugal und Spanien (2010–12) auch ein Indikator für das Unvermögen der EU, in ihrem Währungsraum auftretende Finanzkrisen eigenständig einzudämmen und zu lösen.

Abbildung 9.5: Haushaltsdefizit in der Eurozone, Frankreich und Deutschland (Nettokreditaufnahme, 2001–2010, in % des BIP)

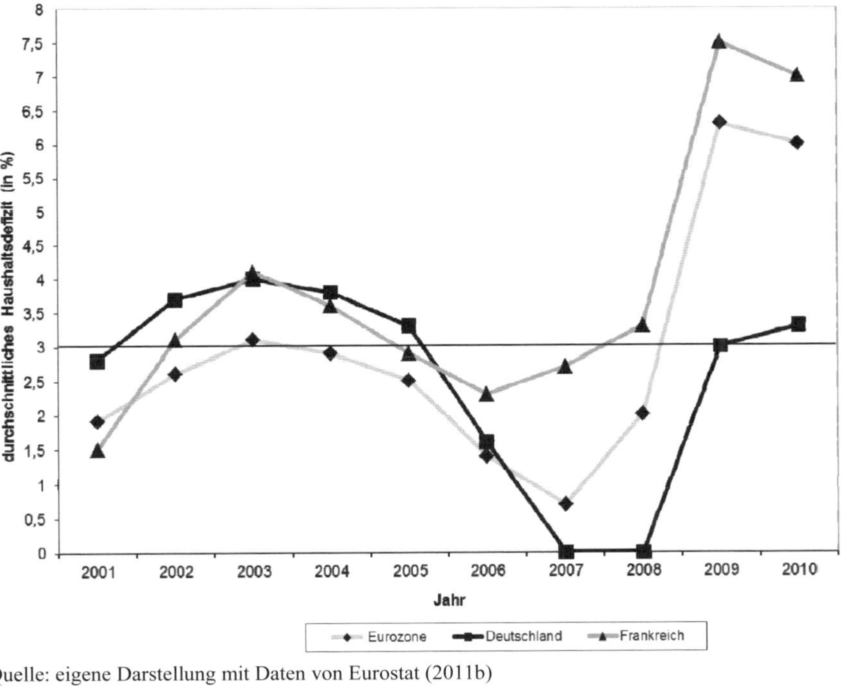

Quelle: eigene Darstellung mit Daten von Eurostat (2011b)

9.5 Globale Entwicklungsdisparitäten: Weltbankgruppe

Verteilungswirkung liberaler Wirtschaftsordnung

Die Handels- und Finanzordnungen, die sich auf globaler Ebene auf die WTO und den IWF sowie auf europäischer Ebene auf die EU stützen, erleichtern die Findung wechselseitig vorteilhafter Lösungen für das Wohlfahrtsdilemma. Gleichzeitig können sie allerdings Ungleichheiten in der Entwicklung von Staaten verschärfen. Das Spiel der Marktkräfte in einer liberalen Wirtschaftsordnung verteilt den kollektiven Nutzen nur dann an alle beteiligten Staaten gleich, wenn sie alle über annähernd gleiche Voraussetzungen der Marktteilnahme verfügen. In der globalen Wirtschaft ist diese Prämisse insofern nicht erfüllt, als die Industrieländer erheblich bessere Voraussetzungen haben als die Entwicklungsländer. Dies birgt somit die Gefahr sich stetig ausweitender Wohlstandsdisparitäten. Nahezu alle Entwicklungsländer sind daher an einer internationalen Wirtschaftsordnung interessiert, die eine gleichmäßigere Nutzenverteilung begünstigt. Aber auch die Industrieländer haben auf lange Sicht ein Interesse an einer faireren Verteilung der Gewinne liberaler Handels- und Finanzbeziehungen. Denn die ungleiche Nutzenverteilung birgt die Gefahr, die Legitimität der liberalen Weltwirtschaftsordnung zu untergraben. Die meisten Industrieländer befinden sich daher in einem Widerstreit langfristiger und kurzfristiger Interessen. Während langfristig auch für sie eine fairere Verteilung des Wohlstandes vorteilhaft ist, ist die gegenwärtige Verteilungssituation für sie kurzfristig attraktiver. Die Präferenz für eine Konservierung existierender Ungleichheiten könnte sich sogar noch verstärken, weil mittlerweile aus den Reihen der (ehemaligen) Entwicklungsländer ernstzunehmende wirtschaftliche Konkurrenten erwachsen sind. Hinzu kommt ein starker Anreiz zum Trittbrettfahren. Selbst wenn alle Industrieländer eine gerechtere Wohlstandsverteilung befürworten sollten, bleibt für jeden von ihnen der Anreiz bestehen, die Kosten von Transferleistungen auf die anderen Industriestaaten abzuwälzen und sich selbst nicht (intensiv) an der Entwicklungszusammenarbeit zu beteiligen. Dieses Wohlfahrtsdilemma kann nur durch zwischenstaatliche Kooperation und Global Governance gelöst werden. Die internationale Institutionalisierung der Kooperation zwischen Industrieländern sowie zwischen Entwicklungs- und Industrieländern zum Abbau globaler Entwicklungsdisparitäten wird im Folgenden am Beispiel der Weltbankgruppe diskutiert.

9.5.1 Politikprogramm der Weltbankgruppe

redistributives Programm

Das Politikprogramm der Weltbankgruppe (vgl. auch Kap. 3) ist im Wesentlichen redistributiv. Dies unterscheidet die Weltbankgruppe von den bisher besprochenen internationalen Organisationen mit regulativen Politikprogrammen. Das Mandat der Weltbankgruppe besteht darin, gestützt auf Ressourcen aus den entwickelten Staaten aus dem Norden, die Entwicklung der weniger entwickelten Staaten vor allem aus dem Süden zu unterstützen. Die Weltbankgruppe stellt zu diesem Zweck Darlehen, teils zu Markt-, teils zu Vorzugsbedingungen, sowie technische Hilfe zur Verfügung. Die Darlehen und die technische Hilfe werden für konkrete Projekte gewährt, für die keine Finanzierung aus privaten Finanzquellen zu erwarten ist oder die durch den jeweiligen Staat ohne technische Hilfe von außen nicht durchgeführt werden könnten (Gilbert & Vines 2000; Metzger 2002).

Entwicklung der Aufgaben

Ursprünglich konzentrierte sich die Weltbank fast ausschließlich auf die Vergabe von Darlehen für den Wiederaufbau der vom Krieg zerstörten Gebiete in Europa. Doch mit der Entkolonialisierung in den 1960er und 1970er Jahren fokussierte sie sich zunehmend auf die multilaterale Entwicklungsfinanzierung. Denn die wachsende Zahl der Entwicklungsländer machte die internationalen Entwicklungsdisparitäten auch zu einem Problem für die Industriestaaten. Insbesondere der zunehmende Stimmenanteil der Entwicklungsländer in der UNO zwang die Industrieländer, die Forderung der Entwicklungsländer nach einer ausgewogeneren Wohlstandsverteilung zu berücksichtigen (Krasner 1985: 141–151). Sie mussten reagieren, um die Legitimität und Stabilität der liberalen Weltwirtschaftsordnung vor der Herausforderung einer Neuen Internationalen Wirtschaftsordnung („New International Economic Order", NIEO) zu verteidigen, zumal eine solche nicht nur von den Entwicklungsländern, sondern auch von zivilgesellschaftlichen Gruppen in den Industrieländern gefordert wurde. Vor diesem Hintergrund stimmten die Industrieländer einer Ausweitung der multilateralen Entwicklungsfinanzierung durch die Weltbankgruppe zugunsten der Entwicklungsländer zu (Marshall 2008; Spero & Hart 2003).

Institute der Weltbankgruppe

Die Weltbankgruppe besteht formal gesehen aus mehreren eigenständigen Organisationen. Die Internationale Bank für Wiederaufbau und Entwicklung („International Bank for Reconstruction and Development", IBRD), besser bekannt als Weltbank, wurde bereits 1944 in Bretton Woods gegründet (Gilbert & Vines 2000: 12–17). Daneben bestehen drei Tochterorganisationen der Weltbank, namentlich die Internationale Finanzkorporation („International Finance Corporation", IFC), die Internationale Entwicklungsorganisation („International Development Association", IDA) und die Multilaterale Investitionsgarantieagentur („Multilateral Investment Guarantee Agency", MIGA), die erst später (1956, 1960 bzw. 1988) eingerichtet wurden. Obgleich diese formal unterschiedlichen Organisationen auch verschiedene Finanzierungsquellen und Kreditbedingungen aufweisen, sind sie de facto organisatorisch so eng miteinander verbunden, dass sie auch als *eine* Organisation, eben als Weltbankgruppe, aufgefasst werden können (Gilbert & Vines 2000: 12–21).

IBRD

Die finanzielle Grundlage der Weltbank (IBRD) stellt ein von den Mitgliedstaaten gezeichnetes Grundkapital dar. Die Anteile der Staaten am Grundkapital bemessen sich nach ihrer jeweiligen relativen Wirtschaftskraft; sie bestimmen auch deren Stimmenanteil im Gouverneursrat sowie im Exekutivdirektorium der Organisation. Jeder Staat bezahlt 20 Prozent seines Anteils am Grundkapital in frei konvertierbarer Währung, die restlichen 80 Prozent stellt er als jederzeit abrufbare Bürgschaft zur Verfügung. Mit diesem Grundkapital ist die Weltbank auf den privaten Kapitalmärkten kreditwürdig, so dass sie durch die Ausgabe von (mit einem Spitzenrating versehenen) Anleihen Kapital zur Weitergabe an ihre Kreditnehmer zu schöpfen vermag (Gilbert & Vines 2000: 10–21; Marshall 2008: 59–92). Der Gouverneursrat der Weltbank, in dem die Mitgliedstaaten zumeist durch ihre Finanz- und Entwicklungsminister vertreten werden, hat das Grundkapital der Weltbank schrittweise auf ca. 275 Milliarden US-Dollar erhöht (Stand: Ende 2011). Der Kreditspielraum der Bank hat sich in jüngerer Vergangenheit vor allem aufgrund der Ausgabe von auf den internationalen Kapitalmärkten gefragten Anleihen und der Rückflüsse aus früher gewährten Darlehen erheblich ausgeweitet (auf deutlich über 30 Milliarden US-Dollar jährlich). Kreditnehmer bei der IBRD sind praktisch ausschließlich Staaten. Kredite an private Investoren sind nur in Ausnahmefällen möglich, setzen dann allerdings eine staatliche Rückzahlungsgarantie voraus. Die Kredite haben zumeist eine Laufzeit von 15 bis 20 Jahren (mit einer Schonfrist von drei bis fünf Jahren, ehe die Rückzahlung beginnt) und werden im Vergleich zum marktüblichen Niveau zu leicht reduzierten Zinssätzen vergeben.

IDA

Die Kredite der IDA sind „weiche" Kredite. Sie haben eine Laufzeit von 20, 35 oder 40 Jahren und sind praktisch zinsfrei (es wird lediglich eine Bearbeitungsgebühr von 0,75 Prozent erhoben). Erste Tilgungszahlungen werden erst nach Ablauf von zehn Jahren fällig. Lediglich Mitgliedstaaten, die im Jahr 2009 ein Pro-Kopf-Einkommen von unter 1165 US-Dollar aufwiesen und denen die finanziellen Möglichkeiten zur Aufnahme eines IBRD-Kredites fehlen, können diese Kredite zu Vorzugsbedingungen beantragen. Im Jahr 2011 hatten rund 80 Staaten Anspruch auf diese Kredite. Im Gegensatz zur IBRD, die ihre Geschäfte ähnlich wie eine herkömmliche Bank abwickelt, ist die IDA im Grunde eine Fondsverwaltung. Sie benötigt, um derart günstige Kreditbedingungen gewähren zu können, regelmäßige Aufstockungen ihrer Mittel und ist auf Einzahlungen und andere zinslose Beiträge ihrer Mitglieder sowie auf die Zuweisungen aus den IBRD-Ressourcen angewiesen. Die finanzstarken Weltbankmitglieder kommen alle drei Jahre zusammen, um über den Umfang der Wiederauffüllung zu verhandeln. Im Dezember 2010 einigten sich rund 50 Geberländer darauf, der IDA für den Zeitraum 2011–14 49 Milliarden US-Dollar zur Verfügung zu stellen. Diese 16. Wiederauffüllung (IDA-16) brachte mit einer Steigerung der IDA-Mittel um 18% (im Vergleich zur vorausgegangenen Wiederauffüllung) eine der umfangreichsten Mittelerweiterungen in den letzten Jahrzehnten.

IFC

Die Finanzierungsquellen der IFC sind grundsätzlich mit denen der IBRD identisch, allerdings müssen die Staaten ihre Anteile am gezeichneten Grundkapital dieser Weltbanktochter vollständig einzahlen. Wie bei der IBRD wurde das Grundkapital der IFC durch Entscheidungen des Gouverneursrates mehrmals auf zuletzt 2,4 Milliarden US-Dollar aufgestockt (Stand: Ende 2011). Rückzahlbare Fremdmittel nimmt die IFC nur bei der IBRD, nicht aber auf dem privaten Kapitalmarkt auf. Der entscheidende Unterschied zu den Programmen von IBRD und IDA besteht darin, dass die Kredite der IFC auch ohne staatliche Absicherung an private Investoren in Entwicklungsländern vergeben werden können; überdies kann die IFC selbst zeitlich befristet Miteigentümer eines Unternehmens werden.

MIGA

Die MIGA zielt darauf ab, ausländische Direktinvestitionen in Entwicklungsländern durch die Versicherung der Investitionen zu befördern. Gegründet mit einem Grundkapital von einer Milliarde US-Dollar, versichert die MIGA Anleger gegen politische Risiken wie Devisentransferbeschränkungen, Enteignung, innerstaatliche Gewaltkonflikte oder Verstöße gegen Investitionsverträge durch Regierungen. Die Versicherungsnehmer – d.h. Firmen oder Finanzinstitute – müssen in einem Mitgliedstaat registriert sein oder dort ihre Hauptniederlassung haben. Die MIGA berechnet die Versicherungsprämien auf der Grundlage von Länder- und spezifischen Projektrisiken. Die jährlichen Sätze liegen zwischen 0,45 und 1,75 Prozent der zu versichernden Investitionssumme. Seit ihrer Gründung hat die MIGA rund 1000 Versicherungsgarantien mit einem Gesamtvolumen von 22,4 Milliarden US-Dollar für Projekte in mehr als 100 Entwicklungsländern vergeben (Stand: Ende 2011). Zusätzlich berät die MIGA Regierungen beim Einwerben von Direktinvestitionen und vermittelt bei Streitigkeiten zwischen Investoren und Regierungen.

9.5.2 Operative Tätigkeiten der Weltbankgruppe

zweistufige Spezifizierung

Da redistributive Programme wie das der Weltbankgruppe besonders schwer zu implementieren sind, kommt den operativen Tätigkeiten der Organisation besondere Bedeutung zu. Diese Programme, die durch projektbezogenen Ressourcentransfer implementiert werden, bedürfen einer Spezifizierung, die in einem zweistufigen Prozess erfolgt. In einem ersten Schritt gibt die Weltbankgruppe eine globale Entwicklungsstrategie vor, die erste Anhaltspunkte für die Art der Projekte oder der Länder enthält, die als förderungswürdig eingeschätzt werden. In einem zweiten Schritt werden bestimmte Entwicklungsprojekte und Länder ausgewählt, die dann finanzielle und technische Unterstützung erhalten sollen.

Festlegung der Entwicklungsstrategie

Formal liegt es in der Kompetenz des Exekutivdirektoriums der Weltbank, die Grundzüge der Projektfinanzierung zu bestimmen. Faktisch werden die Entwicklungsstrategie und die Richtlinien für die Kreditvergabe jedoch durch den Weltbankpräsidenten und dessen bürokratischen Apparat nachhaltig beeinflusst. Denn diese können sich auf die Expertise eines ausgedehnten Forschungsapparates stützen, der sich mit Entwicklungsproblemen beschäftigt (Kanbur & Vines 2000: 88–95; Squire 2000). Das Exekutivdirektorium beschränkt sich somit zumeist auf die allgemeine Zustimmung zu oder Zurückweisung der vom bürokratischen Apparat ausgearbeiteten Vorschläge. Obwohl die Mitgliedstaaten – und auch NGOs – versuchen, Einfluss auf die Entwicklungsstrategien der Bank zu nehmen, haben der Präsident und seine Bürokratie eine vergleichsweise große Autonomie bei der Ausgestaltung von Entwicklungsprojekten (Woods 2000: 137–147). Trotzdem entspricht die Entscheidungsfindung zumindest nicht durchgängig dem Modell zentralisierter rationaler Wahlhandlungen, sondern weist deutliche Merkmale routinisierter Standardverfahren bzw. bürokratischer Aushandlungsprozesse auf (Weaver 2008).

Wandel der Entwicklungsstrategie

Die Entwicklungsstrategie der Weltbank wurde aufgrund sich wandelnder entwicklungspolitischer Erkenntnisse und Ideologien und veränderter weltwirtschaftlicher Entwicklungen mehrfach angepasst (Kanbur & Vines 2000). In einer ersten Phase der „unbekümmerten Modernisierung“ (Tetzlaff 1996: 73) unterstützte die Weltbankgruppe im Wesentlichen Großprojekte im Bereich der Infrastruktur (Verkehr, Energie, Telekommunikation u.a.). In einer zweiten Phase verfolgte die Weltbankgruppe in den 1970er Jahren dann die Entwicklungsstrategie der „Umverteilung mit Wachstum“. Die Weltbank unterstützte nicht mehr nur Großprojekte, sondern auch mittlere und kleine Projekte und tat dies nun bevorzugt im Bereich der Landwirtschaft und der ländlichen Entwicklung. Anfang der 1980er Jahre trat die Weltbank dann in eine Phase ein, in der die Strukturanpassungsprogramme im Vordergrund standen. Gemäß des später so genannten „Washington Consensus“ (vgl. Abbildung 9.6; Higgot 2001; Williamson 1990) verknüpfte die Weltbankgruppe ihre Kreditvergabe mit ökonomischen und politischen Bedingungen (Barnett & Finnemore 2004). Dabei wurden die ökonomischen Konditionen durch die Vorgaben der neoklassischen Ökonomie bestimmt, wohingegen die politischen Konditionen durch westliche Vorstellungen von Demokratie, Menschenrechten und Rechtsstaatlichkeit geprägt waren (Chwieroth 2009; Ferreira & Keely 2000: 159–174).

Abbildung 9.6: Der Zehn-Punkte-Katalog des „Washington Consensus“

1. Haushaltsdisziplin
2. Reduzierung oder Umstrukturierung öffentlicher Ausgaben (Abbau von Subventionen; Finanzierung von Bildung und Infrastruktur)
3. Reform des Steuersystems (breite Steuerbasis, moderate Grenzsteuersätze)
4. Liberalisierung von Zinssätzen (marktorientierte Zinssätze)
5. Wettbewerbsfähige Wechselkurse
6. Handelsliberalisierung
7. Öffnung gegenüber ausländischen Direktinvestitionen
8. Privatisierung staatlicher Unternehmen
9. Deregulierung (Abbau bürokratischer Vorschriften für Geschäftstätigkeiten)
10. Gewährleistung effektiver Eigentumsrechte

Quelle: Williamson (1990)

Der von der Weltbankführung in Auftrag gegebene Wapenhans-Bericht, der dem Scheitern der Strukturanpassungsstrategie nachgehen sollte, mündete schließlich in den späten 1990er Jahren in die Entwicklungsstrategie des umfassenden Entwicklungsrahmens („Comprehensive Development Framework“). Die Weltbankgruppe distanziert sich damit von ihrer vormaligen Konzentration insbesondere auf makroökonomische Konditionen und betont die strukturellen, sozialen und menschlichen Aspekte der Entwicklung. Die Integration von Wirtschaftspolitik (Zuständigkeit des IWF) und Sozialpolitik (Zuständigkeit der Weltbankgruppe) stellt den Grundpfeiler der neuen Strategie dar, welche als „Post-Washington Consensus“ bezeichnet wurde (Higgott 2001). Danach sollen bis zum Jahr 2015 sechs Kernziele erreicht werden, unter anderem die Halbierung der Zahl von in absoluter Armut lebenden Menschen, die Senkung der Kindersterblichkeit um zwei Drittel und die Verwirklichung des allgemeinen Grundschulbesuchs. Dabei sollen die Förderprogramme der Weltbankgruppe weniger durch die zwangsweise Auferlegung von strikten Vorgaben, sondern mehr durch einen Dialog zwischen Weltbank und den Empfängern geprägt sein. Schließlich zielt die neue Strategie auf eine bessere Koordination der Anstrengungen anderer (privater und öffentlicher) Geber ab (Goldberg 2000).

Projektauswahl

Auf der Basis der jeweiligen Entwicklungsstrategie mit ihren spezifischen Auswahlrichtlinien wählt die Weltbankgruppe konkrete Projekte für ihre Kreditfinanzierung aus. Für die Auswahl förderungswürdiger Projekte fertigt die Weltbankgruppe einen Länderbericht („country report“) an, in dem die allgemeine wirtschaftliche Situation eines Staates analysiert wird. Auf der Grundlage des Länderberichts führen die Entwicklungsexperten der Weltbankgruppe dann eine Sektorenanalyse durch. Dabei handelt es sich um eine vertiefte Analyse der wirtschaftlichen, finanziellen, technischen, infrastrukturellen und sozialen Rahmenbedingungen des als förderungswürdig anerkannten Staates. Der Länderbericht und die Sektorenanalyse bilden die Grundlage für den auf fünf Jahre angelegten Entwicklungsplan („development plan"), den die Weltbankgruppe für das betreffende Land ausarbeitet. Er nennt Projekte, die von der Weltbank unterstützt werden könnten und stellt damit gewissermaßen einen Katalog dar, aus dem in der Folge Projekte auszuwählen sind. Die endgültige Auswahl erfolgt in einem Expertenreport („expert report"), der nach einer Prüfung der lokalen Bedingungen im Empfängerland durch eine Weltbank-Expertendelegation erstellt wird. Nach einer weiteren Begutachtung des Projekts durch den Darlehensausschuss tritt die Weltbankgruppe in Verhandlungen mit dem kreditnehmenden Staat ein, um ein Darlehensabkommen („loan agreement") auszuhandeln, in dem das Projekt im Detail beschrieben und die Bedingungen der Kreditvergabe festgelegt werden. Dieses Abkommen wird dann dem Exekutivdirektorium zur Billigung vorgelegt (Marshall 2008: 66–70; Mosley et al. 1995).

technische Hilfe bei Implementierung

Auch an der Implementierung der von ihr geförderten Projekte ist die Weltbank in der Regel beteiligt. Oft nimmt sie durch technische Hilfe direkt an der Implementierung teil. Das Gros ihrer technischen Hilfe leisten die Institute der Weltbankgruppe jedoch im Vorfeld der Projektauswahl, da bereits die Länderberichte, Sektoranalysen und die Entwicklungspläne den Staaten Hinweise geben, wie sie ihre Entwicklungsstrategie aus Sicht der Weltbank effektiver gestalten können. Einen wichtigen Bestandteil der technischen Hilfe stellen die Missionen zur Begutachtung von Entwicklungsprojekten dar. Durch direkten Kontakt mit den örtlichen an der späteren Durchführung von Projekten beteiligten Stellen können hier bereits in der Vorbereitungsphase wichtige Weichenstellungen für die nachfolgende Implementierung des Projekts vorgenommen werden. Formal müssen zwar die Staaten Projektvorschläge bei den Instituten der Weltbankgruppe einreichen, um Kredite zu erhalten, de facto werden diese jedoch häufig von Spezialisten der Weltbankgruppe in mehr oder weniger intensivem Dialog mit lokalen Projektträgern und -betroffenen (mit-)ausgearbeitet und unter anderem bei den Begutachtungsmissionen mit den lokalen Stellen abgesprochen.

Überwachung und Sanktionen

Die Weltbankgruppe führt auch Kontrollen durch, um die Einhaltung der für die Kreditvergabe vereinbarten Bedingungen sicherzustellen. Die Institute können entweder bei den Staaten (Zwischen-)Berichte anfordern oder eine Delegation entsenden, die die vereinbarungsgemäße Projektdurchführung überprüft. Verstößt ein Land wiederholt gegen die Kreditvereinbarung, kann die Weltbankgruppe auf Sanktionsmöglichkeiten zurückgreifen. So kann die Kreditauszahlung unterbrochen werden, bis ein Staat die vereinbarten Bedingungen wieder erfüllt (Marshall 2008: 112–135; World Bank 2007: 76–81).

9.5.3 Beurteilung der Effektivität der Weltbankgruppe

regional differenzierte Armutsbefunde

Eine Beurteilung der Effektivität der Weltbankgruppe muss mehrere Ebenen berücksichtigen. Zunächst einmal kann es keinen Zweifel geben, dass die Weltbankgruppe mit ihren Projekten einen beträchtlichen Ressourcentransfer an Entwicklungsländer bewirkt hat (Eichhorn 2001). Viel entscheidender für die Effektivität der Weltbankgruppe ist allerdings, ob durch ihre Kredite die globalen Entwicklungsdisparitäten verringert werden konnten und ob sich die Lebensbedingungen in den Entwicklungsländern verbessert haben. Statistiken über das Vorkommen absoluter Armut mögen hier erste Hinweise geben (vgl. Abbildung 9.7). In der Tat hat sich im Zeitraum zwischen 1990 und 2005 der Anteil der in absoluter Armut (d.h. von weniger als 1,25 US-Dollar am Tag) lebenden Menschen weltweit verringert (United Nations 2010: 6). Ein Blick auf regionale Entwicklungstendenzen lässt jedoch Zweifel an der Annahme aufkommen, dass die Weltbank einen größeren Anteil an dieser Entwicklung hatte. Am stärksten ist die Armut in Ostasien, vor allem in China, zurückgegangen; dabei fungierte die Weltbank gerade dort vergleichsweise selten als Kreditgeber. Gleichzeitig konnte die Armut in Lateinamerika und Sub-Sahara-Afrika, wo die Weltbank sehr viel stärker an der Finanzierung von Entwicklungsprojekten beteiligt war, deutlich weniger umfangreich reduziert werden – auch wenn eine positive Entwicklung auch in diesen Regionen festzustellen ist (vgl. Abbildung 9.7). Obgleich diese sehr allgemeinen Armutsindikatoren sicherlich keinen Nachweis für die Wirkungslosigkeit von Entwicklungshilfe durch die Weltbank darstellen, deuten sie doch zumindest auf eine eingeschränkte Effektivität ihrer Programme hin: Umfangreiche multilaterale Kredite durch die Weltbank scheinen weder eine notwendige noch eine hinreichende Bedingung zu sein, um Staaten und deren Bevölkerungen aus der Armut zu führen.

unklare Wachstumseffekte

Auf einer etwas spezifischeren Ebene lässt sich fragen, ob Weltbankkredite ein nachhaltiges Wirtschaftswachstum in Entwicklungsländern befördern. Existierende Studien geben auf diese Frage keine eindeutige Antwort. Ein eher negatives Bild zeichnet unter anderem William Easterly (2005). Seiner Analyse zufolge konnte keines der 20 Entwicklungsländer, die zwischen 1980 und 1999 die meisten Weltbankkredite erhielten, ein passables Wirtschaftswachstum verzeichnen. Die Ergebnisse einer früheren Studie von Harrigan & Mosley (1991) zeigen sogar eine negative Korrelation zwischen Strukturanpassungskrediten und ausländischen Direktinvestitionen in einem Staat. Ferner erweist sich die konditionale Vergabe von Entwicklungshilfe oft als ineffektiv, weil vereinbarte Bedingungen und Politikreformen vor Ort nicht (nachhaltig) umgesetzt wurden (Kilby 2009). Allerdings liegen durchaus auch Studien vor, die positive Auswirkungen von Weltbankkrediten aufzeigen. In bestimmten Fällen scheinen Weltbankkredite offensichtlich doch wachstumsfördernde Wirkungen zu entfalten, insbesondere weil sie die öffentlichen Investitionen in die Wirtschaft steigern (Butkiewicz & Yanikkaya 2005). Darüber hinaus konnten Crisp & Kelly (1999) für 16 lateinamerikanische Untersuchungsfälle eine (wenn auch schwach) positive Korrelation von Strukturanpassungsprogrammen und Wirtschaftswachstum feststellen. Interessanterweise gingen dabei Strukturanpassungsprogramme mit einem Rückgang sozioökonomischer Ungleichheit in den jeweiligen Staaten einher (Crisp & Kelly 1999: 548). Angesichts dieses widersprüchlichen und lückenhaften Forschungsstandes bleibt letztlich festzuhalten, dass nur wenige gesicherte Erkenntnisse über den tatsächlichen Einfluss der Weltbank auf die wirtschaftliche Entwicklung in Empfängerstaaten vorliegen.

Abbildung 9.7: Absolute Armut: Anteil der von weniger als 1,25 US-Dollar pro Tag lebenden Menschen in verschiedenen Weltregionen (in %, kaufkraftbereinigt)

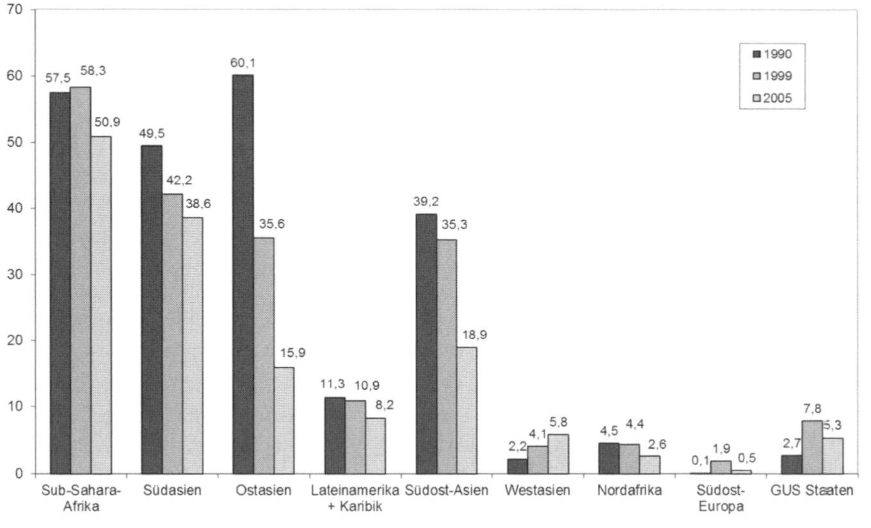

Quelle: eigene Darstellung mit Daten aus Rittberger et al. (2010: 537) und United Nations (2010: 6)

„organisierte Heuchelei“

Die Effektivität der Weltbank beim Abbau globaler Entwicklungsdisparitäten wird jedenfalls dadurch beeinträchtigt, dass die Weltbank deutliche Züge „organisierter Heuchelei“ zeigt (Weaver 2008). Die Weltbank steht wachsenden und zumindest in bestimmten Fragen widerstreitenden Forderungen von Geber- und Empfängerländern, NGOs und privaten Investoren gegenüber, denen sie – insbesondere als relativ reformträge Organisation mit einer fest verwurzelten bürokratischen Kultur – kaum gleichzeitig nachkommen kann. Infolgedessen kommt es zu einer wachsenden Diskrepanz zwischen den von der Weltbank formulierten immer anspruchsvoller werdenden Prioritäten bei der Armutsbekämpfung, der Partizipation von Betroffenengruppen, der Förderung sozioökonomischer Entwicklung und der ökologischen Nachhaltigkeit und dem, was die Weltbank bei der Spezifizierung und Implementierung ihrer Programme tatsächlich tut bzw. tun kann. So werden im alltäglichen Betrieb der Bank Armutsreduzierung, der Dialog mit Betroffenengruppen und ökologische Aspekte immer noch als makroökonomischen Wettbewerbszielen nachrangig behandelt. Diese organisierte Heuchelei, die Diskrepanz zwischen Reden und Tun, untergräbt die Autorität der Weltbank. Angesichts des hohen eigenen moralischen Anspruchs und der herausragenden Rolle, die der Weltbank im globalen entwicklungspolitischen Diskurs zukommt, werden Widersprüche zwischen Worten und Taten der Weltbank von Empfänger- wie Geberländern sowie NGOs besonders kritisch gesehen. Dieser Autoritätsverlust schwächt wiederum die Basis für eine effektive politische Zusammenarbeit zwischen den Mitarbeitern der Weltbank und nationalen Entscheidungsträgern (Weaver 2008: 2, 9–10).

strukturelle Grenzen der Effektivität

Schließlich sind der Effektivität der Weltbankgruppe – unabhängig von der Expertise der Mitarbeiter und der Formulierung einer konkreten Entwicklungsstrategie – auf einer weiteren sehr grundsätzlichen Ebene enge Grenzen gesteckt: Das auf den Transfer finanzieller Ressourcen ausgerichtete Mandat der Weltbank kann ihr Ziel des Abbaus von Entwicklungsdisparitäten schon deshalb kaum erreichen, weil die Organisation die Verteilungseffekte der vorherrschenden Strukturen der liberalen Weltwirtschaftsordnung kaum beeinflussen kann.

9.6 Zusammenfassung

Zusammenfassend können wir festhalten, dass internationale Organisationen einen wichtigen Beitrag zu internationaler Kooperation und Global Governance im Sachbereich „Wirtschaft" leisten. Bei den operativen Tätigkeiten internationaler Organisationen zeigt sich ein relativ hohes, freilich von Organisation zu Organisation variierendes Maß an Autonomie der Organisationen von ihren Mitgliedstaaten. Zudem sind die operativen Tätigkeiten häufig recht umfangreich und weit entwickelt, wenn auch keineswegs frei von Effektivitätsmängeln und Organisationspathologien. Demgegenüber zeigt sich bei der Formulierung von wirtschafts-, entwicklungs- und finanzpolitischen Programmen, dass internationale Organisationen nach wie vor in erheblichem Maße von ihren Mitgliedstaaten gesteuerte Organisationen sind. Das bedeutet auch, dass politikprogrammatische Fortschritte nicht zuletzt davon abhängen, inwieweit die Mitgliedstaaten jeweils miteinander zu vereinbarende Interessen verfolgen und in der Lage sind, wechselseitig nutzenbringende Verhandlungsergebnisse zu erzielen.

9.7 Diskussionsfragen

Inwiefern unterscheidet sich das verrechtlichte Streitschlichtungsverfahren der WTO von den eher diplomatischen Streitschlichtungsprozeduren des alten GATT-Systems? Welche Auswirkungen ergeben sich daraus für das Handeln der Staaten in Konfliktfällen?

Welche Beiträge leistet der IWF zur Prävention und zum Management von Finanzkrisen? Inwieweit haben sich seine wichtigsten Aufgaben und Instrumente verändert?

Wie lässt sich das außergewöhnlich hohe Maß an regionaler Handels- und Währungsintegration in Europa erklären? Welche Rolle spielen supranationale EU-

Organe im Vergleich zu den Mitgliedstaaten bei der Herstellung und Aufrechterhaltung dieses Kooperationsniveaus?

Inwieweit haben die von der Weltbank aufgestellten ökonomischen und politischen Bedingungen in den Empfängerländern zu einer erfolgreichen Implementierung von Entwicklungsprogrammen beigetragen?

9.8 Literaturempfehlungen

Goldstein, Judith L., Rivers, Douglas & Tomz, Michael 2007. Institutions in International Relations: Understanding the Effects of the GATT and the WTO on World Trade, in: *International Organization* 61: 1, 37–67.

Barnett, Michael N. & Finnemore, Martha 2004. *Rules for the World: International Organization in Global Politics*, Ithaca, NY: Cornell University Press, Kap. 3.

Moravcsik, Andrew 1998. *The Choice for Europe: Social Purpose and State Power From Messina to Maastricht*, Ithaca, NY: Cornell University Press, Kap. 5 & 6.

Weaver, Catherine 2008. *Hypocrisy Trap: The World Bank and the Poverty of Reform*, Princeton, NJ: Princeton University Press, 1–43.

10 Umwelt

Umweltdilemma als soziale Falle

Internationale Kooperation und Global Governance sind im Sachbereich „Umwelt“ nicht weniger durch ein grundlegendes Dilemma geprägt als in den Sachbereichen „Sicherheit“ und „Wirtschaft“. Grundsätzlich ist zwar jeder Staat am Schutz der Umwelt auf seinem eigenen Staatsgebiet (zu geringstmöglichen ökonomischen Kosten) interessiert. Doch dort, wo Umweltgefahren grenzüberschreitend produziert werden, wird jeder Staat geneigt sein, die ökonomischen Kosten des Umweltschutzes auf andere Staaten abzuwälzen, um zugleich von deren Bemühungen für den Schutz der Umwelt zu profitieren. Folgen allerdings alle Staaten dieser Strategie des Trittbrettfahrens, so produzieren sie Interaktionsergebnisse, die ihrem langfristigen Interesse an der Erhaltung der natürlichen Grundlagen menschlichen Lebens zuwiderlaufen und zudem erhebliche ökonomische Kosten mit sich bringen. Das Umweltdilemma beschreibt also eine soziale Falle, in der ein auf kurzfristige individuelle Gewinne abzielendes Verhalten sowohl die gesamte Staatengemeinschaft als auch die einzelnen Staaten zumindest langfristig schlechter stellt, als dies bei effektiver internationaler Kooperation und Global Governance zum Schutz der Umwelt der Fall wäre. Internationale Organisationen bieten Staaten jedoch die Chance, das Umweltdilemma durch internationale Kooperation und Global Governance zu überwinden (Breitmeier 1997; Peterson 1997; Wettestad 1999: 26–28). Um dies zu illustrieren, beschäftigen wir uns beispielhaft mit den Tätigkeiten des Umweltprogramms der Vereinten Nationen („United Nations Environment Programme“, UNEP) und der Weltorganisation für Meteorologie („World Meteorological Organization“, WMO) zum Schutz der stratosphärischen Ozonschicht bzw. zur Eindämmung des Klimawandels.

10.1 Schutz der Ozonschicht: UNEP und WMO

Zwei Wissenschaftler aus den USA, Mario Molina und Sherwood Rowland, machten 1974 erstmals auf den Abbau der stratosphärischen Ozonschicht und einen möglichen Zusammenhang mit der Emission von Fluorchlorkohlenwasserstoffen (FCKWs) aufmerksam. Es folgte eine intensive wissenschaftliche Diskussion über die Gültigkeit dieser These, die einen nachhaltigen Einfluss auf die Entwicklung des Politikprogramms zum Schutz der stratosphärischen Ozonschicht hatte (Chasek et al. 2010: Kap. 4; Haas 1992b; Wettestad 2002: 155).

10.1.1 Politikprogramm von UNEP

Beitrag zur Programmgenerierung

UNEP nahm sich schon bald der Problematik an, um – unterstützt von NGOs – auf die rasche Schaffung eines Programms zum Schutz der Ozonschicht zu drängen (Anderson & Sharma 2002; Breitmeier 1996: 108–24). UNEP beteiligte sich zunächst durch die Einberufung und Vorbereitung von internationalen Konferenzen an der Programmgenerierung. In Washington diskutierten 1977 erstmals Staatenvertreter in einem internationalen Forum die Risiken eines zu diesem Zeitpunkt nur vermuteten Schwundes der Ozonschicht und besprachen auch bereits Handlungsmöglichkeiten zum Schutz der Ozonschicht. Die Konferenz in Washington verabschiedete schließlich einen Weltaktionsplan für die Ozonschicht, in dem die Ausarbeitung eines internationalen Abkommens zum Schutz der Ozonschicht gefordert wurde (Wettestad 1999: 125–126). Im Anschluss an die Washingtoner Expertentagung rief der UNEP-Verwaltungsrat einen Koordinierungsausschuss („Coordinating Committee on the Ozone Layer", CCOL) ins Leben, um das wissenschaftliche Verständnis des Ozonproblems zu fördern, vorliegende Erkenntnisse zu sammeln und Forschungsergebnisse zu veröffentlichen (Andersen & Sharma 2002; Canan & Reichman 2002). Der Ausschuss, dem internationale Ozonexperten aus staatlichen und nichtstaatlichen Organisationen angehörten, traf sich zwischen 1977 und 1986 insgesamt achtmal und spielte bei der Bildung einer transnationalen „epistemic community" und damit bei der Herstellung eines wissenschaftlichen Konsenses bezüglich der Ozonproblematik eine zentrale Rolle (Haas 1992b).

Weg zum Wiener Übereinkommen

Es dauerte jedoch bis 1982, ehe die Staatengemeinschaft unter dem Druck von nichtstaatlichen Umweltschutzverbänden konkrete Schritte unternahm. Der UNEP-Verwaltungsrat richtete eine Ad-hoc-Arbeitsgruppe ein, die eine Rahmenkonvention zum Schutz der Ozonschicht ausarbeiten sollte (Anderson & Sharma 2002; Parson 2003). Diese Arbeitsgruppe, der Regierungsexperten aus 22 Ländern angehörten, traf sich bis 1985 insgesamt siebenmal, um einen Konventionsentwurf auszuarbeiten. In langwierigen intergouvernementalen Verhandlungen forderten die USA, Kanada und die skandinavischen Länder – die Toronto-Gruppe – einen schnellen Ausstieg aus der Verwendung von FCKW. Die Europäische Union (EU) hingegen, die mit 45 Prozent der Weltproduktion von FCKW noch vor den USA (30 Prozent) über die größten Produktionskapazitäten verfügte, sowie Japan, die UdSSR und die Entwicklungsländer bremsten die Verhandlungen. Sie waren nur bereit, einem Einfrieren der Produktion auf der Basis der vorhandenen Kapazitäten zuzustimmen, da der kausale Zusammenhang zwischen der Verwendung von FCKW und dem Schwund der Ozonschicht noch nicht einwandfrei belegt war (Breitmeier 1996: 108–116). Die weitreichenden Positionsdifferenzen zwischen der Toronto-Gruppe und der von der EU geführten Koalition machten – trotz des vehementen Drucks zahlreicher die Verhandlungen begleitender Umweltverbände – Vereinbarungen über konkrete Maßnahmen zur Eindämmung der FCKW-Produktion und Konsumtion zunächst unmöglich (Gehring 1994: 221–234). Nichtsdestotrotz wurde 1985 mit dem Wiener Übereinkommen zum Schutz der Ozonschicht eine Rahmenkonvention von 22 Staaten unterzeichnet. Die Konvention enthielt allerdings kaum mehr als ein allgemeines Bekenntnis zum Schutz der Ozonschicht und die Vereinbarung, in der Forschung künftig enger zusammenzuarbeiten und Informationen auszutauschen (Parson 2003).

Rolle der Ozonforschung

Auf der Grundlage neuer wissenschaftlicher Erkenntnisse, vor allem der Entdeckung des Ozonlochs über der Antarktis, drängten das UNEP-Sekretariat und die Toronto-Gruppe auf eine Fortsetzung der Verhandlungen über den international koordinierten Ausstieg aus der FCKW-Nutzung (Canan & Reichman 2002; Haas 1992b: 189–213). Um den Druck auf die Verhandlungspartner zu erhöhen, veröffentlichten UNEP und die WMO 1986 zusammen mit anderen nationalen und internationalen Umweltschutzorganisationen eine dreibändige Bestandsaufnahme der Ozonforschung mit dem Titel „Atmospheric Ozone". Der Bericht wurde zu dieser Zeit als kompetenteste und umfassendste Abhandlung über den Zustand der Ozonschicht angesehen (Canan & Reichman 2002), weshalb er es den FCKW-produzierenden und daher zögerlichen Staaten erschwerte, ihre abwartende ozonpolitische Haltung zu rechtfertigen und es gleichzeitig den Staaten, die eine aktive ozonpolitische Position vertraten, erleichterte, ihre Haltung zu legitimieren. Schließlich bestand kaum noch eine Unsicherheit über den kausalen Zusammenhang zwischen FCKW-Emissionen und dem Rückgang der Ozonschicht.

Montrealer Protokoll

Auf der Suche nach einem akzeptablen Politikprogramm entwickelte sich ein Verhandlungsmarathon, der vom UNEP durch die Ausarbeitung von Vertragsentwürfen sowie die Einberufung von immer neuen Verhandlungsrunden vorangetrieben wurde. Eine Annäherung der Positionen fand jedoch nur sehr schleppend statt. Die USA, führende Kraft der Toronto-Gruppe, standen unter dem Druck einer sensibilisierten US-Öffentlichkeit. Sie forderten eine Reduktion der FCKW-Produktion um 95 Prozent. Die EU hingegen war lediglich bereit, einer Kürzung um 20 Prozent zuzustimmen. Schließlich einigten sich die Hauptverhandlungsparteien auf einer von UNEP 1987 in Montreal einberufenen Konferenz im Montrealer Protokoll über Stoffe, die zum Abbau der Ozonschicht führen, auf ein regulatives Programm, das einen schrittweisen Ausstieg vorsah, der bis 1999 den weltweiten Konsum von FCKW gegenüber dem Niveau von 1986 um 50 Prozent reduzieren sollte (Andersen & Sharma 2002; Parson 2003). Bis Ende 2011 hatten 196 Staaten das Protokoll ratifiziert und sich so zum Verzicht nicht nur auf FCKW, sondern auch auf andere ozonschädigende Materialien verpflichtet. Ein letzter, aber entscheidender Anstoß war 1987 von einer Expertentagung in Würzburg ausgegangen, zu der UNEP eingeladen hatte. Auf der Tagung konnten durch den Vergleich der Forschungsergebnisse verschiedener Wissenschaftler letzte wissenschaftliche Zweifel an der Dringlichkeit eines weltweiten Ausstiegs aus der FCKW-Produktion und Konsumtion ausgeräumt werden. Der Vergleich ihrer Annahmen und Modelle ergab, dass selbst eine Reduktion der FCKW-Emissionen um 50 Prozent die Schädigung der Ozonschicht nur verlangsamen, nicht jedoch aufhalten würde. Darüber hinaus konnten die Experten einen Konsens darüber erzielen, welche Stoffe im Einzelnen die Ozonschicht bedrohten. Mit Hilfe von UNEP und der WMO hatte sich eine „epistemic community" von Ozonexperten gebildet. Das konsensuale Wissen der Forscher setzte die Vertreter der Staaten, die sich wenige Monate später in Montreal treffen sollten, unter Zugzwang (Andersen & Sharma 2002). Dem Argument, aufgrund wissenschaftlicher Unsicherheiten eine internationale Vereinbarung zur Reduzierung der FCKW-Produktion und Konsumtion abzulehnen, war durch diese „epistemic community" die Basis entzogen worden (Canan & Reichman 2002; Haas 1992b: 211–212).

typische Verhandlungsmerkmale

Das Montrealer Protokoll war zudem möglich geworden, weil insbesondere Deutschland die EU zu einem Positionswechsel gedrängt hatte. Außerdem hatten die USA gedroht, für Produkte, die FCKW enthielten oder unter Verwendung von FCKW hergestellt wurden, einen Einfuhrstopp zu verhängen. Gerade diese US-Drohung macht die Bedeutung von staatlicher (Markt-)Macht in intergouvernementalen Verhandlungen deutlich. Gleichfalls typisch für intergouvernementale Verhandlungen ist, dass die Zustimmung schwächerer Staaten zu diesem regulativen Programm durch redistributive Programmbestandteile „erkauft“ wurde. Den Entwicklungsländern, deren Anteil am weltweiten Konsum von FCKW bei 14 Prozent lag, wurde zugestanden, unabhängig von ihrem aktuellen Konsum ihren jährlichen FCKW-Verbrauch auf bis zu 300 Gramm pro Kopf steigern zu dürfen. Außerdem wurde ihnen technische Hilfe zugesagt, die es ihnen ermöglichen sollte, Zugang zu umweltverträglichen Ersatzstoffen und Technologien zu erlangen.

Programmweiterentwicklung

Mit dem Montrealer Protokoll war die Politikprogrammgenerierung jedoch nicht abgeschlossen. Kurz nach der Unterzeichnung des Protokolls wurden wissenschaftliche Untersuchungen bekannt, die nicht nur den Zusammenhang der FCKW-Emissionen mit der Zerstörung der Ozonschicht zweifelsfrei nachwiesen, sondern zudem die Unzulänglichkeit der vereinbarten Produktions- und Konsumtionsbeschränkungen offenbarten (Canan & Reichman 2002). Bereits 1989 wurde in Helsinki auf der ersten Folgekonferenz der Vertragsstaaten über weitergehende Maßnahmen verhandelt. Die Vertragsstaaten folgten damit den Forderungen von Umweltschutzorganisationen und einer transnationalen „epistemic community“ von Atmosphärenwissenschaftlern. Die EU, vormals umweltpolitischer Bremser bei den Ozonverhandlungen, trat nun als Befürworter eines beschleunigten Ausstiegs aus der Produktion und Konsumtion von FCKW auf. In einer unverbindlichen Deklaration gemeinsam mit 81 anderen Staaten erklärte sie zudem ihre Bereitschaft zu einem vollständigen Ausstieg aus der Produktion und Konsumtion von FCKW bis zum Jahr 2000. Außerdem wurde den Entwicklungsländern finanzielle Hilfe bei der Umsetzung der Beschlüsse zugesagt (Breitmeier 1996: 127–129; Parson 2003).

Verschärfung und Multilateraler Fonds

Den in Helsinki erreichten, nicht völkerrechtlich bindenden Ergebnissen wurde im Folgejahr in London durch eine Verschärfung des Montrealer Protokolls Rechnung getragen. Die Reduktionszeiträume wurden verkürzt, so dass ein vollständiger Produktions- und Konsumtionsstopp bis zum Jahr 2000 erreicht werden sollte. Außerdem wurde die Einrichtung eines Multilateralen Fonds zur Implementierung des Montrealer Protokolls eingerichtet, der für die Mehrkosten, die den Entwicklungsländern aus der Einhaltung der Ozonvereinbarungen entstehen, Zuschüsse bereitstellt. Der Fonds wurde mittlerweile siebenmal (wieder) aufgefüllt: mit 240 Millionen US-Dollar (für den Zeitraum 1991–93), 455 Millionen (1994–96), 466 Millionen (1997–99), 440 Millionen (2000–02), 474 Millionen (2003–05), 400 Millionen (2006–08) und weiteren 400 Millionen (2009–11). Die Verhandlungen in London waren insgesamt durch einen breiten Konsens der 83 teilnehmenden Staaten gekennzeichnet, allerdings hatte ein weitgehender Austausch der Lager stattgefunden. Die USA, vormals dezidierter Befürworter eines Ausstiegs aus der FCKW-Produktion und Konsumtion, traten nun als Bremser auf. Hingegen reihte sich die EU in das Lager der Staaten ein, die einen schnellen vollständigen Ausstieg anstrebten (Breitmeier 1996: 129–138). Dieses Verhandlungsmuster von Initiative der Europäer und Widerstand von Seiten der USA und Japans setzte sich in den folgenden Jahren fort. Trotzdem konnten auf den Folgekonferenzen in London (1990), Kopenhagen (1992), Wien (1995), Montreal (1997) und Peking (1999) durch die Vereinbarung von Zusätzen zum Montrealer Protokoll weitere Verkürzungen der Reduktionszeiträume erreicht werden (Parson 2003; Wettestad 1999: 138–140). Vor dem Hintergrund der letztlich sehr erfolgreichen Bemühungen (vgl. unten) um einen Ausstieg aus der FCKW-Produktion haben die Vertragsstaaten des Montrealer Protokolls auf ihrer Konferenz in Bangkok (2010) Verhandlungen mit dem Ziel einer Ausweitung des Ozonvertrages auf den umstritteneren Bereich des Klimawandels aufgenommen. Die Verhandlungsforderungen der Industrieländer sehen einen Ausstieg aus der Produktion und Nutzung von Fluorkohlenwasserstoffen (FKW) vor. FKW werden als Ersatz für FCKW eingesetzt und sind noch klimaschädlicher als CO_2. Bislang konnte jedoch keine Einigung auf eine Ausweitung des Montrealer Protokolls erzielt werden.

Forum und Katalysator

UNEP bot ein Forum für die intergouvernementalen Verhandlungen über den Schutz der Ozonschicht und trieb den Verhandlungsprozess durch die Organisation von Konferenzen sowie die Ausarbeitung von Programmentwürfen voran (Wettestad 1999: 140–141). Zusammen mit nichtstaatlichen Umweltverbänden und einer „epistemic community" von Atmosphärenwissenschaftlern agierte UNEP als Katalysator der Programmgenerierung. Die Staaten wurden unter Handlungsdruck gesetzt, bis sie schließlich nicht nur grundlegende Normen und Regeln zum Schutz der Ozonschicht vereinbarten, sondern diese in der Folge immer weiter verschärften (Andersen & Sharma 2002; Gehring 1994: 221–234; Parson 2003).

10.1.2 Operative Tätigkeiten von UNEP und anderen Organisationen

Fondsverwaltung

Die Implementierung der Politikprogramme zum grenzüberschreitenden Umweltschutz liegt im Allgemeinen in den Händen der Staaten selbst (Breitmeier 1997; Chasek et al. 2010). Die Kompetenzen internationaler Organisationen bei der Implementierung der Wiener Konvention, des Montrealer Protokolls sowie der Protokollzusätze von London (1990), Kopenhagen (1992), Wien (1995), Montreal (1997) und Peking (1999) beschränken sich auf die Verwaltung von Unterstützungsfonds für Entwicklungsländer sowie die Gewährung technischer Hilfen. Wichtige Aufgaben übernehmen hierbei die Weltbank, UNEP, das Entwicklungsprogramm der Vereinten Nationen („United Nations Development Programme", UNDP) und die Organisation der Vereinten Nationen für industrielle Entwicklung („United Nations Industrial Development Organization", UNIDO), die als Implementierungsagenturen für Programme fungieren, die aus dem Multilateralen Fonds zur Umsetzung des Montrealer Protokolls finanziert werden. Der Multilaterale Fonds wird durch einen Verwaltungsausschuss geführt, welcher aus jeweils sieben Mitgliedern aus Industrie- und Entwicklungsländern besteht und dreimal jährlich zusammentrifft. Zu den Hauptaufgaben des

Verwaltungsausschusses zählen die Spezifizierung von Projektauswahlkriterien, die Zuweisung von Ressourcen an die vier Implementierungsagenturen, die Billigung von Länderprogrammen und Projekten sowie die Überwachung der Projektdurchführung. Bei der Erfüllung dieser Aufgaben wird der Verwaltungsausschuss von einem Fonds-Sekretariat unterstützt.

kaum Überwachung und Sanktionierung

Zusätzliche operative Tätigkeiten wie die Überwachung der Norm- und Regeleinhaltung sowie die Sanktionierung von regelbrechenden Staaten sind insgesamt wenig ausgeprägt. Die einzige sich aus dem Montrealer Protokoll ergebende Verpflichtung für die Staaten ist die Erstellung eines Jahresberichtes über die Produktion und Konsumtion von FCKW. Das Sekretariat des Montrealer Protokolls überprüft dann, ob die Staaten ihren Verpflichtungen nachgekommen sind (Bauer 2009; Greene 1998: 92–95; Victor 1998). Die relativ hohe Transparenz der Produktion und Konsumtion von FCKW lässt die Überwachung der Regelbefolgung durch eine internationale Organisation weniger drängend erscheinen, da es für die Staaten kaum möglich ist, sich den eingegangenen Verpflichtungen heimlich zu entziehen. Dies gilt umso mehr, als in nahezu allen Industriestaaten Umwelt-NGOs und ökologische Parteien existieren, die die Implementierung internationaler Umweltvereinbarungen beobachten und Norm- oder Regelverletzungen öffentlich machen (Greene 1998: 109–110). Öffentlicher Protest gegen solche Verletzungen internationaler Verpflichtungen kann mithin als funktionales Äquivalent zur Sanktionierung von Regelbrüchen durch internationale Organisationen angesehen werden (Gemmill & Bamidele-Izu 2002; Gemmill & Corell 2008; Zangl 1999: 98–99, 248–250).

10.1.3 Beurteilung der Effektivität von UNEP und WMO

Ozonregime als Erfolgsgeschichte

Das globale Ozonregime, getragen von UNEP, der WMO, einer transnationalen „epistemic community" von Ozonexperten sowie Umwelt-NGOs, wird gemeinhin als Erfolgsgeschichte und als eines der effektivsten globalen Umweltregime betrachtet (Green 1998; Haas 1992c; Victor 1998; Wettestad 2002). In den späten 1980er und frühen 1990er Jahren konnte nicht nur der Anstieg der globalen FCKW-Konsumtion und Produktion gestoppt werden; die Konsumtion und Produktion begann sogar substantiell zu sinken (vgl. Abbildung 10.1; Greene 1998: 89). Ende der 1990er Jahre waren fast alle Industrieländer nahezu vollständig aus der Produktion und Konsumtion von FCKW ausgestiegen. Gleichzeitig hatten fast alle Entwicklungsländer mit der Unterstützung des im Montrealer Protokoll vereinbarten Multilateralen Fonds Programme entwickelt, um es den Industrieländern gleichzutun. Dieser globale Rückgang der Produktion und Konsumtion von FCKW setzte sich bis zu einem Punkt fort, wo die Produktion praktisch eingestellt wurde und der Konsum nur noch marginal ist. In der Zwischenzeit wurden die Reduktionsverpflichtungen auf weitere die Ozonschicht schädigende Stoffe ausgeweitet und erwiesen sich auch in diesen Bereichen als erfolgreich. Zudem haben intergouvernementale Verhandlungen über einen Ausstieg aus der Produktion von Fluorkohlenwasserstoffen (FKW), die als Ersatz für FCKW verwendet werden und noch klimaschädlicher als CO_2 sind, begonnen. Dieser

Ansatz deutet das Potential für eine nochmalige Ausweitung der Ozonverträge auf das Politikfeld „Klimawandel" an.

Abbildung 10.1: Absolute FCKW-Produktion und Konsumtion der Staaten des Montrealer Protokolls (in 1000 ODP Tonnen*)

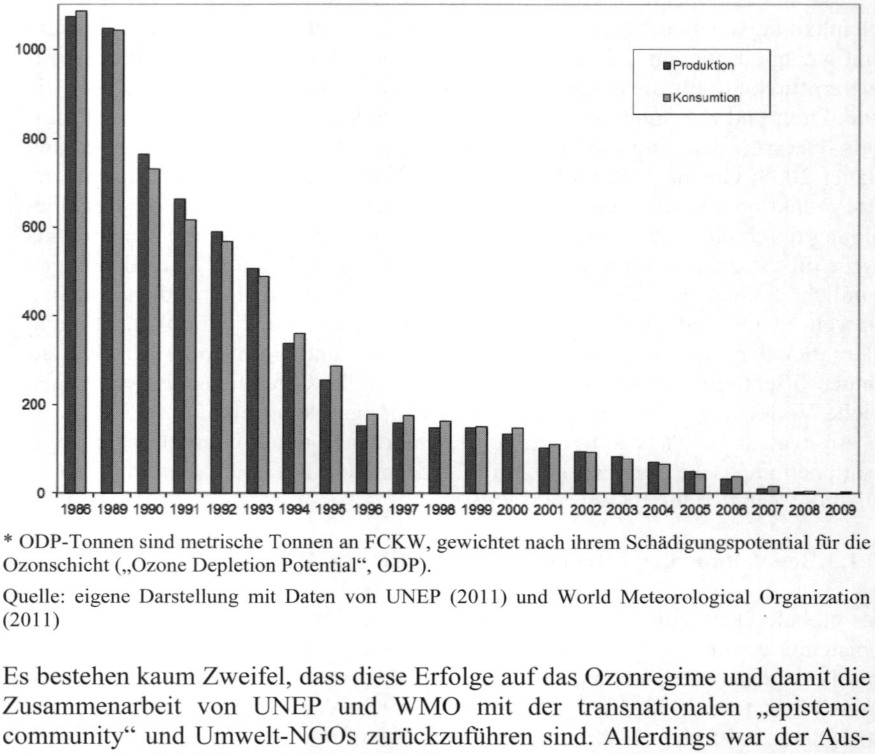

* ODP-Tonnen sind metrische Tonnen an FCKW, gewichtet nach ihrem Schädigungspotential für die Ozonschicht („Ozone Depletion Potential", ODP).

Quelle: eigene Darstellung mit Daten von UNEP (2011) und World Meteorological Organization (2011)

Kooperation IGOs, Experten, NGOs

Es bestehen kaum Zweifel, dass diese Erfolge auf das Ozonregime und damit die Zusammenarbeit von UNEP und WMO mit der transnationalen „epistemic community" und Umwelt-NGOs zurückzuführen sind. Allerdings war der Ausstieg aus der FCKW-Produktion und Konsumtion verglichen mit der Reduzierung von Treibhausgasemissionen auch vergleichsweise einfach zu erreichen, da der schrittweise Verzicht auf FCKW nur bestimmte relativ eng begrenzte Industriezweige betraf und ein Umstieg auf alternative Chemikalien und Technologien zu relativ geringen Kosten möglich war (Rittberger et al. 2010: 579). Nichtsdestotrotz bleibt festzuhalten, dass es ohne die programmatischen und operativen Tätigkeiten internationaler Organisationen wahrscheinlich nicht zu so weitreichender internationaler Kooperation gekommen wäre. Wenn überhaupt, wären deutlich weniger umfassende Regelungen getroffen worden. Zudem wäre die nationale Umsetzung internationaler Vereinbarungen wohl langsamer, weniger entschlossen und weniger einheitlich verlaufen (Haas 1992c: 51).

(zu) langsame Reaktionszeit

Trotz der großen Erfolge von UNEP und WMO bei der Schaffung eines internationalen Regimes zum Schutz der Ozonschicht bleibt die Frage, ob der Zeitraum zwischen der Entdeckung des Ozonproblems und der Implementierung von Maßnahmen zum Verzicht auf FCKW aus ökologischer Sicht nicht doch zu lang war. Wir wissen heute, dass sich die Zerstörung der Ozonschicht zeitversetzt zur Freisetzung von FCKW vollzieht und immer noch eine gewisse Zeit fortschreiten wird. Vor diesem Hintergrund erscheint die politische Reaktionszeit auf grenzüberschreitende Umweltprobleme generell als zu langsam. Zumindest zum Teil liegt dies daran, dass sich die Schaffung und Spezifizierung von umweltpolitischen Programmen in intergouvernementalen Aushandlungsprozessen vollzieht, die die Programmentwicklung verlangsamen und die Effektivität von Global Governance zum Schutz der Umwelt beschränken.

10.2 Klimawandel: UNEP und WMO

kontroverse Debatte

Die Frage eines durch den Menschen verursachten Klimawandels wurde von Meteorologen bereits in den 1960er und 1970er Jahren kontrovers diskutiert. Der zuvor herrschende Konsens, demzufolge der Mensch durch Umweltverschmutzung – insbesondere Kohlendioxidemissionen – das globale Klima nicht gefährden könne, war erstmals begründeten Zweifeln ausgesetzt. Zunächst galten beide Szenarien, sowohl das einer Erwärmung als auch das einer Erkaltung der Erde, als gleichermaßen plausibel. Als sich die These einer globalen Erwärmung durch den Treibhauseffekt zu erhärten schien, wuchsen auch die politischen Bemühungen, durch internationale Vereinbarungen zu einer spürbaren Verringerung von Treibhausgasemissionen – insbesondere von Kohlendioxid (CO_2) – zu gelangen (vgl. Abbildung 10.2). Diese Bemühungen wurden nicht nur vom öffentlichen

Abbildung 10.2: Globaler Temperaturanstieg (jährliche Abweichung vom Mittel zwischen 1951 und 1980, in Grad Celsius)

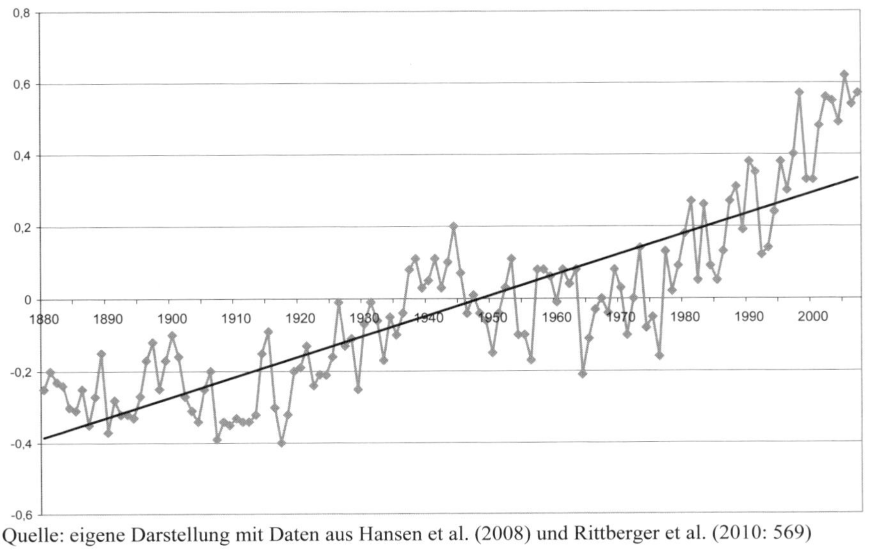

Quelle: eigene Darstellung mit Daten aus Hansen et al. (2008) und Rittberger et al. (2010: 569)

Druck durch NGOs wie Greenpeace, sondern auch durch internationale Organisationen wie UNEP und die WMO getragen (Chasek 2001: 124–133; Luterbacher & Sprinz 2001; Rowlands 1995: 65–98).

10.2.1 Politikprogramm von UNEP und WMO

frühe Klimakonferenzen

Den ersten Vorstoß zu internationalen Verhandlungen über die Eindämmung des Klimawandels unternahmen UNEP und die WMO, indem sie 1979 gemeinsam zur ersten Weltklimakonferenz nach Genf einluden. Die Forderung nach einer internationalen Rahmenkonvention zum Schutz des Weltklimas wurde jedoch erst 1988 bei der Konferenz über die Veränderungen der Atmosphäre in Toronto erhoben. Regierungen, Umweltorganisationen und Wissenschaftler waren damals zusammen gekommen, um die Klimaproblematik zu diskutieren (Breitmeier 1996: 188). Die angestrebte Rahmenkonvention sollte durch Protokolle ergänzt werden, welche die Reduktion der CO_2-Emissionen bis 2005 im Vergleich zum Basisjahr 1988 weltweit um 20 Prozent verbindlich vorschreiben sollte.

Rolle des IPCC

Die nachfolgenden intergouvernementalen Verhandlungsprozesse, die schließlich zur Klimarahmenkonvention („United Nations Framework Convention on Climate Change“, UNFCCC) und zum Kyoto-Protokoll führten, wurden durch die mit Unterstützung von UNEP und der WMO erzielten Forschungsergebnisse über den von Menschen verursachten Klimawandel nachhaltig bestimmt (Rowlands 1995). Als besonders wichtig für die intergouvernementalen Verhandlungen erwies sich die Zwischenstaatliche Sachverständigengruppe über Klimaveränderungen („Intergovernmental Panel on Climate Change“, IPCC), die 1988 von UNEP und der WMO gemeinsam gegründet worden war (Bolin 2007; Wettestad 1999: 221–224). Sie setzt sich zusammen aus Forschern aus den Teilnehmerstaaten an den Verhandlungen über die internationale Klimaschutzpolitik. Sie erhielt von UNEP und der WMO den Auftrag, eine Bestandsaufnahme der Forschung über den Klimawandel vorzunehmen und diese periodisch fortzuschreiben. Ihr „First Assessment Report“ von 1990 analysierte detailliert die Risiken, die sich aus den wachsenden Treibhausgasemissionen für das Weltklima ergeben. Der Bericht sagte voraus, dass ungebremste Treibhausgasemissionen bis 2025 weltweit zu einem Temperaturanstieg von durchschnittlich 1,5 bis 4,5 Grad Celsius führen würden (Breitmeier 1996: 164–166).

zähe intergouvernementale Verhandlungen

Nachdem sich 1988 auch die Generalversammlung der UN in ihrer Resolution 43/53 für einen weltweiten Klimaschutz ausgesprochen hatte, richtete UNEP 1990 in Washington erneut eine Konferenz über die globale Erwärmung aus. Wie von vielen Umwelt-NGOs gefordert, wurde der Klimawandel zu einem der zentralen internationalen Umweltthemen. Auf der Konferenz selbst drängten verschiedene EU-Staaten darauf, die CO_2-Emissionen zunächst einzufrieren, um sie dann schrittweise zu verringern. In ihren Augen war der Zusammenhang von Klimawandel und Kohlendioxidemissionen durch die meteorologische Forschung hinreichend klar erwiesen, so dass nun möglichst rasch konkrete Verpflichtungen zur Reduktion von Kohlendioxidemissionen eingegangen werden müssten. Die USA sperrten sich jedoch gegen solche konkreten Verpflichtungen und wollten eine Reduktion der Emissionen erst dann akzeptieren, wenn zweifelsfrei erwiesen sei, dass die Kohlendioxidemissionen ursächlich für den Treibhauseffekt sind (Breitmeier 1996: 187–193). Dieser grundsätzliche Konflikt zwischen den USA einerseits und den meisten EU-Staaten andererseits bestimmte auch die zweite offizielle Weltklimakonferenz in Genf im Jahr 1990, die den „Arbeitskonferenzen" von Toronto und Washington folgte. Die Abschlusserklärung der Konferenz betonte lediglich allgemein die Notwendigkeit einer Stabilisierung der Treibhausgasemissionen und enthielt keinerlei konkrete Reduktionsvereinbarungen (Brenton 1994: 183–185). Etwas mehr Schwung in die internationale Klimapolitik kam erst wieder im Herbst 1990, als die UN-Generalversammlung einen zwischenstaatlichen Verhandlungsausschuss („Intergovernmental Negotiating Committee", INC) einsetzte, der mit Blick auf die 1992 in Rio de Janeiro stattfindende UN-Konferenz über Umwelt und Entwicklung („Weltgipfel") einen Entwurf für eine Rahmenkonvention über den Klimawandel vorbereiten sollte.

Klimarahmenkonvention

Auch diese intergouvernementalen Verhandlungen wurden jedoch durch den Konflikt zwischen den EU-Staaten, die durch die Allianz kleiner Inselstaaten („Alliance of Small Island States", AOSIS) unterstützt wurden, und den USA, denen die Mitgliedstaaten der Organisation erdölexportierender Länder („Organization of Petroleum Exporting Countries", OPEC) sekundierten, behindert (Ott 1997: 205–208). Trotzdem konnte unter dem Eindruck einer wachsenden Beteiligung von Umweltschutzgruppierungen rechtzeitig zur UN-Konferenz über Umwelt und Entwicklung (1992) ein Kompromiss für eine allseits akzeptable Rahmenkonvention über den Klimawandel gefunden werden. Die Klimarahmenkonvention (UNFCCC), die noch in Rio de Janeiro von 150 Staaten unterzeichnet wurde, verpflichtet die Staaten zwar nicht konkret, ihre CO_2-Emissionen einzufrieren oder zu reduzieren. Sie hält die Staaten aber immerhin dazu an, ihre CO_2-Emissionen ab dem Jahr 2000 auf das Niveau von 1990 zurück zu fahren. Zusätzlich wurde durch die Rahmenkonvention die regelmäßige Einberufung von Konferenzen der Vertragsstaaten („Conference of the Parties", COP) mit dem Ziel vereinbart, konkrete Vereinbarungen über die Reduktion von Treibhausgasemissionen auszuhandeln. Ein neu gegründetes Klimasekretariat sollte die intergouvernementalen Verhandlungen durch die Organisation von Treffen sowie die Sammlung und Auswertung von Daten zum Klimawandel und zu den Klimapolitiken der Vertragsstaaten unterstützen (Wettestad 1999: 205–206).

Kyoto-Protokoll

Auf den Vertragsstaatenkonferenzen 1995 in Berlin (COP 1) und 1996 in Genf (COP 2) konnten trotz massiven Drängens von Umwelt-NGOs erneut keine konkreten Klimaschutzverpflichtungen vereinbart werden (Wettestad 1999: 206–207). In Berlin wurde immerhin erreicht, dass Verhandlungen über ein Protokoll zur Rahmenklimakonvention aufgenommen werden, in dem konkrete Reduktionsverpflichtungen festgelegt werden sollten. Weitere Verhandlungen in einer dafür gegründeten Ad-hoc-Gruppe führten schließlich zu einem Durchbruch. Die USA gaben erstmals ihren Widerstand gegen die von der EU geforderten konkreten Reduktionspflichten für Treibhausgasemissionen auf, so dass die Verabschiedung eines Protokolls bis zur dritten Vertragsstaatenkonferenz 1997 in Kyoto (COP 3) möglich wurde. Das dort vereinbarte Kyoto-Protokoll sah vor, dass die Industriestaaten bis 2012 die Emissionen der sechs wichtigsten Treibhausgase gegenüber 1990 um durchschnittlich insgesamt 5 Prozent verringern. Die USA und die EU als die beiden größten Treibhausgasemittenten sollten diese demnach um 7 bzw. 8 Prozent reduzieren (Aldy & Stavins 2007; Missbach 1999: 223–345; Rittberger et al. 2010: 595; Sprinz 1998; Wettestad 1999: 208–210). Damit das Kyoto-Protokoll in Kraft treten konnte, musste es jedoch von einer Menge an Industriestaaten ratifiziert worden sein, die zusammen für mindestens 55 Prozent der globalen Treibhausgasemissionen verantwortlich war.

Inkrafttreten des Kyoto-Protokolls

Zwei grundlegende Konflikte, die dem Inkrafttreten des Kyoto-Protokolls im Wege standen, waren jedoch weiter nicht gelöst. Zum einen mussten die Modalitäten des vorgesehenen Emissionshandels festgelegt werden. Demnach sollte es möglich sein, dass sich Staaten von ihren Reduktionspflichten dadurch freikaufen, dass sie nicht genutzte Emissionsrechte anderer Staaten erwerben. Doch während die EU nur einen begrenzten Emissionshandel zulassen wollte, drängten die USA, aber auch Russland auf einen uneingeschränkten Handel mit solchen Emissionsrechten. Zum anderen waren die Modalitäten für die Anrechnung von Treibhausgasspeichern – so genannten Senken – zu klären. Danach war vorgesehen, dass Staaten sich von ihren Reduktionspflichten teilweise befreien können, indem sie beispielsweise Wälder aufforsten. Hier wollte die EU ebenfalls nur einer begrenzten Anrechnung zustimmen, während die USA und Japan auf weitgehende Anrechnungsmöglichkeiten bestanden (Betsill & Hoffmann 2011; Missbach 1999: 240–244, Skjaerseth & Wettestad 2008). Beide Konflikte konnten auch auf den Vertragsstaatenkonferenzen in Buenos Aires (COP 4, 1998), Bonn (COP 5, 1999) und Den Haag (COP 6, 2000) nicht gelöst werden, so dass das Inkrafttreten des Kyoto-Protokolls insgesamt auf der Kippe stand. Zum Durchbruch bei der Lösung dieser Fragen kam es erst auf der Konferenz in Bonn 2001 (eine Folgekonferenz der gescheiterten COP 6 in Den Haag) sowie auf der Vertragsstaatenkonferenz in Marrakesch (COP 7, 2001). Allerdings hatten sich in der Zwischenzeit die USA, ihrerseits verantwortlich für mehr als 20 Prozent der globalen Kohlendioxidemissionen, ganz aus dem Kyoto-Protokoll zurückgezogen. Nach der Unterzeichnung des Kyoto-Protokolls durch die Clinton-Administration signalisierte der US-Senat, es nicht ratifizieren zu wollen. Daraufhin legten weder US-Präsident Bill Clinton noch sein Nachfolger George W. Bush das Kyoto-Protokoll dem Senat zur Abstimmung vor (Holtrup 2001: 31–36; Victor 2001). Das Kyoto-Protokoll trat daher am 16. Februar 2005 ohne die Beteiligung der USA in Kraft, nachdem Russland das Protokoll im November 2004 ratifiziert hatte und damit dafür sorgte, dass die Vertragsstaaten nun mehr als die zum Inkrafttreten notwendigen 55 Prozent der globalen Treibhausgasemissionen auf sich vereinten (Aldy & Stavins 2007; Rittberger et al. 2010: 577). Mittlerweile (Stand: Ende 2011) sind 193 Staaten und eine regionale Organisation (die EU) Vertragsparteien des Kyoto-Protokolls. Die USA haben das Kyoto-Protokoll nach wie vor nicht ratifiziert.

Verhandlungen über Nachfolgeabkommen

Seit der Konferenz in Montreal im Jahr 2005 gibt es neben den Treffen der Vertragsstaaten (COP) auch ein jährliches Treffen der Protokollstaaten („Meeting of the Parties to the Kyoto Protocol“, CMP). Während die Konferenzen in Montreal (COP 11/CMP 1) und Nairobi (COP 12/CMP 2) sich hauptsächlich mit der Erweiterung der Teilnehmerzahl am Kyoto-Protokoll und der Überprüfung der Funktionalität der Vertragsmechanismen befassten, wurde auf der Konferenz in Bali 2007 (COP13/CMP 3) ein Zeitplan für die Ausarbeitung eines Nachfolgeabkommens für das Kyoto-Protokoll vereinbart. Auf den Konferenzen in Posen (2008, COP 14/CMP 4), Kopenhagen (2009, COP 15/CMP 5) und Cancún (2010, COP 16/CMP 6) gelang es jedoch nicht, ein neues Abkommen für die Zeit nach dem Auslaufen des Kyoto-Protokolls 2012 auszuhandeln. Ein solches Folgeabkommen würde das Eingehen umfangreicherer Reduktionsverpflichtungen durch die Industrieländer, aber auch die Bereitschaft zu bindenden Einschränkungen der CO_2-Emissionen auf Seiten der Schwellenländer (unter anderem Chinas) voraussetzen. Die beiden Staaten mit den meisten CO_2-Emissionen, China (25% der globalen Emissionen) und die USA (20%), haben bisher allerdings die Aufforderungen der EU (14%), sich auf substantielle und rechtlich bindende Reduktionsziele einzulassen, zurückgewiesen.

10.2.2 Operative Tätigkeiten von UNEP und WMO

Globale Umweltfazilität

Die Klimarahmenkonvention und das Kyoto-Protokoll weisen internationalen Organisationen wie UNEP, WMO und dem Klimasekretariat (mit Sitz in Bonn) eine nicht unbedeutende Rolle bei der Implementierung der intergouvernemental vereinbarten Politikprogramme zu. Wie beim Schutz der Ozonschicht verwalten sie Fonds zur Finanzierung der Klimaschutzbemühungen von Entwicklungsländern. Dabei fungiert die Globale Umweltfazilität („Global Environmental Facility", GEF), die von der Weltbank, UNEP und UNDP eingerichtet wurde, als Finanzierungsmechanismus. Über die GEF erhalten Entwicklungsländer Finanzhilfen für den Umstieg von veralteten, klimaschädigenden auf moderne, energieeffizientere Technologien.

Verwaltung Flexibler Mechanismen

Anders als beim Schutz der Ozonschicht übernehmen internationale Organisationen beim Klimaschutz noch weitergehende operative Tätigkeiten. Dazu zählt unter anderem die Verwaltung und Überwachung der Flexiblen Mechanismen zur Implementierung der Emissionsreduktionsverpflichtungen des Kyoto-Protokolls. Das Kyoto-Protokoll sieht vor, dass die Staaten ihre Verpflichtungen auf verschiedenen Wegen erfüllen können. Neben der in erster Linie vorgesehenen Verringerung von CO_2-Emissionen auf nationaler Ebene können die Staaten auf drei flexible, marktbasierte Mechanismen zurückgreifen: den Emissionshandel, den Mechanismus für umweltverträgliche Entwicklung („Clean Development Mechanism", CDM) und die gemeinsame Implementierung („Joint Implementation", JI). Im Rahmen des Emissionshandels können die Staaten untereinander mit Emissionsrechten handeln. JI und CDM sind projektbasierte Mechanismen, die es den Industriestaaten erlauben, zur Erfüllung ihrer vertraglichen Verpflichtungen gemeinsame Klimaschutzprojekte mit anderen Industriestaaten durchzuführen (JI) oder in nachhaltige Entwicklungsprojekte zur Reduktion von Emissionen in Entwicklungsländern zu investieren (CDM). Somit wird den Staaten ermöglicht, ihre im Kyoto-Protokoll vereinbarten Klimaschutzziele zumindest teilweise durch Klimaschutzmaßnahmen in anderen Ländern zu erreichen. Die Flexiblen Mechanismen werden überwacht und verwaltet vom Klimasekretariat, dem CDM-Verwaltungsrat („CDM Executive Board") und dem JI-Überwachungsausschuss („JI Supervisory Committee"), die wiederum den Weisungen der Konferenzen der Vertrags- bzw. Protokollstaaten unterstehen (Stokke et al. 2005).

Überprüfung von Staatenberichten

Das Klimasekretariat sammelt ähnlich wie das Sekretariat zum Schutz der Ozonschicht die Berichte, die von den Staaten jährlich eingereicht werden müssen, um die Fortschritte bei der Verringerung ihrer Treibhausgasemissionen zu dokumentieren. Doch anders als beim Schutz der Ozonschicht werden diese Berichte von einem Einhaltungsausschuss („Compliance Committee") überprüft. Dieser Ausschuss setzt sich aus 20 unabhängigen Experten zusammen, die von der Vertragsstaatenkonferenz benannt werden. Die unabhängige Prüfung der Berichte ist aufgrund der geringeren Transparenz beim Klimaschutz angesichts der Vielzahl von Emissionsquellen für Treibhausgase von großer Bedeutung. Dadurch müssen die vertragstreuen Staaten, die ihre Reduktionszusagen einhalten, nicht befürchten, dass sich vertragsbrüchige Staaten unfaire Vorteile durch Trittbrettfahren verschaffen (Oberthür & Marr 2002; Oberthür & Ott 1999). Wenn die Überprüfung offenbart, dass ein Staat seinen Reduktionspflichten nicht nachkommt, können gegen diesen Staat vom Einhaltungsausschuss Sanktionen verhängt werden. Der Staat, der in einer ersten Reduktionsperiode seinen Reduktionspflichten nicht hinreichend nachkommt, wird daraufhin verpflichtet, in der zweiten Reduktionsperiode seine Treibhausgasemissionen zusätzlich zu verringern. Dies soll abschreckend auf potentielle Regelbrecher wirken und so die Einhaltung der eingegangenen Reduktionsverpflichtungen sicherstellen (Busch 2009; Yamin & Depledge 2004).

10.2.3 Beurteilung der Effektivität von UNEP und WMO

hoch komplexe Aufgabe

UNEP und die WMO haben zusammen mit Umwelt-NGOs zu einer relativ frühzeitigen Anerkennung des Problems des Klimawandels beigetragen. Ihre Tätigkeiten waren zentral für die Herausbildung eines weitgehenden Konsenses unter Wissenschaftlern und Politikexperten, der die Grundlage für eine international koordinierte Klimapolitik bildete. Zudem haben sie die zwischenstaatliche Einigung auf verpflichtende Emissionsreduktionen im Rahmen des Kyoto-Protokolls vorangetrieben. Der Abschluss eines solchen internationalen Abkommens mit konkreten Reduktionszusagen, die erhebliche ökonomische Kosten für zahlreiche Industriezweige und private Konsumenten in den Vertragsstaaten verursachen, ist sicherlich keine kleine Leistung (vgl. Aldy & Stavins 2007). Das Ausmaß und die Komplexität des Klimaproblems, seine globale Reichweite, die großen Anreize zum Trittbrettfahren und die Notwendigkeit, durch internationale Vorgaben das innerstaatliche Verhalten einer Vielzahl von Akteuren zu verändern, machen die globale Bearbeitung des Problems des Klimawandels zu einem der ambitioniertesten Projekte in der Geschichte des internationalen Rechts (Thompson 2010: 270).

ernüchternde Bilanz

Doch auch wenn man die Größe der Herausforderung und die besonderen Schwierigkeiten bei der Reduktion der globalen CO_2-Emissionen berücksichtigt, fällt die Gesamtbilanz internationaler Organisationen bei der Lösung oder zumindest Eindämmung des Problems ernüchternd aus (Breitmeier 2009; Rittberger et al. 2010: 594–595). Die globalen Treibhausgasemissionen steigen weiter. Schwellenländer wie Brasilien, China oder Indien unterliegen keinen Reduktionsverpflichtungen aus dem Kyoto-Protokoll und haben ihren CO_2-Ausstoß in

Abbildung 10.3: Emissionsreduktionsverpflichtungen (in %) gemäß Kyoto-Protokoll und tatsächliche Emissionsentwicklung

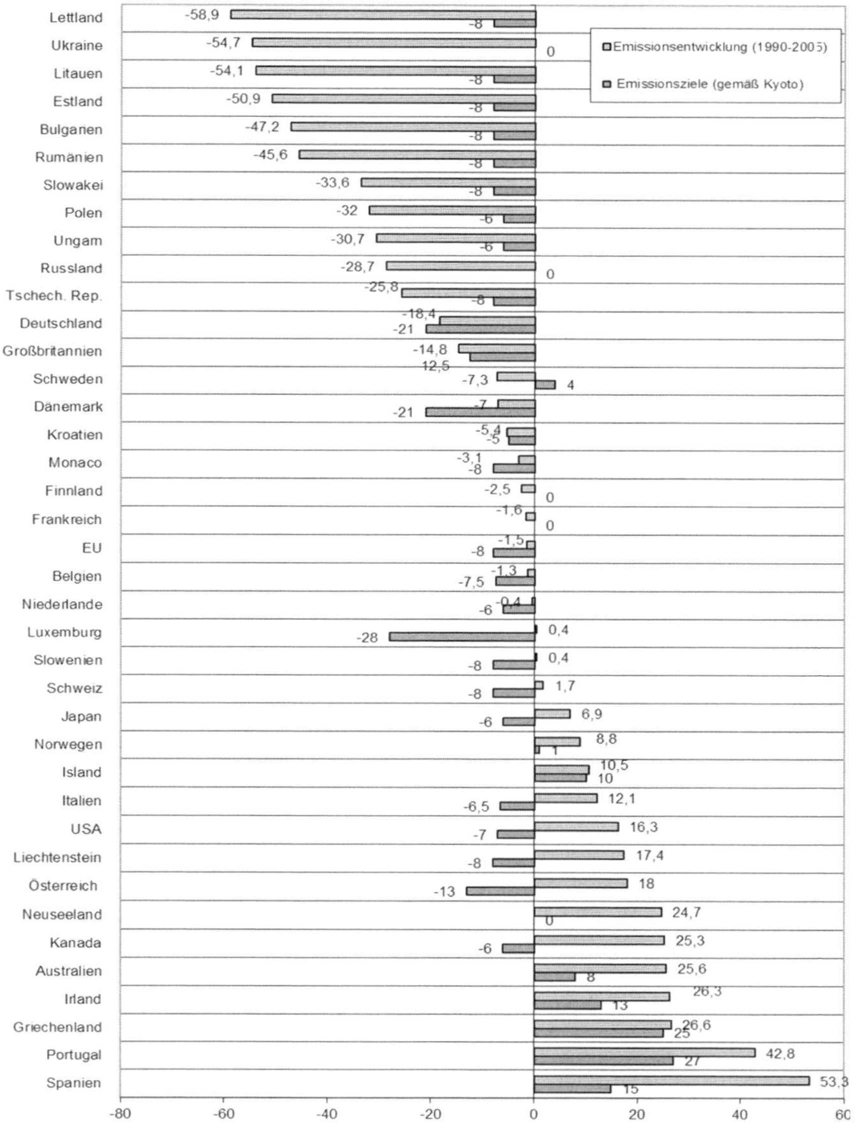

Quelle: eigene Darstellung mit Daten aus Rittberger et al. (2010: 595)

den letzten Jahren erheblich erhöht. Bei einigen dieser Staaten hat sich das Emissionsvolumen verglichen mit dem Stand im Basisjahr 1990 sogar verdoppelt (Rittberger et al. 2010: 594). Gleichzeitig herrscht unter Wissenschaftlern (und vielen Politikern) heute weitgehend Einigkeit darüber, dass die gegenwärtigen Reduktionsziele des Kyoto-Protokolls bei weitem nicht hinreichend sind, um die Erderwärmung zu stoppen oder signifikant zu verlangsamen (Aldy & Stavins 2007). Viele Staaten werden zudem ihre Reduktionsverpflichtungen aus dem Kyoto-Protokoll – bis 2012 im Durchschnitt eine Verringerung der CO_2-Emissionen um 5 Prozent verglichen mit dem Stand im Jahr 1990 – nicht einhalten (vgl. Abbildung 10.3; Rittberger et al. 2010: 594; Bättig & Bernauer 2009).

wenig Einfluss auf Emissionspolitik

Internationale Organisationen sind also nicht nur auf der Impact-Ebene der Problemlösung (Eindämmung des Klimawandels), sondern auch in ihrem Bemühen um eine Veränderung der Emissionspolitik der Staaten (d.h. auf der Outcome-Ebene) relativ ineffektiv. Dies zeigt sich deutlich, wenn man die Reduktionsziele einzelner Staaten unter dem Kyoto-Protokoll mit der tatsächlichen Entwicklung ihrer CO_2-Emissionen vergleicht. Abbildung 10.3 zeigt, dass zahlreiche Staaten ihre insgesamt eher moderaten Reduktionszusagen (bisher) bei weitem nicht erreicht haben.

10.3 Zusammenfassung

Internationale Organisationen hatten, unterstützt von NGOs aus dem Umweltbereich (z.B. Greenpeace und das World Watch Institute) und einer transnationalen „epistemic community“ von Ozonexperten, einigen Erfolg bei der Schaffung und Implementierung internationaler Normen und Regeln zum Schutz der Ozonschicht. Diese Normen und Regeln haben zum Ende der Produktion und Konsumtion von FCKW beigetragen. Trotz einer breiten Palette von Tätigkeiten waren die Bemühungen internationaler Organisationen zur Eindämmung des Klimawandels weitaus weniger erfolgreich. Obgleich den UN zuzuordnende Organisationen internationale Kooperation zum Schutz des Weltklimas befördert haben, reichen die bisherigen Vereinbarungen nicht aus, um den Klimawandel entscheidend zu verlangsamen oder gar zu stoppen. Für effektiven globalen Klimaschutz ist es notwendig, dass diese Organisationen die Generierung weiterer Politikprogramme vorantreiben und deren Implementierung sicherstellen. Eine Voraussetzung dafür ist jedoch, dass die USA sowie Schwellenländer wie China, Brasilien und Indien (wieder) eine konstruktive Rolle in internationalen Klimaschutzverhandlungen einnehmen. Solange mit China und den USA die beiden Länder mit dem größten Anteil an den globalen Treibhausgasemissionen striktere internationale Abkommen zur Emissionsreduktion ablehnen, sind die Aussichten für effektive internationale Kooperation und Global Governance zum Schutz des Weltklimas düster.

10.4 Diskussionsfragen

Wie lassen sich die Unterschiede in der Effektivität internationaler Organisationen in den beiden Politikfeldern „Schutz der Ozonschicht" und „Eindämmung des Klimawandels" erklären?

Wie ist es UNEP gelungen, die internationale Kooperation zum Schutz der Ozonschicht voranzubringen?

10.5 Literaturempfehlungen

Haas, Peter M. 1992. Obtaining Environmental Protection through Epistemic Communities, in: Rowlands, Ian H. & Greene, Malory (Hg.) *Global Environmental Change and International Relations*, Basingstoke: Palgrave Macmillan, 38–59.

Greene, Owen 1998. The System of Implementation Review in the Ozone Regime, in: Victor, David G., Raustiala, Kal & Skolnikoff, Eugene B. (Hg.) *The Implementation and Effectiveness of International Environmental Commitments. Theory and Practice*, Cambridge, MA: MIT Press, 89–136.

Yamin, Farhana & Depledge, Joanna 2004. *The International Climate Change Regime: A Guide to Rules, Institutions and Procedures*, Cambridge: Cambridge University Press, Kap. 3–6.

11 Menschenrechte

moralische Interdependenzen

Das internationale Menschenrechtsdilemma unterscheidet sich grundlegend vom Sicherheits-, Wohlfahrts- und Umweltdilemma (Donnelly 2006). Da Menschenrechtsverletzungen in einem Staat für gewöhnlich keine materiellen Auswirkungen auf andere Staaten haben, basiert es nicht auf materiellen, sondern „lediglich" auf moralischen Interdependenzen. Diese ergeben sich, wenn Menschenrechtsverletzungen in einem Staat – häufig einem autoritären – moralische Empörung in anderen – meist demokratischen – Staaten auslösen (Liese 2006a; Risse & Sikkink 1999: 22–24). Die moralische Interdependenz kann ihrerseits zwar das grundlegende Interesse der Staaten an einer aktiven internationalen Menschenrechtspolitik begründen, aber selbst Staaten, welche die Menschenrechte international schützen wollen, werden versucht sein, die Kosten einer aktiven Menschenrechtspolitik auf andere Staaten abzuwälzen. Sollten alle Staaten dieser Versuchung nachgeben, kann die individuell wie kollektiv gewünschte aktive Menschenrechtspolitik kaum verwirklicht werden. Internationale Organisationen können jedoch in Zusammenarbeit mit zivilgesellschaftlichen Menschenrechtsorganisationen wie Amnesty International oder Human Rights Watch durch ihre Politikprogramme sowie die darauf bezogenen operativen Tätigkeiten dazu beitragen, dieses Menschenrechtsdilemma zu überwinden. Um dies zu verdeutlichen, werden wir im Folgenden die Tätigkeiten der Vereinten Nationen (UN) einerseits und die des Europarats andererseits diskutieren.

11.1 Globaler Menschenrechtsschutz: UN

Internationalisierung nach 1945

Angesichts der Verbrechen gegen die Menschlichkeit während des Zweiten Weltkrieges, insbesondere seitens Deutschlands, erschien es bei der Gründung der UN notwendig, die Menschenrechte global umfassender zu schützen. Denn bis 1945 beschränkte sich der globale Menschenrechtsschutz auf einige wenige spezifische Menschenrechtsverletzungen wie beispielsweise den internationalen Sklavenhandel, den nationalen Minderheitenschutz oder angemessene Arbeitsbedingungen (Krasner 1999: 106–110). Erst durch die UN wurde der internationale Menschenrechtsschutz zu einem zentralen Sachbereich der internationalen Politik. Und durch Menschenrechtsverletzungen wie die von Augusto Pinochet in Chile, Idi Amin in Uganda, Pol Pot in Kambodscha, Charles Taylor in Sierra Leone oder Umar al-Bashir im Sudan ist er es bis heute geblieben.

11.1.1 Politikprogramm der UN

UN-Charta und Organe

Das Politikprogramm der UN zum internationalen Menschenrechtsschutz blieb zunächst recht vage. Die Präambel der UN-Charta bekräftigt lediglich den „Glauben an die Grundrechte des Menschen, an Würde und Wert der menschlichen

Persönlichkeit, an die Gleichberechtigung von Mann und Frau sowie von allen Nationen, ob groß oder klein". Darüber hinaus erwähnt die Charta nur in Artikel 55 die Förderung der „allgemeine[n] Achtung und Verwirklichung der Menschenrechte und Grundfreiheiten für alle ohne Unterschied der Rasse, des Geschlechts, der Sprache oder der Religion". Spezifische Menschenrechtsnormen, welche die Staaten zu respektieren oder gar zu garantieren haben, werden in der Charta hingegen nicht genannt. Allerdings wurde der Wirtschafts- und Sozialrat der UN („Economic and Social Council", ECOSOC) beauftragt, ein menschenrechtliches Politikprogramm zu entwickeln. Dieser bildete dazu bereits 1946 die Menschenrechtskommission, welche zusammen mit dem Unterausschuss für die Förderung und den Schutz der Menschenrechte das zentrale Gremium für intergouvernementale Verhandlungen über das Menschenrechtsprogramm der UN war, bis sie 2006 durch den UN-Menschenrechtsrat ersetzt wurde.

Allgemeine Erklärung der Menschenrechte

Die intergouvernementalen Verhandlungen über ein Menschenrechtsprogramm der UN wurden anfänglich von einer US-geführten Koalition demokratischer Staaten dominiert, dem die von der UdSSR geführte Koalition sozialistischer Staaten wenig entgegenzusetzen hatte. So konnte ein liberal-demokratischer Grundkonsens festgehalten werden, der 1948 in die Annahme der Allgemeinen Erklärung der Menschenrechte durch die UN-Generalversammlung mündete (Resolution 217 A (III)). Die Generalversammlung traf die Entscheidung durch Mehrheitsbeschluss, und das in der Erklärung formulierte UN-Menschenrechtsprogramm blieb aus rechtlicher Sicht unverbindlich. Dennoch konnten Staaten von nun an Menschenrechte nicht mehr verletzen, ohne das Risiko einzugehen, dass diese Menschenrechtsverletzungen in der UN thematisiert wurden.

Zivil- und Sozialpakt

Mit der Allgemeinen Erklärung der Menschenrechte wurde zudem ein normativer Bezugsrahmen geschaffen, auf dessen Grundlage die international rechtsverbindliche Kodifizierung der Menschenrechte verhandelt werden konnte. Dementsprechend trieb die Menschenrechtskommission die intergouvernementalen Verhandlungen zum Internationalen Pakt über bürgerliche und politische Rechte einerseits sowie zum Internationalen Pakt über wirtschaftliche, soziale und kulturelle Rechte andererseits voran. Obgleich beide Pakte bereits 1954 weitgehend ausgehandelt waren, wurden sie erst 1966 von der Generalversammlung verabschiedet und den Staaten zur Unterzeichnung sowie zur Ratifizierung vorgelegt. Und auch dann dauerte es weitere zehn Jahre, bis sie 1976 von einer ausreichenden Anzahl von Staaten unterzeichnet und ratifiziert worden waren, um in Kraft treten zu können. Bis heute (Stand: Ende 2011) sind der Zivilpakt und der Sozialpakt von 167 bzw. 160 Staaten ratifiziert worden.

Kern des Politikprogramms

Die Allgemeine Erklärung der Menschenrechte – auch Menschenrechtsdeklaration genannt – und die beiden angesprochenen Menschenrechtspakte bilden den Kern des menschenrechtlichen Politikprogrammes der UN (Dicke 1998; Donnelly 2006: 15; Hurrell 1999: 277; Ramacharan 2007: 434–444; Risse & Ropp 1999: 166; Tomuschat 2008: Kap. 3). Das Menschenrechtsprogramm der UN formuliert ausgehend von der Würde des Menschen (Art. 1) sowie der Gleichheit aller Menschen (Art. 2) in den Artikeln 3 bis 21 der Allgemeinen Menschenrechtserklärung sowie in den Artikeln 6 bis 27 des Internationalen Paktes über bürgerliche und politische Rechte einen Kanon liberaler Abwehrrechte jedes einzelnen Individuums gegenüber staatlicher Herrschaftsausübung. Zu ihnen zählen: das Recht auf Leben, auf Freiheit und Sicherheit der Person; der Schutz vor Diskriminierung; das Verbot der Folter und der Sklaverei; der Anspruch auf Gleichheit vor dem Gesetz und auf ein faires Gerichtsverfahren; das Recht auf rechtlichen Beistand im Rahmen eines Gerichtsverfahrens sowie auf die Vermutung der Unschuld bis zu einer richterlichen Verurteilung; das Recht, nur auf der Grundlage gültiger Gesetze verurteilt zu werden („nulla poena sine lege"); der Schutz der Privatsphäre; das Recht auf Gedanken-, Gewissens- und Religionsfreiheit; das Recht auf freie Meinungsäußerung, auf Versammlungs- und Vereinigungsfreiheit sowie auf Freizügigkeit; der Schutz der Familie; das Recht zu heiraten; das Recht auf Zugang zu öffentlichen Ämtern und der Teilhabe an der Gestaltung der öffentlichen Angelegenheiten des eigenen Landes; der Anspruch, an wiederkehrenden, allgemeinen und gleichen Wahlen teilzunehmen. Darüber hinaus werden in den Artikeln 22 bis 27 der Allgemeinen Menschenrechtserklärung wirtschaftliche, soziale und kulturelle Grundrechte benannt, die im Internationalen Pakt über wirtschaftliche, soziale und kulturelle Rechte bekräftigt und weiter entfaltet werden. Hier sind vor allem zu erwähnen: das Recht auf ausreichende Nahrung und einen angemessenen Lebensstandard sowie das Recht auf körperliche und geistige Gesundheit; das Recht auf Arbeit sowie auf angemessene und befriedigende Arbeitsbedingungen; das Streikrecht sowie das Recht auf Freizeit, auf Urlaub und soziale Sicherheit; das Recht auf Bildung sowie die Teilhabe am kulturellen und wissenschaftlichen Leben des eigenen Landes.

Menschenrechtskonventionen

Diesen Rechten, die einer Vielzahl von Vorbehalten unterliegen, wurden in einer Reihe von Menschenrechtskonventionen weitere Rechte hinzugefügt. Zu den wichtigsten Verträgen zählen die Konvention zur Verhütung und Bestrafung von Völkermord von 1948, die Konvention zur Beseitigung jeder Form von Rassendiskriminierung von 1965, die Konvention gegen Folter und andere grausame, unmenschliche oder erniedrigende Behandlung oder Strafe von 1984, die Konvention über die Rechte der Frau von 1979, die Konvention über die Rechte des Kindes von 1989, die Konvention über die Rechte von Menschen mit Behinderungen von 2006 sowie die Konvention zum Schutz aller Personen vor dem Verschwindenlassen von 2006 (vgl. Abbildung 11.1).

Rolle von NGOs

Die intergouvernementalen Verhandlungen zum Menschenrechtsprogramm der UN wurden von zivilgesellschaftlichen Menschenrechtsorganisationen maßgeblich unterstützt. Bereits an den Verhandlungen zur Allgemeinen Erklärung der Menschenrechte von 1948 waren zivilgesellschaftliche Menschenrechtsorganisationen beteiligt (Korey 1998: Kap. 1). Diese Beteiligung an den politikprogrammatischen Tätigkeiten der UN im Menschenrechtsbereich hat in den 1970er Jahren eine erhebliche Ausweitung erfahren, als sich die Anzahl international operierender NGOs im Menschenrechtsbereich vervielfachte (Boli & Thomas 1999: Kap. 2; Liese 1998: 37). Seit den 1990er Jahren nutzten diese Menschenrechts-NGOs die verfügbaren Plattformen im UN-System in nochmals stärkerem Ausmaße. So konnten sie bei UN-Menschenrechtskonferenzen wie beispielsweise der Zweiten Weltkonferenz zu Menschenrechten in Wien (1993) oder der Weltkonferenz gegen Rassismus in Durban (2001) sowie im Rahmen verschiedener UN-Gremien wie z.B. dem Menschenrechtsrat wichtige Impulse für neue Programme geben.

Abbildung 11.1: Die wichtigsten globalen Menschenrechtskonventionen

Konvention	**Vertragsorgan**	**Jahr der ersten Unterschrift**	**Jahr des Inkrafttretens**	**Anzahl der Ratifikationen** (Stand: Ende 2011)
Konvention zur Verhütung und Bestrafung von Völkermord	keine	1948	1951	142
Konvention zur Beseitigung jeder Form von Rassendiskriminierung	Ausschuss zur Beseitigung der Rassendiskriminierung	1965	1969	175
Internationaler Pakt über bürgerliche und politische Rechte	Menschenrechtsausschuss	1966	1976	167
Internationaler Pakt über wirtschaftliche, soziale und kulturelle Rechte	Ausschuss für wirtschaftliche, soziale und kulturelle Rechte	1966	1976	160
Konvention zur Beseitigung jeder Form von Diskriminierung der Frau	Ausschuss zur Beseitigung jeder Form von Diskriminierung der Frau	1979	1981	187
Konvention gegen Folter und andere grausame, unmenschliche oder erniedrigende Behandlung oder Strafe	Ausschuss gegen Folter	1984	1987	150
Konvention über die Rechte des Kindes	Ausschuss für die Rechte des Kindes	1989	1990	193
Konvention über die Rechte von Personen mit Behinderungen	Ausschuss für die Rechte von Personen mit Behinderung	2006	2008	114
Konvention zum Schutz aller Personen vor dem Verschwindenlassen	Ausschuss für das gewaltsam verursachte Verschwinden von Personen	2006	2010	32

11.1.2 Operative Tätigkeiten der UN

charta- vs. vertragsbasierte Organe

Nachdem sich die UN bis Mitte der 1960er Jahre vornehmlich auf die Generierung menschenrechtlicher Politikprogramme konzentrierte, setzt sie sich seither verstärkt für deren Umsetzung ein. Die Politikprogramme wurden zunehmend durch operative Tätigkeiten ergänzt (Alston 1995a; Forsythe 2006: 57–59; Ramacharan 2007: 453). Um diese Tätigkeiten der UN zu analysieren, ist zunächst zwischen zwei Typen von Menschenrechtsorganen und -verfahren zu unterscheiden. Da sind zum einen die Organe und Verfahren, die zumindest mittelbar auf der UN-Charta beruhen. Hier sind die operativen Tätigkeiten des ECOSOC sowie (früher) der Menschenrechtskommission und (heute) des Menschenrechtsrats zu diskutieren. Zum anderen gibt es Organe und Verfahren, die partiell außerhalb der UN durch internationale Menschenrechtskonventionen geschaffen wurden. Hier sind die operativen Tätigkeiten insbesondere der verschiedenen Menschenrechts(vertrags-)ausschüsse zu nennen. Ein entscheidender Unterschied zwischen den chartagestützten und den vertragsbasierten Menschenrechtsorganen und -verfahren ist, dass sich erstere automatisch auf alle UN-Mitgliedstaaten beziehen, wohingegen letztere nur die Unterzeichnerstaaten treffen können.

Verfahren der Menschenrechtskommission

Bis zur Gründung des Menschenrechtsrates 2006 stellte die Menschenrechtskommission das wichtigste UN-Organ zur Um- und Durchsetzung der Menschenrechte dar. Ihre operativen Tätigkeiten beruhten vor allem auf zwei Überwachungsverfahren, dem 1235-Verfahren und dem 1503-Verfahren, die nach den ECOSOC-Resolutionen 1235 (1967) und 1503 (1970) benannt wurden. Das 1503-Verfahren gab Einzelpersonen und Gruppen von Individuen das Recht, Berichte über massive und systematische Menschenrechtsverletzungen der Menschenrechtskommission zuzuleiten. Die Kommission behandelte die Berichte vertraulich und überprüfte, ob Menschenrechtsverletzungen vorlagen. Bestätigten sich die Beschuldigungen, konnte die Kommission in ihrem jährlichen Bericht an den ECOSOC Maßnahmen gegen den rechtsverletzenden Staat empfehlen. Im Gegensatz dazu befasste sich die Menschenrechtskommission beim 1235-Verfahren öffentlich mit Informationen über massive und systematische Menschenrechtsverletzungen. Während ihrer jährlich stattfindenden Sitzungsperiode konnten Vertreter von Regierungen und NGOs in öffentlichen Treffen über Menschenrechtsverletzungen berichten und die Kommission konnte über gründliche Untersuchungen von länder- oder themenspezifischen Menschenrechtszuständen entscheiden.

seit 2006 Menschenrechtsrat

Allerdings litt die Reputation der Menschenrechtskommission zunehmend unter dem Patt zwischen demokratischen Staaten, die eine aktive Menschenrechtspolitik befürworteten, und den Staaten, die wiederholt ob ihrer Menschenrechtssituation kritisiert wurden und daher die Arbeit der Menschenrechtskommission oftmals blockierten (Heinz 2006: 131–132; Rittberger et al. 2010: 643–646). Um diese Situation zu überwinden, wurde die Menschenrechtskommission nach langwierigen intergouvernementalen Verhandlungen 2006 mit Resolution 60/251 der Generalversammlung durch den Menschenrechtsrat ersetzt. Der Menschenrechtsrat ist ein ständiges UN-Gremium und besteht aus 47 Mitgliedstaaten, die von der Generalversammlung gewählt werden. Die Mitgliedsrechte von Staaten, in denen massive und systematische Menschenrechtsverletzungen stattfinden, können mit einer Zweidrittelmehrheit von der Generalversammlung suspendiert werden. Dennoch sind manche Staaten mit einer schlechten Menschenrechtsbilanz noch immer im Menschenrechtsrat vertreten (Heinz 2006: 137–139).

Überwachung durch Menschenrechtsrat

Die Überwachungsmöglichkeiten des Menschenrechtsrats ähneln denen der Menschenrechtskommission (vgl. Abbildung 11.2; Rittberger et al. 2010: 644–645; Weiß 2009: 76–78). In der universellen regelmäßigen Überprüfung („Universal Periodic Review", UPR) wird alle vier Jahre untersucht, ob die UN-Mitgliedstaaten ihrer Verpflichtung zur Achtung der Menschenrechte nachkommen. Dabei bildet der Menschenrechtsrat eine Arbeitsgruppe, die bei der Überprüfung der Menschenrechtslage in den Staaten Berichte u.a. vom Amt des Hohen Kommissars für Menschenrechte („Office of the High Commissioner for Human Rights", OHCHR), von anderen internationalen Menschenrechtsorganen sowie von Menschenrechts-NGOs entgegennimmt. Außerdem verlangt diese Arbeitsgruppe von den Staaten eine Erklärung der Maßnahmen, die sie zur Verbesserung ihrer Menschenrechtssituation ergriffen haben. Ihr Abschlussbericht („Outcome Report") enthält Empfehlungen und dokumentiert die Fragen der Arbeitsgruppe an den betreffenden Staat sowie dessen Antworten darauf. Bei der nächsten Überprüfung ist der betreffende Staat dann aufgefordert, über die Umsetzung der Empfehlungen der Arbeitsgruppe zu berichten.

Abbildung 11.2: Überwachungsverfahren des Menschenrechtsrates

Verfahren	***Untersuchungs-gegenstand***	***Informationslieferanten***	***Untersuchende Akteure***
Universelle regelmäßige Überprüfung (UPR)	Einhaltung der menschenrechtlichen Verpflichtungen durch alle Staaten	Zu überprüfende Staaten, OHCHR, Organe von Menschenrechtsverträgen, NGOs	Arbeitsgruppe des Menschenrechtsrates
Sonder-verfahren (SP)	Lage in bestimmten Ländern und bezüglich bestimmter Menschenrechts-normen	Sonderberichterstatter, Arbeitsgruppen des Menschenrechtsrates, NGOs	Sonderberichterstatter, unabhängige Experten oder Arbeitsgruppen des Menschenrechtsrates
Beschwerde-verfahren	Massive und systematische Menschenrechtsverletzungen durch einen Staat	Einzelpersonen, (staatliche und nichtstaatliche) Organisationen	Arbeitsgruppe „Communications", Arbeitsgruppe „Situations"

Quelle: Eigene Darstellung in Anlehnung an Rittberger et al. (2010: 645)

Der Menschenrechtsrat kann zudem durch Sonderverfahren („Special Procedures", SP) die Menschenrechtslage in einzelnen Staaten, deren Menschenrechtssituation problematisch erscheint, sowie spezifische Menschenrechtsverletzungen, die in mehreren Staaten zugleich auftreten, überprüfen. Diese länder- oder themenspezifischen Sonderverfahren, welche weitgehend denen des 1235-Verfahrens der Menschenrechtskommission entsprechen, sind ein außerordentlich wichtiges Instrument des Menschenrechtsrates geworden. Ende 2011 unterhielt der Menschenrechtsrat insgesamt 36 thematische und zehn länderspezifische Sonderverfahren. Die dabei zum Einsatz kommenden unabhängigen Sonderberichterstatter und Menschenrechtsexperten bitten die Regierungen der betreffenden Staaten um Informationen zu ihren Menschenrechtspraktiken, führen aber auch Ländervisiten durch, um sich vor Ort ein Bild von der Menschenrechtssituation zu machen. Darüber hinaus bereiten sie Berichte für den Menschenrechtsrat sowie Resolutionen desselbigen vor und bieten den betroffenen Staaten ihre Unterstützung bei der Verbesserung der Menschenrechtslage an. Sollte sich ein Staat weigern, seinen Menschenrechtsverpflichtungen nachzukommen, so sehen die Sonderverfahren des Menschenrechtsrats keine echten Sanktionen vor.

Beschwerdeverfahren

Schließlich nutzt der Menschenrechtsrat Beschwerdeverfahren, die allen Einzelpersonen sowie allen Organisationen offenstehen und grundsätzlich dem 1503-Verfahren der Menschenrechtskommission entsprechen. Eingehende Beschwerden werden zunächst von einer Arbeitsgruppe „Communications" bearbeitet, die aus fünf unabhängigen Experten besteht und die Zulässigkeit einer Beschwerde bewertet. Wird eine Beschwerde als zulässig eingestuft, wird sie an die Arbeitsgruppe „Situations" weitergeleitet, die dem Rat schließlich einen Bericht vorlegt, der die nachgewiesenen Menschenrechtsverletzungen darstellt und politische Empfehlungen für das jeweilige Land enthält. Auch hier kann der Menschenrechtsrat, abgesehen von der Mitgliedschaftssuspendierung, keine Sanktionen ausüben, die über öffentliche Anprangerung hinausgehen – nicht einmal in jenen Fällen, in denen massive und systematische Menschenrechtsverletzungen sorgfältig nachgewiesen wurden (Heinz 2006: 133–135; Rittberger et al. 2010: 645).

vertragsbasierte Organe und Verfahren

Jenseits der genannten chartagestützten, gibt es zahlreiche vertragsbasierte Menschenrechtsorgane und -verfahren. Deren operative Tätigkeiten beziehen sich dementsprechend nicht auf alle UN-Mitgliedstaaten, sondern nur auf die Staaten, die die jeweilige Menschenrechtskonvention unterzeichnet und ratifiziert haben. Die UN ist hier nur insofern beteiligt, als sie die Verhandlungen dieser Menschenrechtskonventionen zumeist unterstützt hat. Das Gros dieser Menschenrechtskonventionen hat eine eigene Überwachung der Menschenrechtslage in den beteiligten Staaten institutionalisiert.

Berichtsverfahren

So ist diesen menschenrechtlichen Vertragssystemen fast ausnahmslos eine Berichtspflicht eingeschrieben, der gemäß die beteiligten Staaten alle vier bis fünf Jahre oder auf Anforderung eines zuständigen Vertragsorgans berichten müssen, wie sie die jeweilige Menschenrechtskonvention umsetzen. Allerdings sind diese Berichte oftmals sehr oberflächlich. Häufig beinhalten sie lediglich eine allgemeine Zusicherung, dass die vertraglich geschützten Menschenrechte eingehalten werden, oder eine Auflistung nationaler Gesetze, welche die innerstaatliche Achtung der international ausgehandelten Menschenrechtsnormen gewährleisten sollen (Liese 2006b). Des Weiteren hat sich gezeigt, dass längst nicht alle Staaten ihrer Berichtspflicht nachkommen (Steiner & Alston 2000: 774). Das zuständige Vertragsorgan kann die Berichte nur auf Basis der verfügbaren Informationen untersuchen, die ihm beispielsweise durch die Medien oder mittels zivilgesellschaftlicher Menschenrechtsorganisationen zugänglich sind. Werden Inkonsistenzen festgestellt, kann das Organ weitere Informationen vom betreffenden Staat fordern. Die staatsspezifischen Ergebnisse der Berichtsprüfung werden in Berichten festgehalten, die vom Vertragsorgan veröffentlicht und an alle Vertragsparteien sowie den ECOSOC weitergeleitet werden (Liese 2006b).

Staaten- und Individualbeschwerden

In einigen Vertragssystemen zum Schutz von Menschenrechten gehen die Überwachungsmöglichkeiten über die bloße Berichtspflicht hinaus. Hier sind dann Staaten- und Individualbeschwerdemöglichkeiten vorgesehen, die von einem Vertragsorgan, zumeist einem Menschenrechtsausschuss, geprüft werden. Dies setzt allerdings voraus, dass sich die Vertragsparteien entweder durch einseitige Erklärung oder Ratifikation eines Zusatzprotokolls dieser Beschwerdemöglichkeit unterworfen haben. Das wohl bekannteste dieser Zusatzprotokolle, das Erste Fakultativprotokoll zum Internationalen Pakt über Bürgerliche und Politische Rechte von 1966 begründet das Recht der Individualbeschwerde bei Menschenrechtsverletzungen für die Opfer oder deren Angehörige (Simmons 2009: Kap. 5). Der Menschenrechtsausschuss wurde auf Basis dieses Paktes gegründet und erhält nicht nur Beschwerden von Individuen und Staaten, sondern ist auch für die Überprüfung der regelmäßigen Berichte der Mitgliedstaaten zuständig. Dieser 18-köpfige Expertenausschuss, der jährlich für drei vierwöchige Sitzungen zusammenkommt und streng genommen kein UN-Organ ist, analysiert die Beschwerden, die ihm von Individuen oder Staaten vorgelegt werden. Menschenrechtsverletzungen, die gemäß dem Fakultativprotokoll behandelt werden sollen, müssen weder „massiv" noch „systematisch" auftreten. Auch vereinzelt auftretende Menschenrechtsverletzungen können vom Ausschuss untersucht werden. Bis Ende 2011 wurden rund 2000 Beschwerden von Individuen und Staaten registriert, von denen mehr als die Hälfte für zulässig erklärt wurde. Kommt der Menschenrechtsausschuss zu dem Schluss, dass tatsächlich Menschenrechte verletzt wurden, so teilt er seine Sicht sowohl dem beschuldigten Staat als auch den Beschwerdeführern mit. In seinem jährlichen Tätigkeitsbericht, der über den ECOSOC auch der Generalversammlung zugestellt wird, werden die Staaten, gegen die ermittelt wurde, namentlich aufgeführt, so dass deren Menschenrechtsverletzungen öffentlich werden. Diese relativ guten Überwachungs- und Prüfmöglichkeiten werden allerdings dadurch beschränkt, dass das Fakultativprotokoll ratifizierungspflichtig ist. Bis Ende 2011 wurde es von 114 Staaten ratifiziert und kann somit nur für circa zwei Drittel aller Vertragsstaaten Anwendung finden. Dies ist umso problematischer, als diejenigen Staaten, die das Fakultativprotokoll ratifiziert haben, zumeist gerade nicht zu den „schwarzen Schafen" der internationalen Menschenrechtspolitik gehören (O'Flaherty 2002; Ramacharan 2007: 451–452). In einer ähnlichen Situation befinden sich die vier anderen Menschenrechtsvertragssysteme, in denen neben der Staatenbeschwerde zumindest nach Einwilligung der Vertragsparteien eine Individualbeschwerdemöglichkeit besteht: Die Konvention gegen Folter und andere grausame, unmenschliche oder erniedrigende Behandlung oder Strafe, die Konvention zur Beseitigung jeder Form von Diskriminierung der Frau, die Konvention zur Beseitigung jeder Form von Rassendiskriminierung und die Konvention über die Rechte von Personen mit Behinderungen (Simmons 2009: Kap. 6–8). Auch hier willigen die „schwarzen Schafe" der internationalen Menschenrechtspolitik jenseits der selten genutzten Staatenbeschwerden kaum in eine Individualbeschwerdemöglichkeit ein.

Die Fülle an Organen, die sich mit Menschenrechtsverletzungen beschäftigen, wirft die Frage nach ihrer Koordinierung auf. Eine Antwort darauf wurde 1993 mit der Errichtung des Amtes des Hohen Kommissars für Menschenrechte („Office of the High Commissioner on Human Rights", OHCHR) durch die Generalversammlung (Resolution 48/141) gegeben. Durch die Unterstützung der OHCHR vertragsbasierten Menschenrechtsausschüsse sowie den chartabasierten Menschenrechtsrat versucht das OHCHR, die weltweite Einhaltung der kodifizierten Menschenrechte ebenso zu fördern wie durch seine technischen Hilfsprogramme in zahlreichen Staaten, in denen die Menschenrechtssituation unsicher ist. Allerdings werden diese Bemühungen durch geringe personelle wie finanzielle Ressourcen beeinträchtigt (De Zayas 2002).

Überwachung durch NGOs

Die operativen Tätigkeiten der genannten vertragsbasierten und chartagestützten Menschenrechtsorgane wurden und werden ganz maßgeblich durch die Überwachungstätigkeiten zivilgesellschaftlicher Menschenrechtsorganisationen wie Amnesty International oder Human Rights Watch unterstützt (Baehr 2009; Gaer 1996; Keck & Sikkink 1998; Liese 2006a: 103–106). Darüber hinaus werden die Überwachungstätigkeiten der UN-gestützten Menschenrechtsorgane von diesen NGOs auch konstruktiv-kritisch begleitet (Liese 1998: 40).

„naming and shaming" als Sanktion

Die Überwachung staatlicher Menschenrechtspraktiken durch internationale Organisationen sorgt für ein Mindestmaß an Transparenz, so dass Menschenrechtsverletzungen einem erhöhten Risiko der Entdeckung unterliegen. Die Überwachungstätigkeiten werden allerdings nur selten von entsprechenden Sanktionsmöglichkeiten begleitet. Trotz unverkennbarer Fortschritte während der 1990er Jahre bleiben die Sanktionsmöglichkeiten nach wie vor begrenzt. So ist das öffentliche Anprangern von Menschenrechtsverletzungen einzelner Staaten, also „naming and shaming", die häufigste, wenn auch nicht die einzige Form der Sanktionierung von Menschenrechtsverletzungen geblieben (Franklin 2008; Lebovic & Voeten 2006; Liese 2006a: 103–114; Hafner-Burton 2008). Weitergehende UN-Sanktionen sind nur dann möglich, wenn der Sicherheitsrat massive Menschenrechtsverletzungen als Gefährdung des Weltfriedens und der internationalen Sicherheit einstuft. Der Sicherheitsrat hat dann die Möglichkeit, alle Maßnahmen gemäß Kapitel VII der UN-Charta zu ergreifen (vgl. Kapitel 8).

Sicherheitsrat und „humanitäre Interventionen"

Tatsächlich hat der Sicherheitsrat nach dem Ende des Ost-West-Konflikts vereinzelt massive Menschenrechtsverletzungen als Friedensbedrohung definiert. Ergriff er vor 1990 – mit Ausnahme der Wirtschaftssanktionen gegen Rhodesien und des Waffenembargos gegen Südafrika (vgl. Kapitel 3) – keine kollektiven Zwangsmaßnahmen gegen Staaten, die Menschenrechtsverletzungen begingen, so hat sich sein Verhalten seither etwas geändert (Forsythe 2006: 59–61). Seit den frühen 1990er Jahren hat der Sicherheitsrat dem Einsatz von Zwangsmaßnahmen in einer Reihe von durch massive Menschenrechtsverletzungen ausgelösten humanitären Krisen wie beispielsweise in Bosnien, Kosovo, Haiti, Somalia, Osttimor und Libyen zugestimmt. Vergleicht man jedoch die Zahl der Resolutionen, in denen sich der Sicherheitsrat „besorgt" über Menschenrechtsverletzungen und/oder humanitäre Krisen zeigte, mit der Häufigkeit der Durchsetzung von nichtmilitärischen oder gar militärischen Zwangsmaßnahmen, herrscht dort eine erhebliche Diskrepanz (Kühne 2000a: 299; Petersohn 2009). So verurteilte der Sicherheitsrat zum Beispiel den Bürgerkrieg in der Region Darfur im Sudan (2003–10), in dem massive und systematische Menschenrechtsverletzungen stattfanden und hunderttausende Menschen umgebracht wurden, konnte sich aber nicht zu wirksamen Zwangsmaßnahmen durchringen. Dasselbe gilt für den Genozid in Ruanda (1994), der trotz massivster Menschenrechtsverletzungen keine substantiellen Zwangsmaßnahmen des Sicherheitsrats nach sich zog. Auch die massiven Menschenrechtsverletzungen in Tschetschenien in den 1990er und den 2000er Jahren sowie jene während des Bürgerkrieges in Sri Lanka in den 1980er, 1990er und 2000er Jahren wurden vom Sicherheitsrat weitestgehend ignoriert.

internationale Straftribunale

Allerdings hat der Sicherheitsrat ein weiteres Instrument der autoritativen Feststellung und Sanktionierung massiver Menschenrechtsvergehen wiederbelebt: internationale Strafgerichte. Diese Strafgerichte richten sich nicht gegen Staaten oder andere kollektive Gewaltakteure, sondern gegen Individuen, die massiver Verstöße gegen das humanitäre Völkerrecht beschuldigt werden. In Ausübung seiner Rechte gemäß Artikel 29 der UN-Charta errichtete der Sicherheitsrat internationale Ad-hoc-Straftribunale für das ehemalige Jugoslawien und für Ruanda. Durch Resolution 827 (1993) knüpfte der Sicherheitsrat an die Verfahren der Alliierten nach dem Ende des Zweiten Weltkriegs in Nürnberg und Tokio an, indem er das Internationale Straftribunal für das ehemalige Jugoslawien („International Criminal Tribunal for the Former Yugoslavia", ICTY) in Den Haag schuf. Seine Aufgabe besteht – ebenso wie die des später durch die Sicherheitsratsresolutionen 955 (1994) und 977 (1995) geschaffenen Ad-hoc-Tribunals für Ruanda („International Criminal Tribunal for Rwanda", ICTR) – darin, Einzelpersonen für besonders schwerwiegende Verletzungen des humanitären Völkerrechts zur Rechenschaft zu ziehen. Strafrechtlich verfolgt werden Völkermord, Verbrechen gegen die Menschlichkeit und Kriegsverbrechen. Beide Tribunale haben zur Verhaftung, Übergabe und Verurteilung von prominenten Kriegsverbrechern geführt. So wurde der frühere Präsident Jugoslawiens, Slobodan Milosevic, 2001 dem ICTY überstellt. Er starb allerdings noch vor Abschluss der Gerichtsverhandlung. Im Gegensatz dazu wurde der ehemalige Premierminister von Ruanda Jean Kambanda nicht nur vor das ICTR gestellt, sondern im Jahr 2000 auch zu lebenslanger Haft wegen Völkermordes verurteilt (Gareis & Varwick 2003: 230).

hybride Gerichtshöfe

Neben dem ICTY und dem ICTR, die Unterorgane der UN sind, gibt es auch hybride Gerichtshöfe, die zum Teil national, zum Teil international zusammengesetzt sind. Diese hybriden Tribunale, wie etwa das Sondergericht für Sierra Leone („Special Court for Sierra Leone", SCSL, 2002) oder die Sonderkammern in den Gerichten von Kambodscha („Extraordinary Chambers in the Courts of Cambodia", 2004), basieren auf einer vertraglichen Vereinbarung zwischen den UN und der jeweiligen nationalen Regierung. In diesen vertraglichen Vereinbarungen wird die Verfolgung vergangener Verbrechen durch die hybriden Gerichtshöfe in den jeweiligen Postkonfliktgesellschaften geregelt (Goldstone 2007; Hoffmann-van de Poll 2011).

Internationaler Strafgerichtshof

Die internationalen Ad-hoc-Gerichtshöfe für das ehemalige Jugoslawien und Ruanda waren auch wichtige Vorläufer des 1998 von 120 Staatenvertretern in Rom unterzeichneten Statuts für einen Internationalen Strafgerichtshof (Boekle 1998: 14–16; Schabas 2011: 11–15). Denn die Existenz der Ad-hoc-Tribunale trug dazu bei, dass eine transnationale Koalition zivilgesellschaftlicher Organisationen zusammen mit einer Gruppe von Vorreiterstaaten erfolgreich die Einrichtung eines dauerhaften und allgemeinen Internationalen Strafgerichtshofs (IStGH) fordern konnte (Deitelhoff 2009: 37; vgl. Fehl 2004). Im Gegensatz zum

ICTY und dem ICTR sind die Befugnisse des IStGH nicht auf die Verfolgung und Verurteilung von massiven Verletzungen des humanitären Völkerrechts auf dem Hoheitsgebiet von spezifischen Staaten, nämlich Jugoslawien und Ruanda, beschränkt. Der IStGH kann Individuen wegen Völkermordes, Verbrechen gegen die Menschlichkeit, Kriegsverbrechen und des Verbrechens eines Angriffskrieges verurteilen, sofern diese so genannten internationalen Straftaten entweder auf dem Hoheitsgebiet oder aber von einem Bürger eines Staates begangen wurden, der das Statut des IStGH ratifiziert hat (Rudolph 2001).

Obgleich der IStGH eine unabhängige internationale Organisation mit Sitz in Den Haag ist, unterhält er kooperative Beziehungen zu den UN, insbesondere zum Sicherheitsrat. Der IStGH-Ankläger kann Ermittlungen auf Antrag eines Vertragsstaates oder des Sicherheitsrates einleiten, aber auch selbst auf Grundlage von Informationen, die ihm beispielsweise durch zivilgesellschaftliche Menschenrechtsorganisationen zugetragen werden, Ermittlungen einleiten. Vertragsstaaten müssen mit dem IStGH kooperieren – dies schließt auch die Auslieferung von Verdächtigen auf dessen Anfrage ein. Der IStGH, dessen Statut 2002 in Kraft trat, so dass er seine Arbeit aufnehmen konnte, hat sich bislang u.a. mit internationalen Straftaten in der Demokratischen Republik Kongo, Uganda, der Zentralafrikanischen Republik und dem Sudan befasst. Ende 2011 hatten 121 Staaten das Statut von Rom ratifiziert, wobei einige mächtige Staaten wie China, Indien, Russland und die USA noch immer nicht beigetreten sind.

11.1.3 Beurteilung der Effektivität der UN

besondere Schwierigkeiten

Die Bewertung der Effektivität der UN im Politikfeld „Menschenrechtsverletzungen" muss die besonderen Schwierigkeiten, die sich in diesem Bereich für internationale Kooperation und Global Governance ergeben, berücksichtigen. Denn der internationale Menschenrechtsschutz betrifft den Kern staatlicher Souveränität, da er bestimmte Herrschaftspraktiken innerhalb der Staaten ausschließt und andere erfordert. Insbesondere autoritäre Staaten neigen dazu, die internationale Überprüfung ihrer innerstaatlichen Herrschaftspraktiken unter Verweis auf ihre staatliche Souveränität abzulehnen. Zudem wird – vor allem außerhalb Europas – noch immer heftig darüber debattiert, inwiefern Menschenrechte wirklich universelle oder vielmehr kulturspezifische – vor allem westlich-liberale – Werte darstellen; dies verkompliziert die Einigung auf internationale Menschenrechtsnormen sowie ihre Implementierung zusätzlich (Jetschke 2006; Renteln 1990).

Verbesserung globaler Menschenrechtssituation

Als erstes – wenngleich nur schwaches – Indiz für die Effektivität der Tätigkeiten der UN im Bereich des globalen Menschenrechtsschutzes kann die Verbesserung der globalen Menschenrechtssituation seit den 1980er Jahren gewertet werden. Diese Verbesserung lässt sich beispielsweise anhand der Bewertung der Menschenrechtssituation aller Staaten durch die US-amerikanische NGO Freedom House dokumentieren. Freedom House bewertet alle Staaten weltweit im Hinblick auf politische Rechte sowie bürgerliche Freiheiten. Dabei zeigt sich, dass der Anteil der „freien" Länder zwischen 1972 und 2010 gestiegen ist, während der Anteil der „nicht freien" Länder gesunken ist (vgl. Abbildung 11.3). Diese Verbesserung der globalen Menschenrechtssituation korreliert mit der Ausweitung menschenrechtlicher Tätigkeiten der UN, die nicht länger auf politische Programmatik beschränkt sind, sondern zunehmend auch operative Tätigkeiten umfassen, so dass sich vor allem die internationale Überwachung der Menschenrechtslage erheblich verbessert hat.

Abbildung 11.3: Anteil der weltweit „freien“, „teilweise freien“ und „nicht freien“ Länder (1972–2010)

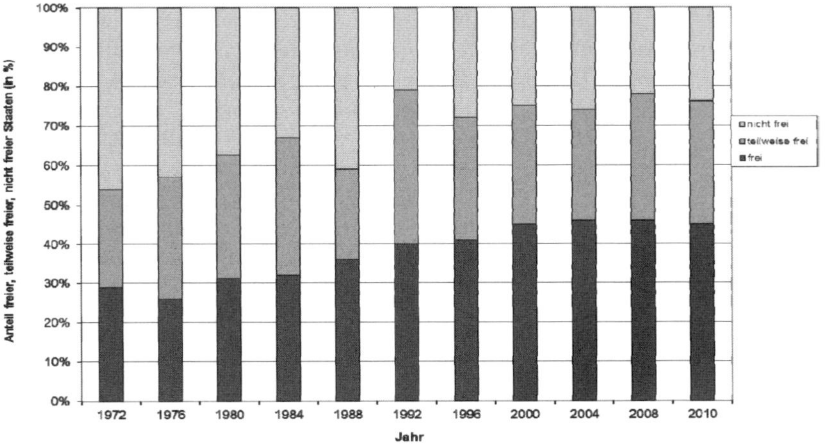

Quelle: eigene Darstellung mit Daten von Freedom House (2011)

Indizien für Wirkungsmechanismen

Da für die Verbesserung der globalen Menschenrechtssituation aber auch Gründe ausschlaggebend gewesen sein könnten, die nichts mit dem Menschenrechtsregime der UN zu tun haben, bedarf eine Beurteilung von dessen Effektivität der genaueren Analyse. Insbesondere qualitative Studien kommen zu dem Schluss, dass sich internationale Menschenrechtsnormen positiv auf die staatlichen Menschenrechtspolitiken auswirken. Keck & Sikkink (1998) zeigen beispielsweise, dass internationale Organisationen mit ihren programmatischen und operativen Tätigkeiten transnationale Netzwerke zivilgesellschaftlicher Menschenrechtsorganisationen wirksam unterstützen konnten, um die Menschenrechtspolitik einzelner Staaten nachhaltig zu verbessern. Auch Risse et al. (1999) stellen fest, dass neben den Bemühungen transnational operierender Menschenrechtsnetzwerke auch die Tätigkeiten internationaler Organisationen wichtig waren, um die nationalen Menschenrechtspraktiken in elf Staaten aus fünf verschiedenen Weltregionen (Nordafrika, Subsahara-Afrika, Südostasien, Lateinamerika und Osteuropa) zu verbessern. Sie zeigen, dass die Menschenrechtsnormen der UN den transnationalen Netzwerken als wichtiges Bezugssystem dienten, um Druck auf Staaten zur Verbesserung des Menschenrechtsschutzes ausüben zu können (Risse et al. 2002). Außerdem können diese transnationalen Menschenrechtsnetzwerke die Menschenrechtsnormen der UN nutzen, um demokratische Staaten von einer aktiven Menschenrechtspolitik gegenüber Menschenrechte verletzenden Staaten zu überzeugen. Gelingt dies, so kann dies zu einer verbesserten Menschenrechtslage in den betreffenden Staaten führen und mitunter sogar zu demokratischen Transitionsprozessen beitragen (Klotz 1995; Risse 1999). So konnte zum Beispiel Klotz (1995) zeigen, dass sich zivilgesellschaftliche Menschenrechtsorganisationen auf internationale Menschenrechtsnormen berufen konnten, um die damalige US-Administration in den 1980er Jahren zu Sanktionen gegen das Apartheidregime in Südafrika zu bewegen, welche dann maßgeblich zum Zusammenbruch des Apartheidregimes beitrugen.

uneinheitliche quantitative Evidenzen

Nicht nur in diesen qualitativen Analysen konnten Indizien für eine Effektivität der Menschenrechtspolitik der UN gefunden werden. In einer quantitativen Studie stellt Simmons (2009) fest, dass internationale Menschenrechtsnormen einen messbaren positiven Beitrag zum globalen Menschenrechtsschutz geleistet haben. Sie sind zwar in demokratischen Staaten oftmals überflüssig und in strikt autoritären Staaten wirkungslos. Doch gerade in semiautoritären bzw. semidemokratischen Staaten können internationale Menschenrechtsinstrumente einen wichtigen Unterschied machen. Die Ratifizierung internationaler Menschenrechtsabkommen führt Simmons zufolge hier zu verbesserter Menschenrechtspolitik, weil sie innerstaatlichen Menschenrechtsbefürwortern politischen Einfluss gibt, den sie ohne das entsprechende Menschenrechtsabkommen kaum gehabt hätten (Simmons 2009: 125). Die Ratifikation kann (Teile von) Exekutiven und Judikativen, die gegen innerstaatliche Widerstände die Menschenrechte schützen wollen, stärken. Darüber hinaus – und besonders wichtig – können internationale Menschenrechtsvereinbarungen nach Simmons (2009) zu einer zivilgesellschaftlichen Mobilisierung zugunsten der Menschenrechte führen, welche die Chancen einer dauerhaft verbesserten Menschenrechtslage erhöht. In einer anderen quantitativen Analyse kommt Oona Hathaway (2002) hingegen zu einer skeptischeren Einschätzung der Effektivität internationaler Menschenrechtsvereinbarungen. In einer Analyse der Menschenrechtspraktiken von 166 Staaten stellt Hathaway zwar fest, dass die Achtung der Menschenrechte in Staaten, die internationalen Menschenrechtsvereinbarungen beigetreten sind, stärker ausgeprägt ist als in den Staaten, die diesen Menschenrechtsvereinbarungen fern geblieben sind. Zugleich konstatiert sie aber auch, dass es selbst unter jenen Staaten, die sich international auf die Achtung der Menschenrechte verpflichtet haben, wiederholt zu Menschenrechtsverletzungen kommt. Hierfür sind laut Hathaway die noch immer unzureichenden Überwachungs- und Sanktionsmöglichkeiten der internationalen Menschenrechtsinstitutionen verantwortlich. Diese Durchsetzungsschwächen internationaler Organisationen erlauben es den Staaten, ihr Menschenrechtsimage zu verbessern, indem sie sich formal internationalen Menschenrechtsnormen unterwerfen, ohne faktisch Gefahr zu laufen, dass ihre Menschenrechtsverletzungen international verurteilt oder gar sanktioniert werden.

positive Praktiken des Anprangerns

Das öffentliche Anprangern von Menschenrechtsverletzungen ist noch immer das gängige Mittel der Sanktionierung von Staaten, die ihren Menschenrechtsverpflichtungen nicht nachkommen. Deshalb ist es zumindest ermutigend, dass Studien darauf verweisen, dass entgegen weit verbreiteter Wahrnehmungen das öffentliche Anprangern von Menschenrechtsverletzungen in UN-Menschenrechtsorganen nicht vornehmlich macht- und wirtschaftspolitischen, sondern vornehmlich menschenrechtspolitischen Motiven folgt. Die politischen Machtressourcen und die Wirtschaftsmacht eines Staates spielen demzufolge eine geringere Rolle für das Stattfinden (bzw. Ausbleiben) von „naming and shaming" in UN-Menschenrechtsorganen als die tatsächliche Menschenrechtspraxis des betreffenden Staates. Dies gilt insbesondere für die Zeit nach dem Ende des Ost-West-Konfliktes (Lebovic & Voeten 2006). Es gibt auch durchaus Indizien und Fallbeispiele, die nahe legen, dass das öffentliche Anprangern von Menschenrechtsverletzungen durch die UN staatliche Menschenrechtspraktiken verändern kann (Liese 2006a). Dies mag auch daran liegen, dass mitunter in anderen Politikfeldern angesiedelte internationale Organisationen das öffentliche Anprangern von Menschenrechtsverletzungen seitens der UN-Menschenrechtsorgane unterstützen. So lässt sich etwa zeigen, dass die Weltbank ihre Hilfszahlungen an Staaten, deren Menschenrechtsverletzungen in UN-Organen angeprangert wurden, regelmäßig deutlich reduziert. Damit verleiht die Weltbank dem öffentlichen Anprangern durch UN-Menschenrechtsorgane zusätzlichen ökonomischen Nachdruck (Lebovic & Voeten 2009).

begrenzte Effektivität von Anprangern

Allerdings gewährleistet das öffentliche Anprangern als Sanktionsmaßnahme keinesfalls, dass Staaten, die die Menschenrechte verletzen, zu einer regelkonformen Menschenrechtspraxis zurückkehren bzw. umschwenken. Die Effektivität des öffentlichen Anprangerns von Menschenrechtsverletzungen bleibt oft eingeschränkt, jedenfalls variiert sie von Staat zu Staat erheblich (Liese 2006a: 24–25). In einer quantitativen Analyse untersucht Hafner-Burton (2008), wie sich „naming and shaming" auf die Menschenrechtspolitiken von 145 Staaten im Zeitraum von 1975 bis 2000 ausgewirkt hat. Ihre Auswertung zeigt, dass Regierungen oftmals zwar jene Menschenrechtsverletzungen, für die sie öffentlich angeprangert werden, reduzieren bzw. einstellen, jedoch die weniger exponierten Menschenrechtsverstöße – mitunter sogar verstärkt – fortsetzen (Hafner-Burton 2008; vgl. Hafner-Burton 2005; Hafner-Burton & Ron 2009). Zudem führt öffentliches Anprangern nur selten zu einer nachhaltigen Verbesserung der Menschenrechtssituation in einem Staat: Lässt das internationale Anprangern in der UN nach, so kommt es in vielen Fällen wieder vermehrt zu den vormaligen Menschenrechtsverletzungen (Franklin 2008).

Kontextualisierung von UN-Wirkung

Eine Möglichkeit, diese gemischten, uneinheitlichen Bewertungen der programmatischen und operativen Tätigkeiten der UN zur Verbesserung der globalen Menschenrechtssituation zu interpretieren, besteht in ihrer Kontextualisierung (Neumayer 2005). Die Verbesserung der Menschenrechtssituation durch die Tätigkeiten der UN ist demnach vom jeweiligen Kontext abhängig und umso wahrscheinlicher, je demokratischer das Land bzw. je entwickelter seine Zivilgesellschaft ist. Analog spricht einiges dafür, dass die Ratifizierung internationaler Menschenrechtsverträge in autokratischen Regimen mit einer sehr schwachen Zivilgesellschaft keinen oder nur einen geringen Effekt auf die dortige Menschenrechtssituation hat (Neumayer 2005). Während diese Kontextualisierung angesichts der Mechanismen, die normalerweise mit einem innerstaatlichen Wandel menschenrechtlicher Praktiken assoziiert werden, äußerst plausibel scheint, legt sie auch eine Schlussfolgerung nahe, die aus normativer Sicht ernüchternd wirkt: Je notwendiger die Verbesserung innerstaatlicher Menschenrechtspolitiken ist, umso weniger wahrscheinlich kann diese durch internationale Organisationen erreicht werden.

Debatte über Wirksamkeit von Tribunalen

Unabhängig von der Effektivität des UN-Menschenrechtssystems insgesamt ist die Wirksamkeit der internationalen Strafgerichtshöfe zu beurteilen (vgl. Hofmann-van de Poll 2011). Im Gegensatz zu ersterem können letztere vergleichsweise weitreichende Sanktionen verhängen (Sikkink & Walling 2007). Internationale Strafgerichte, wie z.B. die Straftribunale für das ehemalige Jugoslawien bzw. Ruanda, werden nichtsdestotrotz oft als relativ ineffektiv eingestuft (Barria & Roper 2005: 349). Skeptiker argumentieren, dass internationale Straftribunale irrelevant oder (weil sie in Konflikten weiter polarisieren) gar kontraproduktiv für die Eindämmung schwerer Menschenrechtsverletzungen sind (vgl. Snyder & Vinjamuri 2003/04). Sie bezweifeln, dass diese Gerichtshöfe eine wirksame Abschreckung von Menschenrechtsverletzungen bringen (Ku & Nzelibe 2006), weil das Verhalten potentieller Straftäter deutlich stärker von etwaigen lokalen Sanktionen vor Ort abhänge als von zumeist unsicheren internationalen Sanktionsmöglichkeiten. Dementsprechend sei auch nicht zu erwarten, dass die Strafgerichte zu mehr Gerechtigkeit und (innerstaatlichem) Frieden beitragen könnten (Simmons & Danner 2010: 225–226; vgl. Bloxham 2006; Goldsmith 2003). Diesen negativen Beurteilungen stehen aber auch positivere Studien gegenüber, die empirisch plausibilisieren, dass internationale Strafgerichte innerstaatliche Einstellungen zu Gewalt maßgeblich beeinflussen können (Kiss 2000; Sikkink & Walling 2007). Vor allem Rechtswissenschaftler argumentieren, dass zwar die für massive Menschenrechtsverletzungen verantwortlichen Straftäter durch internationale Strafgerichte nicht wirklich zuverlässig zur Verantwortung gezogen werden, solche Strafgerichte aber dennoch eine gewisse abschreckende Wirkung entfalten können (Akhavan 2001; Gilligan 2006; Scheffer 2002).

noch junger IStGH

Unstrittig ist, dass die internationalen Ad-hoc-Straftribunale wichtige Vorläufer für die Errichtung des IStGH waren, der deutlich breitere Kompetenzen genießt. Da das Statut für den IStGH erst 2002 in Kraft trat, ist es noch zu früh, um eine klare Beurteilung seiner Effektivität bezüglich der Bekämpfung von Straflosigkeit, der Abschreckung von Menschenrechtsverletzungen und der Reduktion von innerstaatlicher Gewalt abzugeben. Simmons und Danner (2010) kommen in ihrer Studie über die Wirkungen des IStGH auf die mitgliedstaatlichen Menschenrechtspolitiken in gewaltsamen Konflikten aber bereits zu dem vorläufigen Schluss, dass die Ratifizierung des Statuts von Rom zumindest in manchen Staaten zur Gewaltreduktion beigetragen hat. Ferner zeigen sie, dass der IStGH Regierungen dabei unterstützen kann, ihre Bekenntnisse zur Gewalteindämmung glaubhaft zu machen und damit friedliche Verhandlungen einzuleiten (Simmons & Danner 2010).

11.2 Europäischer Menschenrechtsschutz: Europarat

kooperationsfördernde Bedingungen

In der unmittelbaren Nachkriegszeit waren es vor allem drei Bedingungen, welche in Westeuropa weitreichende internationale Kooperationsvereinbarungen im Menschenrechtsbereich möglich machten (Moravcsik 1995; 2000): zum einen die vorangegangene Erfahrung mit den nationalsozialistischen Menschenrechtsverletzungen, zum anderen die Erfahrung mit kommunistischen Menschenrechtspraktiken und zum dritten die kulturelle Homogenität und damit ein transnationaler Wertekonsens. Nach dem Ost-West-Konflikt entwickelten sich in den frühen 1990er Jahren auch in Osteuropa positive Bedingungen für internationale Kooperation in Menschenrechtsfragen. Auch hier unterstützten die Furcht vor einem Rückfall in kommunistische Herrschaftsverhältnisse und ein grundlegender Wertekonsens die internationale Kooperation zum Schutz der Menschenrechte. Dementsprechend konnten die Staaten des ehemaligen Ostblocks den Menschenrechtsvereinbarungen Westeuropas beitreten. Daher verdreifachte sich die Zahl der Mitgliedstaaten des Europarates seit 1990 nahezu von 16 auf mittlerweile 47 Mitglieder (Stand: Ende 2011). Unser Interesse gilt nun dem Beitrag, den der Europarat zur Stärkung der europäischen Kooperation in Menschenrechtsfragen geleistet hat und weiter leistet.

11.2.1 Politikprogramm des Europarates

zivilgesellschaftliche Initiative

Die ersten Schritte zum Schutz der Menschenrechte gingen bezeichnenderweise nicht aus der Staatenwelt, sondern aus der westeuropäischen Gesellschaftswelt hervor. So bildeten 1948 auf dem Haager Kongress mehr als 700 Bürgerinnen und Bürger aus 16 europäischen Ländern die „Europäische Bewegung". Sie forderten die Ausarbeitung einer europäischen Menschenrechtscharta und deren Kontrolle durch europäische Gerichte. Die Staaten reagierten umgehend und errichteten bereits 1949 den Europarat. Dessen Statut sieht einen ganz wesentlichen Grundsatz vor: „Jedes Mitglied des Europarats erkennt den Grundsatz vom Vorrange des Rechts und den Grundsatz an, wonach jeder, der seiner Jurisdiktion unterliegt, der Menschenrechte und Grundfreiheiten teilhaftig werden solle" (Art. 3). Mit dem Europarat war ein institutioneller Rahmen für den westeuropäischen Menschenrechtsschutz geschaffen worden (vgl. Kapitel 3).

EMRK

Noch im selben Jahr legte die Europäische Bewegung dem Europarat den Entwurf einer europäischen Menschenrechtskonvention vor. Da die Beratende (heute: Parlamentarische) Versammlung, das parlamentarische Organ des Europarates, den Entwurf der Europäischen Bewegung aktiv unterstützte und den Ministerausschuss, das intergouvernementale Organ des Europarates, in einer Entschließung dazu aufforderte, unverzüglich einer Konvention zum Schutz der Menschenrechte zuzustimmen, geriet die Staatenwelt unter Zugzwang. Nach einem Jahr intensiver intergouvernementaler Verhandlungen, die wiederholt durch die Europäische Bewegung als transnationalem gesellschaftlichem Akteur vorangetrieben wurden, konnte 1950 die Europäische Konvention zum Schutze der Menschenrechte und der Grundfreiheiten (EMRK) unterzeichnet werden. Diese ist seitdem durch 14 ratifizierungspflichtige Zusatzprotokolle ergänzt worden. Eine weitere Verbesserung der menschenrechtspolitischen Programme brachte 1961 die Unterzeichnung der Europäischen Sozialcharta (überarbeitet 1996), die den Bürgerinnen und Bürgern der Vertragsstaaten soziale und wirtschaftliche Rechte u.a. in den Bereichen Wohnung, Gesundheit, Bildung, Beschäftigung, Arbeitsschutz zugesichert. Wie schon zuvor die EMRK und ihre

Zusatzprotokolle wurde auch die Europäische Sozialcharta im Rahmen des Europarates intergouvernemental ausgehandelt (Janis et al. 2000: 16–23).

präzises regulatives Programm

Inhaltlich spiegelt das regulative Politikprogramm des Europarates zum Menschenrechtsschutz die Werte demokratischer Verfassungsstaaten wider. Zwar geht es in der Breite der Bestimmungen nicht weit über das Menschenrechtsprogramm der UN hinaus. Die Menschenrechtsstandards des Europarates sind aber präziser formuliert, so dass sich die beteiligten Staaten zur Einschränkung von Rechten viel weniger auf Ausnahmetatbestände berufen können (Steiner & Alston 2000: 787–789).

11.2.2 Operative Tätigkeiten des Europarates

starke operative Kompetenzen

Der Hauptunterschied zwischen dem Menschenrechtsschutz der UN und dem des Europarates liegt jedoch weniger in den Politikprogrammen, sondern vielmehr in den operativen Tätigkeiten begründet, zu denen die jeweilige Organisation befugt ist. Besonders die Überwachung der Menschenrechtspraxis durch den Europarat ist weit entwickelt (Brummer 2005; Donnelly 2006: 68–72; Janis et al. 2000; Keller & Stone-Sweet 2008). Diese Überwachung basiert auf drei unterschiedlichen Verfahren: der Individualbeschwerde, der Staatenbeschwerde und der Berichtspflicht (Klein & Brinkmeier 2001).

Berichtspflicht

Die schwächste Form der Kontrolle stellt wie im UN-System die Berichtspflicht dar. Sie gilt sowohl für die Konvention zum Schutze der Menschenrechte und Grundfreiheiten als auch für die Europäische Sozialcharta. Bei der Europäischen Sozialcharta ist die Berichtspflicht zugleich die einzige Überwachungsmöglichkeit. Hier müssen die Staaten alle zwei Jahre dem Generalsekretär des Europarates einen Bericht über die Umsetzung der mit der Ratifizierung eingegangenen Verpflichtungen übersenden. Die Ausfertigung der Berichte ist jedoch insofern nicht ganz ins Belieben der Staaten gestellt, als sie den nationalen Arbeitgeber- und Arbeitnehmerorganisationen zur Kommentierung vorgelegt werden müssen (Clements et al. 1999: 246–248). Deren Kommentare werden dem aus neun Mitgliedern bestehenden Sachverständigenausschuss zugestellt, der dann die Bewertung der Berichte vornimmt (Harris 2000).

Individual- und Staatenbeschwerde

Im Rahmen der EMRK kommt der Berichtspflicht nur eine untergeordnete Bedeutung zu. Zwar kann der Generalsekretär Mitgliedstaaten auffordern, über die Umsetzung ihrer Verpflichtungen aus der Konvention zu berichten. Doch angesichts der Überwachungsmöglichkeiten, welche durch die Individual- und Staatenbeschwerde innerhalb der EMRK und ihrer Zusatzprotokolle gegeben ist, spielt dies praktisch keine Rolle. Denn nicht nur Staaten, sondern auch Einzelpersonen haben das Recht, gegen die Verletzung von Menschenrechten durch einen Staat, der die EMRK unterzeichnet hat, beim Europäischen Gerichtshof für Menschenrechte (EGMR) zu klagen. Wie jedes ordentliche Gericht muss der EGMR die Klage dann im Lichte der bestehenden Rechtslage unabhängig prüfen. Seit dem Inkrafttreten des 11. Zusatzprotokolls von 1998 ist die Gerichtsbarkeit des EGMR nicht mehr von einer separaten Unterwerfungserklärung der Vertragsparteien abhängig; sie ist vielmehr auch so obligatorisch.

Geht beim Gerichtshof eine Individual- oder Staatenbeschwerde ein, so prüft er zunächst deren Zulässigkeit. Jede Individualbeschwerde wird von einem Gerichtsberichterstatter untersucht, der anschließend entscheidet, ob sie von einem einzelnen Richter, einem dreiköpfigen Richterausschuss oder einer Kammer bestehend aus sieben Richtern behandelt werden soll. Eine Individualbeschwerde ist insbesondere nur dann zulässig, wenn die innerstaatlichen Rechtsmittel erschöpft sind. Außerdem dürfen wie auch bei der Staatenbeschwerde die Anschuldigungen zumindest nicht grob unplausibel sein. Im Falle der Zulässigkeit der Beschwerde ist der Fortgang für die Individual- und für die Staatenbeschwerde weitgehend identisch. Dann hat der Gerichtshof zunächst eine Tatsachenfeststellung vorzunehmen. Durch die Befragung der klagenden wie auch der beklagten Streitpartei sowie die Befragung von Zeugen und die Vorortinspektion staatlicher Einrichtungen (beispielsweise von Gefängnissen) prüft die zuständige Kammer des Gerichtshofes den Sachverhalt. Dadurch werden unbegründete Klagen frühzeitig ausgefiltert. Auf die Tatsachenfeststellung folgt dann der Versuch der Kammer, eine „gütliche Einigung" der Angelegenheit zu erwirken, die die Achtung der Menschenrechte gewährleistet. Erst nachdem dieser Versuch zur gütlichen Einigung gescheitert ist, entscheidet der Gerichtshof. Die zuständige Kammer des Gerichts – bestehend aus sieben Richtern – fällt ein Urteil darüber, ob der angeklagte Staat gegen die Menschenrechtskonvention verstoßen hat. Das Urteil ist dann endgültig, wenn die Große Kammer, bestehend aus 17 Richtern, mit der Rechtssache nicht angerufen wird oder eine Befassung zurückgewiesen hat.

Beschwerdeverfahren

Falls der Gerichtshof in seinem Urteil einen Verstoß gegen die EMRK festgestellt hat, fordert er den beklagten Staat auf, Maßnahmen zu ergreifen, um zukünftig vergleichbare Menschenrechtsverletzungen zu vermeiden. Er kann den betreffenden Staat u.a. dazu anhalten, seine Gesetze und Verwaltungsakte (etwa zur Auslieferung von Straftatverdächtigen, zur Sicherungsverwahrung etc.) zu ändern. Außerdem kann der betreffende Staat zu Entschädigungsleistungen verurteilt werden. Die Implementierung dieser Maßnahmen wird vom Ministerausschuss des Europarats überwacht. Dazu nimmt er Berichte des verurteilten Staates über die Umsetzung der ihm auferlegten Maßnahmen entgegen (Brummer 2008: Kap. 5; Leach 2001).

Urteil des Gerichtshofs

Das Recht des Europäischen Gerichtshof für Menschenrechte, Individual- oder Staatenbeschwerden zu prüfen und bei Zulässigkeit ein rechtsverbindliches Urteil zu fällen, stellt eine ungewöhnlich weitreichende Überwachung staatlicher Menschenrechtspraktiken dar (Blome & Kocks 2009; Keohane et al. 2000: 459–469). Allerdings sind bei Missachtung dieser Urteile durch einen Staat die Sanktionsinstrumente des Europarats begrenzt. Deshalb kann die Überwachung der Menschenrechtspraxis nur so lange funktionieren, wie die Mitglieder des Europarats selbst demokratische Verfassungsstaaten sind und sich den Entscheidungen des Gerichtshofes freiwillig beugen (Moravcsik 2000). Sobald ein Mitglied den Boden eines demokratischen Verfassungsstaates verlässt, können die Urteile des Gerichts kaum mehr genügen, um diesen zu den fälligen Korrekturen der gerügten Menschenrechtspraxis zu bewegen. Dann stehen dem Europarat nur wenige Sanktionsmöglichkeiten zur Verfügung, die über das öffentliche Anprangern des verurteilten Staates hinausgehen. Er kann den betreffenden Staaten

starke Überprüfung, schwache Sanktionen

allenfalls aus dem Europarat ausschließen oder seine Mitgliedschaftsrechte suspendieren (Blome & Kocks 2009).

11.2.3 Beurteilung der Effektivität des Europarates

starker Einfluss des EGMR

Das europäische Menschenrechtssystem scheint in der Lage zu sein, wirkliche Veränderungen der staatlichen Menschenrechtspolitiken zu bewirken. Während das öffentliche Anprangern durch den Europarat nicht immer zu veränderten Menschenrechtspraktiken in den jeweiligen Staaten führt (vgl. Liese 2006a), verleiht die starke Stellung des Europäischen Gerichtshofs für Menschenrechte den europäischen Menschenrechtsnormen eine beachtliche Effektivität. Die häufige Anrufung des EGMR mag ein erstes Indiz für diese Effektivität des europäischen Menschenrechtsregimes sein. Zwar sind wie in allen internationalen Menschenrechtsinstitutionen Staatenbeschwerden ganz selten. Seit Gründung des Gerichtshofs sind insgesamt weniger als 20 Staatenbeschwerden eingegangen. Doch die Anzahl der Individualbeschwerden ist mit jährlich ca. 50.000 sehr hoch, so dass der Gerichtshof kontinuierlich über vermeintliche Menschenrechtsverletzungen zu urteilen hat und damit auch Möglichkeiten zur inkrementellen Rechtsfortentwicklung besitzt. Für die Effektivität des Systems spricht auch, dass der Gerichtshof seit seiner Gründung mehr als 10.000 Urteile fällen konnte. Als weiteres, ganz zentrales Indiz seiner Effektivität kann die weitgehende Befolgung der Urteile des Gerichtshofes durch die betreffenden Staaten gelten. So haben die Staaten nach entsprechenden Urteilen des Gerichtshofs nahezu ausnahmslos die beanstandeten Gesetze angepasst, zweifelhafte Verwaltungsabläufe verändert, Rechtsverfahren wieder aufgenommen und vom Gericht geforderte Schadensersatzzahlungen geleistet (Moravcsik 2000: 219; vgl. Polakiewicz & Jacob-Foltzer 1991).

hohe „compliance"-Rate

Die hohe Befolgungsrate durch die betreffenden Staaten gilt sogar bei Urteilen über politisch hoch strittige Sachverhalte (Hawkins & Jacoby 2006: 220–221). Blackburn & Polakiewicz (2001) zeigen in einer Analyse von 32 Mitgliedstaaten, dass jeder dieser Staaten aufgrund von Urteilen des Europäischen Gerichtshofs für Menschenrechte wichtige Gesetze oder Verwaltungsabläufe ändern musste und auch tatsächlich geändert hat, wie einige konkrete – sowohl historische als auch relativ aktuelle – Beispiele zeigen (vgl. auch Hawkins & Jacoby 2006: 214; Shelton 2003: 147–149): Belgien hat etwa sein Strafgesetzbuch, seine Gesetze zur Landstreicherei und sein bürgerliches Gesetzbuch geändert; Deutschland hat seine Strafprozessordnung bezüglich der Untersuchungshaft modifiziert, transsexuellen Menschen rechtliche Anerkennung zugesichert und Maßnahmen ergriffen, um Straf- und Zivilverfahren zu beschleunigen; die Niederlande haben ihr Militärrecht sowie Gesetze zum Umgang mit Menschen mit psychischen Störungen geändert; Schweden führte Enteignungsschutzregularien sowie eine Gesetzgebung zu Baugenehmigungen ein; und Frankreich stärkte den Schutz der Privatsphäre bei Telefongesprächen.

Nach Auskunft des Sekretariats des Ministerausschusses des Europarates werden 90 Prozent der Urteile fristgerecht befolgt (Klein & Brinkmeier 2001). Und auch bei den übrigen Urteilen kommt es zumeist zu einer – wenn auch verspäteten – Befolgung (Zangl et al. 2011: 12–13; Blome & Kocks 2009). Die EGMR-Urteile sind somit nahezu gleichermaßen effektiv wie die eines nationalen Gerichtshofes in einem liberal-demokratischen Staat (Helfer & Slaughter 1997: 283; vgl. Janis et al. 2000). Dementsprechend gilt das europäische Menschenrechtssystem als das effektivste internationale Menschenrechtsregime überhaupt (Moravcsik 2000: 218; vgl. Liddell 2002).

Beschwerdeflut

Allerdings droht der EGMR gewissermaßen zum Oper seiner eigenen Effektivität zu werden (Blome & Kocks 2009: 264; Shelton 2003: 148–149). Denn nicht zuletzt aufgrund seiner Effektivität wird er immer häufiger angerufen. Erhielt er 1988 lediglich 4.000 Beschwerden, so kommt er mittlerweile jährlich auf mehr als 50.000 Beschwerden. Der Gerichtshof hat zunehmend Schwierigkeiten, diese zügig abzuarbeiten. Die kontinuierliche Erweiterung der Mitgliedschaft des Europarates von ursprünglich zehn auf heute 47 Mitgliedstaaten hat diese Situation weiter verschärft.

11.3 Zusammenfassung

Sowohl global als auch insbesondere regional haben internationale Organisationen nach dem Zweiten Weltkrieg beim Schutz der Menschenrechte eine zunehmend wichtige Rolle eingenommen. Hier wie da ist es ihnen gelungen, ihre programmatischen und operativen Tätigkeiten zum Schutz der Menschenrechte auszuweiten. Dabei kann insbesondere der Menschenrechtsschutz durch den Europarat hohe Effektivität beanspruchen. Diese beruht maßgeblich auf dem (liberal-demokratischen) Wertekonsens in Europa. Wenn dieser Wertekonsens brüchig ist, wie beispielsweise mit Russland in der Ära Putin, gerät auch der Europarat an die Grenzen seiner Effektivität. Dieser Mangel an einem Wertekonsens erklärt schließlich auch, warum die Effektivität des globalen Menschenrechtsregimes der UN deutlich eingeschränkt ist. Nichtsdestotrotz spielen sowohl regionale als auch globale Organisationen zusammen mit nationalen und transnationalen NGOs eine Schlüsselrolle beim Schutz der Menschenrechte weltweit. Ohne diese Organisationen erscheint internationale Kooperation und Global Governance zum Schutz der Menschenrechte jedenfalls kaum realisierbar.

11.4 Diskussionsfragen

Diskutieren Sie, inwiefern beim globalen Schutz der Menschenrechte internationale Organisationen wie die UN und zivilgesellschaftliche Menschenrechtsorganisationen wie Amnesty International wechselseitig voneinander abhängig sind.

Warum ist das europäische Menschenrechtsregime des Europarats effektiver als das globale Menschenrechtsregime der UN?

11.5 Literaturempfehlungen

Simmons, Beth 2009. *Mobilizing for Human Rights: International Law in Domestic Politics*, Cambridge: Cambridge University Press, Kap. 2 & 5–8.

Moravcsik, Andrew 2000. The Origins of Human Rights Regimes: Democratic Delegation in Postwar Europe, in: *International Organization* 54: 2, 217–252.

Forsythe, David 2006. *Human Rights in International Relations*, 2. Aufl., Cambridge: Cambridge University Press, Kap. 3, 5 & 7.

12 Zwischen Weltstaat und Anarchie der Staatenwelt: Global Governance in und mit internationalen Organisationen

IOs und Global Governance

In den Kapiteln 8 bis 11 haben wir gesehen, dass internationale Organisationen durch ihre programmatischen und operativen Tätigkeiten wichtige Beiträge zur kooperativen Bearbeitung grenzüberschreitender Probleme leisten. Zwar haben unsere Beurteilungen der Effektivität von internationalen Organisationen auch gezeigt, dass diese keine Allheilmittel darstellen; nichtsdestotrotz sind internationale Organisationen zentrale Akteure von Global Governance. Die Generierung und Implementierung internationaler Normen und Regeln, die den Anspruch erheben, zur Lösung kollektiver Probleme beizutragen, die internationalen Beziehungen zu regulieren und normenbasierte Ordnung(en) jenseits des Nationalstaates zu schaffen, sind von der Existenz und dem leidlichen Funktionieren internationaler Organisationen abhängig (Kruck & Rittberger 2010).

In diesem abschließenden Kapitel verorten wir unsere Analyse der Rolle internationaler Organisationen in allgemeineren Debatten über Global Governance. Wir diskutieren, zu welchem heuristischen Modell oder welcher Vorstellung von Weltordnung unsere Befunde über internationale Organisationen am ehesten passen. Wir gehen also der Frage nach, inwiefern konkurrierende Weltordnungsmodelle die Tatsache widerspiegeln, dass internationale Organisationen in der Lage sind, dauerhafte internationale Kooperation und mithin Global Governance zu befördern und zu stabilisieren.

heuristische Modelle

An dieser Stelle sei unterstrichen, dass wir uns einer breiten, aber bei weitem nicht abschließenden Palette von Weltordnungsmodellen widmen und dass die in diesem Kapitel vorgestellten Modelle heuristische, d.h. deskriptive Modelle sind. Zwar kommen auch heuristische Modelle selten gänzlich ohne theoretische Annahmen aus; die in diesem Kapitel vorgestellten Weltordnungsmodelle sind jedoch relativ offen für unterschiedliche theoretische Interpretationen. Mit anderen Worten: *Ein* heuristisches Weltordnungsmodell kann im Prinzip mit *mehreren* theoretischen, d.h. erklärenden Perspektiven vereinbar sein.

12.1 Vier Weltordnungsmodelle im Vergleich

zwei Unterscheidungsdimensionen

Existierende Modelle von Weltordnung unterscheiden sich zunächst hinsichtlich der Frage, ob sie die Existenz und Wirksamkeit von bindenden internationalen Normen und Regeln unterstreichen oder bestreiten. Eine weitere Unterscheidung differenziert zwischen Modellen, die von der Existenz einer – formal oder de facto – supranationalen, d.h. hierarchisch übergeordneten Autorität ausgehen, und solchen Modellen, die insistieren, dass es in den internationalen Beziehungen keine supranationale Autorität gibt. Aus der Kombination dieser beiden

Unterscheidungsdimensionen ergeben sich vier verschiedene Weltordnungsmodelle (vgl. Abbildung 12.1).

Abbildung 12.1: Vier Weltordnungsmodelle

	keine supranationale Autorität (horizontale Koordination)	*supranationale Autorität (hierarchische Steuerung)*
keine bindenden Normen und Regeln	Anarchie der Staatenwelt	Welthegemonie
bindende Normen und Regeln	heterarchische Global Governance	Weltstaat

Im Folgenden diskutieren wir diese vier Modelle vergleichend mit Blick auf die Frage, inwiefern sie die Weltordnungsleistungen internationaler Organisationen berücksichtigen.

12.1.1 Anarchie der Staatenwelt

Modellmerkmale

Das Modell des staatenweltlichen Wettbewerbs um Sicherheit und Wohlstand unter den Bedingungen internationaler Anarchie (vgl. Mearsheimer 2001; Rittberger et al. 2010: 303–305; Waltz 1979) ist mit dem Befund, dass internationale Organisationen dauerhafte zwischenstaatliche Kooperation befördern können, kaum vereinbar. Dieses Modell postuliert die Unmöglichkeit oder zumindest langfristige Wirkungslosigkeit von universell geltenden Normen und Regeln in der internationalen Politik, da es keine supranationale Autorität gebe, die das Verhalten der Staaten untereinander verbindlich regeln könnte. Somit bleiben souveräne Staaten die maßgeblichen Akteure in der internationalen Politik. Sie versuchen ihre Existenz und die ihrer Bürger durch auf Selbsthilfe gestützte Maßnahmen zu schützen und zu verteidigen. Staaten befinden sich daher in einem permanenten Wettbewerb um die Ausweitung ihrer Sicherheit und ihres Wohlstands, in dem die Handlungen des einen Staates auf Kosten des anderen Staates gehen. Die Anarchie der Staatenwelt ist allerdings nicht gleichzusetzen mit Chaos oder Unordnung, da die aus ihr resultierenden Sicherheits- und Wohlfahrtsdilemmata die Staaten durchaus zu gewissen Verhaltensregelmäßigkeiten zwingen. Bei dieser Form von Ordnung handelt es sich jedoch nicht um eine normativ verankerte Ordnung, da das Staatenverhalten zwar regelmäßig, nicht aber regelgemäß, d.h. normgebunden ist. Staaten handeln folgenorientiert und gemäß dem Ziel, ihre Macht zu sichern oder auszubauen. Dauerhafte Kooperation und Global Governance auf der Basis freiwilliger Selbstbindung und der Befolgung von Normen und Regeln ist aus dieser Perspektive praktisch ausgeschlossen. Das Modell der staatenweltlichen Anarchie ist demnach eher ein Modell internationalen Nichtregierens.

empirische Gültigkeit

Doch dieses vom Modell des staatenweltlichen Wettbewerbs unter den Bedingungen internationaler Anarchie gezeichnete Bild der Weltpolitik erscheint zu düster. Unsere Analyse der Tätigkeiten internationaler Organisationen in zahlreichen Politikfeldern (vgl. Kap. 8–11) zeigt, dass Staaten mithilfe der Programmtätigkeiten internationaler Organisationen Normen und Regeln jenseits des Nationalstaates nicht nur schaffen können, sondern diese in der Mehrzahl der Fälle auch befolgen. Zudem ermöglichen es die operativen Tätigkeiten internationaler Organisationen den Staaten, ihr Verhalten auf Dauer an den vereinbarten Normen und Regeln zu orientieren und nicht unilateral nach relativen Gewinnen im Wettbewerb mit anderen Staaten zu streben. Darüber hinaus können internationale Organisationen sogar transformative Wirkungen auf die Interessen und Präferenzen von Staaten entfalten, wie etwa das Beispiel der Europäischen Union (EU) zeigt, in der sich die Staaten zumindest in gewissem Maße miteinander identifizieren und ihre eigenen Interessen im Lichte der Gemeinschaftswerte und -interessen bilden.

Gleichwohl kann das Modell der staatenweltlichen Anarchie nicht pauschal zurückgewiesen werden. Denn die internationale Politik ist keineswegs in allen Politikfeldern und Weltregionen durch dauerhafte Kooperation gekennzeichnet. So lassen sich durchaus Politikfelder ausmachen, in denen es bis heute an einer wirksamen internationalen Verregelung fehlt – sei es, weil dort keine internationalen Organisationen existieren, sei es, weil vorhandene Organisationen keine zwischenstaatliche Kooperation fördernde Wirkung entfalten konnten. Die Sicherheitsbeziehungen zwischen rivalisierenden Staaten wie zum Beispiel zwischen den arabischen Staaten und Israel sind weitestgehend anarchisch (Hinnebush & Ehteshami 2002; Walt 1987). Allerdings kann das Modell der Anarchie der Staatenwelt die Strukturen und Prozesse der internationalen Politik insgesamt nicht mehr gegenstandsadäquat wiedergeben. Es versagt vor allem dort, wo sich unter Mithilfe internationaler Organisationen auf Normen und Regeln basierende kooperative Verhaltensmuster zwischen Staaten in verschiedenen Themenfeldern herausgebildet haben.

12.1.2 Welthegemonie

Modellmerkmale

Auch das Modell der Welthegemonie liefert uns das Bild einer Ordnung der internationalen Beziehungen, in der internationale Organisationen und ihre kooperationsfördernden und -stabilisierenden Wirkungen keinen zentralen Platz einnehmen. Internationale Organisationen werden hier höchstens als Vehikel hegemonialer Macht gesehen. Aus der neorealistischen Sicht der Theorie hegemonialer Stabilität ist diese Hegemonialmacht ein einzelner Staat (Rittberger et al. 2010: 306–308; vgl. Gilpin 1981; Keohane 1980; Kindleberger 1976; Mastanduno 1999). Das heuristische Modell der Welthegemonie ist aber auch offen für kritisch-neogramscianische Theorieperspektiven, denen zufolge transnationale politisch-ökonomische Eliten einer neoliberalen Weltordnung Träger hegemonialer Macht sind (Cox 1981; 1983; Gill 1989). Dem Modell der Welthegemonie zufolge kann die jeweilige Hegemonialmacht jedenfalls ihre überragenden militärischen, ökonomischen oder ideologischen Ressourcen einsetzen, um eine ihren Interessen entsprechende soziale Ordnung zu schaffen und diese mittels des Einsatzes von Zwang und positiven Anreizen aufrechtzuerhalten.

In einer solchen Ordnung haben Normen und Regeln nicht die gleiche (Binde-)Wirkung für alle Akteure im globalen System. Nichthegemoniale Akteure haben – wenn überhaupt – nur begrenzten Einfluss auf die Entscheidungsfindungsprozesse und die Politikergebnisse in dieser hegemonialen Weltordnung. Nichtsdestotrotz scheuen sie sich, diese Ordnung umzustürzen. Dies kann verschiedenen Faktoren geschuldet sein: der stark asymmetrischen Machtverteilung, die einen Umsturzversuch aussichtslos erscheinen lässt; der Bereitstellung öffentlicher Güter durch die Hegemonialmacht, von der auch die Schwächeren profitieren können; oder der erfolgreichen ideologischen Reproduktion und Stabilisierung der vorherrschenden Weltordnung. Internationale Organisationen spielen in diesem Modell als Instrumente der Hegemonialmacht zwar eine gewisse Rolle, indem sie deren Interessen und Werte propagieren, öffentliche Güter bereitstellen oder gegebene materielle wie immaterielle Machtstrukturen institutionell festschreiben und so stabilisieren. Ihr eigenständiger, von den hegemonialen Akteuren unabhängiger Weltordnungsbeitrag bleibt aber marginal.

empirische Gültigkeit

Das Modell der Welthegemonie kann der Tatsache nicht Rechnung tragen, dass Staaten und andere politische Akteure durch internationale Organisationen zu dauerhafter Kooperation befähigt werden, die auf der freiwilligen Befolgung ausgehandelter Normen und Regeln basiert. In der kritisch-neogramscianischen Variante spielt das Modell die eigenständigen Auswirkungen internationaler Organisationen auf zwischenstaatliche Kooperation und Global Governance herunter, indem es internationale Organisationen als bloße Instrumente transnationaler wirtschaftlicher und politischer Eliten betrachtet. In der eher konventionellen staatenzentrierten Variante der Theorie hegemonialer Stabilität tendiert das Welthegemoniemodell dazu, die Zentralität der US-Hegemonie für internationale Kooperation zu überbewerten. So wurden Organisationen wie das Allgemeine Zoll- und Handelsabkommen („General Agreement on Tariffs and Trade", GATT) und der Internationale Währungsfond (IWF) zwar auf die Initiative der USA hin ins Leben gerufen; allerdings hörten sie nicht auf zu funktionieren, als die Dominanz der USA in den 1970er Jahren vorübergehend erodierte. Dies zeigte, dass internationale Kooperation auch ohne US-Hegemonie möglich war (Keohane 1984; Rittberger 2000: 206–208). Auch die Gründung der Welthandelsorganisation („World Trade Organization", WTO) in den 1990er Jahren, als es zumindest im Bereich des internationalen Handels mit der EU und den USA zwei annähernd gleich starke, den Welthandel dominierende Mächte gab, verdeutlicht diesen Punkt (Rittberger & Zürn 1990). Heute wird die Vormachtstellung der USA durch ihren relativen wirtschaftlichen und politischen Machtverlust herausgefordert, der sich im Zuge der Weltfinanzkrise (ab 2007) und des ökonomischen und politischen Aufstiegs von Schwellenländern insbesondere in Asien beschleunigte (Chan 2005; Christensen 2006; Layne 2006; Subramanian 2011; Zakaria 2008). In vielen Politikfeldern wie dem Klimawandel oder der Handelspolitik ist eine aktive Beteiligung der USA zur effektiven Bereitstellung öffentlicher Güter weiterhin notwendig, aber nicht länger hinreichend. Zwar scheinen Machtverschiebungen von den USA zu aufstrebenden nichtwestlichen Staaten die Entscheidungsfindung in internationalen Organisationen komplizierter zu machen, und einige lange bestehende Organisationen wie der IWF und die Weltbank sind unter Reformdruck geraten. Ein grundlegender Zusammenbruch internationaler Kooperation (wie ihn Theorien hegemonialer Zyklen erwarten würden) scheint jedoch trotz des relativen Niedergangs der US-Hegemonie nicht bevorzustehen. In dem Maße wie die US-Hegemonie schwindet, verringert sich aber die empirische Relevanz des Welthegemoniemodells.

Nichtsdestotrotz bildet auch das Modell der Welthegemonie zumindest einen Teil der weltpolitischen Praxis zu Beginn des 21. Jahrhundert ab. Machtunterschiede zwischen (staatlichen und nichtstaatlichen) politischen Akteuren prägen weiterhin die Weltordnung sowie das Design, die Entscheidungsfindungsprozeduren und die Tätigkeiten internationaler Organisationen. Materiell und immateriell unterlegene Akteure müssen fürchten, in internationalen Organisationen von stärkeren (Hegemonial-)Mächten bei der Verfolgung ihrer Werte, Ideen und Interessen an den Rand gedrängt zu werden. Die USA bemühen sich zudem, flexible informelle Kooperationsvereinbarungen außerhalb internationaler Organisationen zu schaffen. Zum Beispiel beteiligen sich die USA an exklusiven Clubs wie der Gruppe der sieben bzw. acht größten Industrienationen (G-7/8), der Gruppe der 20 wichtigsten Industrie- und Schwellenländer (G-20) oder der „Proliferation Security Initiative" (PSI). Die selektive Zusammenarbeit in und mit Clubs erleichtert es den USA (und anderen mächtigen Ländern), die in stärker formalisierten internationalen Organisationen verankerten institutionellen Zwänge und Machthemmnisse zu umgehen und ihre eigenen Vorstellungen von sektoraler Weltordnung durchzusetzen. Allerdings sind der US-amerikanischen Fähigkeit zur hegemonialen Führung selbst in solchen informellen Zusammenkünften, insbesondere in der G-20, durch den Aufstieg nichtwestlicher ökonomischer und politischer Mächte deutliche Grenzen gesetzt. Zusammenfassend ist also festzuhalten, dass das Modell der Welthegemonie einen immer kleiner werdenden Ausschnitt der zeitgenössischen internationalen Beziehungen widerspiegelt.

12.1.3 Weltstaat

Modellmerkmale

Das Modell des Weltstaates (Rittberger et al. 2010: 305–306; vgl. Höffe 2001; Wendt 2003) geht davon aus, dass die Verdichtung der Interdependenzen zwischen sozialen Akteuren als Resultat intensivierter Austauschbeziehungen sowie die Monopolisierung legaler Gewaltanwendung die grundlegenden Elemente eines Prozesses der Zivilisation darstellen. Norbert Elias (2000), der diesen Prozess der Zivilisation anhand der Entwicklung der modernen Gesellschaften der westlichen Welt nachgezeichnet hat, hält diesen Prozess mit der Gründung souveräner Staaten noch nicht für abgeschlossen. Vielmehr finde er sein Ende erst in der Etablierung eines Weltstaates, der sich durch die Fähigkeit auszeichne, verbindliche Normen und Regeln auf der globalen Ebene zu schaffen und durchzusetzen (vgl. auch Wendt 2003). Der Weltstaat steht hierarchisch über den Staaten und setzt somit eine unwiderrufliche Souveränitätsabtretung der vielen Einzelstaaten voraus, wenngleich ein Weltstaat auch als subsidiäre und föderale Weltrepublik organisiert sein kann, die den heutigen Nationalstaaten noch weitgehende Autonomie zuspricht (Höffe 2001). Die Effektivität des Weltstaates bei der Umsetzung seiner Politikprogramme wird durch seine formal-legal übergeordnete Position gewährleistet; diese supranationale Position schließt auch ein Monopol auf die legale Gewaltanwendung und die Verfügung über eigene Ressourcen zur Bereitstellung öffentlicher Güter ein. Der Weltstaat verfügt also nicht nur über formal-legale und (potentiell) demokratische Autorität, sondern auch über Zwangsmittel. Internationale Organisationen sind aus dieser Sicht Vorboten eines sich herausbildenden Weltstaates. Dies gilt insbesondere für die Vereinten Nationen (UN), in deren Zentrum das Gewaltlegitimierungsmonopol des Sicherheitsrates steht (Höffe 2001: 199–202; Rittberger et al. 1997: 58–61).

empirische Gültigkeit

Dauerhaft gesicherte internationale Kooperation mittels hierarchischer Steuerung durch einen Weltstaat mag auf den ersten Blick wünschenswert erscheinen. Bei näherer Betrachtung erscheint die Schaffung eines Weltstaates aus einer Reihe von Gründen durchaus auch normativ problematisch (vgl. ausführlich dazu Rittberger et al. 2010: 316–318). Uns interessiert hier jedoch in erster Linie die Vereinbarkeit des Weltstaatsmodells mit empirischen Erkenntnissen über die institutionellen Merkmale und Arbeitsweisen internationaler Organisationen. Dabei weist das Weltstaatsmodell nach wie vor relativ wenig Realitätsnähe auf. Selbst auf europäischer Ebene, wo die institutionelle Integration mit Abstand am weitesten fortgeschritten ist, hat sich kein europäischer Bundesstaat herausgebildet und scheint die Etablierung eines solchen europäischen Staates auch nicht in näherer Zukunft bevorzustehen. Noch weniger zeigen die Staaten auf globaler Ebene die Bereitschaft, ihre Souveränität zugunsten eines Weltstaates aufzugeben. Autoritär regierte Staaten wie China oder Russland drängen besonders nachdrücklich auf die Wahrung ihrer Souveränität. Doch auch westliche Demokratien lehnen einen umfassenden Souveränitätstransfer an eine weltstaatliche Instanz ab. Bei den Demokratien ergibt sich neben dem Selbsterhaltungswillen der souveränen Staaten noch das zusätzliche Hindernis, dass diese kaum umfassende Souveränitätsabtretungen an einen Weltstaat leisten werden, solange dieser nicht vergleichbare Standards der demokratischen Verfassungsstaatlichkeit auf globaler Ebene garantieren kann.

Die Tatsache, dass Programmentscheidungen internationaler Organisationen häufig per Mehrheitsbeschluss in zwischenstaatlichen Verhandlungen getroffen werden, zeigt zudem auch, dass die Abwesenheit eines Weltstaates die Staaten mitnichten davon abhält, sich langfristig auf kollektives Handeln einzulassen und ihre Beziehungen auf eine norm- und regelorientierte Basis zu stellen, um globale Probleme zu bearbeiten. Allerdings gibt es mit dem UN-Sicherheitsrat, dem Internationalen Gerichtshof, dem Streitbeilegungsmechanismus der WTO und dem Internationalen Strafgerichtshof durchaus Beispiele internationaler Organisationen, die supranationale Merkmale aufweisen und damit zumindest einige weltstaatliche Aspekte widerspiegeln. In einigen Politikfeldern sind einzelne internationale Organisationen (oder Organe von internationalen Organisationen) den Staaten hierarchisch übergeordnet. In dem Maße, in dem die Supranationalisierung internationaler Organisationen voranschreitet (vgl. Zürn et al. 2007), wächst auch die empirische Relevanz des Weltstaatsmodells, da hierarchische Weltordnungselemente in den Vordergrund rücken. Trotzdem vermag auch dieses Modell – ebenso wie die zuvor betrachteten Modelle – lediglich einen kleinen Anteil der zeitgenössischen internationalen Beziehungen adäquat zu erfassen (Rittberger et al. 2010: 316–318).

12.1.4 Heterarchische Global Governance

Modellmerkmale

Das Modell heterarchischer Global Governance geht davon aus, dass dauerhafte Kooperation zwischen Staaten sowie zwischen Staaten und nichtstaatlichen Akteuren auf der Basis bindender Normen und Regeln möglich ist. Diese Normen und Regeln konstituieren eine normative Ordnung jenseits des Nationalstaates, die die strukturellen Bedingungen der internationalen Anarchie abschwächt und sogar teilweise überlagert, ohne dass sich notwendigerweise eine weltstaatliche Instanz herausbildet. Eine solche emergente Weltordnung lässt sich mit dem Begriff der „Heterarchie" beschreiben, um deutlich zu machen, dass diese Form von Weltordnung sich sowohl von anarchischen Selbsthilfesystemen als auch von – formal oder de facto – hierarchisch strukturierten Systemen wie dem Weltstaat oder der Welthegemonie unterscheidet (Kruck & Rittberger 2010: 58; Rittberger et al. 2008: 42–45; vgl. auch Donnelly 2009; Neyer 2002; 2004; sowie kritisch dazu: Jessop 2002). Eine heterarchische Weltordnung basiert nicht auf vertikaler „top-down"-Steuerung, sondern auf horizontaler, vernetzter Politikkoordination und -kooperation zwischen Staaten (einschließlich substaatlicher Teilbürokratien), internationalen Organisationen und nichtstaatlichen Akteuren. Diese konstituieren gemeinsam ein System der „Multi-Level Governance", d.h. der Steuerung auf mehreren Ebenen (vgl. Bache & Flinders 2004; Benner et al. 2004; Hooghe & Marks 2001).

Die Schaffung, Implementierung und, wenn nötig, sanktionsbewehrte Durchsetzung von Normen und Regeln ist hier nicht an die Existenz einer zentralisierten und hierarchisch übergeordneten Autorität mit Gewaltmonopol gekoppelt (Reinicke 1998). Regelbasierte Kooperation zwischen Staaten, aber auch zwischen Staaten und nichtstaatlichen Akteuren, ist aus dieser Sicht dennoch zu erwarten. Sie findet vor allem *in* internationalen Organisationen und *durch* deren programmatische und operative Tätigkeiten statt. Internationale Organisationen stellen mithin ein organisationales Rückgrat und einen Netzwerkknotenpunkt für die politische Koordination und Kooperation zwischen verschiedenen staatlichen und nichtstaatlichen Akteuren dar. Internationale Organisationen bieten aber nicht nur (eher passive) Foren oder Orte für Global Governance; sie fungieren durch ihre programmatischen und operativen Tätigkeiten auch als (aktive) Global-Governance-Akteure.

empirische Gültigkeit

Wie die anderen Modelle kann auch dieses Modell die gegenwärtigen Strukturen der Weltpolitik nicht erschöpfend beschreiben. In manchen Politikfeldern, selbst in von starker Interdependenz geprägten Bereichen wie der internationalen Migration (Straubhaar 2002; Zolberg 1991), existieren kaum Normen und Regeln, die die grenzüberschreitenden Beziehungen wirksam regulieren. Trotz solcher politikfeldspezifischen Einschränkungen und regionalen Unterschieden in der Institutionalisierung politischer Beziehungen kann konstatiert werden, dass die Strukturen der internationalen Politik im Begriff sind, sich diesem Modell anzunähern. In einer wachsenden Anzahl von Politikfeldern haben sich relativ stabile Kooperationsmuster unter Staaten und zwischen Staaten und nichtstaatlichen Akteuren herausgebildet (vgl. Kapitel 8–11). Das Modell heterarchischer Global Governance erfasst dabei sowohl traditionelle Formen der zwischenstaatlichen Politikkoordination in exklusiven exekutiv-multilateralen Organisationen als auch neuere Formen der öffentlich-privaten Bearbeitung grenzüberschreitender Probleme in offenen oder inklusiven Organisationen.

Diese Befunde verweisen perspektivisch auf eine – freilich längst nicht umfassend verwirklichte – Alternative zum Eliasschen Prozess der Zivilisation (Elias 2000): einen Zivilisationsprozess, an dessen Ende kein hierarchischer Weltstaat steht. Die Aufgabe der Selbsthilfeoption zugunsten Formen kollektiven Handelns, ein Verzicht auf die Anwendung von Gewalt in den internationalen Beziehungen sowie die erfolgreiche und demokratische Bearbeitung grenzüberschreitender Probleme – kurz: effektive und legitime Global Governance-Modi – sind aus dieser Sicht nicht von der Existenz einer hierarchisch übergeordneten Autorität abhängig.

12.2 Zusammenfassung

Alle vier diskutierten Modelle sind als Idealtypen zu verstehen, die die komplexe empirische Realität niemals vollständig abbilden. Unterschiedliche Wissenschaftler vertreten unterschiedliche Ansichten zur Realitätsnähe und analytischen Nützlichkeit der Weltordnungsmodelle, die wir in diesem Kapitel vorgestellt haben. Aus unserer Sicht ist jedoch das zuletzt beschriebene Modell heterarchischer Global Governance am ehesten mit unserem Befund vereinbar, dass internationale Organisationen in der Lage sind, internationale Kooperation und Global Governance anzustoßen und zu stabilisieren. Es ist jedenfalls adäquater als die Modelle der Anarchie der Staatenwelt, der Welthegemonie oder des Weltstaates.

Vor dem Hintergrund der andauernden, sich insgesamt eher ausweitenden programmatischen und operativen Tätigkeiten internationaler Organisationen spiegelt das Modell heterarchischer Global Governance nicht nur die Realität der zeitgenössischen internationalen Beziehungen am adäquatesten wider. Es ist ferner sehr wahrscheinlich, dass internationale Organisationen trotz bestehender Effektivitäts- und Legitimitätsdefizite sowie neuer Herausforderungen (etwa durch globale Machtverschiebungen und das Aufkommen neuer politischer Probleme wie Cyberkriegen) auch in absehbarer Zukunft eine zentrale Säule von Global Governance sein werden.

12.3 Diskussionsfragen

Was sind die Hauptunterschiede zwischen den vier Weltordnungsmodellen: Anarchie der Staatenwelt, Welthegemonie, Weltstaat und heterarchische Global Governance?

Welches Modell ist empirisch am plausibelsten?

Welche Rolle spielen internationale Organisationen jeweils in den Weltordnungsvorstellungen der vier Modelle?

12.4 Literaturempfehlungen

Karns, Margaret P. & Mingst, Karen A. 2010. *International Organizations: The Politics and Process of Global Governance,* 2. Aufl., Boulder, CO: Lynne Rienner, Kap. 1 & 12.

Kruck, Andreas & Rittberger, Volker 2010. Multilateralism Today and Its Contribution to Global Governance, in: Muldoon, James P. Jr., Aviel, JoAnn Fagot, Reitano, Richard & Sullivan, Earl (Hg.) *The New Dynamics of Multilateralism: Diplomacy, International Organizations, and Global Governance*, Boulder, CO: Westview Press, 43–65.

Literaturverzeichnis

Abbott, Kenneth W., Keohane, Robert O., Moravcsik, Andrew, Slaughter, Anne-Marie & Snidal, Duncan 2000. The Concept of Legalization, in: *International Organization* 54: 3, 401–420.

Abbott, Kenneth & Snidal, Duncan 2000. Hard and Soft Law in International Governance, in: *International Organization* 54: 3, 421–456.

Abdelal, Rawi 2009. *Capital Rules: The Construction of Global Finance*, Boston, MA: Harvard University Press.

Abiew, Francis Kofi 1999. *The Evolution of the Doctrine and Practice of Humanitarian Intervention*, Den Haag: Kluwer Law International.

Adler, Emanuel & Barnett, Michael 1998. A Framework for the Study of Security Communities, in: Adler, Emanuel & Barnett, Michael (Hg.) *Security Communities*, Cambridge: Cambridge University Press, 29–65.

Adler, Emanuel & Haas, Peter M. 1992. Conclusion: Epistemic Communities, World Order, and the Creation of a Reflective Research Program, in: *International Organization* 46: 1, 367–390.

Akhavan, Payam 2001. Beyond Impunity: Can International Criminal Justice Prevent Future Atrocities? in: *American Journal of International Law* 95: 1, 7–31.

Aldy, Joseph E. & Stavins, Robert N. 2007. Introduction: International Policy Architecture for Global Climate Change, in: Aldy, Joseph E. & Stavins, Robert N (Hg.) *Architectures for Agreement. Addressing Global Climate Change in the Post-Kyoto World*, Cambridge: Cambridge University Press, 1–30.

Alger, Chadwick 2002. The Emerging Role of NGOs in the UN System. From Article 71 to a People's Millenium Assembly, in: *Global Governance* 8: 1, 93–117.

Allen, Chris, Gasiorek, Michael & Smith, Alasdair 1998. European Single Market: How the Programme Has Fostered Competition, in: *Economic Policy* 13: 27, 439–486.

Allison, Graham T. 1975. Begriffliche Modelle und das Wesen der Entscheidung, in: Haftendorn, Helga (Hg.) *Theorie der Internationalen Politik: Gegenstand und Methoden der Internationalen Beziehungen,* Hamburg: Hoffmann & Campe, 255–274.

Allison, Graham T. & Zelikow, Philip 1999. *Essence of Decision. Explaining the Cuban Missile Crisis,* 2. Aufl., New York: Longman.

Alston, Philip 1995a. Appraising the United Nations Human Rights Regime, in: Alston, Philip (Hg.) *The United Nations and Human Rights. A Critical Appraisal*, Oxford: Clarendon Press, 1–21.

Alston, Philip 1995b. The Commission on Human Rights, in: Alston, Philip (Hg.) *The United Nations and Human Rights: A Critical Appraisal,* Oxford: Clarendon Press, 126–210.

Alter, Karen J. 2001. *Establishing the Supremacy of European Law: The Making of an International Rule of Law in Europe*, Oxford: Oxford University Press.

Alter, Karen J. 2008. Agents or Trustees? International Courts in their Political Context, in: *European Journal of International Relations* 14: 1, 33–63.

Amerasinghe, Chittharanjan F. 2005. *Principles of the Institutional Law of International Organizations*, 2. Aufl., Cambridge: Cambridge University Press.

Andersen, Stephen O. & Sharma, Madhava K. 2002. *Protecting the Ozone Layer: The United Nations History,* London: Earthscan.

Anderson, Christopher J. & Reichert, M. Shawn 1995. Economic Benefits and Support for Membership in the EU: A Cross-National Analysis, in: *Journal of Public Policy* 15: 2, 231–249.

Archer, Clive 2000. *The European Union: Structure and Processes*, London: Continuum.

Archer, Clive 2001. *International Organisations*, 3. Aufl., London: Routledge.

Archibugi, Daniele, Held, David & Köhler, Martin (Hg.) 1998. *Re-imagining Political Community. Studies in Cosmopolitan Democracy,* Oxford: Polity Press.

Armstrong, David, Lloyd, Lorna & Redmond, John 1996. *From Versailles to Maastricht: International Organisation in the Twentieth Century,* London: Macmillan (jetzt Palgrave Macmillan).

Asseburg, Muriel & Kempin, Ronja (Hg.) 2009. The EU as a Strategic Actor in the Realm of Security and Defence? A Systematic Assessment of ESDP Missions and Operations, SWP Research Paper Nr. 14, Berlin: SWP.

Aviel, JoAnn Fagot 2010. The Role of Non-State Actors, in: Muldoon, James P., Aviel, Joann F., Reitano, Richard & Sullivan, Earl (Hg.) *The New Dynamics of Multilateralism. Diplomacy, International Organizations, and Global Governance,* Boulder CO: Westview Press, 297–315.

Bache, Ian & Flinders, Matthew (Hg.) 2004. *Multi-level Governance,* Oxford: Oxford University Press.

Baehr, Peter M. 2009. *Non-Governmental Human Rights Organizations in International Relations*, Basingstoke: Palgrave Macmillan.

Bagwell, Kyle & Staiger, Robert W. 2002. *The Economics of the World Trading System,* Cambridge, MA: MIT Press.

Bailey, Sidney D. & Daws, Sam 1998. *The Procedure of the UN Security Council,* 3. Aufl., Oxford: Clarendon Press.

Baldwin, David 2002. Power and International Relations, in: Carlsnaes, Walter, Risse, Thomas & Simmons, Beth (Hg.) *Handbook of International Relations*, London: Sage, 177–191.

Barnett, Michael & Finnemore, Martha 1999. The Politics, Power, and Pathologies of International Organizations, in: *International Organization* 53: 4, 699–732.

Barnett, Michael N. & Finnemore, Martha 2004. *Rules for the World: International Organization in Global Politics,* Ithaca, NY: Cornell University Press.

Barria, Lilian A. & Roper, Steven D. 2005. How Effective are International Criminal Tribunals? An Analysis of the ICTY and the ICTR, in: *The International Journal of Human Rights* 9: 3, 349–368.

Basch, Paul F. 1999. *Textbook of International Health,* 2. Aufl., Oxford: Oxford University Press.

Bättig, Michele B. & Bernauer, Thomas 2009. National Institutions and Global Public Goods: Are Democracies More Cooperative in Climate Change Politics, in: *International Organization* 63: 2, 281–308.

Bauer, Steffen 2009. The Ozone Secretariat: The Good Shepherd of Ozone Politics, in: Biermann, Frank & Siebenhüner, Bernd (Hg.) *Managers of Global Change. The Influence of International Environmental Bureaucracies*, Cambridge, MA: MIT Press, 225–244.

Baumgart, Winfried 1987. *Vom Europäischen Konzert zum Völkerbund: Friedensschlüsse und Friedenssicherung von Wien bis Versailles*, Darmstadt: Wissenschaftliche Buchgesellschaft.

Beckman, Peter R., Crumlish, Paul W., Dobkowski, Michael N. & Lee, Steven P. 2000. *The Nuclear Predicament: Nuclear Weapons in the Twenty-First Century*, 3. Aufl., Upper Saddle River, NJ: Prentice-Hall.

Bedarff, Hildegard 2000. *Die Wirkung internationaler Institutionen auf die Energie- und Umweltpolitik: Weltbank, EU und Europäische Energiecharta in Polen und in der Tschechischen Republik*, Münster: Lit.

Beigbeder, Yves 2000. The United Nations Secretariat: Reform in Progress, in: Taylor, Paul & Groom, A. J. R. (Hg.) *The United Nations at the Millennium: The Principal Organs,* London: Continuum, 196–223.

Beise, Marc 2001. *Die Welthandelsorganisation (WTO): Funktion, Status, Organisation*, Baden-Baden: Nomos.

Beisheim, Marianne, Dreher, Sabine, Zangl, Bernhard & Zürn, Michael 1999. *Im Zeitalter der Globalisierung? Thesen und Daten zur gesellschaftlichen und politischen Denationalisierung*, Baden-Baden: Nomos.

Bellamy, Alex J. 2009. *Responsibility to Protect: The Global Effort to End Mass Atrocities*, Cambridge: Polity Press.

Benner, Thorsten, Reinicke, Wolfgang H. & Witte, Jan Martin 2004. Multisectoral Networks in Global Governance: Towards a Pluralistic System of Accountability, in: *Government and Opposition* 39: 2, 191–210.

Bercovitch, Jacob 2007. Mediation in International Conflicts, in: Zartman, Ira W. (Hg.) *Peacemaking in International Conflict: Methods and Techniques*, Washington, DC: United States Institute of Peace Press, 163–194.

Betsill, Michele & Hoffmann, Matthew J. 2011. The Contours of "Cap and Trade": The Evolution of Emissions Trading Systems for Greenhouse Gases, in: *Review of Policy Research* 28: 1, 83–106.

Biermann, Frank, Siebenhüner, Bernd & Schreyögg, Anna 2009. *International Organizations in Global Environmental Governance*, London: Routledge.

Blackburn, Robert & Polakiewicz, Jörg 2001. *Fundamental Rights in Europe: The European Convention on Human Rights and Its Member States, 1950–2000*, Oxford: Oxford University Press.

Blome, Kerstin & Kocks, Alexander 2009. Judizialisierungsprozesse im Menschenrechtsbereich: Erfolgsmodell EGMR, in: Zangl, Bernhard (Hg.) *Auf dem Weg zu internationaler Rechtsherrschaft? Streitbeilegung zwischen Politik und Recht*, Frankfurt/M.: Campus, 229–266.

Bloxham, Donald 2006. Beyond "Realism" and Legalism: A Historical Perspective on the Limits of International Humanitarian Law, in: *European Review* 14: 4, 457–470.

Böge, Volker, Fitzpatrick, Christopher, Jaspers, Willem & Paes, Wolf-Christian 2006. Who's Minding the Store? The Business of Private, Public and Civil Actors in Zones of Conflict, in: *BICC Brief* 32, Bonn: International Center for Conversion (BICC).

Boekle, Henning 1998. Die Vereinten Nationen und der internationale Schutz der Menschenrechte: Eine Bestandsaufnahme, in: *Aus Politik und Zeitgeschichte* 46-47, 3–17.

Boli, John & Thomas, George M. (Hg.) 1999. *Constructing World Culture: International Nongovernmental Organizations since 1875*, Stanford, CA: Stanford University Press.

Bolin, Bert 2007. *A History of the Science and Politics of Climate Change. The Role of the Intergovernmental Panel on Climate Change*, Cambridge: Cambridge University Press.

Bornschier, Volker 2000. Western Europe's Move Toward Political Union, in: Bornschier, Volker (Hg.) *State-Building in Europe: The Revitalization of Western European Integration,* Cambridge: Cambridge University Press, 3–37.

Bothe, Michael & Martenczuk, Bernd 1999. Die NATO und die Vereinten Nationen nach dem Kosovo-Konflikt: Eine völkerrechtliche Standortbestimmung, in: *Vereinte Nationen* 47: 4, 125–132.

Boughton, James 1997. *From Suez to Tequila: The IMF as Crisis Manager,* IMF Working Paper No. 90, Washington, DC.

Braithwaite, John & Drahos, Peter 2000. *Global Business Regulation,* Cambridge: Cambridge University Press.

Breitmeier, Helmut 1996. *Wie entstehen globale Umweltregime? Der Konfliktaustrag zum Schutz der Ozonschicht und des globalen Klimas*, Opladen: Leske & Budrich.

Breitmeier, Helmut 1997. International Organizations and the Creation of Environmental Regimes, in: Young, Oran R. (Hg.) *Global Governance: Drawing Insights from the Environmental Experience,* Cambridge, MA: MIT Press, 87–114.

Breitmeier, Helmut 2009. Regieren in der globalen Umweltpolitik. Eine gemischte Bilanz zwischen Erfolgs- und Problemfällen, in: Breitmeier, Helmut, Roth, Michèle & Senghaas, Dieter (Hg.) *Sektorale Weltordnungspolitik. Effektiv, gerecht und demokratisch?* Baden-Baden: Nomos, 150–170.

Brenton, Tony 1994. *The Greening of Machiavelli: The Evolution of International Environmental Politics*, London: Earthscan.

Brock, Lothar 2000. Einmischungsverbot, humanitäre Intervention und wirtschaftliche Interessen, in: Menzel, Ulrich (Hg.) *Vom Ewigen Frieden und vom Wohlstand der Nationen: Dieter Senghaas zum 60. Geburtstag,* Frankfurt/M.: Suhrkamp, 124–157.

Brühl, Tanja 2003. *Nichtregierungsorganisationen als Akteure internationaler Umweltverhandlungen: Ein Erklärungsmodell auf der Basis der situationsspezifischen Ressourcennachfrage*, Frankfurt/M.: Campus.

Brühl, Tanja & Rittberger, Volker 2001. From International to Global Governance: Actors, Collective Decision-Making, and the United Nations in the World of the Twenty-First Century, in: Rittberger, Volker (Hg.) *Global Governance in the United Nations System*, Tokyo: United Nations University Press, 1–47.

Brühl, Tanja & Simonis, Udo E. 1999. Strukturen und Trends der Weltökologie, in: Hauchler, Ingomar, Messner, Dirk & Nuscheler, Franz (Hg.) *Globale Trends 2000,* Frankfurt/M.: Fischer, 272–293.

Brummer, Klaus 2005. *Konfliktbearbeitung durch Internationale Organisationen*, Wiesbaden: VS Verlag für Sozialwissenschaften.

Brummer, Klaus 2008. *Der Europarat. Eine Einführung*, Wiesbaden: VS Verlag für Sozialwissenschaften.

Brzoska, Michael 1991. Warum gibt es so wenige Atomwaffenstaaten? Zum Erklärungswert verschiedener theoretischer Ansätze, in: *Politische Vierteljahresschrift* 32: 1, 34–55.

Brzoska, Michael (Hg.) 2001. *Smart Sanctions: The Next Steps. The Debate on Arms Embargoes and Travel Sanctions within the "Bonn-Berlin Process"*, Baden-Baden: Nomos.

Bull, Hedley 1977. *The Anarchical Society: A Study of Order in World Politics*, London: Macmillan.

Burci, Gian Luca 2007. Health and Infectious Disease, in: Weiss, Thomas G. & Daws, Sam (Hg.) *The Oxford Handbook on the United Nations*, Oxford: Oxford University Press, 582–591.

Busch, Marc L. & Reinhardt, Eric 2002. Testing International Trade Law: Empirical Studies of GATT/WTO Dispute Settlement, in: Kennedy, Daniel L. M. & Southwick, James D. (Hg.) *The Political Economy of International Trade Law: Essays in Honor of Robert E. Hudec,* New York: Cambridge University Press, 457–481.

Busch, Marc L. & Reinhardt, Eric 2003a. Transatlantic Trade Conflicts and GATT/WTO Dispute Settlement, in: Petersmann, Ernst-Ulrich & Pollack, Mark A. (Hg.) *Transatlantic Economic Disputes. The EU, the US, and the WTO*, Oxford: Oxford University Press, 465–486.

Busch, Marc L. & Reinhardt, Eric 2003b. Developing Countries and General Agreement on Tariffs and Trade/ World Trade Organization Dispute Settlement, in: *Journal of World Trade* 37: 4, 719–735.

Busch, Per-Olof 2009. The Climate Secretariat: Making a Living in a Straitjacket, in: Biermann, Frank & Siebenhüner, Bernd (Hg.) *Managers of Global Change. The Influence of International Environmental Bureaucracies*, Cambridge, MA: MIT Press, 245–264.

Buti, Marco, Deroose, Servaas, Gaspar, Vitor & Nogueira Martins, João 2010. The Euro: The First Decade and Beyond, in: Buti, Marco, Deroose, Servaas, Gaspar, Vitor & Nogueira Martins, João (Hg.) *The Euro: The First Decade*, Cambridge: Cambridge University Press, 1–33.

Butkiewicz, James L. & Yanikkaya, Halit 2005. The Effects of IMF and World Bank Lending on Long-Run Economic Growth: An Empirical Analysis, in: *World Development* 33: 3, 371–391.

Buzan, Barry 2001. The English School: An Underexploited Resource in IR, in: *Review of International Studies* 27: 3, 471–488.

Buzan, Barry, Waever, Ole & de Wilde, Jaap 1998. *Security: A New Framework for Analysis*, Boulder, CO: Lynne Rienner.

Cameron, David R. 1995. Transnational Relations and the Development of European Economic and Monetary Union, in: Risse-Kappen, Thomas (Hg.) *Bringing Transnational Relations Back In: Non-State Actors, Domestic Structures and International Institutions,* Cambridge: Cambridge University Press, 37–78.

Carbone, Maurizio (Hg.) 2010. *National Politics and European Integration: From the Constitution to the Lisbon Treaty*, London: Edward Elgar.

Carlsnaes, Walter, Sjursen, Helene & White, Brian (Hg.) 2004. *Contemporary European Foreign Policy,* London: Sage.

Carr, Edward H. 1964. *The Twenty Years' Crisis, 1919–1939: An Introduction to the Study of International Relations*, New York: St Martin's Press (reprint of 2. Aufl., 1946).

Cavan, Penelope & Reichman, Nancy 2002. *Ozone Connection: Expert Networks in Global Environmental Governance,* Sheffield: Greenleaf Publishing.

Chan, Steve 2005: Is There a Power Transition between the U.S. and China? The Different Faces of National Power, in: *Asian Survey* 45: 5, 687–701.

Chasek, Pamela S. 2001. *Earth Negotiations: Analyzing Thirty Years of Environmental Diplomacy*, Tokyo: United Nations University Press.

Chasek, Pamela S., Downie, David L. & Brown, Janet Welsh 2010. *Global Environmental Politics*, 5. Aufl., Boulder, CO: Westview.

Chatfield, Charles 1997. Intergovernmental and Nongovernmental Associations to 1945, in: Smith, Jackie G., Chatfield, Charles & Pagnucco, Ron (Hg.) *Transnational Social Movements and Global Politics. Solidarity Beyond the State*, Syracuse, NY: Syracuse University Press, 19–41.

Chayes, Abram & Chayes, Antonia 1995. *The New Sovereignty: Compliance with International Regulatory Agreements,* Cambridge, MA: Harvard University Press.

Chellaney, Brahma 1999. Arms Control: The Role of the IAEA and UNSCOM, in: Alagappa, Muthiah & Inoguchi, Takashi (Hg.) *International Security Management and the United Nations,* Tokyo: United Nations University Press, 375–393.

Chesterman, Simon 2003. *Just War or Just Peace? Humanitarian Intervention and International Law*, Oxford: Oxford University Press.

Chesterman, Simon (Hg.) 2007. *The UN Secretary-General in World Politics*, Cambridge: Cambridge University Press.

Chinkin, Christine 2000. Human Rights and the Politics of Representation: Is There a Role for International Law? in: Byers, Michael (Hg.) *The Role of Law in Interna-*

tional Politics: Essays in International Relations and International Law, Oxford: Oxford University Press, 131–148.

Chojnacki, Sven 2006. Anything New or More of the Same? Wars and Military Interventions in the Contemporary International System, 1946–2003, in: *Global Society* 20: 1, 25–46.

Christensen, Thomas J. 2006. Fostering Stability or Creating a Monster? The Rise of China and U.S. Policy Toward East Asia, in: *International Security* 31: 1, 81–126.

Chwieroth, Jeffrey M. 2008a. Organizational Change "from within": Explaining the World Bank's Early Lending Practices, in: *Review of International Political Economy* 15: 4, 481–505.

Chwieroth, Jeffrey M. 2008b. Normative Change from Within: The International Monetary Fund's Approach to Capital Account Liberalization, in: *International Studies Quarterly* 52: 1, 129–158.

Chwieroth, Jeffrey M. 2009. *Capital Ideas: The IMF and the Rise of Financial Liberalization*, Princeton, NJ: Princeton University Press.

Clements, L. J., Mole, Nuala & Simmons, Alan 1999. *European Human Rights: Taking a Case under the Convention,* London: Sweet & Maxwell.

Coase, Ronald 1960. The Problem of Social Cost, in: *Journal of Law and Economics* 3, 1–44.

Cockayne, James & Malone, David 2008. The Security Council and the 1991 and 2003 Iraq Wars, in: Lowe, Vaughan, Roberts, Adam, Welsh, Jennifer & Zaum, Dominik (Hg.) *The United Nations Security Council and War*, Oxford: Oxford University Press, 384–405.

Cohn, Theodore H. 2002. *Governing Global Trade: International Institutions in Conflict and Convergence*, Burlington, VT: Ashgate.

Coleman, James S. 1990. *Foundations of Social Theory,* Cambridge, MA.: Belknap Press of Harvard University Press.

Colijn, Ko 1998. Non-proliferation: Reinforcing the IAEA Nuclear Safeguards Regime in the 1990s, in: Reinalda, Bob & Verbeek, Bertjan (Hg.) *Autonomous Policy Making by International Organizations,* London: Routledge, 93–107.

Cooper, Andrew F. 2010. The G20 as an Improvised Crisis Committee and/or a Contested "Steering Committee" for the World, in: *International Affairs* 86: 3, 741–757.

Copelovitch, Mark S. 2010a. Master or Servant? Common Agency and the Political Economy of IMF Lending, in: *International Studies Quarterly* 54: 1, 49–77.

Copelovitch, Mark 2010b. *The International Monetary Fund in the Global Economy: Banks, Bonds, and Bailouts*, Cambridge: Cambridge University Press.

Corbett, Richard 2002. *The European Parliament's Role in Closer EU Integration*, Basingstoke: Palgrave Macmillan.

Cortright, David & Lopez, George A. 2000. *The Sanctions Decade. Assessing UN Strategies in the 1990s*, Boulder, CO: Lynne Rienner.

Cortright, David & Lopez, George A. (Hg.) 2002. *Smart Sanctions: Targeting Economic Statecraft,* Lanham, MD: Rowman & Littlefield.

Cortright, David, Lopez, George A. & Gerber-Stellingwerf, Linda 2007. Sanctions, in: Weiss, Thomas G. & Daws, Sam (Hg.) *The Oxford Handbook on the United Nations,* Oxford: Oxford University Press, 349–369.

Cox, Robert W. 1981. Social Forces, States and World Orders: Beyond International Relations Theory, in: *Millennium* 10: 2, 126–155.

Cox, Robert W. 1983. Gramsci, Hegemony and International Relations: An Essay in Method, in: *Millennium* 12: 2, 162–175.

Craig, Paul & De Burca, Grainne 2008. *EU Law: Text, Cases and Material,* Oxford: Oxford University Press.

Crisp, Brian F. & Kelly, Michael J. 1999. The Socioeconomic Impacts of Structural Adjustment, in: *International Studies Quarterly* 43: 3, 533–552.

Crocker, Chester A., Hampson, Fen Osler & Aall, Pamela 2004. *Taming Intractable Conflicts: Mediation in the Hardest Cases*, Washington, DC: United States Institute of Peace Press.

Cronin, Bruce 2008. International Consensus and the Changing Legal Authority of the UN Security Council, in: Cronin, Bruce & Hurd, Ian (Hg.) *The UN Security Council and the Politics of International Authority*, London: Routledge, 57–79.

Czempiel, Ernst-Otto 1981. *Internationale Politik: Ein Konfliktmodell,* Paderborn: Schöningh.

Daase, Christopher 2003. Das Ende vom Anfang des nuklearen Tabus. Zur Legitimitätskrise der Weltnuklearordnung, in: *Zeitschrift für Internationale Beziehungen* 10: 1, 7–41.

De Zayas, Alfred 2002. Human Rights, United Nations High Commission for, in: Volger, Helmut (Hg.) *A Concise Encyclopedia of the United Nations,* Den Haag: Kluwer Law International, 217–223.

Deen, Thalif 2000. Globalisierung 2000 (II): Dritte Welt auf dem Rückzug, in: *Vereinte Nationen* 48: 1, 6–11.

De Grauwe, Paul 2006. What Have We Learnt about Monetary Integration Since the Maastricht Treaty? in: *Journal of Common Market Studies* 44: 4, 711–730.

Deighton, Anne 2002. The European Security and Defence Policy, in: *Journal of Common Market Studies* 40: 4, 719–741.

Deitelhoff, Nicole 2009. The Discursive Process of Legalization: Charting Islands of Persuasion in the ICC Case, in: *International Organization* 63: 1, 33–66.

den Dekker, Guido 2001. *The Law of Arms Control: International Supervision and Enforcement*, den Haag: Martinus Nijhoff.

Department for International Development 2004. *Assessment of UNIDO*, London: Ministerium für Internationale Entwicklung.

Deroose, Servaas, Hodson, Dermot & Kuhlmann, Joost 2007. The Legitimation of EMU: Lessons from the Early Years of the Euro, in: *Review of International Political Economy* 14: 5, 800–819.

Deutsch, Karl W. et al. 1957. *Political Community and the North Atlantic Area: International Organization in the Light of Historical Experience*, Princeton, NJ: Princeton University Press.

De Wilde, Jaap 2008. Environmental Security Deconstructed, in: Brauch, Hans Günter et al. (Hg.) *Globalisation and Environmental Challenges*, Mosbach: AFES-Press, 595–602.

Dicke, Klaus 1988. Zwischen weltpolitischer Analyse, politischem Meinungskampf und Ritual der Staatengleichheit: Die Generaldebatte der 42. Generalversammlung der Vereinten Nationen, in: *Vereinte Nationen* 36: 1, 1–17.

Dicke, Klaus 1998. das von allen Völkern und Nationen zu erreichende gemeinsame Ideal ... Zum Politikprogramm der Allgemeinen Erklärung, in: *Vereinten Nationen* 46: 6, 191–194.

Diederichs, Udo 2000. Europäische Kommission, in: Weidenfeld, Werner & Wessels, Wolfgang (Hg.) *Europa von A bis Z,* 7. Aufl., Bonn: Europa Union, 144–153.

Diehl, Paul F., Reifschneider, Jennifer & Hensel, Paul R. 1996. United Nations Intervention and Recurring Conflict, in: *International Organization* 50: 4, 683–700.

Dijkstra, Geske & Komives, Kristin 2010. The PRS Approach and the Paris Agenda: Experiences in Bolivia, Honduras and Nicaragua, in: *European Journal of Development Research*, doi:10.1057/ejdr.2010.30.

Dirks, Jan, Liese, Andrea & Senghaas-Knobloch, Eva 2002. International Regulation of Work in Times of Globalization: The International Labour Organization (ILO) in the

Perspective of Organizational Learning, Bremen: Universität Bremen, Forschungszentrum Arbeit und Technik.

Donnelly, Jack 2006. *International Human Rights,* 3. Aufl., Boulder, CO: Westview.

Donnelly, Jack 2009. Rethinking Political Structures: from "Ordering Principles" to "Vertical Differentiation" – and Beyond, in: *International Theory* 1: 1, 49–86.

Downs, Anthony 1957. *An Economic Theory of Democracy,* New York: Harper & Row.

Doyle, Michael W. 1999. Conclusion: International Organizations, Peace, and Security, in: Alagappa, Muthiah & Inoguchi, Takashi (Hg.) *International Security Management and the United Nations,* Tokyo: United Nations University Press, 445–457.

Doyle, Michael W. & Sambanis, Nicholas 2000. International Peacebuilding: A Theoretical and Quantitative Analysis, in: *American Political Science Review* 94: 4, 779–802.

Doyle, Michael W. & Sambanis, Nicholas 2006. *Making War and Building Peace. United Nations Peace Operations*, Princeton, NJ: Princeton University Press.

Doyle, Michael W. & Sambanis, Nicholas 2007. Peacekeeping Operations, in: Weiss, Thomas G. & Daws, Sam (Hg.) *The Oxford Handbook on the United Nations,* Oxford: Oxford University Press, 323–348.

Drake, William J. & Wilson III, Ernest J. (Hg.) 2008. *Governing Global Electronic Networks. International Perspectives on Policy and Power*, Cambridge, MA: MIT Press.

Driscoll, David D. 1998. *Was ist der Internationale Währungsfonds?* Washington, DC: Internationaler Währungsfonds, Abteilung Öffentlichkeitsarbeit.

Dröge, Susanne 2009 (Hg.). *International Climate Policy: Priorities of Key Negotiating Parties*, SWP Research Paper No. 30, Berlin: Deutsches Institut für Internationale Politik und Sicherheit (SWP).

Dülffer, Jost 1981. *Regeln gegen den Krieg? Die Haager Friedenskonferenzen 1899 und 1907 in der internationalen Politik*, Berlin: Ullstein.

Dülffer, Jost 1999. Die Haager Friedenskonferenzen von 1899 und 1907 im internationalen Staatensystem, in: *Die Friedens-Warte* 74: 1-2, 98–111.

Dunne, Time 1998. *Inventing International Society: A History of the English School*, Basingstoke: Palgrave Macmillan.

Easterly, William 2005. What Did Structural Adjustment Adjust? The Association of Policies and Growth with Repeated IMF and World Bank Adjustment Loans, in: *Journal of Development Economics* 76: 1, 1–22.

Easton, David 1965. *A Framework for Political Analysis,* Englewood Cliffs, NJ: Prentice Hall.

Ebock, Kerstin 2000. *Der Schutz grundlegender Menschenrechte durch kollektive Zwangsmaßnahmen der Staatengemeinschaft*, Frankfurt/M.: Lang.

Edelstein, David 2008. Occupational Hazards: Success and Failure in Military Occupation, Ithaca, NY: Cornell University Press.

Efinger, Manfred, Rittberger, Volker & Zürn, Michael 1988. *Internationale Regime in den Ost-West-Beziehungen: Ein Beitrag zur Erforschung der friedlichen Behandlung internationaler Konflikte*, Frankfurt/M.: Haag & Herchen.

Efinger, Manfred & Zürn, Michael 1990. Explaining Conflict Management in East-West-Relations: A Quantitative Test of Problem-Structural Typologies, in: Rittberger, Volker (Hg.) *International Regimes in East-West Politics,* London: Pinter, 64–89.

Eichener, Volker 1997. Effective European Problem-Solving: Lessons from the Regulation of Occupational Safety and Environmental Protection, in: *Journal of European Public Policy* 4: 4, 591–608.

Eichengreen, Barry 1996. *Globalizing Capital: A History of the International Monetary System*, Princeton, NJ: Princeton University Press.

Eichengreen, Barry & Frieden, Jeffrey A. 2001. The Political Economy of European Monetary Unification, in: Eichengreen, Barry & Frieden, Jeffrey A. (Hg.) *The Political Economy of European Monetary Unification,* 2. Aufl., Boulder, CO: Westview, 1–21.

Einhorn, Jessica P. 2001. The World Bank's Mission Creep, in: *Foreign Affairs* 80: 5, 22–35.

Elias, Norbert 2000. *The Civilizing Process: Sociogenetic and Psychogenetic Investigations,* 2. Aufl., hg. von Dunning, Eric, Gouldblom, Johan & Mennell, Stephen, Oxford: Blackwell.

Enderlein, Henrik 2004. *Nationale Wirtschaftspolitik in der europäischen Währungsunion*, Frankfurt/M.: Campus.

Engel, Christian & Borrmann, Christine 1991. *Vom Konsens zur Mehrheitsentscheidung: EG-Entscheidungsverfahren und nationale Interessenpolitik nach der Einheitlichen Europäischen Akte*, Bonn: Europa Union.

European Parliament 2011. *Definitive Adoption of the European Union's General Budget for the Financial Year 2011*, Brussels: Official Journal of the European Union.

Eurostat 2010. *External and Intra-EU Trade – Statistical Yearbook*, Data 1958–2009, Luxembourg.

Eurostat 2011a. *Inflationsrate des Jahresdurchschnitts*, http://epp.eurostat.ec.europa.eu, letzter Zugriff: 1. Mai 2011.

Eurostat 2011b. *Government Deficit/Surplus, Debt and Associated Data*, http://appsso.eurostat.ec.europa.eu/nui/show.do?dataset=gov_dd_edpt1&lang=en, letzter Zugriff: 2. Mai 2011.

Evans, Peter B., Jacobson, Harold K. & Putnam, Robert D. (Hg.) 1993. *Double-Edged Diplomacy: International Bargaining and Domestic Politics,* Berkeley, CA: University of California Press.

Fehl, Caroline 2004. Explaining the International Criminal Court: A Practice Test for Rationalist and Constructivist Approaches, in: *European Journal of International Relations* 10: 3, 357–394.

Ferdowsi, Mir A. 2002. UNCTAD, in: Volger, Helmut (Hg.) *A Concise Encyclopedia of the United Nations,* Den Haag: Kluwer Law International, 542–548.

Ferreira, Francisco H. G. & Keely, Louise C. 2000. The World Bank and Structural Adjustment: Lessons from the 1980s, in: Gilbert, Christopher L. & Vines, David (Hg.) *The World Bank: Structure and Policies,* Cambridge: Cambridge University Press, 159–195.

Feske, Susanne 1999. Der ASEAN-Staatenbund, in: Dahm, Bernhard & Ptak, Roderich (Hg.) *Südostasien-Handbuch,* Munich: Beck, 541–561.

Finke, Daniel 2009. Challenges to Intergovernmentalism: An Empirical Analysis of EU Treaty Negotiations since Maastricht, in: *West European Politics* 32: 3, 466–495.

Finnemore, Martha 1993. International Organizations as Teachers of Norms: The United Nations Educational, Scientific, and Cultural Organization and Science Policy, in: *International Organization* 47: 4, 565–598.

Finnemore, Martha & Sikkink, Kathryn 1998. International Norm Dynamics and Political Change, in: *International Organization* 52: 4, 887–917.

Forsythe, David 2006. *Human Rights in International Relations*, 2. Aufl., Cambridge: Cambridge University Press.

Fortna, Virginia Page 2004a. Does Peacekeeping Keep Peace? International Intervention and the Duration of Peace After Civil War, in: *International Studies Quarterly* 48: 2, 269–292.

Fortna, Virginia Page 2004b. Interstate Peacekeeping: Causal Mechanisms and Empirical Effects, in: *World Politics* 56: 4, 481–519.

Fortna, Virginia Page 2008: *Does Peacekeeping Work? Shaping Belligerents' Choices after Civil Wars*, Princeton, NJ: Princeton University Press.

Fortna, Virginia Page & Howard, Lisa Morjé 2008. Pitfalls and Prospects in the Peacekeeping Literature, in: *Annual Review of Political Science* 11, 283–301.

Franck, Thomas M. 1990. *The Power of Legitimacy Among Nations,* Oxford: Oxford University Press.

Franklin, James C. 2008. "Shame on You": The Impact of Human Rights Criticism on Political Repression in Latin America, in: *International Studies Quarterly* 52: 1, 187–211.

Freedom House 2011. *Freedom in the World: Comparative and Historical Data*, http://www.freedomhouse.org/template.cfm?page=439; letzter Zugriff: 29. April 2011.

Friedrich, Carl J. 1964. Nationaler und internationaler Föderalismus in Theorie und Praxis, in: *Politische Vierteljahresschrift* 5: 2, 154–187.

Friedrich, Carl J. 1968. *Trends of Federalism in Theory and Practice*, New York: Praeger.

Gaer, Felice D. 1996. Reality Check: Human Rights NGOs Confront Governments at the UN, in: Weiss, Thomas G. & Gordenker, Leon (Hg.) *NGOs, the UN, and Global Governance,* Boulder, CO: Lynne Rienner, 51–66.

Galbreath, David J. 2007. *The Organization for Security and Co-operation in Europe*, London: Routledge.

Gareis, Sven Bernhard & Varwick, Johannes 2005. *The United Nations: An Introduction,* Basingstoke: Palgrave Macmillan.

Gemmill, Barbara & Bamidele-Izu, Abimbola 2002. The Role of NGOs and Civil Society in Global Environmental Governance, in: Esty, Daniel C. & Ivanova, Maria H. (Hg.) *Global Environmental Governance: Options & Opportunities*, New Haven: Yale School of Forestry and Environmental Studies, 1–24.

Geraats, Petra 2010. ECB Credibility and Transparency, in: Buti, Marco, Deroose, Servaas, Gaspar, Vitor & Nogueira Martins, João (Hg.) *The Euro: The First Decade.* Cambridge: Cambridge University Press, 193–229.

Gilbert, Christopher L. & Vines, David 2000. The World Bank: An Overview of Some Major Issues, in: Gilbert, Christopher L. & Vines, David (Hg.) *The World Bank: Structure and Policies,* Cambridge: Cambridge University Press, 10–38.

Gill, George 1996. *The League of Nations: From 1929 to 1946,* Garden City Park, NY: Avery.

Gill, Stephen 1989. Global Hegemony and the Structural Power of Capital, in: *International Studies Quarterly* 33: 4, 475–499.

Gilligan, Michael J. 2006. Is Enforcement Necessary for Effectiveness? A Model of the International Criminal Regime, in: *International Organization* 60: 4, 935–967.

Gilpin, Robert 1981. *War and Change in World Politics,* Cambridge: Cambridge University Press.

Gilpin, Robert 2000. *The Challenge of Global Capitalism: The World Economy in the 21st Century*, Princeton, NJ: Princeton University Press.

Goldberg, Jörg 2000. Front gegen die Armut? Neue Strategien der Bretton-Woods-Institutionen, in: *Blätter für deutsche und internationale Politik* 45: 4, 456–464.

Goldsmith, Jack L. 2003. The Self-Defeating International Criminal Court, in: *Chicago Law Review* 70: 1, 89–104.

Goldsmith, Jack L. & Posner, Eric 2005. *The Limits of International Law,* Oxford: Oxford University Press.

Goldstein, Judith L., Rivers, Douglas & Tomz, Michael 2007. Institutions in International Relations: Understanding the Effects of the GATT and the WTO on World Trade, in: *International Organization* 61: 1, 37–67.

Goldstein, Judith & Keohane, Robert O. 1993. Ideas and Foreign Policy: An Analytical Framework, in: Goldstein, Judith & Keohane, Robert O. (Hg.) *Ideas and Foreign*

Policy: Beliefs, Institutions, and Political Change, Ithaca, NY: Cornell University Press, 3–30.

Goldstone, Richard 2007. International Criminal Courts and Ad-hoc Tribunals, in: Weiss, Thomas G. & Daws, Sam (Hg.) *The Oxford Handbook on the United Nations*, Oxford: Oxford University Press, 463–478.

Grabenwarter, Christoph 2005. *Europäische Menschenrechtskonvention*, 2. Aufl., Munich: Beck.

Grande, Edgar & Jachtenfuchs, Markus (Hg.) 2000. *Wie problemlösungsfähig ist die EU? Regieren im europäischen Mehrebenensystem*, Baden-Baden: Nomos.

Gränzer, Sieglinde, Jetschke, Anja, Risse, Thomas & Schmitz, Hans-Peter 1998. Internationale Menschenrechtsnormen, transnationale Netzwerke und politischer Wandel in den Ländern des Südens, in: *Zeitschrift für Internationale Beziehungen* 5: 1, 5–41.

Green, Duncan & Griffith, Matthew 2002. Globalization and Its Discontents, in: *International Affairs* 78: 1, 49–68.

Greene, Owen 1998. The System of Implementation Review in the Ozone Regime, in: Victor, David G., Raustiala, Kal & Skolnikoff, Eugene B. (Hg.) *The Implementation and Effectiveness of International Environmental Commitments. Theory and Practice*, Cambridge, MA: MIT Press, 89–136.

Greig, J. Michael & Diehl, Paul F. 2005. The Peacekeeping-Peacemaking Dilemma, in: *International Studies Quarterly* 49: 4, 621–645.

Grieco, Joseph M. 1988. Anarchy and the Limits of Cooperation: A Realist Critique of the Newest Liberal Institutionalism, in: *International Organization* 42: 3, 485–507.

Grieco, Joseph M. 1990. *Cooperation among Nations: Europe, America, and Non-Tariff Barriers to Trade*, Ithaca, NY: Cornell University Press.

Grieco, Joseph M. 1993. Understanding the Problem of International Cooperation: The Limits of Neoliberal Institutionalism and the Future of Realist Theory, in: Baldwin, David A. (Hg.) *Neorealism and Neoliberalism: The Contemporary Debate,* New York: Columbia University Press, 339–362.

Groom, A. J. R. 1988. The Advent of International Organisation, in: Taylor, Paul & Groom, A. J. R. (Hg.) *International Institutions at Work,* London: Pinter, 3–20.

Grossman, Emiliano & Leblond, Patrick 2011. European Financial Integration: Finally the Great Leap Forward? in: *Journal of Common Market Studies* 49: 2, 413–435.

Guimarães, Joao & Avendaño, Nestor 2010. The Great Experiment: Testing the PRSP Approach in Nicaragua, 2000–2007, in: *European Journal of Development Research*, doi:10.1057/ejdr.2010.50.

Guzman, Andrew T. 2008. *How International Law Works,* Oxford: Oxford University Press.

Guzman, Andrew T. & Simmons, Beth A. 2005. Power Plays and Capacity Constraints. The Selection of Defendants in World Trade Organization Disputes, in: *Journal of Legal Studies* 34: 2, 557–598.

Haas, Ernst B. 1964. *Beyond the Nation State: Functionalism and International Organization*, Stanford, CA: Stanford University Press.

Haas, Ernst B. 1968. *The Uniting of Europe: Political, Social, and Economic Forces 1950–1957*, Stanford, CA: Stanford University Press.

Haas, Peter M. 1989. Do Regimes Matter? Epistemic Communities and Mediterranean Pollution Control, in: *International Organization* 43: 3, 377–403.

Haas, Peter M. 1992a. Introduction: Epistemic Communities and International Policy Coordination, in: *International Organization* 46: 1, 1–35.

Haas, Peter M. 1992b. Banning Chlorofluorocarbons: Epistemic Community Efforts to Protect Stratospheric Ozone, in: *International Organization* 46: 1, 187–224.

Haas, Peter M. 1992c. Obtaining Environmental Protection through Epistemic Communities, in: Rowlands, Ian H. & Greene, Malory (Hg.) *Global Environmental Change and International Relations*, Basingstoke: Palgrave Macmillan, 38–59.

Hafner-Burton, Emilie M. 2005. Trading Human Rights: How Preferential Trade Arrangements Influence Government Repression, in: *International Organization* 59: 3, 593–629.

Hafner-Burton, Emilie M. 2008. Sticks and Stones: Naming and Shaming the Human Rights Enforcement Problem, in: *International Organization* 62: 3, 689–716.

Hafner-Burton, Emilie M. & Ron, James 2009. Seeing Double: Human Rights Through Qualitative and Quantitative Eyes, in: *World Politics* 61: 2, 360–401.

Hallerberg, Mark & Bridwell, Joshua 2008. Fiscal Policy Co-ordination and Discipline: The Crisis of the Stability and Growth Pact and Domestic Fiscal Regimes, in: Dyson, Kenneth (Hg.) *The Euro at Ten: Europeanization, Power, and Convergence*, Oxford: Oxford University Press, 69–86.

Hamm, Brigitte & Kocks, Alexander 2006. 40 Jahre UN-Sozialpakt: Bilanz und Perspektiven, in: *Die Friedens-Warte* 81: 1, 87–106.

Hanrieder, Tine 2009. Die Weltgesundheitsorganisation unter Wettbewerbsdruck: Auswirkungen der Vermarktlichung globaler Gesundheitspolitik, in: Dingwerth, Klaus, Kerwer, Dieter & Nölke, Andreas (Hg.) *Die Organisierte Welt. Internationale Beziehungen und Organisationsforschung*, Baden-Baden: Nomos, 165–188.

Hanrieder, Tine 2010. Fragmented Agency in International Organizations: The Case of the World Health Organization, unveröffentlichtes Manuskript, München.

Hansen, James E., Ruedy, Reto, Sato, Makiko & Lo, Ken 2008. *NASA GISS Surface Temperature (GISTEMP) Analysis – In Trends: A Compendium of Data on Global Change*, Oak Ridge, TN: U.S. Department of Energy.

Harbom, Lotta & Wallensteen, Peter 2010 Armed Conflicts, 1946-2009, in: *Journal of Peace Research* 47: 4, 501–509.

Harrigan, Jane & Mosley, Paul 1991. Evaluating the Impact of World Bank Structural Adjustment Lending: 1980-87, in: *Journal of Development Studies* 27: 1, 63–94.

Harris, David 2000. Lessons from the Reporting System of the European Social Charter, in: Alston, Philip & Crawford, James (Hg.) *The Future of UN Human Rights Treaty Monitoring,* Cambridge: Cambridge University Press, 347–360.

Hartzell, Caroline, Hoddie, Matthew & Rothchild, Donald 2001. Stabilizing the Peace After Civil War, in: *International Organization* 55: 1, 183–208.

Hasenclever, Andreas 2001. *Die Macht der Moral in der internationalen Politik: Militärische Interventionen westlicher Staaten in Somalia, Ruanda und Bosnien-Herzegowina*, Frankfurt/M.: Campus.

Hasenclever, Andreas, Mayer, Peter & Rittberger, Volker 1997. *Theories of International Regimes,* Cambridge: Cambridge University Press.

Hasenclever, Andreas, Mayer, Peter & Rittberger, Volker 2000. Integrating Theories of International Regimes, in: *Review of International Studies* 26: 1, 3–33.

Hathaway, Oona A. 2002. Do Human Rights Treaties Make a Difference? in: *Yale Law Journal* 111: 8, 1935–2042.

Haufler, Virginia 2010. Corporations in Zones of Conflict: Issues, Actors, and Institutions, in: Avant, Deborah, Finnemore, Martha & Sell, Susan K. (Hg.) *Who Governs The Globe?* Cambridge: Cambridge University Press, 102–130.

Hauser, Heinz & Schanz, Kai-Uwe 1995. *Das neue GATT: Die Welthandelsordnung nach Abschluss der Uruguay-Runde*, 2. Aufl., München: Oldenbourg.

Hawkins, Darren G. & Jacoby, Wade 2006. How Agents Matter, in: Hawkins, Darren G., Lake, David A., Nielson, Daniel L. & Tierney, Michael J. (Hg.) *Delegation and Agency in International Organizations*, Cambridge: Cambridge University Press, 199–228.

Hawkins, Darren G., Lake, David A., Nielson, Daniel L. & Tierney, Michael J. 2006. Delegation under Anarchy: States, International Organizations, and Principal-Agent Theory, in: Hawkins, Darren G., Lake, David A., Nielson, Daniel L. & Tierney, Michael J. (Hg.) *Delegation and Agency in International Organizations*, Cambridge: Cambridge University Press, 3–38.

Heinz, Wolfgang S. 2006. Von der Menschenrechtskommission zum Menschenrechtsrat, in *Die Friedens-Warte* 81: 1, 129–144.

Helfer, Lawrence & Slaughter, Anne-Marie 1997. Toward a Theory of Effective Supranational Adjudication, in: *Yale Law Journal* 107: 2, 273–391.

Helleiner, Eric 1994. *States and the Reemergence of Global Finance: From Bretton Woods to the 1990s*, Ithaca, NY: Cornell University Press.

Herz, John H. 1950. Idealist Internationalism and the Security Dilemma, in: *World Politics* 2: 2, 157–180.

Heupel, Monika 2005. *Friedenskonsolidierung im Zeitalter der „neuen Kriege": Der Wandel der Gewaltökonomien als Herausforderung*, Wiesbaden: VS Verlag für Sozialwissenschaften.

Heupel, Monika 2007. The Proliferation Security Initiative: Advancing Commitment and Capacity for WMD Interdictions, in: *Disarmament Forum* 4, 57–66.

Higgott, Richard 2001. Economic Globalization and Global Governance: Towards a Post-Washington Consensus? in: Rittberger, Volker (Hg.) *Global Governance and the United Nations System,* Tokyo: United Nations University Press, 127–157.

Hinnebush, Raymond & Ehteshami, Anoushiravan 2002. *The Foreign Policies of Middle East States*, Boulder, CO: Lynne Rienner.

Hix, Simon 2005. *The Political System of the European Union*, 2. Aufl., London: Palgrave Macmillan.

Höffe, Otfried 2001. Subsidiary and Federal World Republic: Thoughts on Democracy in an Age of Globalization, in: Rittberger, Volker (Hg.) *Global Governance and the United Nations System*, Tokyo: United Nations University Press, 181–202.

Hoffmann-van de Poll, Frederike 2011: *A Quest for Accountability: The Effects of International Criminal Tribunals and Courts on Impunity*, Berlin: Berliner Wissenschaftsverlag.

Hofmann, Jeanette 2005. Internet Governance: Eine regulative Idee auf der Suche nach ihrem Gegenstand, in: Schuppert, Gunnar Folke (Hg.) *Governance-Forschung - Vergewisserung über Stand und Entwicklungslinien,* Baden-Baden: Nomos, 277–301.

Holbrooke, Richard 1999. *To End a War,* New York: Random House.

Holtrup, Petra 2001. Das Scheitern der Klimaschutzdiplomatie, in: *Internationale Politik* 56: 6, 31–38.

Hooghe, Lisbeth & Marks, Gary 2001. *Multi-level Governance and European Integration*, Lanham, MD: Rowman & Littlefield.

Hosli, Madeleine E. 2010. Voting Weights, Thresholds and Population Size: Member State Representation in the Council of the European Union, in: van Deemen, Adrian & Rusinowska, Agnieszka (Hg.) *Collective Decision-Making*, Berlin: Springer, 151–167.

Howard, Lisa Morjé 2008. *UN Peacekeeping in Civil Wars*, Cambridge: Cambridge University Press.

Howorth, Jolyon & Keeler, John (Hg.) 2003. *Defending Europe: The EU, NATO and the Quest for European Autonomy,* New York: Palgrave Macmillan.

Huckel Schneider, Carmen i.E. *The Legitimacy of Global Health Governance: Forces and Receptions of Change*, London: Routledge.

Hughes, Steve & Haworth, Nigel 2010. *The International Labour Organisation,* London: Routledge.

Hüller, Thorsten & Maier, Mathias Leonard 2006. Fixing the Codex? Global Food-Safety Governance, in: Joerges, Christian & Petersmann, Ernst-Ulrich (Hg.) *Constitutionalism, Multilevel Trade Governance and Social Regulation*, Oxford: Oxford University Press, 267–300.

Human Security Center 2005. *Human Security Report 2005: War and Peace in the 21st Century*, Oxford: Oxford University Press.

Human Security Report Project 2010. *Human Security Report 2009/2010: The Causes of Peace and the Shrinking Costs of War*, Vancouver, BC: Human Security Report Project.

Hurd, Ian 2005. The Strategic Use of Liberal Internationalism: Libya and the UN Sanctions, 1992–2003, in: *International Organization* 59: 3, 495–526.

Hurd, Ian 2007. *After Anarchy: Legitimacy and Power in the UN Security Council*, Princeton, NJ: Princeton University Press.

Hurrell, Andrew 1999. Power, Principles, and Prudence. Protecting Human Rights in a Deeply Divided World, in: Dunne, Tim & Wheeler, Nicholas J. (Hg.) *Human Rights in Global Politics,* Cambridge: Cambridge University Press, 277–302.

Iida, Keisuke 2004. Is WTO Dispute Settlement Effective? in: *Global Governance* 10: 2, 207–225.

Ilzkovitz, Fabienne, Dierx, Adriaan, Kovacs, Viktoria & Sousa, Nuno 2007. Steps Towards a Deeper Economic Integration: the Internal Market in the 21st Century. A Contribution to the Single Market Review, *European Commission Economic Papers* Nr. 271, Brüssel.

Independent Evaluation Office of the IMF (IEO) 2011. *IMF Performance in the Run-Up to the Financial and Economic Crisis: IMF Surveillance in 2004–07*, Evaluationsbericht, Washington, DC.

Ingram, Paul, Robinson, Jeffrey & Busch, Marc L. 2005. The Intergovernmental Network of World Trade: IGO Connectedness, Governance and Embeddedness, in: *American Journal of Sociology* 111: 3, 824–858.

International Commission on Intervention and State Sovereignty (ICISS) 2001. *Responsibility to Protect: Report of the International Commission on Intervention and State Sovereignty*, Ottawa, ON: International Development Research Center.

International Monetary Fund (IMF) 2009. *Annual Report of the Executive Board for the Financial Year Ended April 30, 2009*, Washington, DC: IWF.

International Monetary Fund (IMF) 2010. *The Fund's Role Regarding Cross-Border Capital Flows*, Bericht des Strategy, Policy, and Review Department und des Legal Department, Washington, DC: IWF.

International Monetary Fund (IMF) 2010a. *Global Financial Stability Report: Meeting New Challenges to Stability and Building a Safer System*, Washington, DC: IWF.

International Monetary Fund (IMF) 2011. *IMF Lending – Factsheet, Online Resource*, http://www.imf.org/external/np/exr/facts/howlend.htm, letzter Zugriff: 17. Januar 2011.

Irion, Kristina 2009. Separated Together: The International Telecommunications Union and Civil Society, in: *International Journal of Communications Law & Policy* 13, 95–113.

Irwin, Douglas A. 1995. The GATT in Historical Perspective, in: *American Economic Review* 85: 2, 323–328.

Jackson, John Howard 1999. *The World Trading System. Law and Policy of International Economic Relations*, 2. Aufl., Cambridge: Cambridge University Press.

Jackson, John H. 2004. Effektivität und Wirksamkeit des Streitbeilegungsverfahrens der WTO, in: Zangl, Bernhard & Zürn, Michael (Hg.) *Verrechtlichung – Baustein für Global Governance?* Bonn: Dietz.

Jacobson, Harold K. 1984. *Networks of Interdependence: International Organizations and the Global Political System*, 2. Aufl., New York: Knopf.

Jakobi, Anja P. & Martens, Kerstin 2010. Expanding and Intensifying Governance: The OECD in Education Policy, in: Martens, Kerstin & Jakobi, Anja P. (Hg.) *Mechanisms of OECD Governance – International Incentives for National Policy Making*, Oxford: Oxford University Press, 163–180.

Janis, Mark W., Kay, Richard S. & Bradley, Anthony W. 2000. *European Human Rights Law: Text and Materials,* Oxford: Oxford University Press.

Jervis, Robert 1983. Security Regimes, in: Krasner, Stephen D. (Hg.) *International Regimes,* Ithaca, NY: Cornell University Press, 357–378.

Jessop, Bob 2002. *The Future of the Capitalist State*, Cambridge: Polity Press.

Jetschke, Anja 2006. Weltkultur vs. Partikularismus: Die Universalität der Menschenrechte im Lichte der Ratifikation von Menschenrechtsverträgen, in: *Die Friedens-Warte* 81: 1, 25–49.

Jönsson, Christer & Tallberg, Jonas 1998. Compliance and Post-Agreement Bargaining, in: *European Journal of International Relations* 4: 4, 371–408.

Joerges, Christian & Falke, Josef (Hg.) 2000. *Das Ausschusswesen der Europäischen Union: Praxis der Risikoregulierung im Binnenmarkt und ihre rechtliche Verfassung*, Baden-Baden: Nomos.

Joerges, Christian & Neyer, Jürgen 1997a. Transforming Strategic Interaction Into Deliberative Problem-Solving: European Comitology in the Foodstuffs Sector, in: *Journal of European Public Policy* 4: 4, 609–625.

Joerges, Christian & Neyer, Jürgen 1997b. From Intergovernmental Bargaining to Deliberative Political Processes: The Constitutionalisation of Comitology, in: *European Law Journal* 3: 3, 273–299.

Johnstone, Ian 2008. The Security Council as Legislature, in: Cronin, Bruce & Hurd, Ian (Hg.) *The UN Security Council and the Politics of International Authority*, London: Routledge, 80–104.

Jones, Erik 2009. Output Legitimacy and the Global Financial Crisis: Perceptions Matter, in: *Journal of Common Market Studies* 47: 5, 1085–1105.

Jones, Kent 2009. *The Doha Blues. Institutional Crisis and Reform in the WTO*, Oxford: Oxford University Press.

Jørgensen, Knud Erik 2002. Making the CFSP Work, in: Peterson, John & Shackleton, Michael (Hg.) *The Institutions of the European Union,* Oxford: Oxford University Press, 210–232.

Kahler, Miles 1995. *International Institutions and the Political Economy of Integration*, Washington, DC: Brookings.

Kanbur, Ravi & Vines, David 2000. The World Bank and Poverty Reduction: Past, Present and Future, in: Gilbert, Christopher L. & Vines, David (Hg.) *The World Bank: Structure and Policies,* Cambridge: Cambridge University Press, 87–107.

Kant, Immanuel 1991 [1795]. Perpetual Peace: A Philosophical Sketch, in: Reiss, Hans (Hg.) *Kant: Political Writings,* 2. Aufl., Cambridge: Cambridge University Press, 93–130.

Kapstein, Ethan B. 1996. *Governing the Global Economy: International Finance and the State,* 2. Aufl., Cambridge, MA: Harvard University Press.

Karns, Margaret P. & Mingst, Karen A. 2010. *International Organizations. The Politics and Processes of Global Governance,* 2. Aufl., Boulder, CO: Lynne Rienner.

Katzenstein, Peter J. 1996. Introduction: Alternative Perspectives on National Security, in: Katzenstein, Peter J. (Hg.) *The Culture of National Security: Norms and Identity in World Politics,* New York: Columbia University Press, 1–32.

Keashly, Lora Leigh & Fisher, Ronald J. 1996. A Contingency Perspective on Conflict Interventions: Theoretical and Practical Considerations, in: Bercovitch, Jacob (Hg.)

Resolving International Conflicts: The Theory and Practice of Mediations, Boulder, CO: Lynne Rienner, 235–261.

Keating, Michael 2008. A Quarter Century of the Europe of Regions, in: *Regional & Federal Studies* 18: 5, 629–635.

Keck, Margaret E. & Sikkink, Kathryn 1998. *Activists Beyond Borders: Advocacy Networks in International Politics,* Ithaca, NY: Cornell University Press.

Keller, Helen & Stone Sweet, Alec (Hg.) 2008. *A Europe of Rights. The Impact of the ECHR on National Legal Systems*, Oxford: Oxford University Press.

Kennedy, David 2007. Leader, Clerk, or Policy Entrepreneur? The Secretary General in a Complex World, in: Chesterman, Simon (Hg.) *Secretary or General? The UN Secretary General in World Politics*, Cambridge: Cambridge University Press, 158–180.

Kennedy, Paul 1987. *The Rise and Fall of the Great Powers: Economic Change and Military Conflict from 1500 to 2000*, New York: Random House.

Kent, Penelope 2008. *Law of the European Union*, Essex: Pearson.

Kenyon, Ian R. & Feakes, Daniel (Hg.) 2007. *The Creation of the Organisation for the Prohibition of Chemical Weapons: A Case Study in the Birth of an Intergovernmental Organisation*, Cambridge: Cambridge University Press.

Keohane, Robert O. 1980. The Theory of Hegemonic Stability and Changes in International Economic Regimes, 1967–1977, in: Holsti, Ole R., Siverson, Randolph & George, Alexander L. (Hg.) *Change in the International System,* Boulder, CO: Westview, 131–162.

Keohane, Robert O. 1984. *After Hegemony: Cooperation and Discord in the World Political Economy*, Princeton, NJ: Princeton University Press.

Keohane, Robert O. 1989. Neoliberal Institutionalism: A Perspective on World Politics, in: Keohane, Robert O. (Hg.) *International Institutions and State Power: Essays in International Relations Theory,* Boulder, CO: Westview, 1–20.

Keohane, Robert O., Moravcsik, Andrew & Slaughter, Anne-Marie 2000. Legalized Dispute Resolution: Interstate and Transnational, in: *International Organization* 54: 3, 457–488.

Keohane, Robert O. & Nye, Joseph S., Jr. 2001. *Power and Interdependence,* 3. Aufl., New York: Longman.

Keukeleire, Stephan & MacNaughtan, Jennifer 2008. *The Foreign Policy of the European Union*, Basingstoke: Palgrave Macmillan.

Kiewiet, D. Roderick & McCubbins, Mathew D. 1991: *The Logic of Delegation: Congressional Parties and the Appropriations Process*, Chicago, IL: University of Chicago Press.

Kilby, Christopher 2009. The Political Economy of Conditionality: An Empirical Analysis of World Bank Loan Disbursements, in: *Journal of Development Economics* 89: 1, 51–61.

Kindleberger, Charles P. 1976. Systems of International Economic Organization, in: Calleo, David P. (Hg.) *Money and the Coming World Order,* New York: New York University Press, 15–39.

Kiss, Elizabeth 2000. Moral Ambition Within and Beyond Political Constraints, in: Rotberg, Robert I. & Thompson, Dennis (Hg.) *Truth v. Justice: The Morality of Truth Commissions*, Princeton, NJ: Princeton University Press, 68–98.

Klabbers, Jan 2009. *An Introduction to International Institutional Law*, 2. Aufl., Cambridge: Cambridge University Press.

Klein, Eckart & Brinkmeier, Friederike 2001. CCPR und EGMR: Der Menschenrechtsausschuss der Vereinten Nationen und der Europäische Gerichtshof für Menschenrechte im Vergleich, in: *Vereinte Nationen* 49: 1, 17–20.

Klotz, Audie 1995. *Norms in International Relations: The Struggle Against Apartheid,* Ithaca, NY: Cornell University Press.

Kohler-Koch, Beate & Rittberger, Berthold 2006. Review Article: The "Governance Turn" in EU Studies, in: *Journal of Common Market Studies* 44: Annual Review, 27–49.

Koremenos, Barbara, Lipson, Charles & Snidal, Duncan 2001. The Rational Design of International Institutions, in: *International Organization* 55: 4, 761–800.

Korey, William 1998. *NGOs and the Universal Declaration of Human Rights: A Curious Grapevine*, New York: St Martin's Press.

Krasner, Stephen D. 1983. Structural Causes and Regime Consequences: Regimes as Intervening Variables, in: Krasner, Stephen D. (Hg.) *International Regimes,* Ithaca, NY: Cornell University Press, 1–21.

Krasner, Stephen D. 1985. *Structural Conflict: The Third World Against Global Liberalism,* Berkeley, CA: University of California Press.

Krasner, Stephen D. 1991. Global Communications and National Power. Life on the Pareto Frontier, in: *World Politics* 43: 3, 336–366.

Krasner, Stephen D. 1999. *Sovereignty: Organized Hypocrisy,* Princeton, NJ: Princeton University Press.

Krause, Keith 2007. Disarmament, in: Weiss, Thomas G. & Daws, Sam (Hg.) *The Oxford Handbook on the United Nations*, Oxford: Oxford University Press, 287–299.

Kruck, Andreas 2011. *Private Ratings, Public Regulations: Credit Rating Agencies and Global Financial Governance*, Basingstoke: Palgrave Macmillan.

Kruck, Andreas & Rittberger, Volker 2010. Multilateralism Today and its Contribution to Global Governance, in: Muldoon, James P., Aviel, Joann F., Reitano, Richard & Sullivan, Earl (Hg.) *The New Dynamics of Multilateralism. Diplomacy, International Organizations, and Global Governance,* Boulder, CO: Westview Press, 43–65.

Krugman, Paul R. & Obstfeld, Maurice 2008. *International Economics. Theory and Policy*, 8. Aufl., New York: Longman.

Ku, Julian & Nzelibe, Jide 2006. Do International Criminal Tribunals Deter or Exacerbate Humanitarian Atrocities? in: *Washington University Law Quarterly* 84: 4, 777–833.

Kucik, Jeffrey & Reinhardt, Eric 2008. Does Flexibility Promote Cooperation? An Application to the Global Trade Regime, in: *International Organization* 62: 3, 477–505.

Kühne, Winrich 2000a. Humanitäre Konfliktlagen in der globalisierten Welt und die Notwendigkeit zur Fortentwicklung des Völkerrechts, in: Menzel, Ulrich (Hg.) *Vom Ewigen Frieden und vom Wohlstand der Nationen: Dieter Senghaas zum 60 Geburtstag,* Frankfurt/M.: Suhrkamp, 291–319.

Kühne, Winrich 2000b. Zukunft der UN-Friedenseinsätze: Lehren aus dem Brahimi-Report, in: *Blätter für deutsche und internationale Politik* 11, 1355–1364.

Kuper, Ernst & Jun, Uwe (Hg.) 1997. *Nationales Interesse und integrative Politik in transnationalen parlamentarischen Versammlungen*, Opladen: Leske & Budrich.

Layne, Christopher 1993. The Unipolar Illusion: Why New Great Powers Will Rise, in: *International Security* 17: 4, 5–51.

Layne, Christopher 2006. The Unipolar Illusion Revisited: The Coming End of the United States' Unipolar Moment, in: *International Security* 31: 2, 7–41.

Leach, Philipp 2001. *Taking a Case to the European Court of Human Rights*, London: Blackstone.

Lebovic, James H. & Voeten, Erik 2006. The Politics of Shame: The Condemnation of Country Human Rights Practices in the UNCHR, in: *International Studies Quarterly* 50: 4, 861–888.

Lebovic, James H. & Voeten, Erik 2009. The Cost of Shame: International Organizations and Foreign Aid in the Punishing of Human Rights Violators, in: *Journal of Peace Research* 46: 1, 79–97.

Lee, Kelley 2003. *Globalization and Health: An Introduction,* Basingstoke: Palgrave Macmillan.

Lee, Kelley 2009. *The World Health Organization (WHO),* London: Routledge.

Leib, Volker 2004. Verrechtlichung im Internet: Macht und Recht bei der Regulierung durch ICANN, in: Zangl, Bernhard & Zürn, Michael (Hg.) *Verrechtlichung – Baustein für Global Governance?* Bonn: Dietz, 198–217.

Leitner, Kara & Lester, Simon 2005. WTO Dispute Settlement 1995–2004. A Statistical Analysis, in: *Journal of International Economic Law* 8: 1, 231–244.

Lenshow, Andrea 2010. Environmental Policy: Contending Dynamics of Policy Change, in: Wallace, Helen, Pollack, Mark A. & Young, Alasdair (Hg.) *Policy-Making in the European Union*, 6. Aufl., Oxford: Oxford University Press, 307–329.

Levite, Ariel 2002/2003. Never Say Never Again: Nuclear Reversal Revisited, in: *International Security* 27: 3, 59–88.

Levitt, Malcolm & Lord, Christopher 2000. *The Political Economy of Monetary Union,* Basingstoke: Palgrave Macmillan.

Levy, Marc A. 1993. European Acid Rain: The Power of Tote-Board Diplomacy, in: Haas, Peter M., Keohane, Robert O. & Levy, Marc A. (Hg.) *Institutions for the Earth: Sources of Effective International Environmental Protection*, Cambridge, MA: MIT Press, 75–132.

Liddell, Roderick 2002. The European Court of Human Rights after 50 Years of the European Convention on Human Rights, in: Hasse, Jana, Müller, Erwin & Schneider, Patricia (Hg.) *Menschenrechte: Bilanz und Perspektiven*, Baden-Baden: Nomos, 431–441.

Liese, Andrea 1998. Menschenrechtsschutz durch Nichtregierungsorganisationen, in: *Aus Politik und Zeitgeschichte* 46-47, 36–42.

Liese, Andrea 2006a. *Staaten am Pranger: Zur Wirkung internationaler Regime auf innerstaatliche Menschenrechtspolitik*, Wiesbaden: VS Verlag für Sozialwissenschaften.

Liese, Andrea 2006b. Epistula (non) erubescit. Das Staatenberichtsverfahren als Instrument internationaler Rechtsdurchsetzung, in: *Die Friedens-Warte* 81: 1, 51–69.

Liese, Andrea 2009. Die unterschiedlich starke Öffnung internationaler Organisationen gegenüber nichtstaatlichen Akteuren. Erklärungen der Institutionen- und Organisationstheorie, in: Dingwerth, Klaus, Kerwer, Dieter & Nölke, Andreas (Hg.) *Die Organisierte Welt: Internationale Beziehungen und Organisationsforschung,* Baden-Baden: Nomos Verlag, 189–210.

Linklater, Andrew 1990. The Problem of Community in International Relations, in: *Alternatives* 15: 2, 135–153.

Linklater, Andrew 1998. *The Transformation of Political Community: Ethical Foundations of the Post-Westphalian Era*, Cambridge: Polity Press.

Linklater, Andrew 2007. Critical Theory, in: Griffiths, Martin (Hg.) *International Relations Theory for the 21st Century*, London: Routledge, 47–59.

Lipson, Charles 1983. The Transformation of Trade: The Sources and Effects of Regime Change, in: Krasner, Stephen D. (Hg.) *International Regimes,* Ithaca, NY: Cornell University Press, 233–271.

Lipson, Michael 2007. Peacekeeping: Organized Hypocrisy? In: *European Journal of International Relations* 13: 1, 5–34.

List, Martin 1991. *Umweltschutz in zwei Meeren: Vergleich der internationalen Zusammenarbeit zum Schutz der Meeresumwelt in Nord- und Ostsee*, München: tuduv.

Lister, Frederick K. 1984. *Decision-Making Strategies for International Organisations: The IMF Model*, Denver, CO: University of Denver.

Litfin, Karen 1995. Framing Science: Precautionary Discourse and the Ozone Treaties, in: *Millennium* 24: 2, 251–277.

Little, Richard 2000. The English School's Contribution to the Study of International Relations, in: *European Journal of International Relations* 6: 3, 395–422.

Lombardi, Domenico & Woods, Ngaire 2008. The Politics of Influence: An Analysis of IMF Surveillance, in: *Review of International Political Economy* 15: 5, 711–739.

Loosch, Reinhard 2000. From "Programme 93+2" to Model Protocol INFCIRC/540: Negotiating for a Multilateral Agreement in the International Atomic Energy Agency, in: Häckel, Erwin & Stein, Gotthard (Hg.) *Tightening the Reins: Towards a Strengthened International Nuclear Safeguards System,* Berlin: Springer, 23–66.

Lowi, Theodore J. 1964. American Business, Public Policy, Case Studies, and Political Theory, in: *World Politics* 16: 4, 677–715.

Lowi, Theodore J. 1972. Four Systems of Policy, Politics, and Choice, in: *Public Administration Review* 33, 298–310.

Luard, Evan 1977. *International Agencies: The Emerging Framework of Interdependence*, London: Macmillan (jetzt Palgrave Macmillan).

Luard, Evan 1982. *A History of the United Nations: The Years of Western Domination 1945–1955*, New York: St Martin's Press.

Luterbacher, Urs & Sprinz, Detlef (Hg.) 2001. *International Relations and Global Climate Change,* Cambridge, MA: MIT Press.

Majone, Giandomenico 2001. Two Logics of Delegation: Agency and Fiduciary Relations in EU Governance, in: *European Union Politics* 2: 1, 103–122.

Malone, David M. 2007. The Security Council, in: Weiss, Thomas G. & Daws, Sam (Hg.) *The Oxford Handbook on the United Nations*, Oxford: Oxford University Press, 117–135.

Mangone, Gerard J. 1975. *A Short History of International Organization,* Westport, CT: Greenwood.

Mansfield, Edward D. & Reinhardt, Eric 2008. International Institutions and the Volatility of International Trade, in: *International Organization* 62: 4, 621–652.

March, James G. & Olsen, Johan P. 1989. *Rediscovering Institutions: The Organizational Basis of Politics*, New York: Free Press.

Marchisio, Sergio & Di Blase, Antonietta 1991. *The Food and Agriculture Organization (FAO)*, Dordrecht: Martinus Nijhoff.

Marin Bosch, Miguel 1999. The Non-Proliferation Treaty and Its Future, in: Boisson de Chazournes, Laurence & Sands, Philippe (Hg.) *International Law, the International Court of Justice and Nuclear Weapons,* Cambridge: Cambridge University Press, 375–389.

Marks, Gary 1992. Structural Policy in the European Community, in: Sbragia, Alberta M. (Hg.) *Europolitics: Institutions and Policymaking in the "New" European Community,* Washington, DC: Brookings, 191–224.

Marks, Gary 1993. Structural Policy and Multilevel Governance in the EC, in: Cafruny, Alan W. & Rosenthal, Glenda G. (Hg.) *The State of the European Community, Vol. 2*, London: Longman, 391–410.

Marshall, Katherine 2008. *The World Bank: From Reconstruction to Development to Equity*, London: Routledge.

Marten, Kimberly 2004. *Enforcing the Peace: Learning from the Imperial Past*, New York: Columbia University Press.

Martens, Kerstin 2005. *NGOs and the United Nations: Institutionalization, Professionalization and Adaptation*, Basingstoke: Palgrave Macmillan.

Martens, Kerstin, Nagel, Alexander-Kenneth, Windzio, Michael & Weymann, Ansgar 2010. *Transformation of Education Policy,* Basingstoke: Palgrave Macmillan.

Martin, Lisa L. 1992. Interests, Power, and Multilateralism, in: *International Organization* 46: 2, 765–792.

Martin, Lisa L. 2006. Distribution, Information, and Delegation to International Organizations: The Case of IMF Conditionality, in: Hawkins, Darren Greg, Lake, David A.,

Nielson, Daniel L. & Tierney, Michael J. (Hg.) *Delegation and Agency in International Organizations*, Cambridge: Cambridge University Press, 140–164.

Mastanduno, Michael 1999. Preserving the Unipolar Moment: Realist Theories and U.S. Grand Strategy After the Cold War, in: Kapstein, Ethan B. & Mastanduno, Michael (Hg.) *Unipolar Politics: Realism and State Strategies After the Cold War,* New York: Columbia University Press, 138–181.

Mathiason, John 2009. *Internet Governance. The New Frontier of Global Institutions*, London: Routledge.

Mathiason, John 2010. International Secretariats: Diplomats or Civil Servants? in: Muldoon, James P., Aviel, Joann F., Reitano, Richard & Sullivan, Earl (Hg.) *The New Dynamics of Multilateralism. Diplomacy, International Organizations, and Global Governance,* Boulder, CO: Westview Press, 237–247.

Matsushita, Mitsou, Schoenbaum, Thomas J. & Mavroidis, Petros C. 2004. *The World Trade Organization: Law, Practice and Policy,* Oxford: Oxford University Press.

Maurer, Andreas 1998. Die institutionellen Reformen: Entscheidungseffizienz und Demokratie, in: Jopp, Mathias, Maurer, Andreas & Schmuck, Otto (Hg.) *Die Europäische Union nach Amsterdam: Analysen und Stellungnahmen zum neuen EU-Vertrag,* Bonn: Europa Union, 41–82.

Maurer, Andreas 2000. Europäisches Parlament, in: Weidenfeld, Werner & Wessels, Wolfgang (Hg.) *Europa von A bis Z,* 7. Aufl., Bonn: Europa Union, 188–197.

Mayer, Peter 2008. Civil Society Participation in International Security Organizations: The Cases of NATO and the OSCE, in: Steffek, Jens, Kissling, Claudia & Nanz, Patrizia (Hg.) *Civil Society Participation in European and Global Governance: A Cure for the Democratic Deficit?* Basingstoke: Palgrave Macmillan, 116–140.

Mayntz, Renate 1977. Die Implementation politischer Programme: Theoretische Überlegungen zu einem neuen Forschungsgebiet, in: *Die Verwaltung* 10: 1, 51–66.

McGowan, Francis 2000. Competition Policy, in: Wallace, Helen & Wallace, William (Hg.) *Policy-Making in the European Union,* 4. Aufl., Oxford: Oxford University Press, 115–147.

Mearsheimer, John J. 2001. *The Tragedy of Great Power Politics,* New York: Norton.

Mendrinou, Maria 1996. Non-Compliance and the European Commission's Role in Integration, in: *Journal of European Public Policy* 3: 1, 1–22.

Metzger, Martina 2002. World Bank, World Bank Group, in: Volger, Helmut (Hg.) *A Concise Encyclopedia of the United Nations,* Den Haag: Kluwer Law International, 679–684.

Meunier, Sophie 2003. Trade Policy and Political Legitimacy in the European Union, in: *Comparative European Politics* 1: 1, 67–90.

Meunier, Sophie & McNamara, Kathleen 2007. Making History: European Integration and Institutional Change at Fifty, in: McNamara, Kathleen & Meunier, Sophie (Hg.) *Making History: European Integration and Institutional Change at Fifty,* Oxford: Oxford University Press, 1–22.

Mingst, Karen A. & Karns, Margaret P. 2007. *The United Nations in the 21st Century,* Boulder, CO: Westview Press.

Mitchell, Ronald 1994. Regime Design Matters: Intentional Oil Pollution and Treaty Compliance, in: *International Organization* 48: 3, 425–458.

Missbach, Andreas 1999. Internationale Klimapolitik: Weltinnenpolitik oder Innenpolitik der USA? in: Hein, Wolfgang (Hg.) *Globalisierung und ökologische Krise,* Hamburg: Deutsches Übersee-Institut, 195–230.

Mitrany, David 1933. *The Progress of International Government*, New Haven, CT: Yale University Press.

Mitrany, David 1966. *A Working Peace System,* Chicago: Quadrangle.

Mittag, Jürgen 2000. Ausschuss der Regionen, in: Weidenfeld, Werner & Wessels, Wolfgang (Hg.) 2000. *Europa von A bis Z,* 7. Aufl., Bonn: Europa Union, 78–81.
Modelski, George 1987. *Long Cycles in World Politics,* Seattle, WA: University of Washington Press.
Momani, Bessma 2004. American Politicization of the International Monetary Fund, in: *Review of International Political Economy* 11: 5, 880–904.
Mondré, Aletta 2009. Judizialisierungsprozesse im Sicherheitsbereich: Friedensbedrohungen vor dem UN-Sicherheitsrat, in: Zangl, Bernhard (Hg.) *Auf dem Weg zu internationaler Rechtsherrschaft? Streitbeilegung zwischen Politik und Recht,* Frankfurt/M.: Campus, 119–159.
Moravcsik, Andrew 1991. Negotiating the Single European Act: National Interests and Conventional Statecraft in the European Community, in: *International Organization* 45: 1, 19–56.
Moravcsik, Andrew 1995: Explaining International Human Rights Regimes: Liberal Theory and Western Europe, in: *European Journal of International Relations* 1: 2, 157–189.
Moravcsik, Andrew 1998. *The Choice for Europe: Social Purpose and State Power from Messina to Maastricht,* Ithaca, NY: Cornell University Press.
Moravcsik, Andrew 2000. The Origins of Human Rights Regimes: Democratic Delegation in Postwar Europe, in: *International Organization* 54: 2, 217–252.
Moravcsik, Andrew 2002. In Defence of the "Democratic Deficit": Reassessing Legitimacy in the European Union, in: *Journal of Common Market Studies* 40: 4, 603–624.
Moravcsik, Andrew 2007. The European Constitutional Settlement, in: McNamara, Kathleen & Meunier, Sophie (Hg.) *Making History: European Integration and Institutional Change at Fifty,* Oxford: Oxford University Press, 23–50.
Morgenthau, Hans 1948: *Politics Among Nations: The Struggle for Power and Peace,* New York: Alfred A. Knopf.
Moschella, Manuela 2010. *Governing Risk: The IMF and Global Financial Crises,* Basingstoke: Palgrave Macmillan.
Mosley, Paul, Harrigan, Jane & Toye, John 1995. *Aid and Power. The World Bank and Policy-based Lending,* London: Routledge.
Müller, Harald 1989. Regimeanalyse und Sicherheitspolitik: Das Beispiel Nonproliferation, in: Kohler-Koch, Beate (Hg.) *Regime in den internationalen Beziehungen,* Baden-Baden: Nomos, 277–313.
Müller, Harald 1993. The Internalization of Principles, Norms and Rules by Governments: The Case of Security Regimes, in: Rittberger, Volker (Hg.) *Regime Theory and International Relations,* Oxford: Clarendon Press, 361–388.
Müller, Harald 1994. Internationale Beziehungen als kommunikatives Handeln: Zur Kritik der utilitaristischen Handlungstheorien, in: *Zeitschrift für Internationale Beziehungen* 1: 1, 15–44.
Müller, Harald 2000. Compliance Politics: A Critical Analysis of Multilateral Arms Control, in: *Nonproliferation Review* 7: 2, 77–90.
Müller, Harald 2002. Security Cooperation, in: Carlsnaes, Walter, Risse, Thomas & Simmons, Beth A. (Hg.) *Handbook of International Relations,* London: Sage, 369–391.
Müller, Harald 2010. Between Power and Justice: Current Problems and Perspectives of the NPT Regime, in: *Strategic Analysis* 34: 2, 189–201.
Müller, Harald, Becker, Una & Seidler-Diekmann, Tabea 2008. Die Regime zur Kontrolle nuklearer, biologischer und chemischer Waffen, in: *Die Friedens-Warte* 83: 2/3, 57–79.
Müller, Harald, Fischer, David & Kötter, Wolfgang 1994. *Nuclear Non-Proliferation and Global Order,* Oxford: Oxford University Press.

Müller, Harald & Schmidt, Andreas 2010. The Little Known Story of De-Proliferation: Why States Give Up Nuclear Weapon Activities, in: Potter, William S. (Hg.) *Forecasting Nuclear Proliferation*, Stanford: Stanford University Press, 124–158.

Müller, Thorsten 2000. Rat der EU, in: Weidenfeld, Werner & Wessels, Wolfgang (Hg.) *Europa von A bis Z*, 7. Aufl., Bonn: Europa Union, 316–321.

Murphy, Craig 2006. *The United Nations Development Programme: A Better Way?* Cambridge: Cambridge University Press.

Narlikar, Amrita 2004. *International Trade and Developing Countries: Bargaining Coalitions in the GATT & WTO*, London: Routledge.

Narlikar, Amrita & Tussie, Diana 2003. The G20 at the Cancun Ministerial: Developing Countries and Their Evolving Coalitions in the WTO, in: *World Economy* 27: 7, 947–966.

Neuhold, Hanspeter 1999. The European Union: A Major Actor in the Field of Security Policy, in: Benedek, Wolfgang, Isak, Hubert & Kicker, Renate (Hg.) *Development and Developing International and European Law: Essays in Honour of Konrad Ginther on the Occasion of his 65th Birthday,* Frankfurt/M.: Lang, 451–472.

Neumann, Iver B. 1996. Self and Other in International Relations, in: *European Journal of International Relations* 2: 2, 139–174.

Neumann, Manfred J.M. 2010. Some Observations on the ECB's Monetary Policy, in: Buti, Marco, Deroose, Servaas, Gaspar, Vitor & Nogueira Martins, João (Hg.) *The Euro: The First Decade,* Cambridge: Cambridge University Press, 230–258.

Neumayer, Eric 2005. Do International Human Rights Treaties Improve Respect for Human Rights? in: *Journal of Conflict Resolution* 49: 6, 925–953.

Newell, Peter & Bulkeley, Harriet 2010. *Governing Climate Change*, London: Routledge.

Neyer, Jürgen 2002. Politische Herrschaft in nicht-hierarchischen Mehrebenensystemen, in: *Zeitschrift für Internationale Beziehungen* 9: 1, 1–30.

Neyer, Jürgen 2004. *Postnationale politische Herrschaft: Verrechtlichung und Vergesellschaftung jenseits des Staates*, Baden-Baden: Nomos.

Nielson, Daniel L. & Tierney, Michael J. 2003. Delegation to International Organizations: Agency Theory and World Bank Environmental Reform, in: *International Organization* 57: 1, 241–276.

Nielson, Daniel L., Tierney, Michael J. & Weaver, Catherine 2006. Bridging the Rationalist-Constructivist Divide: Re-engineering the Culture of the World Bank, in: *Journal of International Relations and Development* 9: 1, 107–139.

Niemeier, Michael 2010. Nach dem Vertrag von Lissabon. Die polizeiliche Zusammenarbeit in der EU, in: *ERA Forum* 11: 2, 197–206.

Norris, Robert S. & Christensen, Hans M. 2010. Global Nuclear Weapons Inventories, 1945–2010, in: *Bulletin of the Atomic Scientists* 66: 4, 77–83.

North, Douglass C. 1981. *Structure and Change in Economic History,* New York: Norton.

Nugent, Neill 2001. *The European Commission*, London: Routledge.

Nugent, Neill 2006. *The Government and Politics of the European Union,* 6. Aufl., Basingstoke: Palgrave Macmillan.

Oberthür, Sebastian 2004. Verrechtlichung in der internationalen Umweltpolitik: Tendenzen, Gründe, Wirkungen, in: Zürn, Michael & Zangl, Bernhard (Hg.) *Verrechtlichung – Baustein für Global Governance?,* Bonn: Dietz, 119–139.

Oberthür, Sebastian & Marr, Simon 2002. Das System der Erfüllungskontrolle des Kyoto-Protokolls: Ein Schritt zur wirksamen Durchsetzung im Umweltvölkerrecht, in: *Zeitschrift für Umweltrecht* 13: 2, 81–89.

Oberthür, Sebastian & Ott, Hermann E. (in Zusammenarbeit mit Richard G. Tarasofsky) 1999. *The Kyoto Protocol: International Climate Policy for the 21st Century,* Berlin: Springer.

Odell, John S. (Hg.) 2006. *Negotiating Trade: Developing Countries in the WTO and NAFTA*, Cambridge: Cambridge University Press.

O'Flaherty, Michael 2002. *Human Rights and the UN. Practice Before the Treaty Bodies*, 2. Aufl., Den Haag: Martinus Nijhof.

Ohloff, Stephan 1999. Beteiligung von Verbänden und Unternehmen im WTO Streitbeilegungsverfahren: Das Shrimps-Turtle-Verfahren als Wendepunkt? in: *Europäische Zeitschrift für Wirtschaftsrecht* 1999, 139–144.

Oppermann, Thomas, Classen, Claus Dieter & Nettesheim, Martin 2009. *Europarecht: ein Studienbuch*, 4. Aufl., München: Beck.

Osiander, Andreas 1994. *The States System of Europe 1640–1990: Peacemaking and the Conditions of International Stability*, Oxford: Clarendon Press.

Ott, Hermann E. 1997. Das internationale Regime zum Schutz des Klimas, in: Gehring, Thomas & Oberthür, Sebastian (Hg.) *Internationale Umweltregime: Umweltschutz durch Verhandlungen und Verträge,* Opladen: Leske & Budrich, 201–218.

Paes, Wolf-Christian 2005. Internationale Initiativen zur Eindämmung von Ressourcenkonflikten und „Neuen Kriegen", in: *Die Friedens-Warte* 80: 1-2, 61–81.

Panke, Diana 2010. *The Effectiveness of the European Court of Justice: Why Reluctant States Comply*, Manchester: Manchester University Press.

Pape, Matthias 1997. *Humanitäre Intervention: Zur Bedeutung der Menschenrechte in den Vereinten Nationen*, Baden-Baden: Nomos.

Paris, Roland 2010. Understanding the "Coordination Problem" in Postwar Statebuilding, in: Sisk, Timothy & Paris, Roland (Hg.) *The Dilemmas of Statebuilding. Understanding the Contradictions of Postwar Peace Operations*, New York: Routledge, 53–78.

Park, Susan & Vetterlein, Antje 2010. Owning Development: Creating Policy Norms in the IMF and the World Bank, in: Park, Susan & Vetterlein, Antje (Hg.) *Owning Development: Creating Policy Norms in the IMF and the World Bank*, Cambridge: Cambridge University Press, 3–26.

Parker, Robert A. C. 1967. *Das Zwanzigste Jahrhundert, Vol. I: Europa 1918–1945*, Frankfurt/M.: Fischer.

Parson, Edward E. 1993. Protecting the Ozone Layer, in: Haas, Peter M., Keohane, Robert O. & Levy, Marc A. (Hg.) *Institutions for the Earth: Sources of Effective International Environmental Protection*, Cambridge, MA: MIT Press, 27–74.

Parson, Edward A. 2003. *Protecting the Ozone Layer: Science, Strategy, and Negotiation in the Shaping of a Global Environmental Regime*, Oxford: Oxford University Press.

Parsons, Craig 2003. *A Certain Idea of Europe,* Ithaca, NY: Cornell University Press.

Pauly, Louis W. 1997. *Who Elected the Bankers? Surveillance and Control in the World Economy*, Ithaca, NY: Cornell University Press.

Pauly, Louis 2009. The Old and the New Politics of International Financial Stability, in: *Journal of Common Market Studies* 47: 5, 955–975.

Pelz, Timo & Lehmann, Volker 2007. *The Evolution of UN Peacekeeping (1): Hybrid Missions,* Dialogue on Globalization Fact Sheet, New York: Friedrich-Ebert Stiftung.

Peters, Guy B. 1992. Bureaucratic Politics and the Institutions of the European Community, in: Sbragia, Alberta M. (Hg.) *Europolitics: Institutions and Policymaking in the "New" European Community,* Washington, DC: Brookings, 75–122.

Peters, Ingo 1997. Von der KSZE zur OSZE: Überleben in der Nische kooperativer Sicherheit, in: Haftendorn, Helga & Keck, Otto (Hg.) *Kooperation jenseits von Hegemonie und Bedrohung: Sicherheitsinstititionen in den internationalen Beziehungen,* Baden-Baden: Nomos, 57–100.

Petersmann, Ernst Ulrich 1997. International Trade Law and the GATT /WTO Dispute Settlement System 1948–1996: An Introduction, in: Petersmann, Ernst-Ulrich (Hg.)

International Trade Law and the GATT /WTO Dispute Settlement System, London: Kluwer Law International.

Petersohn, Ulrich 2009. *Selektiver Schutz universaler Menschenrechte: Eine multikausale Erklärung des Interventionsverhaltens von Demokratien*, Baden-Baden.

Peterson, M. J. 1997. International Organizations and the Implementation of Environmental Regimes, in: Young, Oran R. (Hg.) *Global Governance: Drawing Insights from the Environmental Experience,* Cambridge, MA: MIT Press, 115–151.

Peterson, M.J. 2005. *The United Nations General Assembly*, London: Routledge.

Peterson, M.J. 2007. General Assembly, in: Weiss, Thomas G. & Daws, Sam (Hg.) *The Oxford Handbook on the United Nations*, Oxford: Oxford University Press, 97–116.

Polakiewicz, Jörg & Jacob-Foltzer, Valérie 1991. The European Human Rights Convention in Domestic Law: The Impact of Strasbourg Case Law in States Where Direct Effect Is Given to the Convention, in: *Human Rights Law Quarterly* 12: 3, 125–142.

Pollack, Mark A. 1997. Delegation, Agency, and Agenda-setting in the European Community, in: *International Organization* 51: 1, 99–134.

Pollack, Mark A. 2003. *The Engines of European Integration: Delegation, Agency, and Agenda Setting in the European Union*, Oxford: Oxford University Press.

Posner, Eric & Yoo, John 2005. Judicial Independence in International Tribunals, in: *California Law Review* 93: 1, 1–74.

Potter, Pitman B. 1945. Origin of the Term "International Organization", in: *American Journal of International Law* 39: 4, 803–806.

Price, Richard & Zacher, Mark 2004. *The United Nations and Global Security,* New York: Palgrave Macmillan.

Putnam, Robert D. 1988. Diplomacy and Domestic Politics: The Logic of Two Level Games, in: *International Organization* 42: 3, 427–460.

Ramcharan, Bertrand G. 2002. *The United Nations High Commissioner for Human Rights: The Challenges of International Protection*, Den Haag: Kluwer International Law.

Regelsberger, Elfriede 2004. *Die Gemeinsame Außen- und Sicherheitspolitik der EU (GASP)*, Baden-Baden: Nomos.

Reinalda, Bob 2009. *History of International Organizations: From 1815 to the Present Day*, London: Routledge.

Reinicke, Wolfgang 1998: *Global Public Policy. Governing without Government?* Washington, DC: Brookings.

Renteln, Alison D. 1990. *International Human Rights: Universalism vs. Relativism*, London: Sage.

Rieth, Lothar 2009. *Global Governance und Corporate Social Responsibility. Welchen Einfluss haben der UN Global Compact, die Global Reporting Initiative und die OECD Leitsätze auf das CSR-Engagement deutscher Unternehmen?* Opladen: Barbara Budrich.

Risse, Thomas 1999. International Norms and Domestic Change: Arguing and Communicative Behavior in the Human Rights Area, in: *Politics and Society* 27: 4, 529–559.

Risse, Thomas 2000. "Let's Argue!": Communicative Action in World Politics, in: *International Organization* 54: 1, 1–41.

Risse, Thomas, Jetschke, Anja & Schmitz, Hans-Peter 2002. *Die Macht der Menschenrechte: Internationale Normen, kommunikative Prozesse und politischer Wandel in den Ländern des Südens*, Baden-Baden: Nomos.

Risse, Thomas & Ropp, Stephen C. 1999. International Human Rights Norms and Domestic Change: Conclusions, in: Risse, Thomas, Ropp, Stephen C. & Sikkink, Kathryn (Hg.) *The Power of Human Rights: International Norms and Domestic Change,* Cambridge: Cambridge University Press, 234–278.

Risse, Thomas, Ropp, Stephen C. & Sikkink, Kathryn (Hg.) 1999. *The Power of Human Rights: International Norms and Domestic Change,* Cambridge: Cambridge University Press.

Risse, Thomas & Sikkink, Kathryn 1999. The Socialization of International Human Rights Norms into Domestic Practices, in: Risse, Thomas, Ropp, Stephen C. & Sikkink, Kathryn (Hg.) *The Power of Human Rights: International Norms and Domestic Change,* Cambridge: Cambridge University Press, 1–38.

Risse-Kappen, Thomas 1995. Bringing Transnational Relations Back In: Introduction, in: Risse-Kappen, Thomas (Hg.) *Bringing Transnational Relations Back In: Non-State Actors, Domestic Structures and International Institutions,* Cambridge: Cambridge University Press, 3–33.

Rittberger, Berthold 2005. *Building Europe's Parliament: Democratic Representation Beyond the Nation State*, Oxford: Oxford University Press.

Rittberger, Berthold 2009. „Copy and Paste“: Parlamentarisierung jenseits des Nationalstaates, in: Deitelhoff, Nicole & Steffek, Jens (Hg.) *Was bleibt vom Staat? Demokratie, Recht und Verfassung im globalen Zeitalter*, Frankfurt/M.: Suhrkamp, 137–159.

Rittberger, Volker 2000. Globalisierung und der Wandel der Staatenwelt: Die Welt regieren ohne Weltstaat, in: Menzel, Ulrich (Hg.) 2000. *Vom Ewigen Frieden und vom Wohlstand der Nationen: Dieter Senghaas zum 60. Geburtstag,* Frankfurt/M.: Suhrkamp, 188–218.

Rittberger, Volker 2007. Friedensmissionen auf dem Prüfstand: Einführung, in: *Die Friedenswarte* 82: 1, 9–22.

Rittberger, Volker, Huckel, Carmen, Rieth, Lothar & Zimmer, Melanie 2008: Inclusive Global Institutions for a Global Political Economy, in: Rittberger, Volker & Nettesheim, Martin (Hg.) *Authority in the Global Political Economy*, Basingstoke: Palgrave Macmillan, 11–54.

Rittberger, Volker, Kruck, Andreas & Romund, Anne 2010. *Grundzüge der Weltpolitik: Theorie und Empirie des Weltregierens,* Wiesbaden: VS Verlag für Sozialwissenschaften.

Rittberger, Volker, Mogler, Martin & Zangl, Bernhard 1997. *Vereinte Nationen und Weltordnung: Zivilisierung der internationalen Politik?* Opladen: Leske & Budrich.

Rittberger, Volker & Zürn, Michael 1990. Towards Regulated Anarchy in East-West Relations: Causes and Consequences of East-West Regimes, in: Rittberger, Volker (Hg.) 1990a. *International Regimes in East-West Politics,* London: Pinter, 9–63.

Rivlin, Benjamin & Gordenker, Leon (Hg.) 1993. *The Challenging Role of the UN Secretary-General: Making "The Most Impossible Job in the World" Possible*, Westport, CT: Praeger.

Roberts, Adam 1996. The United Nations: Variants of Collective Security, in: Woods, Ngaire (Hg.) *Explaining International Relations Since 1945,* Oxford: Oxford University Press, 309–336.

Rose, Andrew K. 2004. Do We Really Know That the WTO Increases Trade? in: *American Economic Review* 94: 1, 98–114.

Rosendorf, Peter R. & Milner, Helen V. 2001. The Optimal Design of International Trade Institutions: Uncertainty and Escape, in: *International Organization* 55: 4, 829–857.

Rosenne, Shabtai 2003. *The World Court: What It Is and How It Works*, 6. Aufl., Leiden: Martinus Nijhoff.

Rosenthal, Gert 2007. Economic and Social Council, in: Weiss, Thomas G. & Daws, Sam (Hg.) *The Oxford Handbook on the United Nations*, Oxford: Oxford University Press, 136–148.

Ross, George 1995. *Jacques Delors and European Integration*, Cambridge: Polity.

Rothermund, Dietmar 1996. *The Global Impact of the Great Depression, 1929–1939*, London: Routledge.

Rowlands, Ian H. 1995. *The Politics of Global Atmospheric Change,* Manchester: Manchester University Press.

Rudolph, Christopher 2001. Constructing an Atrocities Regime: The Politics of War Crimes Tribunals, in: *International Organization* 55: 3, 655–691.

Ruggie, John Gerard 1983. International Regimes, Transactions, and Change: Embedded Liberalism in the Postwar Economic Order, in: Krasner, Stephen D. (Hg.) *International Regimes,* Ithaca, NY: Cornell University Press, 195–231.

Ruggie, John Gerard 1993. *Multilateralism Matters: The Theory and Praxis of an Institutional Form*, New York: Columbia University Press.

Ruggie, John Gerard 1994. Trade, Protectionism and the Future of Welfare Capitalism, in: *Journal of International Affairs* 48: 1, 1–11.

Sandholtz, Wayne 1993. Choosing Union: Monetary Politics and Maastricht, in: *International Organization* 47: 1, 1–39.

Sandholtz, Wayne & Zysman, John 1989.1992 - Recasting the European Bargain, in: *World Politics* 42: 1, 95–128.

Schabas, William 2011. *An Introduction to the International Criminal Court*, 4. Aufl., Cambridge: Cambridge University Press.

Scharpf, Fritz 1999. *Governing in Europe: Effective and Democratic?* Oxford: Oxford University Press.

Scheffer, David J. 2002. Staying the Course with the International Criminal Court, in: *Cornell International Law Journal* 35, 47–100.

Schirm, Stefan A. 2007. *Internationale Politische Ökonomie: Eine Einführung*, 2. Aufl., Baden-Baden: Nomos.

Schlotter, Peter 2000. Die OSZE – Leistungsfähigkeit einer internationalen Organisation, in: *Die Friedens-Warte* 75: 1, 11–30.

Schmitt, Daniella 2009. *Do Transitional Administrations Fail? A Comparative Study of the Kosovo and East Timor Experiences*, Saarbrücken: Südwestdeutscher Verlag für Hochschulschriften.

Schmuck, Otto 1998. Verlauf und Ergebnisse der Regierungskonferenz im Licht integrationspolitischer Langzeittrends, in: Jopp, Mathias, Maurer, Andreas & Schmuck, Otto (Hg.) *Die Europäische Union nach Amsterdam: Analysen und Stellungnahmen zum neuen EU-Vertrag,* Bonn: Europa Union, 17–40.

Schrogl, Kai-Uwe 1993. *Zivile Satellitennutzung in internationaler Zusammenarbeit*, Cologne: Carl Heymanns.

Schubert, Klaus 1991. *Politikfeldanalyse,* Opladen: Leske & Budrich.

Schulte, Constanze 2004. *Compliance with Decisions of the International Court of Justice*, Oxford: Oxford University Press.

Schulze, Peter M. 2002. NGOs, in: Volger, Helmut (Hg.) 2002a. *A Concise Encyclopedia of the United Nations,* Den Haag: Kluwer Law International, 378–387.

Seidl-Hohenveldern, Ignaz & Loibl, Gerhard 2000. *Das Recht der internationalen Organisationen einschließlich der supranationalen Gemeinschaften*, 7. Aufl., Köln: Heymann.

Sending, Ole Jacob & Neumann, Iver B. 2006. Governance to Governmentality: Analyzing NGOs, States and Power, in: *International Studies Quarterly* 50: 3, 651–672.

Senti, Richard 2000. *WTO – System und Funktionsweise der Welthandelsordnung*, Zürich: Schultheiss.

Shelton, Dina 2003. The Boundaries of Human Rights Jurisdiction in Europe, in: *Duke Journal of Comparative and International Law* 13: 1, 95–154.

Shepsle, Kenneth A. 1997. *Analyzing Politics: Rationality, Behaviour and Institutions*, New York: Norton.

Siddiqi, Javed 1995. *World Health and World Politics,* Columbus, SC: University of South Carolina Press.

Sikkink, Kathryn & Walling, Carrie Booth 2007. The Impact of Human Rights Trials in Latin America, in: *Journal of Peace Research* 44: 4, 427–445.

Simma, Bruno, Brunner, Stefan & Kaul, Hans-Peter 2002. Art. 27, in: Simma, Bruno (Hg.) *The Charter of the United Nations: A Commentary,* 2. Aufl., Oxford: Oxford University Press, 476–523.

Simmons, Beth 2009. *Mobilizing for Human Rights: International Law in Domestic Politics*, Cambridge: Cambridge University Press.

Simmons, Beth & Danner, Allison 2010. Credible Commitments and the International Criminal Court, in: *International Organization* 64: 2, 225–256.

Simmons, Beth A. & Martin, Lisa M. 2002. International Organizations and Institutions, in: Carlsnaes, Walter, Risse, Thomas & Simmons, Beth A. (Hg.) *Handbook of International Relations,* London: Sage, 192–211.

Skjærseth, Jon Birger & Wettestad, Jørgen 2008. *EU Emissions Trading. Initiation, Decision-Making and Implementation*, Aldershot: Ashgate.

Slaughter, Anne-Marie 2004. *A New World Order*, Princeton, NJ: Princeton University Press.

Smith, Jackie, Chatfield, Charles & Pagnucco, Ron (Hg.) 1997. *Transnational Social Movements and Global Politics: Solidarity Beyond the State,* Syracuse, NY: Syracuse University Press.

Smith, Rhona K.M. 2009. *Textbook on International Human Rights*, 4. Aufl., Oxford: Oxford University Press.

Snidal, Duncan 1985a. Coordination versus Prisoners' Dilemma: Implications for International Co-operation and Regimes, in: *American Political Science Review* 79: 4, 923–942.

Snidal, Duncan 1985b. The Limits of Hegemonic Stability Theory, in: *International Organization* 39: 4, 579–614.

Snyder, Jack L. & Vinjamuri, Leslie 2003/04. Trials and Errors: Principle and Pragmatism in Strategies of International Justice, in: *International Security* 28: 3, 5–44.

Spar, Debora L. 1999. Lost in (Cyber)space: The Private Rules of Online Commerce, in: Cutler, A. Claire, Haufler, Virginia & Porter, Tony (Hg.) *Private Authority and International Affairs,* Albany, NY: State University of New York Press, 31–51.

Spector, Leonard 2002. Nuclear Non-Proliferation, in: Larsen, Jeffrey A. (Hg.). *Arms Control: Cooperative Security in a Changing Environment,* Boulder, CO: Lynne Rienner, 119–41.

Spero, Joan Edelman & Hart, Jeffrey A. 2003. *The Politics of International Economic Relations,* 6. Aufl., London: Routledge.

Sprinz, Detlef E. 1998. Internationale Klimapolitik, in: *Die Friedens-Warte,* 73: 1, 25–44.

Squire, Lyn 2000. Why the World Bank Should Be Involved in Development Research, in: Gilbert, Christopher L. & Vines, David (Hg.) *The World Bank: Structure and Policies,* Cambridge: Cambridge University Press, 108–31.

Steffek, Jens 2008. Zähmt zivilgesellschaftliche Partizipation die internationale Politik? Vom exekutiven zum partizipativen Multilateralismus, in: *Leviathan* 36: 1, 105–122.

Steffek, Jens & Ehling, Ulrike 2008. Civil Society Participation at the Margins: The Case of the WTO, in: Steffek, Jens, Kissling, Claudia & Nanz, Patrizia (Hg.) *Civil Society Participation in European and Global Governance: A Cure for the Democratic Deficit?* Basingstoke: Palgrave Macmillan, 95–115.

Steffek, Jens, Kissling, Claudia & Nanz, Patrizia (Hg.) 2008. *Civil Society Participation in European and Global Governance. A Cure for the Democratic Deficit?* Basingstoke: Palgrave Macmillan.

Stein, Arthur A. 1983. Coordination and Collaboration: Regimes in an Anarchic World, in: Krasner, Stephen D. (Hg.) *International Regimes,* Ithaca, NY: Cornell University Press, 115–140.

Steinberg, Richard 2002. In the Shadow of Law or Power? Consensus-Based Bargaining and Outcomes in the GATT/WTO, in: *International Organization* 56: 2, 339–374.

Steiner, Henry J. & Alston, Philip 2000. *International Human Rights in Context: Law, Politics, Morals – Text and Materials*, 2. Aufl., Oxford: Clarendon Press.

Steinwand, Martin C. & Stone, Randall W. 2008. The International Monetary Fund: A Review of the Recent Evidence, in: *Review of International Organizations* 3, 123–149.

Stiglitz, Joseph 2002. *Globalization and its Discontents*, New York: Norton.

Stokke, Olav Schramm, Hovi, John & Ulfstein, Geir 2005. *Implementing the Climate Change Regime: International Compliance*, London: Earthscan.

Stone, Diane (Hg.) 2000. *Banking on Knowledge: The Genesis of the Global Development Network*, London: Routledge.

Stone, Randall 2008. The Scope of IMF Conditionality, in: *International Organization* 62: 4, 589–620.

Stone Sweet, Alec 2004. *The Judicial Construction of Europe,* Oxford: Oxford University Press.

Stone Sweet, Alec & Brunell, Thomas L. 1998. Constructing a Supranational Constitution: Dispute Resolution and Governance in the European Community, in: *American Political Science Review* 92: 1, 63–81.

Straubhaar, Thomas 2002. *Migration im 21. Jahrhundert,* Tübingen: Mohr Siebeck.

Subramanian, Arvind 2011: The Inevitable Superpower, in: *Foreign Affairs*, 90: 5, 66–78.

Sweeney, Gareth & Saito, Yuri 2009. An NGO Assessment of the New Mechanisms of the UN Human Rights Council, in: *Human Rights Law Review* 9: 2, 203–223.

Tallberg, Jonas 2002a. Delegation to Supranational Institutions: Why, How, and with What Consequences? in: *West European Politics* 25: 1, 23–46.

Tallberg, Jonas 2002b. Paths to Compliance: Enforcement, Management, and the European Union, in: *International Organization* 56: 3, 609–643.

Tallberg, Jonas 2010. Transnational Access to International Institutions: Three Approaches, in: Tallberg, Jonas & Jönsson, Christer (Hg.) *Transnational Actors in Global Governance. Patterns, Explanations and Implications,* Basingstoke: Palgrave Macmillan, 45–66.

Talmon, Stefan 2002. Law of the Sea, in: Volger, Helmut (Hg.) *A Concise Encyclopedia of the United Nations,* Den Haag: Kluwer Law International, 356–366.

Talmon, Stefan 2005. The Security Council as World Legislature, in: *American Journal of International Law* 99: 1, 175–193.

Tannenwald, Nina 1999: The Nuclear Taboo: The United States and the Normative Basis of Nuclear Non-Use, in: *International Organization* 53: 3, 433–468.

Tannenwald, Nina 2005. Stigmatizing the Bomb: Origins of the Nuclear Taboo, in: *International Security* 30: 1, 5–49.

Tannenwald, Nina 2007. *The Nuclear Taboo: The United States and the Nonuse of Nuclear Weapons Since 1945*, Cambridge: Cambridge University Press.

Taylor, Paul 1993. *International Organization in the Modern World: The Regional and the Global Process*, London: Pinter.

Taylor, Paul & Groom, A. J. R. (Hg.) 1988. *International Institutions at Work,* London: Pinter.

Tetzlaff, Rainer 1996. *Weltbank und Währungsfonds – Gestalter der Bretton-Woods-Ära: Kooperations- und Integrationsregime in einer sich dynamisch entwickelnden Weltgesellschaft*, Opladen: Leske & Budrich.

Thakur, Ramesh, Cooper, Andrew F. & English, John (Hg.) 2005. *International Commissions and the Power of Ideas*, Tokio: United Nations University Press.

Theiner, Patrick 2007. *Through the Looking-Glass – Internet Governance: Die Theorie kollektiver Güter und der Wandel zu inklusiven Institutionen*, Magisterarbeit, Tübingen: Universität Tübingen.

Thomas, Daniel C. 1999. The Helsinki Accords and Political Change in Eastern Europe, in: Risse, Thomas, Ropp, Stephen C. & Sikkink, Kathryn (Hg.) *The Power of Human Rights: International Norms and Domestic Change,* Cambridge: Cambridge University Press, 205–233.

Thomas, Daniel C. 2001. *The Helsinki Effect: International Norms, Human Rights, and the Demise of Communism*, Princeton, NJ: Princeton University Press.

Thompson, Alexander 2006. Coercion Through IOs: The Security Council and the Logic of Information Transmission, in: *International Organization* 60: 1, 1–34.

Thompson, Alexander 2009. *Channels of Power: The UN Security Council and U.S. Statecraft in Iraq*, Ithaca, NY: Cornell University Press.

Thompson, Alexander 2010. Rational Design in Motion: Uncertainty and Flexibility in the Global Climate Regime, in: *European Journal of International Relations* 16: 2, 269–296.

Tomuschat, Christian 2008. *Human Rights: Between Idealism and Realism*, 2. Aufl., Oxford: Oxford University Press.

Tretter, Hannes 2005. EMRK und Europäische Grundrechtecharta, in: Grewe, Constance & Gusy, Christoph (Hg.) *Menschenrechte in der Bewährung*, Baden-Baden: Nomos, 55–80.

Tsebelis, George 2002. *Veto Players. How Political Institutions Work*, Princeton, NJ: Princeton University Press.

Tussie, Diana & Riggirozzi, Maria Pia 2001. Pressing Ahead with New Procedures for Old Machinery: Global Governance and Civil Society, in: Rittberger, Volker (Hg.) *Global Governance and the United Nations System,* Tokio: United Nations University Press, 158–180.

Underdal, Arild 1998. Explaining Compliance and Defection: Three Models, in: *European Journal of International Relations* 4: 1, 5–30.

Underdal, Arild 2002. One Question, Two Answers, in: Miles, Edward L., Underdal, Arild, Andresen, Steinar, Wettestad, Jorgen, Skaerseth, Jon Birger & Carlin, Elaine M. (Hg.) *Environmental Regime Effectiveness. Confronting Theory with Evidence*, Cambridge, MA: MIT Press, 3–45.

Underdal, Arild 2004. Methodological Challenges in the Study of Regime Consequences, in: Underdal, Arild & Young, Oran R. (Hg.) *Regime Consequences: Methodological Challenges and Research Strategies*, Dordrecht: Kluwer Law International, 27–48.

Underhill, Geoffrey, Blom, Jasper & Mügge, Daniel 2010. Introduction: The Challenges and Prospects of Global Financial Integration, in: Underhill, Geoffrey, Blom, Jasper & Mügge, Daniel (Hg.) *Global Financial Integration Thirty Years On: From Reform to Crisis*, Cambridge: Cambridge University Press, 1–21.

Union of International Associations 1978. *Yearbook of International Organizations 1978,* New York: Union of International Associations.

Union of International Associations 1991/1992. *Yearbook of International Organizations 1991/1992,* New York: Union of International Associations.

Union of International Associations 2008/2009. *Yearbook of International Organizations 2008/2009*, New York: Union of International Associations.

United Nations 2004. *The Blue Helmets: A Review of United Nations Peacekeeping,* New York: UN-Hauptabteilung Presse und Information.

United Nations 2009. *Composition of the Secretariat. Report of the Secretary General* (A/64/352), New York: UN-Generalversammlung.

United Nations 2010. *The Millennium Development Goals Report 2010*, New York: Inter-Agency and Expert Group on MDG Indicators.

United Nations Department of Peacekeeping Operations 2012. *Peacekeeping Fact Sheet Archive*, http://www.un.org/en/peacekeeping/resources/statistics/factsheet_archive.shtml, letzter Zugriff: 3. Mai 2012.

United Nations Environment Programme (UNEP) 2011. *Data Access Centre*, http://ozone.unep.org/Data_Reporting/Data_Access/, letzter Zugriff: 29. April 2011.

United Nations Secretary-General 2009. *Report of the Secretary-General to the Security Council on Enhancing Mediation And Its Support Activities* (S/2009/189), New York: UN-Sicherheitsrat.

Urquhart, Brian 1995. The United Nations in the Middle East: A 50-Year Retrospective, in: *Middle East Journal* 49: 4, 573–581.

van den Bossche, Peter 2008. *The Law and Policy of the World Trade Organization. Text, Cases and Materials*, 2. Aufl., Cambridge: Cambridge University Press.

van der Pijl, Kees 1998. *Transnational Classes and International Relations*, London: Routledge.

van der Wee, Hermann 1984. *Der gebremste Wohlstand: Wiederaufbau, Wachstum und Strukturwandel der Weltwirtschaft seit 1945*, München: Deutscher Taschenbuch Verlag.

Vanhoonacker, Sophie 2005. The Institutional Framework, in: Hill, Christopher & Smith, Michael (Hg.) *International Relations and the European Union*, Oxford: Oxford University Press, 67–90.

Victor, David 1998: The Operation and Effectiveness of the Montreal Protocol's Non-Compliance Procedure, in: Victor, David G., Raustiala, Kal & Skolnikoff, Eugene B. (Hg.) *The Implementation and Effectiveness of International Environmental Commitments: Theory and Practice,* Cambridge, MA: MIT Press, 137–176.

Victor, David G. 2001. *The Collapse of the Kyoto Protocol and the Struggle to Slow Global Warming*, Princeton, NJ: Princeton University Press.

Victor, David G., Raustiala, Kal & Skolnikoff, Eugene B. (Hg.) 1998. *The Implementation and Effectiveness of International Environmental Commitments: Theory and Practice*, Cambridge, MA: MIT Press.

Voeten, Erik 2000. Clashes in the Assembly, in: *International Organization* 54: 2, 185–215.

Voeten, Erik 2005. The Political Origins of the UN Security Council's Ability to Legitimize the Use of Force, in: *International Organization* 59: 3, 527–557.

Volger, Helmut 2002. Secretariat, in: Volger, Helmut (Hg.) *A Concise Encyclopedia of the United Nations,* Den Haag: Kluwer Law International, 481–487.

Volgy, Thomas J., Fausett, Elisabeth, Grant Keith A. & Rodgers, Stuart 2008. Identifying Formal Intergovernmental Organizations, in: *Journal of Peace Research* 45: 6, 837–850.

von Hagen, Jürgen & Wyplosz, Charles 2010. EMU's Decentralized System of Fiscal Policy, in: Buti, Marco, Deroose, Servaas, Gaspar, Vitor & Nogueira Martins, João (Hg.) *The Euro: The First Decade*. Cambridge: Cambridge University Press, 415–444.

von Hippel, Karin 2000. *Democracy by Force: U.S. Military Intervention in the Post-Cold War World*. Cambridge: Cambridge University Press.

von Urff, Winfried 2000. Agrarpolitik, in: Weidenfeld, Werner & Wessels, Wolfgang (Hg.) 2000. *Europa von A bis Z,* 7. Aufl., Bonn: Europa Union, 58–65.

Vreeland, James Raymond 2007. *The International Monetary Fund: Politics of Conditional Lending*, London: Routledge.

Wallace, Helen 2010. An Institutional Anatomy and Five Policy Modes, in: Wallace, Helen, Pollack, Mark A. & Young, Alasdair A. (Hg.) *Policy-Making in the European Union*, 6. Aufl., Oxford: Oxford University Press, 69–104.

Wallander, Celeste A. & Keohane, Robert O. 1999. Risk, Threat, and Security Institutions, in: Haftendorn, Helga, Keohane, Robert O. & Wallander, Celeste A. (Hg.) *Imperfect Unions: Security Institutions over Space and Time,* Oxford: Oxford University Press, 21–47.

Walt, Stephen M. 1987. *The Origin of Alliances*, Ithaca: Cornell University Press.

Walter, Barbara 2002. *Committing to Peace: The Successful Settlement of Civil Wars,* Princeton, NJ: Princeton University Press.

Waltz, Kenneth N. 1979. *Theory of International Politics,* New York: McGraw-Hill.

Waltz, Kenneth N. 1990. Neorealist Thought and Neorealist Theory, in: *Journal of International Affairs* 44: 1, 21–38.

Warntjen, Andreas 2010. Between Bargaining and Deliberation: Decision-making in the Council of the European Union, in: *Journal of European Public Policy* 17: 5, 665–679.

Waters, Sarah 2004. Mobilising against Globalisation: Attac and the French Intellectuals, in: *West European Politics* 27: 5, 854–874.

Weaver, Catherine 2008. *Hypocrisy Trap: The World Bank and the Poverty of Reform,* Ithaca, NY: Cornell University Press.

Weber, Albrecht 1983. *Geschichte der internationalen Wirtschaftsorganisationen*, Wiesbaden: Steiner.

Wegner, Manfred 1991. *Die Entdeckung Europas: Die Wirtschaftspolitik der Europäischen Gemeinschaft: Ein Grundriss*, Baden-Baden: Nomos.

Weidenfeld, Werner 2010. *Die Europäische Union*, Paderborn: Fink.

Weiß, Norman 2009. Das globale Menschenrechtsystem: Entwicklungsstand und Voraussetzungen seiner Verwirklichung, in: Breitmeier, Helmut, Roth, Michèle & Senghaas, Dieter (Hg.) *Sektorale Weltordnungspolitik: Effektiv, gerecht und demokratisch*? Baden-Baden: Nomos, 72–91.

Weiss, Thomas G. & Daws, Sam (Hg.) 2007. *The Oxford Handbook on the United Nations,* Oxford: Oxford University Press.

Weiss, Thomas G., Forsythe, David P., Coate, Roger A. & Pease, Kelly-Kate 2007. *The United Nations and Changing World Politics*, 6. Aufl., Boulder, CO: Westview Press.

Wendt, Alexander 1992. Anarchy Is what States Make of It, in: *International Organization* 46: 2, 391–425.

Wendt, Alexander 1999. *Social Theory of International Politics,* Cambridge: Cambridge University Press.

Wendt, Alexander 2003. Why a World State is Inevitable, in: *European Journal of International Relations* 9: 4, 491–542.

Werner, Suzanne 1999. The Precarious Nature of Peace: Resolving the Issues, Enforcing the Settlement, and Renegotiating the Terms, in: *American Journal of Political Science* 43: 3, 912–934.

Werner, Suzanne & Yuen, Amy 2005. Making and Keeping Peace, in: *International Organization* 59: 2, 261–292.

Wessels, Wolfgang 1996. Verwaltung im EG-Mehrebenensystem: Auf dem Weg zur Megabürokratie? in: Jachtenfuchs, Markus & Kohler-Koch, Beate (Hg.) *Europäische Integration,* Opladen: Leske & Budrich, 165–192.

Wettestad, Jorgen 1999. *Designing Effective Environmental Regimes: The Key Conditions*, Cheltenham: Edward Elgar.

Wettestad, Jorgen 2002. The Vienna Convention and Montreal Protocol on Ozone-Layer Depletion, in: Miles, Edward L., Underdal, Arild, Andresen, Steinar, Wettestad,

Jorgen, Skjaerseth, Jon Birger & Carlin, Elaine M. (Hg.) *Environmental Regime Effectiveness: Confronting Theory with Evidence*, Cambridge, MA: MIT Press, 149–169.

Wilkinson, Rorden 2000. *Multilateralism and the World Trade Organisation: The Architecture and Extension of International Trade Regulation*, London: Routledge.

Williamson, John 1990. What Washington Means by Policy Reform, in: Williamson, John (Hg.) *Latin American Adjustment: How Much Has Happened?* Washington, DC: Institute for International Economics.

Wilson, James Q. & DiIulio, John J., Jr. 1997. *American Government: Institutions and Policies,* 7. Aufl., Boston, MA: Houghton Mifflin.

Wilson, Woodrow 1917/18. *President Wilson's Great Speeches and Other History Making Documents*, Chicago: Stanton & Van Vliet.

Whitfield, Teresa 2007. Good Offices and "Groups of Friends", in: Chesterman, Simon (Hg.) *Secretary or General? The UN Secretary-General in World Politics*, Cambridge: Cambridge University Press, 86–101.

Wolf, Dieter 1999. *Integrationstheorien im Vergleich: Funktionalistische und intergouvernementalistische Erklärung für die Europäische Wirtschafts- und Währungsunion im Vertrag von Maastricht*, Baden-Baden: Nomos.

Wolf, Dieter & Zangl, Bernhard 1996. The European Economic and Monetary Union: Two-level Games and the Formation of International Institutions, in: *European Journal of International Relations* 2: 3, 355–393.

Wolf, Klaus Dieter 1981. *Die dritte Seerechtskonferenz der Vereinten Nationen: Beiträge zur Reform der internationalen Ordnung und Entwicklungstendenzen im Nord-Süd-Verhältnis*, Baden-Baden: Nomos.

Wolf, Klaus Dieter 1991. *Internationale Regime zur Verteilung globaler Ressourcen: Eine vergleichende Analyse der Grundlagen ihrer Entstehung am Beispiel der Regelung des Zugangs zur wirtschaftlichen Nutzung des Meeresbodens, des geostationären Orbits, der Antarktis und zu Wissenschaft und Technologie*, Baden-Baden: Nomos.

Wolfrum, Rüdiger 1995. Consensus, in: Wolfrum, Rüdiger (Hg.) *United Nations. Law, Policies and Practice,* München: Beck, 350–355.

Woods, Ngaire 2000. The Challenges of Multilateralism and Governance, in: Gilbert, Christopher L. & Vines, David (Hg.) *The World Bank: Structure and Policies,* Cambridge: Cambridge University Press, 132–156.

Woods, Ngaire 2007. Bretton Woods Institutions, in: Weiss, Thomas G. & Daws, Sam (Hg.) *The Oxford Handbook on the United Nations*, Oxford: Oxford University Press, 233–253.

Woolcock Stephen 2010. Trade Policy, in: Wallace, Helen, Pollack, Mark A. & Young, Alasdair A. (Hg.) *Policy-Making in the European Union*, 6. Aufl., Oxford: Oxford University Press, 381–399.

World Bank 2007. *A Guide to the World Bank*, 2. Aufl., Washington, DC: World Bank.

World Meteorological Organization 2011. *Scientific Assessment of Ozone Depletion: 2010*, Global Ozone Research and Monitoring Report Nr. 52, Genf: WMO.

Woyke, Wichard 2008. Intervention, in: Woyke, Wichard (Hg.) *Handwörterbuch Internationale Politik*, 11. Aufl., Opladen: Leske & Budrich, 259–266.

WTO 1999a. *Trade, Income Disparity and Poverty,* Special Studies 5, Genf: WTO.

WTO 1999b. *Trade and the Environment,* Special Studies 4, Genf: WTO.

WTO 1999c. *Trade, Finance and Financial Crises,* Special Studies 3, Genf: WTO.

WTO 2003. *Adjusting to Trade Liberalization: The Role of Policy, Institutions and WTO Disciplines*, Special Studies 7, Genf: WTO.

Yamin, Farhana & Depledge, Joanna 2004. *The International Climate Change Regime: A Guide to Rules, Institutions and Procedures*, Cambridge: Cambridge University Press.

Young, Alasdair 2010a. The European Policy Process in Comparative Perspective, in: Wallace, Helen, Pollack, Mark A. & Young, Alasdair A. (Hg.) *Policy-Making in the European Union*, 6. Aufl., Oxford: Oxford University Press, 45–67.

Young, Alasdair R. 2010b. The Single Market, in: Wallace, Helen, Pollack, Mark A. & Young, Alasdair A. (Hg.) *Policy-Making in the European Union*, 6. Aufl., Oxford: Oxford University Press, 107–131.

Young, Oran R. 1979. *Compliance and Public Authority: A Theory with International Applications*, Baltimore, MD: Johns Hopkins University Press.

Young, Oran R. 2004. The Consequences of International Regimes. A Framework for Analysis, in: Underdal, Arild & Young, Oran R. (Hg.) *Regime Consequences. Methodological Challenges and Research Strategies*, Dordrecht: Kluwer Law International, 3–23.

Zacher, Mark W. 2001: The Territorial Integrity Norm: International Boundaries and the Use of Force, in: *International Organization* 55: 2, 215–250.

Zakaria, Fareed 2008. *The Post-American World*, New York: Norton.

Zangl, Bernhard 1999. *Interessen auf zwei Ebenen: Internationale Regime in der Agrarhandels-, Währungs- und Walfangpolitik*, Baden-Baden: Nomos.

Zangl, Bernhard 2001. Bringing Courts Back In: Normdurchsetzung im GATT, in der WTO und der EG, in: *Schweizerische Zeitschrift für Politikwissenschaft* 7: 2, 49–80.

Zangl, Bernhard 2006. *Die Internationalisierung der Rechtsstaatlichkeit. Streitbeilegung in GATT und WTO*, Frankfurt/M.: Campus.

Zangl, Bernhard 2008. Judicialization Matters! A Comparison of Dispute Settlement under GATT and the WTO, in: *International Studies Quarterly* 52: 4, 825–854.

Zangl, Bernhard, Helmedach, Achim, Mondré, Aletta, Kocks Alexander, Neubauer, Gerald & Blome, Kerstin 2011. Between Law and Politics: Explaining International Dispute Settlement, in: *European Journal of International Relations*, doi:10.1177/1354066110389832.

Zangl, Bernhard & Zürn, Michael 2003. *Frieden und Krieg: Sicherheit in der nationalen und postnationalen Konstellation*, Frankfurt/M.: Suhrkamp.

Zangl, Bernhard & Zürn, Michael 2004. Make Law, Not War: Internationale und transnationale Verrechtlichung als Baustein für Global Governance, in: Zangl, Bernhard & Zürn, Michael (Hg.) *Verrechtlichung – Baustein für Global Governance?* Bonn: Dietz, 12–45.

Zolberg, Aristide R. 1991. Bounded States in a Global Market: The Uses of International Labor Migrations, in: Bourdieu, Pierre & Coleman, James S. (Hg.) *Social Theory for a Changing Society,* Boulder, CO: Westview, 301–325.

Zürn, Michael 1992. *Interessen und Institutionen in der internationalen Politik: Grundlegung und Anwendung des situationsstrukturellen Ansatzes*, Opladen: Leske & Budrich.

Zürn, Michael 2000. Democratic Governance Beyond the Nation-State: The EU and Other International Institutions, in: *European Journal for International Relations* 6: 2, 183–222.

Zürn, Michael, Binder, Martin, Ecker-Ehrhardt, Matthias & Radtke, Katrin 2007. Politische Ordnungsbildung wider Willen, in: *Zeitschrift für Internationale Beziehungen* 14: 1, 129–164.